Avant-propos

Depuis un demi-siècle, le Soufisme classique, de façon générale, et l'œuvre d'Ibn 'Arabî, en particulier, ont été peu à peu redécouverts, mieux explorés et plus profondément compris tant en pays musulman qu'auprès du public occidental.

Plusieurs textes fondamentaux du Shaykh al-Akbar ont été traduits en langue française[1], anglaise, espagnole, etc. Sa pensée a fait l'objet par ailleurs de commentaires et d'analyses approfondis[2]. Le présent volume se situe dans le prolongement de cette décou-

1. Mentionnons à simple titre d'échantillon : *La Sagesse des prophètes* (extraits des *Fuçûç al-Ḥikam*), trad. par T. Burckhardt, Albin Michel, 1974 ; *Les Illuminations de La Mecque* (extraits des *Futûḥât al-Makkiyya*), trad. par quatre spécialistes sous la dir. de M. Chodkiewicz, Sindbad, 1988 ; *Le Traité de l'Amour* (chap. 178 des *Futûḥât*), trad. par M. Gloton, Albin Michel, 1986 et 1992. On pourra trouver une bibliographie assez complète des œuvres traduites d'Ibn 'Arabî à la fin de l'ouvrage de C. Addas, *Ibn Arabi ou la quête du Soufre Rouge*, N.R.F., Gallimard, 1989, pp. 384-386.

2. Mentionnons, parmi les essais récents qui nous paraissent les plus riches : *L'Imagination créatrice dans le soufisme d'Ibn 'Arabî* de H. Corbin, Flammarion, 1958 et 1972 ; et, de

verte d'un horizon d'expérience et de réflexion qui se révèle être l'un des plus riches et féconds du patrimoine musulman.

Le lecteur déjà averti retrouvera dans ces pages de *L'Interprète des Désirs* les thèmes centraux de l'expérience spirituelle et de la doctrine d'Ibn 'Arabî – pensée demeurant étonnamment identique à elle-même d'un bout à l'autre de l'immense œuvre écrite du théosophe andalou, où certains thèmes se précisent, s'amplifient, mais dont le contenu essentiel n'a pas connu d'altérations ou de dérives[1]. Toutefois, *L'Interprète des Désirs* se dégage nettement de l'ensemble du corpus akbarien, et ce à plus d'un titre. D'abord en raison de la circonstance qui l'a fait naître : une expérience fulgurante d'un amour spirituel suscitée par la rencontre avec la jeune soufie iranienne Nizhâm bint Rustum. Nous n'avons donc pas affaire ici à un exposé doctrinal abstrait sur la valeur théophanique de l'amour humain, mais à un jaillissement vécu et rapporté directement par un des plus grands esprits de la spiritualité musulmane.

Mais le caractère saillant de cet ouvrage d'Ibn 'Arabî, c'est bien sûr sa composition sous forme poétique. D'où une double constatation qu'il importe de souligner.

La première : Ibn 'Arabî s'est exprimé ici en vers arabes classiques, c'est-à-dire en utilisant une métrique

---

M. Chodkiewicz, *Le Sceau des saints. Prophéties et sainteté dans la doctrine d'Ibn 'Arabî*, N.R.F., Gallimard, 1986, ainsi que *Un océan sans rivage. Ibn 'Arabî, le Livre et la Loi*, Le Seuil, 1992.

1. On pourra se reporter ici à l'ouvrage de C. Addas, mentionné *supra*, qui offre non seulement une biographie aussi détaillée que faire se pouvait du maître andalou, mais qui lie les événements spirituels signalés aux œuvres correspondantes.

fondée sur une alternance régulière entre syllabes longues et brèves (cf. la versification grecque ancienne ou latine). Les vers ont ici tous la même longueur, le même mètre, et sont tous divisés en deux hémistiches de longueur égale. Le deuxième hémistiche se termine par une rime qui reste la même tout le long de chaque poème. La régularité géométrique du vers épouse le rythme du souffle humain : le poème est composé pour la récitation, non pour la lecture proprement dite. Elle accompagne également le mouvement d'une pensée intuitive, car à chaque vers correspond un sens autonome, l'enjambement devant être évité. Tel un collier dont les perles de couleurs différentes contiguës mais non confondues se succèdent, le poème offre, par touches, une succession de vers dont aucun n'est enfermé dans une architecture préétablie.

Il s'ensuit un effet de « charme » – au sens originel d'« envoûtement » – auquel les Arabes ont toujours été extrêmement sensibles. Dès la période antéislamique, ils ont développé un goût passionné pour la composition poétique qui est devenue la forme d'art de loin la plus prisée. Ils l'avaient d'ailleurs liée peu ou prou à une manifestation d'ordre surnaturel. Le poète antéislamique se disait inspiré par son double *(qarîn)*, son « génie ». Sa parole était en outre supposée exercer un pouvoir, une action efficace. Un poème d'amour est un geste positif de séduction, une satire est une véritable attaque portée contre la puissance d'autrui : *Al-kalimâtu kilâmun*, « les paroles sont des blessures », dit l'adage ancien. Ainsi une anecdote rapporte-t-elle que, à la suite d'une guerre intertribale, les vainqueurs bâillonnèrent le poète de la tribu vaincue pour l'empêcher de continuer à nuire par son verbe.

La situation a sensiblement changé à l'avènement de l'Islam. Le Coran rejetant avec véhémence l'assimilation de la révélation à de la poésie, et attaquant même l'activité des poètes[1], il n'a plus guère été question par la suite de l'inspiration due aux génies. Mais ceci ne signifie nullement que la poésie – hautement appréciée à chaque siècle de l'histoire des Arabes – soit devenue pour autant une activité de pure distraction profane. Elle a gardé quelque chose de son effet « magique » et de son efficace. Ce que les philosophes expliquent avec un renfort d'arguments remontant au patrimoine antique commun : le vers est une parole rythmée, dont la régularité numérique reflète l'harmonie du cosmos, lui-même entièrement structuré selon le nombre. À la différence du parler ordinaire « prosaïque », la parole poétique est alignée sur l'harmonie des sphères, et donc sur le verbe des anges qui les peuplent[2]. Il s'agit donc d'une parole plus « spirituelle », qui atteint l'âme à un niveau de compréhension plus élevé.

On voit donc que la métrique n'est pas pour l'homme arabe médiéval une simple façon d'orner son discours, de le rendre agréable à l'oreille : elle élève de quelque manière le contenu d'une parole ordinaire au rang de réalités supérieures. Un poème d'amour transpose l'état affectif du poète « vers le haut », vers les régions supérieures de l'être où cet amour a pris sa naissance. *A fortiori* cet horizon s'élargira-t-il si

1. *Coran* 26/224-226. L'attaque semble dirigée contre les poètes se considérant comme inspirés, non contre l'activité poétique en elle-même, comme le suggère la suite de la sourate. Le Prophète a lui-même accueilli des poètes convertis à l'Islam qui ont mis leur talent au service de la nouvelle prédication.

2. On trouvera des développements de cet ordre chez les Ikhwân al-Safâ', notamment. Cf. p. ex. « L'Epître sur la musique des Ikhwân al-Safâ' – traduction annotée » par A. Shiloah, in *Revue des études islamiques*, XXXII (1964).

l'auteur de cette poésie est un soufi, un inspiré, un sage. Choisir d'écrire un tel texte selon les lois de la métrique, c'est envisager dès le départ de s'adresser à la « conscience angélique » du lecteur, à sa saisie intuitive, plus qu'à son entendement commun, comme le ferait le discours doctrinal en prose. Les subtiles allitérations fréquentes chez Ibn 'Arabî comme d'ailleurs chez le plus grand poète mystique arabe, Ibn al-Fârid, ne sont pas forcément des raffinements destinés aux intellectuels. On peut fort bien saisir l'harmonie globale d'une mosquée sans connaître le calcul des proportions mathématiques qui ont guidé le choix des architectes. Et il faut ici rendre hommage au travail de Maurice Gloton qui s'est astreint, par la découpe régulière des vers, le choix du vocabulaire et des assonances, à rendre en français l'harmonie « pythagoricienne » du poème arabe.

Deuxième constatation : les images et les figures poétiques utilisées par Ibn 'Arabî sont ici les mêmes que celles qui ont cours dans la poésie ordinaire profane, au point qu'un lecteur non averti, s'attendant à lire des textes religieux, invocations ou prières, pourrait très bien n'y voir qu'un recueil d'inspiration amoureuse mondaine. Ce sont d'ailleurs précisément les réactions parfois très critiques suscitées par cette équivoque du vivant même d'Ibn 'Arabî qui ont amené l'auteur à y adjoindre le commentaire intégralement rendu dans le présent volume.

Il faut se souvenir ici tout d'abord qu'à la différence de la poésie occidentale contemporaine, la composition arabe médiévale ne cherche pas à exprimer un ressenti subjectif par des formules personnelles originales. Elle ira puiser dans un certain nombre de « lieux », dans un réservoir de références, de comparaisons, d'images admises une fois pour toutes comme étant « poétiques ». La virtuosité du poète consistera à utiliser ces matériaux en ciselant avec le plus de délicatesse possible le choix des mots et des sonorités, l'enchaînement des images, leur contraste, les effets de surprise, etc. Un lecteur contemporain pourra trouver ces textes souvent conventionnels, peu spontanés, s'il ne distingue pas ce qui est réellement en jeu : ramener l'expérience singulière du poète (p. ex. en amour) à un modèle premier qui la dépasse, qui lui confère sa grandeur, voire ici son cachet d'éternité. L'image n'a pas ici fonction de stéréotype (modèle rigide), mais d'archétype (modèle originel).

La facture très classique des pièces de *L'Interprète des Désirs* soulève une seconde question de fond : comment peut-on à ce point superposer un langage d'amour profane à une expérience essentiellement mystique ? Cette interrogation traverse d'ailleurs toute la littérature soufie : il est souvent impossible de discerner si telle ou telle pièce bachique ou érotique doit être prise selon la lettre ou doit recevoir une interprétation mystique. On a pu retrouver, attribué au soufi Ḥallâj, des vers écrits un siècle avant par le poète libertin Abû Nuwâs : les exemples pourraient être multipliés. Force est donc de constater non seulement la plurivocité du symbolisme (amoureux, ici), puisque le mystique utilise les mêmes paroles que l'amant profane, mais aussi d'admettre que l'expérience humaine de l'amour a fondamentalement partie liée à l'élan mystique. Il ne nous appartient pas de développer ici un point de cette importance, qui est précisément un des thèmes centraux du présent texte : tout au plus pouvons-nous renvoyer le lecteur à certaines pages éclairant cette zone-frontière de l'expérience humaine[1].

Un dernier mot sur le texte proprement dit de ces poèmes. Il est écrit dans une langue très classique, volontairement archaïque même, dans le style « bédouin » qui continuait à servir de modèle aux auteurs arabes même les plus citadins, et met en œuvre des tournures rares, quelque peu précieuses parfois. Le traduire dans une langue souvent abstraite et analytique comme le français était donc une gageure à plus d'un titre. Le présent volume relève ce défi avec bonheur, nous l'avons déjà souligné. Maurice Gloton n'a pas non plus reculé devant la traduction de l'intégralité des commentaires du Shaykh al-Akbar. Or le travail, on le constatera, était énorme, et il eût été tentant de n'en traduire que des fragments ou de les résumer en notes, comme l'a fait Nicholson dans sa traduction anglaise. On saura donc gré au traducteur d'un tel effort, offrant ainsi au public francophone une contribution considérable et précieuse à la connaissance de l'œuvre akbarienne et à celle du Soufisme en général.

Pierre Lory

1. Nous pensons en particulier aux pages de H. Corbin sur l'expérience d'Ibn 'Arabî (*L'Imagination créatrice...*, ouvrage cité, I, chap. 2) et de Rûzbehân Baqlî (*En Islam iranien*, III, pp. 65-146).

Introduction

*L'Interprète des Désirs (Turjumân al-A*s*h*wâq)* et son commentaire occupent une place originale dans l'ensemble de l'œuvre immense d'Ibn 'Arabî. Ce recueil de poésies amoureuses et mystiques est consacré à Nizhâm, Harmonie, jeune fille d'une beauté et d'une spiritualité exceptionnelles, typifiant l'Essence absolue et la Présence divine dans la Manifestation universelle, dans tous les réceptacles que comporte celle-ci. Il est assorti d'un commentaire qui permet à l'auteur d'expliciter, dans la mesure du possible, le caractère symbolique des vers et d'en montrer la nature éminemment spirituelle.

C'est ainsi qu'Ibn 'Arabî, dans son prologue, avertit qu'il composa le commentaire des poésies afin de répondre aux critiques non justifiées de certains docteurs de la Loi qui insinuaient que ces poèmes portaient atteinte à la religion et à la pudeur. Laissons parler le Maître à ce propos : « Le mobile qui a présidé à mon commentaire de ces vers est que mes deux disciples Badr al-Ḥabashî et Ismâ'îl Ibn Sawdakîn me demandèrent d'y procéder après avoir entendu un des docteurs de la Loi, enseignant à Alep, nier que ces vers fussent le fruit des Secrets divins et dire que le

Maître [Ibn 'Arabî lui-même] s'abritait derrière ce mode d'expression à cause de l'éthique et de la religion. J'entrepris donc ce commentaire et le qâdî Ibn al-'Adîm en lut [à Alep] des passages devant moi en présence d'une assemblée de juristes. Lorsque ce dénégateur eut entendu cette lecture, il revint à Dieu repentant et renonça à désavouer son contenu devant les affiliés qui en étaient arrivés, à cause de cet individu, à émettre certaines opinions désobligeantes relatives aux couplets d'amour courtois, aux vers galants et à être circonspects au sujet des secrets divins [déposés en eux]. »

Les commentaires de ce recueil en constituent la plus grande partie, mais ce sont les poèmes qui représentent l'aspect fondamental de l'ouvrage complet.

Presque toutes les œuvres du Maître, qu'elles soient majeures ou mineures, comportent des poésies. Par exemple :

– Dans les *Futûḥât al-Makkiyya, Les Ouvertures spirituelles mekkoises*, la plupart des cinq cent soixante chapitres comportent, à leur début, des vers en nombre plus ou moins important. Ces poésies d'introït récapitulent le contenu de chacun des chapitres composant cette somme immense, mais elles ont aussi pour but, selon les propres déclarations du Maître, de faire découvrir, sous cette forme poétique, symbolique et allusive plus libre, des aspects doctrinaux qui ne sont pas développés dans l'exposé lui-même.

– Dans son ouvrage intitulé *Fuçûç al-Ḥikam, Les Chatons des Sagesses*, ce procédé est beaucoup moins utilisé par le Shaykh al-Akbar. Certains des vingt-sept chapitres de ce recueil consacré à vingt-sept prophètes et/ou sages ne comportent pas de poésies.

– Le *Diwân*, qu'Ibn 'Arabî acheva en 634/1237, est une pièce bien à part dans l'œuvre poétique du Maître.

Il est composé uniquement de poésies plus ou moins importantes en longueur, certaines étant très courtes, et les thèmes en sont très divers : sujets touchant à la vie spirituelle, à l'interprétation concise des cent quatorze sourates du Coran, au symbolisme des lettres de l'alphabet arabe, à un long commentaire sur les Noms divins, etc. À la différence de *L'Interprète des Désirs*, l'Amour n'est pas le thème dominant du *Diwân*.

– Parmi d'autres œuvres du Shaykh, le livre intitulé *Muḥâḍarat al-Abrâr wa Musâmarat al-Akhyâr* fait une très large part à la poésie. Cet ouvrage relate certains épisodes et paroles de personnages musulmans célèbres pour leur spiritualité, leur charisme et l'influence qu'ils ont exercée sur la société musulmane traditionnelle de leur époque. Cet écrit du Maître reprend trente-cinq des soixante et une poésies du présent recueil, dans un ordre différent et quelquefois avec de très légères variantes mais sans commentaire. Sur les mille pages que représente la dernière édition non datée de Dâr Sadir, Beyrouth, trente pages seulement sont réservées aux poésies du *Turjumân al-Ashwâq*.

Dans toutes les œuvres que nous venons de mentionner et dans bien d'autres, le style des vers d'Ibn 'Arabî, tout en restant classique dans la métrique et la facture, demeure très varié dans le fond comme dans la forme. Les thèmes doctrinaux qu'il aborde infléchissent le ton général de la poésie. Le recueil dont nous présentons la traduction semble de prime abord beaucoup plus homogène. Le thème central est l'amour pour l'être aimé, envisagé toujours sous l'angle de la plus haute spiritualité et de la conformité de l'Amant à l'Aimé. Le style que le Maître emprunte pour décrire l'amour qu'il ressent et les modes attractifs d'approche vers l'objet de sa passion amoureuse ne peut être dissocié de celui qu'utilisent les grands poètes classiques des périodes antéislamique et musulmane d'Arabie ou de l'époque musulmane d'Andalousie. Ce double apport est sensible dans tout le recueil de *L'Interprète des Désirs*.

Les ancêtres d'Ibn ʻArabî sont de souche noble d'Arabie, originaires des Banû Tayy. Certains d'entre eux s'installèrent en Andalousie dès le IIe siècle de l'Hégire, dans la province actuelle de Murcie. Cette double ascendance du Maître, arabe et andalouse, est clairement décelable dans la facture des poésies ici présentées. On y retrouve les thèmes de la vie austère du bédouin et ceux du riche pays andalou.

Avant la venue de l'Islam, pendant les trêves des mois sacrés, tout conflit guerrier cessait afin de permettre une fois par an l'accomplissement du pèlerinage à La Mekke, la Maison de Dieu ; la foire annuelle d'Ukhâz réunissait les chefs de tribus, les marchands et les poètes. Les échanges commerciaux, culturels et religieux étaient intenses. C'est sous une riche tente qu'un aréopage composé des poètes arabes les plus renommés, semble-t-il, sélectionnait les meilleurs poèmes que les concurrents déclamaient tour à tour. Le chef-d'œuvre que ce jury avait retenu était ensuite calligraphié en lettres d'or sur des matériaux de qualité et « suspendu » *(mu'al-laqa)* dans le Temple de la Kaʻba, selon certains, pour qu'il puisse être porté à la connaissance de nombreux amateurs.

Ces poésies, le plus souvent improvisées en une langue très pure et riche de termes choisis parmi les plus familiers aux Arabes du désert, transmises oralement pour la plupart, apprises par cœur, témoignent d'une culture, d'une agilité mentale, d'une finesse d'esprit et de dons artistiques exceptionnels.

Les noms de Imru'al-Qays, Tarafa, Zuhayr, Antara, Labîd sont restés célèbres et les chefs-d'œuvre de ces grands artistes ont été traduits dans bien des langues anciennes et modernes.

Les thèmes de prédilection restent, bien évidemment, la sagesse, les proverbes, la guerre, le désert, les caravanes, la chaleur, la pluie bienfaisante, les oasis ou havres de calme, de prospérité et de repos, le soleil impitoyable, la lune brillante qui permet au voyageur de se déplacer dans la fraîcheur réparatrice de la nuit et, bien entendu, l'amour pour la belle et inaccessible bédouine.

Une des formes de *mu'allaqât* très répandue à cette époque était la *qaçida*, ode monorime qui portait également sur des thèmes précis liés à la vie du bédouin.

Antara ibn Shaddâd, qui vécut au milieu du VIe siècle de l'ère chrétienne, est représentatif des vertus chevaleresques du bédouin, fils d'une esclave abyssine, chantre de la guerre et de l'amour pur et noble.

« ...Quiconque a été témoin d'une bataille te dira que je me précipite dans la mêlée, mais que je me retire au moment du partage du butin. » Traduction E. Montet (in Bamate).

Labîd (ibn Rabi'a ibn Akil), poète né vers l'an 560, mourut centenaire au début du califat de Mu'awiyya. Il se convertit à un âge avancé, attiré par les valeurs éthiques et sociales de la nouvelle forme révélée.

« ... L'âme n'est qu'une flamme légère ; après s'être élevée en l'air, elle se convertit bientôt en cendres », récita-t-il à la mort de son frère.

Ces thèmes et bien d'autres encore continuèrent à être chantés après la venue de l'Islam qui y ajouta ses notes originales de piété, de détachement, d'amour de Dieu évoqué et déguisé le plus souvent sous les traits de figures idéales ou réelles, mais souvent inaccessibles, êtres aimables et aimés dont la conquête est un but toujours recherché, jamais atteint. Car l'Essence divine que symbolise la femme, l'aimée, l'ultime Réalité de chacun, peut-elle être atteinte ?

L'installation des califes omeyyades à Damas inaugure une nouvelle période dans la littérature musulmane, dans une contrée enrichie par les rencontres de civilisations et de cultures diverses : gréco-romaine, sémitique, chrétienne, persane, etc.

La poésie arabe, du VIIIe siècle jusqu'au milieu du XIIIe siècle, c'est-à-dire jusqu'à la prise de Bagdad par les Mongols, va développer de nouveaux thèmes que les poètes des *Mu'allaqât* n'avaient pas abordés. Sans pourtant abandonner les symboles du désert, les récits retraçant les modes de vie rustiques des bédouins, elle se laisse influencer par un climat intellectuel et culturel nouveau au contact d'un monde plus raffiné, plus citadin, mais aussi plus conventionnel et plus artificiel. Les grands poètes de cette époque chantent les mérites des princes et des mécènes, et détruisent de leur faconde les adversaires de leurs protecteurs.

Ce genre nouveau dans la poésie arabe est surtout illustré par trois grandes figures : al-Akhtal, Farazdaq et Djarir sous le règne des Omeyyades.

Sous les califes abbassides, après le transfert de la capitale de Damas à Bagdad, la langue arabe gagne en perfection, en souplesse, en délicatesse, en moyens expressifs jamais atteints auparavant. Des lettrés et des poètes vont contribuer, dans une large mesure, à cette efflorescence de la langue. Citons les noms de Abû Tammân, al-Bûhtûrî, d'Abû-l 'Alâ al-Ma'arrî, d'al-Mutanabbî.

Même à des distances considérables de l'Arabie, et malgré des siècles de séparation de la terre ancestrale, les Arabes d'Andalousie gardent le souvenir nostalgique du désert. Ibn 'Arabî est nourri de ce style et de cette ambiance. Bien que l'inspiration du *Turjumân al-Ashwâq, L'Interprète des Désirs*, intervienne pour lui lors de son premier séjour à La Mekke en 598/1202, ce n'est que plus tard, en 611/1214, pendant un nouveau séjour en ces lieux saints qu'il composa ce recueil, les commentaires étant rédigés quelques mois plus tard à Alep sous le titre de *Risâlat adh-Dhakhâ'ir wa l-a'lâq fî sharḥ Turjumân al-Ashwâq (Traité des Trésors et des Richesses contenus dans le commentaire de l'Interprète des Désirs Ardents)*.

Nous retrouverons donc, dans ses poésies, les scènes de la vie bédouine, le départ des caravanes, l'arrêt aux campements, les empreintes des chameaux, les voyages de nuit pour éviter la chaleur torride, la clarté nocturne de la pleine lune, le ciel constellé d'étoiles, les animaux qui hantent les lieux isolés, le frémissement de la nature, l'ombre bienfaisante, la rare pluie désirée, la bien-aimée que l'on recherche et que l'on poursuit mais qui disparaît, souvent inaccessible, avec la caravane, et bien d'autres illustrations de la vie dépouillée du nomade.

Les rythmes et les comportements de la vie bédouine sont évidents à travers les images des poésies de ce recueil, mais la part qui revient à l'ambiance andalouse n'est pas aussi facilement décelable. Certaines manifestations de la riche nature telle qu'Ibn 'Arabî l'a connue jusqu'au milieu de sa vie, c'est-à-dire jusqu'à l'âge de 38 ans, au sud de l'Espagne musulmane sont souvent exprimées dans des vers décrivant l'efflorescence de la végétation. Mais on peut aussi imaginer que le Maître fait des références implicites, dans certaines poésies ou certains vers, à ces paysages et à une flore et une faune que l'on trouve un peu partout dans les contrées qu'il a traversées. Le propos, chez lui, n'est pas tant de les décrire dans un lieu précis mais bien plutôt de montrer en elles la présence universelle de Dieu et l'attraction d'Amour qu'Il fait apparaître dans toute Son Œuvre, nous aurons l'occasion d'y revenir un peu plus loin au sujet du thème principal du traité.

Les aspects de la vie bédouine qui reviennent si souvent dans cette œuvre ne sont, bien évidemment, que l'occasion de dépeindre la Bien-Aimée et l'environnement dans lequel elle évolue. Les commentaires décrivent, dans la mesure du possible, ce que représente l'Héroïne Nizhâm et ce qu'est sa réalité profonde, à travers tout le symbolisme mis en œuvre.

L'amour, un des thèmes dominants de ces poésies, était déjà chanté à travers les vers des *Mu'allaqât*, mais la femme – car c'est le plus souvent elle qui est le sujet de dilection des poètes de cette première époque de la littérature orale arabe – n'est envisagée que sous ses aspects de beauté et d'inaccessibilité. C'est plus tard, avec la venue de l'Islam, que l'Amour aura pour mobile Dieu et certains de Ses Attributs. Ibn Ḥazm, par exemple, qui vécut de 384/994 à 456/1064, dans l'Andalousie musulmane, et pour qui Ibn 'Arabî avait beaucoup d'estime, a consacré à l'amour une de ses œuvres : *Thawq al-Ḥamâma (Le Collier de la Colombe)*, écrite en prose et en vers. Bien qu'il tienne l'amour pour Dieu comme étant l'aspect le plus élevé de cette noble passion, il le traite surtout sous ses modalités naturelles et psychologiques. Les poètes andalous, si portés à décrire la passion amoureuse, le font selon le même mode d'approche.

*

Dans le prologue du *Turjumân al-Ashwâq, L'Interprète des Désirs*, Ibn 'Arabî décrit la figure et les traits de caractère de l'Héroïne, Nizhâm, Harmonie. Cette jouvencelle d'une beauté sans pareille illustre, sous la plume du Maître, l'Essence divine et Ses manifestations sans fin, en rapport avec l'amour : Amour essentiel en Dieu même et Amour dans ses lieux d'apparition sans nombre.

Reprenons les propos du Shaykh al-Akbar qui chante les vertus de la Bien-Aimée à travers laquelle il perçoit tout à la fois l'Amour divin et l'Attraction universelle qu'il fait naître dans ses manifestations.

« (…) Ce shaykh – et il s'agit du père de Nizhâm – Que Dieu soit satisfait de lui – avait une fille vierge, jeune et svelte, au regard envoûtant, remplissant de grâce les réunions et les assistants, jetant l'émoi chez ceux qui la voyaient. Son nom est Nizhâm, Harmonie, et son prénom, 'Ayn ash-Shams wa-l Bahâ', la Source essentielle du Soleil et de la Splendeur (…)

« Tout nom que je mentionne dans ce recueil fait allusion à elle. Toute demeure dont je fais l'éloge nostalgique est la sienne. Dans cette composition poétique, je n'ai eu de cesse de suggérer les Événements divins, les Réalités spirituelles qui descendent d'elles-mêmes et les correspondances sublimes qui se présentent, selon une méthode allégorique qui est familière de notre Voie. (…) La science qu'elle possède est celle à laquelle je ferai allusion, et *nul ne t'informera mieux que quelqu'un de parfaitement instruit* (*Coran* 33/4) (…). J'ai donc exprimé tout cela dans le langage de la poésie amoureuse et celui des vers galants, afin que les âmes s'éprennent de ces modes d'expression et que les amateurs puissent apprécier leur audition. Ce style est bien celui qui convient au lettré distingué, spirituel et subtil. »

Dans l'ensemble des poésies qui font suite à ces précisions, Ibn 'Arabî dépeint symboliquement les caractéristiques et les signes de cette figure emblématique, expression parfaite de l'Amour présent dans toutes les formes qu'elle revêt. Il la reconnaît et l'aime à travers les ruines des campements dans le désert, dans le rythme grave des chameaux qui se balancent superbement en le franchissant pour arriver au terme du voyage, dans les nuages qui pleurent une eau rare, dans les fleurs qui sourient, dans l'ombre bienfaisante des rares arbustes épineux, dans la pleine lune, dans le soleil qui se couche ou qui se lève, dans les éclairs et le tonnerre, dans le vent frais d'est, dans un chemin ou un ravin, dans une dune ou des collines, dans un jardin et des pâturages, dans les belles bien faites, bref dans toutes les manifestations et les mouvements de la nature, expression de l'Amour et de la Beauté.

Par ailleurs, dans le commentaire, c'est à partir d'un ḥadîṯh saint célèbre, considéré comme authentique par les Maîtres du Soufisme et par Ibn 'Arabî en particulier, que l'attraction d'amour essentiel et existentiel est posée comme un postulat impossible à démontrer, mais qui demeure plein d'enseignement doctrinal fondamental, et qui va constituer un des thèmes majeurs de son exposé.

Dans cette nouvelle divine, très souvent citée et commentée par le Maître, Dieu précise l'ensemble du Processus de la Manifestation universelle à partir de l'Amour et de la connaissance de Dieu qui en résulte pour les créatures issues de l'Amour essentiel. Dieu dit par la bouche de Son Prophète : « J'étais un Trésor (caché) ; Je n'étais pas connu. Or, J'ai aimé être connu. Je créai donc les créatures afin que Je Me fasse connaître à elles. Alors elles Me connurent. »

Dans cette nouvelle, Dieu s'exprime à la première personne du singulier. Il ne s'agit donc pas ici de Dieu envisagé en tant qu'Essence absolue, inconditionnée, à laquelle fait allusion cet autre ḥadîth authentique : « Dieu était et aucune chose *(shay')* avec Lui n'était... » En s'exprimant à la première personne du singulier, Dieu affirme Son Unicité, au degré de laquelle les Noms et Attributs divins sont déjà distingués bien qu'encore non manifestés, agissant à travers les êtres qu'ils vont ultérieurement qualifier ou caractériser en leur donnant leurs normes existentielles. C'est pourquoi nous allons trouver dans ce ḥadîth saint : « J'étais un Trésor... » les Qualités fondamentales de la « Personne » divine, attributs dit d'essence *(al-çifât al-nafsiyya)* : ceux de vie, de science, de capacité, de volonté, de parole, d'ouïe et de vue.

Dans la Vie divine, premier mouvement ontologique interne et continu d'Amour, toutes les possibilités divines sont dans un équilibre essentiel ; elles sont les choses *(ashyâ')*, c'est-à-dire les Réalités divines essentielles englobées dans la Toute Possibilité *(mashî'a* = « lieu de toutes les volitions divines »). Elles représentent les éléments infinis de la Science divine, composée de toutes ces possibilités comme autant de signes *('alâmât)*, ou d'êtres-signes *('âlamîn)* identifiés par Ibn 'Arabî sous l'expression technique de *al-a'yân ath-thâbita*, les essences prototypiques permanentes. C'est le Nom divin « l'Infiniment Savant *('âlim)* » qui, sous ce rapport ontologique, les régit toutes. La Science divine *('ilm)* consiste alors à les connaître toutes ontologiquement en elles-mêmes et dans les modalités d'interconnexion et d'interférence que Dieu à mises en elles de toute éternité. Quand il s'agira de les décrire, elles ne pourront l'être que par l'intervention divine des Noms excellents, normes relationnelles universelles nécessaires à l'identification et à la caractérisation de ces essences prototypiques permanentes qui, sans eux, ne pourraient jamais être connues. Le Nom divin *al-'Alîm*, l'Infiniment Savant des êtres-signes, est lié à la racine *'alima, 'alama*, signer, donner le signe de quelque chose, et secondairement, savoir, connaître à l'aide de signes ou de symboles.

L'évaluation de ces êtres-signes ontologiquement permanents dans la Vie divine, par Dieu, intervient par Sa Fonction dénommée *Qudra*, faculté divine qui évalue ou donne la valeur de chaque chose en soi selon sa possibilité essentielle, et qui assigne la mesure des choses entre elles. Cette fonction de détermination et d'évaluation est exercée par le Nom divin *al-Qadîr*, Celui qui a la capacité d'évaluer toute chose.

Dans l'ordre d'énumération des Qualités divines d'Essence, le Nom le Volontaire *(al-Murîd)* se présente souvent après *al-Qadîr*. La racine de ce terme *R W D* veut dire : aller de-ci de-là, la volonté *(irâda)* étant la faculté de l'Âme qui permet de se déterminer en allant d'une chose connue à une autre non actuellement réalisée, le mouvement d'attraction qui en résulte pour se porter vers l'objet ainsi désiré est souvent appelé amour.

En terminologie arabe et islamique, que faut-il entendre par ce terme amour ? Quand il est exprimé par la racine *Ḥ B B*, comme c'est le cas dans ce ḥadîth qudsî que nous étudions présentement, il est nommé par deux termes : *maḥabba* et *ḥubb*. Cette racine connote deux significations principales qui, à notre avis, n'en font qu'une : amour et graine, semence. En ce sens, l'amour sera le mouvement interne, l'attraction intérieure qu'un être, ou une entité, possède en soi pour extérioriser ses possibilités, celles que Dieu a déposées en lui de toute éternité pour qu'il s'épanouisse et devienne tel un arbre entièrement développé, capable de reproduction et de fructification à l'image de la Vie divine. Dans cette perspective, *ḥubb* sera la semence amoureuse ou l'amour séminal et génésique inséparable de la vie et du mouvement volontaire. Le terme *maḥabba*, d'après le schème sur lequel il est construit, sera le lieu, le support où s'actualise cet amour. Il est à noter que le ḥadîth qudsî sur lequel nous nous appuyons comporte une variante : au lieu de « J'ai aimé être connu… » on trouve : « J'ai voulu être connu… » L'Amour ainsi posé n'est qu'une des caractéristiques essentielles de la Volonté divine.

Nanti de ces quatre Attributs essentiels de Vie, de Science, de Capacité et de Volonté, l'Être divin qui aime être connu exprime ou profère cet Amour d'être connu, en articulant par Sa Parole *(kalam)* toutes les possibilités contenues dans les essences prototypiques permanentes. Cette Fonction divine est nommée *al-Mutakallim* : Celui qui s'exprime de Soi-même. La racine de ce terme : *K L M*, possède le double sens de proférer et de blesser ; la parole proférée, qui est une articulation, actualise toutes les possibilités de l'Être divin. Celui-ci peut être représenté symboliquement et provisoirement par un Point en mouvement intérieur spiroïdal, sous l'action du mouvement principiel de l'Amour, sous ses deux aspects principaux d'attraction et de résorption, Esprit de cette motion interne. En « amplifiant » ce Point métaphysique sans dimension, il prend une forme sphérique symbolique à l'intérieur et aux confins de laquelle s'expriment les possibilités divines dont nous venons de parler. Cette sortie illusoire représente comme autant de blessures par lesquelles la sève de Vie produit l'Arbre universel métacosmique et cosmique. Les deux Attributs d'Oyant et de Voyant, ou d'Ouïe et de Vue, qui sont considérés comme faisant partie des sept attributs de l'Essence, font rayonner ces possibilités principielles à travers la Sphère divine sans limites s'ouvrant et se fermant sur Elle-même, par la Parole essentielle dans l'immensité sonore qui la reçoit. L'Ouïe divine perçoit ontologiquement parlant les Paroles et la Vue divine les répand infiniment dans un mouvement intérieur de Vortex universel.

Cette esquisse d'ontogonie n'est, bien évidemment, pas linéaire et schématique comme le laisserait penser cet exposé très condensé et trop rapide. Ces sept Qualités d'Essence, et tous les autres Attributs ou Noms divins, coexistent ontologiquement et coopèrent à la Genèse de l'Existence universelle. Ils interréagissent et sont incessamment corrélatifs.

Dans le *Traité de l'Amour* (page 169 de notre traduction du chapitre 178 des *Futûḥât al-Makkiyya*), Ibn 'Arabî illustre ce processus divin d'interdépendance, dans une démonstration originale que nous allons partiellement reprendre :

« L'amour que Dieu porte aux combattants dans Sa voie vient de cette conformité à Lui et au Prophète.

« Dans le verset suivant, Dieu précise une caractéristique de cette lutte : *En vérité, Dieu aime ceux qui combattent dans Sa Voie en ordre rangé* (çaff) *comme s'ils étaient un édifice solide* (marçûç) (*Coran* 56/4). Ce propos divin revient à dire qu'aucune brèche *(kha-lal)* ne se produit puisque la fissure pratiquée dans les lignes droites *(çufûf)* relève des voies des démons, alors que la Voie de Dieu est unique.

« Quand la ligne *(khaṭṭ)* apparente est interrompue par des points qui ne sont pas juxtaposés, la ligne (qui doit être continue) n'existe pas (réellement), alors que le but recherché était bel et bien qu'elle soit effective.

Pour qu'elle soit ainsi, il faut que cette juxtaposition continue se réalise. C'est la raison pour laquelle celui qui ne s'applique pas à rendre la Voie de Dieu apparente n'est pas des Siens. (...)

« Cette disposition relève de l'interattraction *(tarâçç)* des Noms divins. Cette interattraction continue détermine la Voie propre à l'Acte créateur. C'est ainsi que le Vivant est dans le "voisinage" ontologique contigu de l'Omniscient et qu'entre ces deux Noms divins, aucun vide ontologique ne peut se trouver pour recevoir un autre attribut. Dans cette Économie principielle, l'Omniscient est contigu au Volontaire et ainsi de suite pour les autres Noms divins tels que le Parlant, le Puissant, l'Arbitre, le Nourricier, le Répartiteur, le Dirigeant, le Vivificateur. La Rangée ontologique des Noms divins est donc nécessaire pour que s'effectue la Voie propre à l'Acte créateur, réalisée par l'existence même de cette interconnexion, et cette Voie, en apparaissant, ne vient en rien ajouter à cette interaction continue des Noms de Dieu. Le processus créateur est déterminé par ces Noms du fait même de l'existence de leur interaction ontologique. Telle est la condition qui les régit pour que la création s'effectue, et ils ne cessent d'intervenir en elle et d'être intelligibles selon ce Processus principiel.

« Cette interattraction ontologique continue explique que l'Univers est tout à la fois vivant, savant, volontaire, parlant, puissant, sage, nourricier, répartiteur, recteur, dispersant, et ainsi de suite pour tous les Noms divins. Dans la Voie, ce processus est connu sous la désignation de : "caractérisation" *(takhalluq)* par les Noms divins qui opèrent à travers le serviteur, comme ils le font en actualisant la Voie de rectitude en agissant les uns par les autres continuellement. Qu'ils laissent seulement pénétrer une discontinuité dans l'Univers et la Voie de Dieu disparaît au seul profit de celle des démons qui s'introduisent instantanément à travers les brèches ouvertes dans les rangs. Dispose-toi à recevoir l'enseignement que je viens de te donner ! (...)

« Toute réalité en acte peut être considérée comme une ligne tracée qui représente une somme de Noms divins, des attributs de louange et des opérations innombrables. Elle prend alors de la consistance, de l'importance, et les formes complexes apparaissent dans le monde. La raison en est simple : deux lignes forment une surface et deux surfaces un corps. Tout corps se compose de huit éléments pour représenter une forme parfaite constituée d'une essence et de sept attributs...

« L'être dans une telle disposition fait l'objet de l'amour de Dieu et personne ne sait ce que l'aimé recevra de l'Amant puisque l'Amant se donne entièrement à l'aimé. »

Cet Amour, qui anime continuellement la Manifestation universelle, par son pouvoir, s'empare des êtres créés qui en sont les réceptacles.

Ibn 'Arabî tire certaines conséquences de ce ḥadîth saint, « J'étais un Trésor... », qui sont tout à fait en rapport avec l'Amour essentiel. Dans le *Traité de l'Amour*, il indique que, dans le contexte de cette nouvelle prophétique, « Dieu nous a créés pour Lui seul et non pour nous-mêmes. Pour cette raison, la rétribution est liée aux actes et si nous agissons pour nous et non pour Lui, notre adoration, elle, est pour Lui et non pour nous, bien que la servitude adorative ne soit pas l'acte lui-même. Les comportements extérieurs des êtres créés Lui appartiennent car Il demeure l'Agent (véritable). La perfection des actes Lui est rapportée ainsi qu'il convient puisque tout procède de Lui conformément à Sa Parole : *Par l'âme et comme Il l'a façonnée harmonieusement, lui inspirant son impiété et sa crainte pudique* (*Coran* 91/7 et 8). *C'est Dieu qui vous a créés et ce que vous faites* (*Coran* 37/96). *Tel est Dieu, votre Seigneur. Nul dieu adoré autre que Lui, le Créateur de toutes choses. Adorez-Le donc...* (*Coran* 6/106) (page 39)

« Chaque essence particulière, continue Ibn 'Arabî, est originellement virtuelle, connue de Dieu et Il en aime l'actualisation. C'est alors qu'Il la fait arriver à l'existence. Plus même ! Il fait arriver l'existence en elle, ou mieux encore, Il la pare du vêtement de l'existence. La voici donc qui se trouve être, elle et puis d'autres et encore d'autres, selon un processus incessant et récurrent, et cela depuis le premier être existant se reposant sur la primordialité de l'Être vrai... Les créatures sont perpétuellement sans fin comme l'Être vrai est éternellement sans origine, immuable et nécessaire. Son Existence n'a pas plus de principe premier que Son Amour pour Ses serviteurs. Seule la mention de l'amour commence chez le Bien-Aimé dès le premier instant de l'Information divine, mais pas l'Amour lui-même... » (pages 76 et 77)

« L'âme sut aussi que l'amant, par sa condition, en assumant une forme, aime à soupirer puisque dans ce souffle consolateur il trouve la délectation recherchée. Ce souffle s'échappa de la source de Son amour à travers les créatures, l'Être vrai voulant se faire connaître à elles afin qu'elles Le connussent... » (page 87)

Ibn 'Arabî continue ainsi : « Dans un ḥadî<u>th</u> saint, Dieu dit : "Celui qui s'approche de Moi d'un empan, Je M'approche de lui d'une coudée. S'il s'approche de Moi d'une coudée, Je M'approche de lui d'une brasse. S'il vient à Moi en courant, Je viens à lui en

M'empressant." C'est pourquoi il convient, ô mon frère ! que tu saches apprécier la valeur de celui que tu aimes pour Dieu ou pour lui-même, car l'Être vrai reste avec Sa Suffisance absolue en se passant de l'Univers ! Quand le serviteur aime Dieu, Dieu s'empresse vers lui pour réaliser l'union et Il le rapproche [de Lui] au point que le serviteur aille très près de Lui pendant sa séance spirituelle. Dieu l'établit alors parmi les êtres distingués qui siègent en Sa Présence. Or, tu es très apte à recevoir cette consécration quand un individu t'aime, car il accepte que tu aies autorité sur lui en se soumettant à l'action que tu lui imposes ! Il te faut donc être perspicace afin que tu connaisses la portée de l'amour et la valeur de celui qui t'aime, et afin aussi que tu t'empresses pour t'unir à lui en t'imprégnant des caractères de Dieu avec Son Amour ; car c'est Lui qui t'a produit originellement par cet amour qui n'a jamais d'équivalence, ainsi qu'Il te le suggère. Pour cette raison, l'acte que tu fais par amour, bien que produit primordialement avec Lui, est seulement la conséquence de cet amour par lequel Il t'aime principiellement. » (pages 146 et 147)

Dans une des citations, extraite du *Traité de l'Amour*, que nous venons de faire, le Maître précise, et il y fera référence de nombreuses fois dans *L'Interprète des Désirs*, que cette interattraction ontologique continue est connue sous la désignation de « caractérisation par les Noms divins » qui opèrent à travers l'adorateur en agissant les uns par les autres incessamment. Cette interattraction est d'abord l'opération divine d'amour par laquelle Dieu se penche vers Ses créatures pour qu'elles Le connaissent. C'est aussi et simultanément l'acte du serviteur, l'amant de Dieu, qui opère par l'Acte divin. C'est par cette attraction d'amour que tous les êtres, supports de Sa manifestation, réalisent le plan du divin Amour, et c'est pour cette raison que Dieu n'aime que Lui-même, qu'Il est l'Aimé et l'Amant véritables dans une même opération, et que Ses créatures n'aiment que leur Créateur d'un amour nécessaire, quels que soient les supports de Son Amour.

C'est donc par le truchement de l'Amour que l'adorateur, le « servant » de Dieu, reprend conscience de sa réalité originelle, fondu mais non confondu dans l'Unicité de son Seigneur, en se parant des Noms divins innombrables présents dans l'Existence universelle, solidairement reliés aux autres créatures par l'attachement d'amour. Par leur interconnexion et leur interattraction, ces Noms divins, exprimant la Beauté divine totalisatrice et aimable, sont les Relations universelles qui lient par l'Amour essentiel, aussi bien les différents aspects de chaque être manifesté par l'Amour et fruit de l'Amour, que les divers êtres entre eux. L'opposition de certains Noms antinomiques peut marquer la répulsion que des êtres ou des choses éprouvent pour d'autres par manque d'affinité ; il s'agit alors d'une manifestation de l'amour qui ne peut s'emparer et compénétrer l'objet du désir amoureux et qui, de ce fait, se transforme en répulsion d'amour, c'est-à-dire en haine.

Dans le ḥadîth saint que nous venons de commenter rapidement, l'opération de l'Amour s'effectue primordialement au degré de l'Unicité divine, du Moi divin. Le mouvement essentiel de l'Amour en Dieu est d'abord celui de Son propre Amour pour Lui-même. Mais Il aime à faire connaître le contenu de Son Trésor caché. Au degré du Soi et de Sa Toute-Possibilité, quand l'Amant et l'Aimé ne sont plus ou ne sont pas distingués et que l'Amour est une simple virtualité, on peut toutefois transposer ces trois termes corrélatifs en disant que l'être déterminé est attiré vers l'Essence divine inconditionnée et absolue, et qu'il L'aime donc car Elle est sa Réalité ultime dans laquelle il se fond. On ne peut donc plus parler d'Amour qu'en termes communs sans qu'il y ait d'expression adéquate pour le situer et le qualifier à ce « Degré » ultime de l'Essence de Dieu. Car au « niveau » de l'Essence divine où l'Amour n'intervient pas « Dieu est et aucune chose n'est avec lui… », selon les termes de cet autre ḥadîth que nous avons mentionné au début de cet exposé.

L'interattraction ontologique continue des Noms divins entre eux, dont nous venons de parler, ne cesse de se produire dans une permanente actualité en Dieu même, l'Unicité divine impliquant simultanéité et coexistence. Cette interattraction amoureuse, en manifestant des effets sans nombre, va se répercuter dans des moments apparemment différents de l'Existence universelle et produire un renouveau de la création à chaque instant. Les Maîtres du Soufisme décriront ce phénomène cosmique récurrent et toujours nouveau par l'expression *tajdîd*. Dans la perspective de l'Amour, ses effets manifestes seront décrits par Ibn 'Arabî, tout au long du recueil de *L'Interprète des Désirs*, par des expressions nombreuses dont la plus fréquente est *tajallî*, qu'on peut traduire de différentes façons : théophanie, épiphanie, irradiation, pleine manifestation, etc. Ces théophanies ou manifestations divines et lumineuses, le Maître le rappellera tout au long de son œuvre immense, ne se répètent jamais mais se renouvellent sans cesse dans des occurrences toujours différentes. Ici, nous devons nous souvenir que l'Amour est une notion qui ne cesse de s'actualiser. Ainsi, le Shaykh al-Akbar dira, dans le *Traité de l'Amour* (page 129) : « Les sophismes sur l'amour sont nombreux. Commençons par celui que nous avons déjà exposé, dans lequel on s'imagine que l'objet de l'amour a une existence effective alors qu'il est une pure potentialité. L'amour s'attache à le considérer comme présent dans un individu. Dès que l'amant voit l'aimé, son amour se renouvelle afin que persiste cet état dont il aime l'existence effective et qui a cet individu pour origine. C'est pourquoi l'objet de l'amour reste sans cesse en puissance d'être, même si la plupart des amants n'en ont pas conscience, à la seule exception des gnostiques qui connaissent les réalités fondamentales [de l'amour] et les conséquences qui lui sont inhérentes. » (...) « Nous dirons que l'amour est l'une des affections caractéristiques de la volonté. L'amour ne s'attache qu'à une chose en puissance d'être ou virtuelle, non actualisée ou encore non existante dans un être au moment de cette affection volontaire. L'amant veut la réalisation concrète, c'est-à-dire l'actualisation ou l'avènement de la chose aimable. » (...) (page 62) « L'amour est-il une qualité intrinsèque ou d'essence de l'amant ou un attribut extrinsèque ou intelligible chez lui, ou encore une simple relation ou affection entre l'amant et l'aimé qui pousse l'amant à rechercher l'union avec l'aimé ? Nous dirons que l'Amour est un attribut essentiel de l'amant. Si on objecte que l'on voit cet attribut disparaître, nous répliquerons qu'il ne peut en être ainsi que si l'amant lui-même cesse d'exister. Or, celui-ci pas plus que l'amour ne peuvent manquer d'être. La seule disparition que l'on doive envisager est l'attachement à un être aimé déterminé. Il est donc possible que cesse cet attachement particulier et que, de ce fait, disparaisse cette affection qui le lie à un être aimé. Mais alors, un nouvel attachement l'attirera vers un autre aimé, puisque cette affection trouve à s'appliquer à des individus aimables nombreux. Un tel attachement qui lie l'amant à un aimé déterminé peut se rompre, mais en soi, l'attachement d'amour perdure car il est essentiel à l'être qui aime et pour cette raison il ne peut cesser. L'amour est donc l'amant lui-même ainsi que son essence et non une qualité extrinsèque qui pourrait lui être retirée, elle et sa vertu. En conséquence, l'affection d'amour est la relation qui unit l'amant à l'aimé de telle sorte que l'amour est l'amant lui-même, jamais un autre.

« Attribue l'amour à qui tu veux, à un être éphémère ou à une autre réalité, mais l'amour ne sera, en définitive, pas autre que l'amant lui-même ! Dans l'existence, il n'y a qu'amant et qu'aimé, bien que la condition de l'aimé soit seulement virtuelle et nécessite l'actualisation de cette puissance d'être, ou encore l'arrivée à l'existence dans un individu mais jamais dans une pure potentialité [qui resterait dans cette condition]. Telle est la vérité reconnue en la matière. » (pages 90 et 91)

*

Ces dernières remarques essentielles du Maître nous font mieux comprendre maintenant la raison et la vertu des symboles très divers qu'il présente dans les soixante et une poésies du recueil de *L'Interprète des Désirs*.

L'héroïne, *Nizhâm*, Harmonie, est tout à la fois l'Essence divine attractive, les Attributs de l'Amour, les manifestations toujours récurrentes de celui-ci, à travers Nizhâm, mais aussi par le truchement de toutes les apparitions de l'attraction amoureuse. Nizham, étant la Femme parfaitement accomplie, sera l'occasion pour le Maître de découvrir l'Amour universel sous toutes ses formes d'apparition. Dans les vers du prologue, il a déjà averti que tous les phénomènes naturels et surnaturels sont autant de modes d'expression de cet Amour. Le gnostique amoureux – et le véritable amant ne peut être que connaissant véritable du Trésor divin caché et manifeste – perçoit concrètement et intuitivement tous les mouvements de la vie comme autant d'expressions adéquates de l'Amour. Il n'y découvre que l'Amant véritable et que l'Aimé – qui ne font qu'un –, c'est-à-dire sa réalité permanente en Dieu même et dans Sa Création toujours nouvelle.

Nizhâm est donc, tout à la fois, l'expression parfaite de l'Essence divine, Ses possibilités infinies au « niveau » de cette Essence. Ainsi, dans la poésie 2, vers 6, Ibn 'Arabî dira de la Bien-Aimée : « La jeune fille est sans parure au regard de l'Unicité divine même qui ne comporte aucune trace de l'ornement que représentent les Noms divins [non encore manifestés]. Elle est aussi de la nature de l'Essence et non des Noms et des Attributs. Mais sur elle se manifeste le pur Bien suggéré par les lumières qui sont les Gloires brûlantes ; si Dieu retirait les Voiles de Lumières et de Ténèbres, ces Gloires consumeraient la face de l'être déterminé, selon une paraphrase d'un ḥadîth célèbre. Ces Gloires font allusion aux lumières incluses dans la vertu de cette sagesse de type christique ; aussi est-elle le pur Bien puisqu'elle relève de l'Essence inconditionnée. »

Le Maître fait aussi allusion à la sagesse christique qui caractérise Nizhâm. Bien des fois, dans le courant du Traité, il suggérera que la Bien-Aimée, sous son aspect de Réceptivité universelle, de Matrice des Théophanies, représente tous les types prophétiques, et sous ce rapport, dira-t-il, elle est de typologie muḥammadienne synthétique.

Citons le Maître dans cette perspective de l'Amour essentiel qui résorbe toute antinomie, tout contraire, tout conditionnement dans l'Essence absolue :

« L'attraction de Dieu produit ma disparition afin que Lui seul soit et non moi [avec Lui], par jalousie, pour éviter que l'amant ait en son âme la conscience d'un autre que le Bien-Aimé. Car le principe en matière d'Amour est que tu sois l'Essence même de ton Bien-Aimé et que tu t'absorbes en lui, de sorte que Lui seul demeure et non toi. » (11/4)

« Toutes les aspirations, toutes les volitions et toutes les orientations s'attachent à la Bien-Aimée et émanent de tous ceux qui la recherchent du fait qu'elle est méconnue en son essence auprès d'eux et sans caractère distinctif. C'est pour cela que tout être s'éprend d'elle et que personne ne blâme la passion qu'on a pour elle. » (13/12)

« Si les peines d'amour existent, coexistent aussi celles de l'amour que l'emprise affectueuse produit malgré la rencontre [avec l'aimé]. Or, cela est une sorte de présence dans laquelle l'extinction n'est guère possible. L'aimé ressent nettement la brûlure de l'incitation au désir intense malgré la rencontre. Mais cette brûlure amoureuse est activée par la séparation. Il convient alors au gnostique de ne s'immobiliser qu'avec l'Essence et non pas d'être épris d'un seul Nom divin, car en tout état, la séparation d'avec un Nom divin entraîne l'attachement à un autre Nom divin. » (13/11) « Ne t'arrête alors qu'avec le Nom totalisateur [Allâh] et non avec un Nom particulier ! » (17/2)

« Lorsque les regards essentiels de la Présence, objet de la quête des gnostiques, provenant du Dieu-Vrai s'inclinent vers nous par irradiance amoureuse et délicatesse, ils font pencher mon cœur vers cette présence, par attachement amoureux. Elle est d'une pureté si majestueuse, d'une exaltation si considérable et d'une élévation si puissante et si magnifique, qu'il est impossible de la connaître. Elle est aimée et se laisse descendre, avec les grâces cachées, sur les cœurs des gnostiques. » (20/1)

« La connaissance essentielle s'exprime en prose et en vers, ou harmonie *(Nizhâm)*, chacun de ces deux modes de composition traduisant ce qui est respectivement limité et illimité. En tant qu'expression de l'Essence [divine], il s'agit d'une existence affranchie et absolue ; mais en tant qu'expression de Dieu, Souverain-Possesseur, il s'agit d'un conditionnement par la possession. (...) Nous faisons allusion à toutes ces connaissances à travers le voile de Nizhâm, fille de notre shaykh, vierge vouée entièrement à Dieu, la vénérable des deux Cités saintes, une des savantes déjà mentionnées (dans le prologue). » (20/16)

« Aucune science ne résulte du Lieu de contemplation essentiel dans l'âme du contemplant, puisqu'il s'agit d'une théophanie se manifestant sans aucune forme substantielle susceptible d'être appréhendée par l'imagination, ni intelligée par l'intellect. En effet, ce type de théophanie ne relève pas des catégories du comment, du nombre, de l'état, de l'attribution et de la qualification. Au contraire, dans la station où les réalités assument des formes analogues, la théophanie est parfaitement adéquate à l'amant en spiration amoureuse. Le premier type de théophanie convient entièrement au gnostique. » (24/4)

« Si Dieu retirait Ses 70 000 voiles de lumière et de ténèbres, les Gloires de Sa Face brûleraient ce que Son Regard atteindrait. Il s'agit d'un lieu de contemplation immense, d'une pureté inaccessible où ne subsistent nulle trace, nulle essence déterminée, ni être généré. Dieu ne se voile que par miséricorde pour nous, pour sauvegarder la survie de nos essences individualisées. La perdurance de l'essence déterminée de l'être généré est due à la manifestation [en elle] de la Présence de Dieu et de Ses Noms excellents qui constituent la Beauté totalisatrice de l'Univers. Si celle-ci disparaissait, aucune connaissance ne pourrait avoir lieu. C'est par les signes-symboles et les corps que les connaissances se répandent, que les compréhensions se diversifient et que le Nom le Vivant-Immuable se révèle. Gloire à Celui qui a propagé universellement Son Irradiance amoureuse sur Sa Création et Ses Créatures, afin de témoigner de Sa Qualité et de Son Être. » (25/6)

« À chaque sorte de fruit cueilli correspond une main pour le cueillir, à l'exclusion d'autres mains qui ne sont pas destinées à cette sorte de fruit. La raison qui préside à cette disposition est la Largesse divine, car rien dans l'Existence universelle ne se répète. En effet, la répétition entraînerait la limitation [des possibilités divines]. Or les réalités ne permettent pas une telle limitation. » (28/2) Ceci constitue une nouvelle forme de manifestation de la présence de l'Amour toujours nouveau et renouvelé dans la création.

« Il est impossible que Dieu se manifeste à quelqu'un tel qu'Il est en Lui-même, pour Lui-même. La théophanie ne se présente qu'à un moindre degré, en fonction de ce qui convient à celui à qui Dieu se manifeste. » (28/4)

Si Nizhâm représente l'Essence divine, selon Ibn 'Arabî, ainsi qu'il découle de ces quelques citations, elle symbolise aussi, pour l'auteur, la Présence de l'Amour dans la manifestation universelle. Déjà, dans certaines séquences des commentaires du recueil, que nous venons de présenter, nous avons pu constater que l'Amour essentiel est reconnu à travers ses épiphanies sans fin.

Pour achever cette introduction doctrinale nous allons citer quelques passages plus représentatifs dans lesquels le Maître dégage bien la réalité actuelle de l'Amour sous les aspects très divers que revêt Nizhâm, la bien-aimée.

Dans le prologue, Ibn 'Arabî fait dire à Nizhâm en parlant de lui : « Cela n'est-il pas surprenant, comment à celui dont le cœur est épris reste-t-il un débordement qui le jette dans le trouble, alors que la passion d'amour a pour caractéristique d'envahir tout l'être. L'amour engourdit les sens, aliène les intelligences, déroute les suggestions et entraîne le passionné d'amour avec ceux qui se résorbent. Où est donc la perplexité et y a-t-il quelqu'un qui puisse demeurer perplexe ?... »

Question qui pourrait rester sans réponse. Pourtant, un peu plus loin dans le traité, Ibn 'Arabî admet la perplexité comme un effet de l'Amour authentique. Comment, en effet, le contemplatif amoureux peut-il se situer dans l'Existence universelle qui est un ensemble complexe de relations, alors que la relation privilégiée qu'il garde avec Dieu, le Bien-Aimé, est unique, prépondérante et l'absorbe exclusivement ? C'est ainsi que le Maître situera l'amoureux : « Lorsque la passion amoureuse survient, elle exige une chose et son opposé et quiconque est épris se trouve alors perplexe et désorienté. Certaines de ses revendications ont l'approbation du Bien-Aimé dans ce qu'Il veut de lui. Or, l'amant sollicite de s'unir à Lui. Si le Bien-Aimé veut la séparation, l'amant est éprouvé, lui qui est éperdu d'amour pour deux réalités antinomiques qui sont pour lui comme deux bien-aimés. La perplexité qui accompagne nécessairement la passion d'amour naît de cette confrontation et celui qui est alors qualifié par cet amour tombe sous le coup du désarroi. Selon nous, la passion amoureuse se comprend comme étant la précipitation de l'amour dans le cœur de l'amant et seulement d'un amant, tout au début d'un processus amoureux. » (...) (1/4)

« L'allusion au cœur est due à sa mobilité dans ses états spirituels et aux peines qui l'affectent à cause de la séparation des êtres chers. Cet état d'âme se développe du fait que cet être ne voit pas la Face de Dieu le Réel en ceux qui se succèdent dans sa demeure au moment où il ne ressent nullement la séparation. Et même s'il venait à avoir conscience de cet éloignement, son attitude ne serait pas authentique avant l'obtention de cette réalisation du fait que les Réalités essentielles n'admettraient pas cela et refuseraient son existence. Le Prophète – sur lui la Grâce et la Paix de Dieu – a dit : “J'ai un instant dans lequel rien d'autre que mon Seigneur ne me contient.” Il était abîmé dans les états spirituels, bien qu'il contemplât Dieu en chacune de ses dispositions. Cependant, la conscience contemplative de l'Essence lui procurait une conscience plus intense, plus douce et plus universelle pour toutes ces raisons et la Face de Dieu se tenait en lui au-delà même de cette conscience contemplative. Si un être venait à s'éprendre d'amour pour les divins attachements affectueux, la délectation de la contemplation portant sur la Science divine serait plus sublime que la contemplation ayant trait à la Puissance, car l'emprise de la science est plus universelle que celle plus particulière de la puissance du fait que l'endroit [dans l'être] où celle-ci est reçue concerne uniquement les réalités possibles [et non celles qui sont d'une permanente actualité]. » (6/4)

« Les réalités divines, à l'instar des chevaux à la course, se font concurrence pour la venue à l'existence, afin d'actualiser leurs possibilités et afin que leur vertu se manifeste dans les êtres… » (3/10)

« Ne sois pas séduit par les belles apparitions de créatures sublimes ou inférieures à cause de ce que tu es, car tout sauf Dieu est irréel, c'est-à-dire néant ou non-être comme toi. C'est comme si tu ne voulais pas cesser d'être toi. Sois donc pour Lui afin qu'Il soit pour toi et ne sois pas pour toi car les Prophètes ont ainsi conseillé ! »… « Car tu as été créé pour Lui seul. » (7/6)

Nous conclurons ces quelques citations fort éloquentes sur l'Amour essentiel et sa Présence universelle par ce dernier passage du Maître qui résume la vraie nature de Nizhâm en soi et sa fonction rédemptrice : « Je ne suis conditionné ni par les stations ni par les degrés, mais seulement par elle, et là où elle se manifeste à moi, je suis présent là où elle est, puisqu'elle est l'objet de mon désir. De plus, elle vient vers moi seulement comme elle l'entend et non comme je le voudrais, car la science qu'elle possède et l'ordre [qui la détermine] ne sont pas les miens. Aussi peu importe où mon émotion enstatique me conduit ! » (30/29)

STYLE DES POÈMES COMPOSANT CE RECUEIL ET MÉTHODE QUE NOUS AVONS ADOPTÉE POUR LEUR TRADUCTION ET CELLE DES COMMENTAIRES

Chaque vers arabe est divisé en deux parties régulières appelées hémistiches, chacun d'eux comportant une ou plusieurs idées ou significations symboliques bien distinctes. C'est l'une des raisons majeures qui nous ont fait découper chaque vers arabe en quatre séquences de vers français libres ou plus rarement en deux vers français. Cette façon de rendre le vers arabe n'est évidemment pas la seule possible, mais elle présente l'avantage de développer d'une manière plus complète et plus souple le symbolisme propre aux racines arabes qui, sous la plume du Maître, laissent deviner la richesse d'acceptions qu'elles impliquent et que la Révélation islamique en cette langue a mise particulièrement en valeur.

Ibn 'Arabî ne se lasse pas d'utiliser les ressources sacrées, symboliques, rythmiques et euphoniques des racines arabes. Pour appuyer son inspiration poétique, chaque fois qu'il le juge nécessaire, il tire parti des différentes sortes de dérivations et de permutations des racines le plus souvent trilitères de cette langue très riche, d'une grande souplesse et qui se prête aux nuances les plus diverses de l'aspiration humaine vers le Divin et la Beauté.

Son style est alors multiforme : il évoque la rhétorique sacrée du Coran. Il sait être concis et allusif, mais aussi être disert sans excès en sachant garder la juste mesure de la pure rhétorique arabe des grands poètes authentiques dont on devine qu'il est nourri. Les citations qu'il en fait laissent entrevoir sa culture poétique, même si les auteurs auxquels il fait allusion ne sont pas toujours mentionnés et quelquefois difficilement identifiables. Bien évidemment, cela n'amoindrit pas la force probante de sa démonstration !

Il fait continuellement allusion à la Bien-Aimée et aux différents symboles qui la décrivent. Il varie les pronoms qui la concernent selon qu'il s'agit de voir à travers elle l'Essence divine, les Attributs et les Noms divins, les Théophanies incessantes et toujours nouvelles dont elle et l'Amant font l'objet, expressions de la Présence divine en eux et dans les différents degrés de l'Existence universelle dont ils sont inséparables et partie intégrante. Une des difficultés majeures de traduction et par là même d'interprétation du texte reste, comme dans beaucoup d'ouvrages classiques, l'application adéquate et souvent polyvalente des pronoms de rappel.

Les symboles qui décrivent la Bien-Aimée sont d'une grande diversité ; le lecteur pourra s'en rendre compte facilement en consultant le répertoire par thème que nous avons réalisé à la fin de l'ouvrage. Nous avons privilégié cette méthode d'exposition doctrinale à celle qui aurait consisté à faire un bref exposé méthodique et systématique, forcément incomplet et arbitraire, des thèmes innombrables qui transparaissent à travers ce recueil de poésies et leurs commentaires. Chaque poésie, bien que comportant un thème principal que nous avons mis d'initiative en titre de son commentaire, est assortie d'interprétations diverses plus allusives qu'explicatives. Ce recueil valorise une méthode originale et unique dans l'œuvre du Maître : à travers les thèmes majeurs ou non qu'il aborde, il décrit toujours la réalisation intime de la Réalité divine omniprésente dans Sa Manifestation universelle et particulière, synthétique et hiérarchique, l'être humain, l'Humain universel étant l'expression parfaite de la Forme divine.

Autre précision qu'il nous semble bon de souligner : devions-nous développer des notes nombreuses qui auraient permis de mieux situer les positions doctrinales d'Ibn 'Arabî, et devions-nous faire des renvois abondants aux autres ouvrages du Maître ? À cette méthode, nous avons préféré assortir la traduction de gloses rapides entre crochets ou citer des ouvrages traduits, accessibles aux lecteurs non arabisants, de fort loin les plus nombreux, les arabisants ayant toujours la possibilité d'avoir l'accès direct aux textes originaux.

Une autre précision concernant notre traduction des citations coraniques semble opportune et peut paraître assez évidente à bien des personnes. La Révélation islamique emprunte le plus pur arabe, langue éminemment claire, riche, concise, organique et symbolique. De ce fait, la Descente divine en cette langue ne cesse d'être originale, unique et inimitable. La traduction du Livre révélé s'avère alors une mutilation profonde et a toujours été ressentie comme telle par les savants authentiques de l'Islam, arabes ou non, ou arabisants de formation et de culture. C'est une des raisons principales et profondes qui empêcha certains musulmans linguistes, théologiens ou gens de la Loi révélée, d'accepter les traductions du Livre sacré de l'Islam. On peut juger du bien-fondé de cette réticence quand on considère les premières traductions du Coran en latin d'abord et en langues européennes ensuite, celles-ci fortement influencées par celles-là, d'autant plus que ces premières traductions faites par des chrétiens du Moyen Âge hostiles pour la plupart à l'Islam, et loin d'avoir assimilé l'originalité révélée du Coran et de l'arabe, rendirent ce texte sacré en un langage à forte résonance chrétienne, ce qui faussa dès le départ la compréhension profonde et originale du corpus révélé coranique. Les traductions de l'arabe coranique et classique sont encore souvent marquées par cette première interprétation occidentale de la culture profondément originale introduite par la Révélation en arabe clair de la Parole divine. Le traducteur qui, de plus en plus, sent intimement la nécessité de revenir à une interprétation beaucoup plus conforme au langage de la Révélation et de la culture qu'elle a nécessairement engendrée, devrait, dans une certaine mesure, faire abstraction d'une propension à continuer de traduire conventionnellement le texte sacré, et faire l'effort de restituer l'originalité de cette Révélation et des œuvres littéraires qu'elle a fait naître. Certains arabisants ou islamologues pourraient penser alors qu'une traduction des données de la Révélation tenant compte de ces observations assez évidentes relève plus du commentaire que de la traduction. Pourtant, aucune langue ne peut se calquer sur une autre et le vocabulaire propre à chacune d'elles devra souvent faire l'objet de périphrases et avoir recours aux sens premiers de la racine pour qu'elle soit rendue avec le plus d'exactitude et de suggestion possibles dans une autre langue. Quelle est donc la frontière qui distingue la traduction du commentaire et de l'interprétation et y en a-t-il une ? Il est vrai que depuis deux siècles et plus, depuis Sylvestre de Sacy, par exemple, l'orientalisme, l'islamologie et les traductions de l'arabe en langues européennes tentent de tenir compte d'un sens plus précis et plus conforme à la racine originelle et bien des traductions récentes en ont profité.

Ibn 'Arabî ne cesse d'avoir recours à la richesse de la polysémie des racines arabes et révélées. Une des difficultés de traduction des poésies de ce recueil et de leurs commentaires réside dans cette appréciation, le traducteur devant être en même temps interprète et s'obliger à demeurer très attentif à la méthode du Maître pour restituer le plus fidèlement possible l'originalité et la profondeur symbolique de son inspiration toujours active et nouvelle.

*

Pour notre traduction, nous avons disposé de deux éditions, celles de Beyrouth 1312 et 1371/1961 et d'un manuscrit, non daté, manuscrit Zahiriya, mis obligeamment à notre disposition par The Muhyiddin Ibn 'Arabî Society, Oxford.

Nous nous sommes également servi de l'édition critique des manuscrits que Nicholson a présentés dans la traduction partielle qu'il a faite du recueil d'Ibn 'Arabî. Les trois manuscrits sur lesquels il a travaillé sont ainsi identifiés :

Première recension – représentée par Leyde 875 (2), Brit. Mus. 1527 et Gotha 2268 –, poésies sans commentaires. Dans cette recension, Ibn 'Arabî mentionne son arrivée à La Mekke en 598/1202. Il a 38 ans, à la moitié de sa vie, puisque né à Murcie en 560/1165, il meurt à Damas en 638/1240.

Deuxième recension – représentée par Leyde 641 et Brit. Mus. 754 –, poésies avec commentaires. Dans cette deuxième recension, Ibn 'Arabî précise, dans la préface, qu'il a composé les poésies à La Mekke, pendant les trois mois de Rajab, Sha'bân et Ramaḍân 611/1214-1215, c'est-à-dire à 51 ans, ainsi qu'il le répétera dans deux des poésies de ce recueil (cf. 32/2 et 36/2), dans lesquelles il mentionne cinquante années, par ellipse poétique.

Troisième recension – représentée par Bodl. (Uri) 1276, Munich 524, Berlin 7750 et 7751 – et aussi par manuscrit cité par Ḥâjj Khalîfa (Édition Flugel), 2,276 –, poésies et commentaires, avec les circonstances qui ont déterminé Ibn 'Arabî à rédiger ses commentaires.

Certains orientalistes, comme Osman Yahya (cf. *Histoire et classification de l'œuvre d'Ibn 'Arabî*, Damas 1964, article 767), datent la composition de ce recueil de l'année 598 de l'Hégire. Or, s'il est exact que le Maître fit la connaissance de l'Héroïne, Nizhâm, pendant un séjour à La Mekke en 598, ainsi qu'il le relate dans le prologue du recueil, ce n'est qu'en l'année 611/1214-1215 qu'il rédigea, à La Mekke, l'ensemble des 61 poésies, et quelques mois plus tard, à Alep, les commentaires, dans les circonstances qu'il décrit dans le prologue et dans lequel il fait suivre la mention du shaykh Abû Shujâ' de la formule du *taraḥḥum* employée quand une personne est morte. Or Abû Shujâ' mourut en 609/1212, soit deux ans avant la rédaction du *Turjumân al-Ashwâq*. D'autre part, il semblerait que ce n'est qu'en 601/1204 – donc pas avant 40 ans – que le Maître visita Bagdad et sa région, alors qu'il mentionne plusieurs fois cette cité, directement ou allusivement, dans ses poésies et commentaires (cf. 3/10, 30/35, 54/1 et 61/1). Par exemple Dâr al-Falak (cf. 54/1), que nous avons traduit par « la Demeure de la céleste Sphère »), un couvent pour femmes, près de Musanna sur les rives du Tigre (cf. 61/1). Ces quelques indications de l'auteur prouvent suffisamment qu'il s'est écoulé plus de dix ans entre la première rencontre avec Nizhâm et la rédaction définitive tant des poésies que des commentaires.

Les titres des poèmes et des commentaires dans la présente édition sont le fait du traducteur et non de l'auteur.

TITRES DONNÉS AU RECUEIL PAR IBN 'ARABI

Turjumân al-Ashwâq = *L'Interprète des Désirs*, titre qu'il donna au seul recueil de poésies.

Risâlat adh-Dhakhâ'ir wa l-a'lâq fî sharḥ Turjumân al-Ashwâq = *Traité des Trésors et des Richesses contenus dans le commentaire de L'Interprète des Désirs ardents.*

Les deux textes ont été édités respectivement à Beyrouth en 1312 sous le titre : *Kitâb Dhakhâ'ir sharḥ Turjumân al-Ashwâq*, et à Beyrouth en 1371/1971 sous le seul titre de *Turjumân al-Ashwâq*.

TRADUCTIONS EXISTANTES

Reynold A. Nicholson, 1911 – réédition 1978, Londres –, préface par le Dr Martin Lings, traduction anglaise complète des poésies et partielle ou résumée des commentaires.

Frithjof Schuon, traduction française de six poésies, avec commentaires traduits de l'anglais d'après la traduction de R.A. Nicholson, le Voile d'Isis, Paris.

Sami-Ali, traduction en français d'une petite partie des poésies, sans aucune traduction des commentaires, Sindbad, Paris 1989, ces poésies étant classées par ordre de longueur.

Vicente Cantarino, *Casidas de amor profano y místico*, Ibn Zaydun, Ibn 'Arabî, traduction espagnole des poèmes, Mexico, 1988, dont nous avons eu tardivement un exemplaire.

TABLEAU SYNOPTIQUE DES LETTRES ARABES

nom	*formes isolées*	*transcription*	*valeur numérique*	*remarques*
hamsa	ء	‘		attaque vocalique, explosive
alif	ا	â	1	voyelle longue
bâ’	ب	b	2	
tâ’	ت	t	400	
thâ’	ث	th	500	
jîm	ج	j	3	
ḥâ’	ح	ḥ	8	spirante laryngale sourde
*kh*â’	خ	kh	600	vélaire spirante sourde
dâl	د	d	4	
dhâl	ذ	dh	700	interdentale
râ’	ر	r	200	roulé
zîn	ز	z	7	
sîn	س	s	60	
*sh*în	ش	sh	300	
çâd	ص	ç	90	s emphatique
ḍâl	ض	ḍ	800	d emphatique
ṭâ’	ط	ṭ	9	t emphatique
*zh*â’	ظ	zh	900	dh emphatique
’ayn	ع	‘	70	laryngale aspirante sonore
*gh*ayn	غ	gh	1 000	r grasseyé
fâ’	ف	f	80	
qâf	ق	q	100	occlusive arrière vélaire
kâf	ك	k	20	
lâm	ل	l	30	
mîm	م	m	40	
nûn	ن	n	50	
hâ’	ه	h	5	
wâw	و	w, û	6	consonne et voyelle longue : ou
yâ’	ي	y, î	10	consonne et voyelle longue

L'article universel ***al*** **:** le, la, les, est toujours rendu avec sa valeur, quelle que soit la lettre suivante ; ex. : *al-bâb, al-najm*. Il n'est assimilé que dans les noms propres et les citations coraniques ; ex. : *at-Tirmîdhî*. Le ***tâ' marbouta*** est transcrit *t* à l'état construit ; ex. : *çalât al-zhuhr*.

Les trois voyelles longues : ***â, î, û,*** sont transcrites avec l'accent circonflexe ; ex. : *bâb, kabîr, nûr*.

Les ensembles ***ay*** et ***aw*** sont des diphtongues et se prononcent aï et aou.

On a fait tomber l'article ***al*** dans les transcriptions de noms, qu'ils soient suivis ou non d'une épithète ; ex. : la table *(lawḥ)*, la Table gardée *(lawḥ maḥfûzh)*.

TABLEAU DE RÉFÉRENCES

1	2	3		1	2	3
1	2	II-57		32		I-360
2		II-58		33	8	I-330
3		II-59		34		I-293
4	18	II-59		35		I-369
5	15	I-292		36		I-261
6	9	I-361		37	17	II-209
7		I-349		38		
8	16	I-260		39	21	
9	12	I-293		40		
10	3	I-345		41	31	II-372
11	11	I-319		42		
12		I-290		43	26	
13		I-291		44	29	I-282
14	20	I-338		45	13	
15	28	I-318		46		
16	33	I-386		47	10	
17		I-360		48		
18	27	I-370		49	22	
19	23			50	5	
20		II-376		51		
21	14	I-288		52		
22	30			53	4	
23				54		
24				55	7	II-438
25		I-289		56		
26	25			57		II-467
27	19	I-290		58	24	
28		I-291		59	6	
29		I-368		60		
30		I-345		61		
31	32					

Les colonnes portant le numéro 1 correspondent aux poésies du recueil ; les colonnes portant le numéro 2 correspondent aux poésies traduites par Sami-Ali, Éditions Sindbad, Paris ; les colonnes portant le numéro 3 correspondent aux poésies du *Turjumân al-Ashwâq*, insérées dans l'ouvrage d'Ibn 'Arabî, intitulé *Muḥâḍarat al-Abrâr wa Musâmarat al-Akhyâr*, éditions Dâr Sâdir, Beyrouth, sans date.

L'INTERPRÈTE DES DÉSIRS

Prologue

Au Nom de Dieu le Tout-Irradiant d'Amour,
le Très-Irradiant-Irradié d'Amour

Louange à Dieu, le Beau *(ḥasan)* sans cesse opérant, Lui qui aime la Beauté totalisatrice *(jamâl)*, Lui le Créateur de l'Univers qu'Il a embelli selon une forme parfaite en y introduisant Sa mystérieuse Sagesse dès l'instant où Il le généra. Il fit allusion à l'endroit du centre secret *(sirr)* issu de Lui qu'Il détermina. Il explicita aux gnostiques *('ârifîn)* la synthèse qui en provenait et la rendit évidente. Il embellit toute chose sur la terre des corps et absorba les gnostiques dans la Contemplation de cet ornement sous l'effet de la nostalgie *(wajd)* et de la tristesse *(walah)*.

Que Dieu accorde Ses actions de Grâces à celui qui se montra au Monde sous la plus belle forme, lui qui a été missionné pour établir la Loi la plus parfaite et servir d'exemple par la conduite la plus excellente, Muḥammad, fils d''Abd Allâh, qui s'exprima en vertu du Rang sublime *(maqâm 'alî)* qui est le sien, le Distingué par la Perfection universelle et la Révélation intégrale. Qu'Il accorde Sa

Grâce aux Siens *(ahl)* et à ses Compagnons et qu'Il les préserve tous.

En arrivant à La Mekke en l'an 598, je fréquentais une assemblée de personnes distinguées et d'affiliés, hommes et femmes, parmi les plus grands, les plus cultivés et des plus saints. Malgré leur distinction, je ne vis aucun d'eux plus adonné à l'édification de son âme et aux œuvres de nuit et de jour que le très honorable savant et préposé au Maqâm Ibrâhîm[1] – sur lui la Paix –, l'hôte de ce pays sûr qu'est la ville sainte, compétent en matières religieuses, Abû Shujâ' Zâhir fils de Rostem b. Abî ar-Rajâ d'Ispahan[2] – que Dieu fasse miséricorde à lui et à sa sœur –, dame âgée, la savante et l'honorable du Ḥijâz, Fakhr an-Nisâ, la Gloire des Femmes, fille de Rostem. Nous avons écouté la lecture que cet homme vénérable faisait du recueil de ḥadîths de Tirmîdhî[3] ainsi que de nombreux autres ouvrages, dans cet aréopage de dignitaires.

1. Le *Maqâm Ibrâhîm*, mentionné deux fois dans le Coran (2/125 et 3/97) à propos du Pèlerinage, est situé dans les limites de la Mosquée sainte au centre de laquelle se trouve la Ka'ba. La Tradition rapporte que ce *Maqâm* contient la trace que les pieds d'Abraham laissèrent au moment où il reconstruisit la Ka'ba avec son fils et prophète Isma'îl.

2. Sur ce personnage originaire d'Ispahan, voir Claude Addas, *Ibn 'Arabî ou la quête du Soufre Rouge*, ouvrage cité, pp. 250 et 251.

3. Il s'agit de Abû Îsâ Muhammad at-Tirmîdhî (209/279 – 824/892) et non pas de Abû 'Abd Allâh Muḥammad ibn 'Alî, al-Hakîm at-Tirmîdhî , qui naquit à Tirmidh et y mourut en 285/898. Il était versé dans la discipline du soufisme. Ibn 'Arabî le cite souvent. Dans les *Futûḥât al-Makkiyya* Ibn 'Arabî répondit à son questionnaire qu'il rédigea dans son ouvrage intitulé *Le Sceau des Saints* (*Kitâb khatm al-Awliyâ'*).

Ce shaykh l'emportait sur tous par ses bonnes manières ; sa société était telle qu'on se serait cru dans un jardin ; il était – que Dieu lui fasse miséricorde – exquis dans son propos, de contact subtil, agréable de compagnie, généreux envers son ami, cordial à l'égard de son intime qu'il enrichissait par quelque chose qui lui était propre, l'entretenant seulement de ce qui lui convenait.

Par ailleurs, j'allais assister aux séances de sa sœur, Fakhr an-Nisâ, la Gloire des Femmes, ou plutôt, la Gloire des Initiés *(rijâl)* et des Savants, attiré par elle à cause de l'élévation de son enseignement. Elle me disait : « L'espoir [en autre que Dieu] s'est dissipé, l'échéance [de la mort] est proche. L'exhortation à l'œuvre [d'adoration pure] m'absorbe au point de négliger les leçons que tu sollicites de moi. C'est comme si la mort fondait sur moi à l'improviste ! Aussi, est-il urgent de se repentir. »

Pendant que ses paroles éloquentes me parvenaient je composai pour elle le vers suivant :

Mon état et le tien ne font qu'un
pendant l'enseignement magistral.

Le but recherché est la science seule
et le désir de la mettre en œuvre.

Elle permit à son frère de rédiger pour nous, en son nom, une autorisation de lecture *(ijâza)* qui permettrait de transmettre l'ensemble de son enseignement, ce qu'il fit – que Dieu soit satisfait de lui et d'elle – et il nous la remit. En nous donnant cette autorisation plénière *(ijâza 'amma)*, il consigna pour nous toutes les leçons qu'il avait entendues. Je composai alors le vers suivant qui le concernait :

J'ai suivi les leçons sur Tirmî<u>dh</u>î, données par l'expert,
l'Imâm des Hommes, dans le Territoire sûr [de La
Mekke].

Ce <u>sh</u>ay<u>kh</u> – que Dieu soit satisfait de lui – avait
une fille vierge, jeune et svelte, au regard envoûtant,
remplissant de grâce les réunions et les assistants,
jetant l'émoi chez ceux qui la voyaient. Son nom est
Ni<u>zh</u>âm, Harmonie, et son prénom 'Ayn a<u>sh</u>-<u>Sh</u>ams
wa-l Bahâ', la Source du Soleil et de la Splendeur.

Elle se trouve au nombre des adorateurs, des savants,
des dévots et des ascètes, la vénérable *(shaykha)* exerçant
son influence sur les deux villes saintes *(al-Ḥaramayn)*
[de La Mekke et de Médine], elle est la culture même
du Pays sûr et illustre, sans aucune exagération !

Fascinant est son regard, irakien son charme ! Prolixe,
elle décourage ! Concise, elle est d'une éloquence sans
pareille ! Qu'elle parle clairement, elle reste en partie
incomprise ! Qu'elle vienne à s'exprimer en logique
claire, elle laisse sans voix Quss b. Sâ'ida[1] ! Qu'elle se
montre libérale, elle distancie de loin Ma'n b. Zâ'ida !

---

1. Quss b. Sâ'ida, sage arabe que le Prophète Muḥammad
avait lui-même, en sa jeunesse, entendu prêcher et exhorter les
gens du marché annuel d'Ukhâz, et dont il devait dire plus tard :
« Qu'Allâh fasse miséricorde à Quss b. Sâ'ida ! Il était de la religion *(dîn)* de mon père Isma'îl fils d'Abraham ! » Et ce qui est
bien étonnant, c'est que dans le texte de la prédication susmen-
tionnée et conservée par la mémoire d'Abû Bakr, lui-même présent en la circonstance, Quss annonçait aux Arabes, dans le plus
pur style arabe incantatoire, « une religion qu'Allâh aimait plus
que celle que pratiquaient alors les Arabes et un prophète dont le
temps arrivait et dont l'imminence adombrait déjà les auditeurs ».
In *Études traditionnelles*, Michel Vâlsan, « Le triangle de
l'Androgyne et le monosyllabe OM », *Addenda* et *corrigenda* au
numéro 382, mars-avril 1964. Cf. aussi *Encyclopédie de l'Islam*,
seconde édition, tome V, pp. 532-533, l'article de Ch. Pellat.

S'il n'y avait eu les âmes pusillanimes à la susceptibilité épidermique et pleines d'intentions malveillantes, j'aurais, dans cet exposé, décrit la beauté et les vertus que Dieu a déposées en elle qui sont comme des jardins d'une fertilité sans pareille. Soleil parmi les savants, verger parmi les lettrés, tabernacle scellé, perle médiane au collier précieux harmonieusement disposé, unique en son temps, illustre en son siècle, débordante de générosité, sublime d'aspiration, souveraine en son domaine, distinguée dans ses séances ! Son havre de paix *(maskan)* est hospitalier, sa demeure familière *(bayt)* a pour origine la source la plus intérieure et l'intériorité même du cœur. Tihâma [nom donné à La Mekke] par elle ruisselle de lumière, et les fleurs des jardins s'épanouissent à son approche. Elle répand les fragrances des connaissances avec les finesses et les subtilités qui leur sont propres. Son comportement est conforme à sa science. Elle est imprégnée de l'onction de l'ange et possède la fermeté du prince.

En sa compagnie, j'ai pu m'assurer de la noblesse de son être, sans parler de celle, que j'avais remarquée, qu'elle tenait déjà de la fréquentation de sa tante et de son père. Je l'ai prise comme modèle pour la confection de cet ouvrage composé de poésies courtoises *(nasîb)* incomparables dans le meilleur genre amoureux et présentées sous forme de couplets élégants de style galant *(ghazal)*.

Dans ce recueil, je n'ai pu parvenir à exprimer même une partie de l'affection que l'âme éprouve et que l'intimité avec elle éveille sous l'effet de sa noble fidélité d'amour, de la primordialité de son engagement, de la grâce de son être et de la pureté innée de sa vertu ; car elle est la Quête *(su'âl)* et l'Espoir *(ma'mûl)*, elle, la Vierge très chaste *('adhrâ' batûl)*.

Toutefois, je suis parvenu à mettre en vers certaines intuitions des amours ardentes *(khâṭir al-ashwâq)* émanant de ces trésors *(dakhâ'ir)* et de ces réalités précieuses *(a'lâq)*. J'ai donc laissé parler mon âme éprise et j'ai voulu montrer mon attachement [à cette demoiselle] qui m'affecte toujours intensément malgré l'ancienneté de cette expérience et l'attrait que continue d'exercer [la présence toujours vivante de] sa noble compagnie.

Tout nom que je mentionne dans ce recueil fait allusion à elle. Toute demeure dont je fais l'éloge nostalgique est la sienne. Dans cette composition poétique, je n'ai eu de cesse de suggérer les événements divins *(wâridât ilâhiyya)*, les réalités spirituelles qui descendent d'elles-mêmes *(tanazzulât rûḥâniyya)* [par affinité] et les correspondances sublimes *(munâsabât 'uluwiyya)* qui se présentent selon une méthode allégorique qui est familière de notre Voie. Car « *la vie ultime est meilleure pour nous que celle-ci* » (cf. *Coran* 20/63). La science qu'elle possède – que Dieu soit satisfait d'elle – est celle à laquelle je ferai allusion ; et « *nul ne t'informera mieux que quelqu'un de parfaitement instruit* » (cf. *Coran* 35/14).

Que Dieu préserve le lecteur de ce Diwân de tout germe de contestation inadéquate, qu'Il préserve les desseins sublimes de ces êtres attachés aux réalités d'en haut. Amen ! Par l'irrésistibilité de Celui en dehors Duquel il n'y a pas de Seigneur. « *C'est Dieu qui exprime la Vérité et guide dans la Voie* » (*Coran* 33/4).

Le mobile qui a présidé à mon commentaire de ces vers est que [mes] deux disciples *(walad)* Badr al-

Ḥabas̲h̲î[1] et Ismâ'îl b. Sawdakîn[2] me demandèrent d'y procéder après avoir entendu un des docteurs de la Loi enseignant à Alep nier que ces vers fussent le fruit des Secrets divins *(asrâr ilâhiyya)*, et dire que le Maître (Ibn 'Arabî lui-même) s'abritait derrière ce mode d'expression à cause de l'éthique et de la religion. J'entrepris donc ce commentaire et le qâdî Ibn al-'Adîm en lut des passages devant moi en présence d'une assemblée de juristes *(fuqahâ')*. Lorsque ce dénégateur eut entendu cette lecture, il revint à Dieu repentant et renonça à désavouer son contenu devant les affiliés *(fuqarâ')* qui en étaient arrivés, à cause de cet individu, à émettre certaines opinions désobligeantes relatives aux couplets d'amour courtois, aux vers galants et à être circonspects au sujet des secrets divins [déposés en eux].

Je demandai alors à Dieu de m'accorder le meilleur dans la rédaction de ces pages et j'entrepris de commenter les vers que j'avais composés à La Mekke l'Anoblie, pendant la Visite pieuse que je fis au cours des [trois mois consécutifs] de Rajab, S̲h̲a'bân et Ramaḍân. Dans ces vers, j'ai fait allusion à des connaissances seigneuriales, à des lumières divines et à des secrets spirituels, à des sciences d'ordre intellectuel *('ulûm 'aqliyya)* et à des instructions relevant de la Loi divine *(tanbîhât s̲h̲ar'iyya)*. Cet ensemble, je l'ai exprimé dans le langage de la poésie amoureuse *(g̲h̲a-*

---

1. 'Abd Allâh Badr al-Ḥabas̲h̲î, ancien esclave éthiopien affranchi, mort en 618/1221 fut, pendant vingt-trois ans et jusqu'à sa mort, l'un des plus fidèles compagnons d'Ibn 'Arabî.

2. Ismâ'îl b. Sawdakîn an-Nûrî, mort en 646/1248, égyptien d'origine, très jeune connut Ibn 'Arabî dont il fut un des plus fidèles disciples.

zal) et celui des vers galants *(tashbîb)*, afin que les âmes s'éprennent de ces modes d'expression et que les amateurs puissent apprécier leur audition. Ce style est bien celui qui convient au lettré distingué, spirituel et subtil.

J'attire donc l'attention en ce sens dans les vers qui suivent :

(1) Chaque fois que je le mentionne
à partir d'une ruine
ou des campements de printemps, ou des demeures,
Il se met à parler ;

(2) Et de même, si je dis :
Voici ! ou ô !
ou n'est-ce pas, éventuellement ;
Ou est-ce que ?

(3) Et de même si je dis : elle,
ou si je dis : lui,
ou eux ou elles,
au pluriel ou au duel.

(4) De même si je dis :
dans nos poésies
un rythme m'est-il venu du Nejd ?
ou bien : m'est-il venu de Tihâma ?

(5) Et de même les nuages,
si je parle, se mettent à pleurer.
Et de même les fleurs
quand elles se prennent à sourire.

(6) Ou que j'appelle
des chantres chameliers qui recherchent
l'arbre appelé Bân du Ḥâjir,
ou les chameaux de l'enceinte sacrée.

(7) Ou des pleines lunes,
dans des baldaquins, qui se couchent ;
Ou des soleils,
ou des végétaux, qui se dressent.

(8) Ou des éclairs,
ou des tonnerres, ou des vents d'est,
ou des vents du soir ou du sud,
ou un ciel.

(9) Ou un chemin,
ou un ravin ou une dune,
ou des montagnes ou des collines,
ou des jets de cailloux.

(10) Ou un ami ou une monture,
ou un monticule,
ou des jardins,
ou des bosquets ou des pâturages.

(11) Ou des femmes bien faites
aux seins formés,
qui surgissent tels des soleils
ou de jolies femmes au teint de marbre.

(12) Chaque fois que je mentionne
ce que sa mention implique,

ou son symbole
afin que tu comprennes,

(13) *On y trouve des secrets*
et des lumières qui apparaissent,
ou se lèvent
et que le Seigneur du ciel a apportés.

(14) *Pour mon cœur ou un cœur.*
Celui qui possède
ce que je possède
des conditions des savants,

(15) *Un attribut saint, sublime,*
qui enseigne que ma loyauté
garde une précellence.

(16) *Éloigne la tentation*
du sens extérieur,
et recherche l'intérieur
pour que tu saches discerner !

*

Une certaine nuit, j'étais en train de faire les circumambulations rituelles autour de la Ka'ba ; mon instant *(waqt)* [spirituel] était excellent et un état intérieur dont j'avais bien conscience me stimulait. Je sortis du sol dallé pour me tenir à l'écart des gens qui s'y pressaient et je me promenai sur le sable[1]. C'est alors que

1. Depuis l'époque d'Ibn 'Arabî, il est évident que la configuration des abords de la Ka'ba a bien changé. Le sable invoqué ici a été remplacé par des dalles de marbre.

des vers me vinrent à l'esprit que je récitai suffisamment fort pour les entendre moi-même ainsi que quelqu'un qui m'aurait suivi, bien que personne ne semblât se trouver ici. Ces vers, les voici :

Que n'ai-je connu s'ils savaient
Quel cœur ils possédèrent ?

Combien mon cœur intime eût aimé connaître
Quels chemins de montagne ils empruntèrent !

Verras-tu s'ils se préservèrent
Ou s'ils coururent à leur perte ?

Les Princes de la passion d'aimer, par elle déconcertés,
Dans le pire embarras se trouvèrent jetés !

C'est alors que je ressentis, entre les épaules, un attouchement de main plus léger que le voile. Je me retournai et là, se trouvait une damoiselle d'entre les filles des Grecs *(jâriya min banât ar-Rûm)*[1]. De plus beau visage, je n'avais jamais vu, ni perçu de plus tendre langage, de gloses plus pénétrantes, de significations plus subtiles, d'allusions plus fines et de conversations plus élégantes. Elle surpassait les gens de son temps en grâce et en culture, en beauté et en

1. Le terme *Rûm* que nous avons traduit par « grec » est mentionné une seule fois dans le Coran (sourate trente qui porte ce nom). Dans la Tradition de l'Islam, il désigne les chrétiens liés à Byzance, bien que ce nom, en raison de sa consonance, évoque Rome ou les chrétiens romains de l'Empire d'Orient.

connaissance. Elle me dit : « Ô seigneur ! qu'as-tu murmuré ? » – « Ceci ! »

Que n'ai-je connu s'ils savaient
Quel cœur ils possédèrent ?

« Que cela est surprenant venant de toi, le gnostique de ton temps, d'entendre tenir de tels propos, s'exclama-t-elle ! Tout ce qui est maîtrisé ou possédé *(mamlûk)* n'est-il pas objet de connaissance *(ma'rûf)* ? Or la maîtrise ou possession *(mulk)* est-elle possible avant l'obtention de la connaissance ? Et la propension à connaître *(shu'ûr)* suffirait-elle quand cette connaissance n'existe pas ? La Voie exige le *langage véridique* (cf. *Coran* 19/50) ! Alors, comment est-il possible à celui qui maîtrise [cette science] de tenir pareil langage ?

« Dis, ô seigneur ! qu'as-tu donc prononcé après cela ? » Je récitai alors :

Ce nom est apparenté à la racine *R W M* qui signifie principalement : désirer ardemment. L'héroïne de ce recueil de poésie, bien que d'origine persane, est désignée, à plusieurs reprises, comme étant une des filles de Rûm. Ibn 'Arabî insistera, à plusieurs reprises dans les poésies et dans les commentaires, sur la typologie christique spirituelle et angélique de l'héroïne Nizhâm. Sa généalogie essentielle et véritable est donc christique bien que persane par ascendance, mais d'une christologie qui relève de la perspective coranique et universelle. Compte tenu de ces considérations succinctes, nous aurions pu traduire ce terme *Rûm* par christique. Voir à ce sujet l'interprétation qu'en donne Henry Corbin dans son ouvrage *L'Imagination créatrice dans le soufisme d'Ibn 'Arabî*, ouvrage cité, deuxième édition.

Combien mon cœur intime eût aimé connaître
Quels chemins de montagne ils empruntèrent !

« Ô seigneur ! les chemins qui se tiennent entre la membrane intérieure du cœur *(shaghâf)* et l'intériorité de celui-ci *(fu'âd)* relèvent d'une connaissance qui lui est interdite. Alors, comment un être tel que toi désire-t-il atteindre ce qui ne peut l'être qu'après l'obtention de la connaissance ? La Voie exige le *langage véridique* (cf. *Coran* 19/50 et 26/84) ! Comment alors un être comme toi peut-il tenir de tels propos ? Qu'as-tu donc prononcé après cela ? »

Verras-tu s'ils se préservèrent
Ou s'ils coururent à leur perte ?

Elle dit : « Quant à eux, ils se sont préservés. Mais je te pose la question car il conviendrait que tu t'interroges : me suis-je préservé ou bien suis-je allé à ma perte ? Ô mon seigneur ! Qu'as-tu dit après cela ? »

Les Princes de la passion d'amour, par elle déconcertés,
Dans le pire embarras se trouvèrent jetés !

Elle s'exclama de nouveau : « Cela n'est-il pas surprenant ! Comment, à celui dont le cœur est épris *(mashghûf)*, reste-t-il un débordement qui le jette dans le trouble alors que la passion d'amour a pour caractéristique d'envahir tout l'être *(ta'mîm)* ? L'amour engourdit les sens, aliène les intelligences, déroute les suggestions et entraîne le passionné d'amour avec ceux qui se résorbent *(dhâhibîn)* ? Où est donc la perplexité *(ḥayra)* et y a-t-il quelqu'un qui puisse demeurer perplexe ? La Voie exige le *langage véridique*. Alors, comment un être comme toi se permet-il de tenir ces propos inadéquats ? »

Je lui demandai alors : « Ô toi qui m'es intimement apparentée *(bint al-khâla*, litt. : cousine), quel est ton nom ? » – « Repos de l'œil essentiel *(qurrat al-'ayn)* », dit-elle. – « Pour moi ? » ajoutai-je. Sur ces entrefaites, elle me salua et s'éloigna. Je la reconnus ultérieurement et je cultivai sa compagnie. Je vis en elle des finesses faites de quatre types de connaissances qu'aucun être qualifié ne peut décrire !

1
Les chemins de montagne

(1) Que n'ai-je connu s'ils savaient
Quel cœur ils possédèrent ?

(2) Combien mon cœur intime eût aimé connaître
Quels chemins de montagne ils empruntèrent !

(3) Verras-tu s'ils se préservèrent
Ou s'ils coururent à leur perte ?

(4) Les Princes de la passion d'amour, par elle déconcertés,
Dans le pire embarras se trouvèrent jetés !

COMMENTAIRE

LA CONTEMPLATION ESSENTIELLE
ET LE CŒUR PARFAIT

(1) Le pronom ***ils*** se réfère aux « Lieux » suprêmes de contemplation *(manâzhir 'ulâ)* dans la Stase la plus sublime *(maqâm a'lâ)*, là où se tient l'Aiguade ou Endroit de l'inspiration le plus suave *(mawrid aḥlâ)*, lieux suprêmes pour lesquels les cœurs sont en spiration d'amour *(ta'ashshuq)*, dans lesquels les esprits *(arwâḥ)* sont éperdument énamourés et pour lesquels les Acteurs divins *('ummâl ilâhiyya)* sont à l'Œuvre.

Quel cœur ils possédèrent, ou maîtrisèrent, expression qui fait allusion au cœur parfait muḥammadien *(qalb kâmil muḥammadî)* en raison de sa transcendante pureté *(nazâha)* excluant tout conditionnement *(taqyîd)* dû aux Stations [spirituelles] *(maqâmât)*, bien que les Lieux suprêmes le maîtrisent. Et comment ne le maîtriseraient-ils pas alors qu'ils sont désirés et que la connaissance *('ilm)* qui s'y rapporte s'avère impossible, puisqu'ils se réfèrent à l'Essence de ce cœur, étant donné qu'il ne peut rendre témoignage d'eux qu'en fonction de ce qu'il comprend. En lui, il [l'amant-gnostique] se régénère et c'est lui-même qu'il aime et qui est en spiration d'amour.

(2) Par ***chemins de montagne*** *(shi'b)*, je veux dire la Voie qui conduit au cœur, car cette expression *(shi'b)* désigne les chemins dans la montagne. Lorsque ces Lieux sublimes de contemplation disparaissent de moi, c'est comme si l'on cherchait quels sont les chemins que certains cœurs de gnostiques parcourent.

La mention des chemins de montagne est appropriée car la montagne est un endroit élevé fixe, à l'instar de la station *(maqâm* ou lieu où l'on se tient debout) qui est stable, au contraire de l'état [spirituel] *(ḥâl)* qui lui n'a pas de fixité. Et du fait qu'on attribue la stabilité et la permanence à ces Lieux suprêmes, rien d'autre ne vient dominer les cœurs.

(3) Les Lieux suprêmes de contemplation, pour autant qu'ils sont des endroits de considération, n'ont [en tant que tels] de réalité actuelle *(wujûd)* que par celle du

spectateur *(nâzhir)*. De même, les stations n'ont d'existence que par celle de celui qui stationne *(muqîm)*. Or, si la station n'existe pas, il n'y a personne pour s'y tenir. De même, s'il n'y a pas de spectateur ou contemplateur, il n'y a pas, en cet endroit, de réalité contemplée, pour autant qu'elle existe. La ruine de ces lieux de contemplation provient donc de l'absence de contemplateur. C'est ce que nous avons voulu signifier par ces deux expressions ***ils se préservèrent*** et ***ils coururent à leur perte,*** c'est-à-dire à leur ruine.

(4) Lorsque la passion amoureuse *(hawâ)* survient, elle exige une chose et son opposé, et quiconque est épris se trouve alors perplexe et désorienté. Certaines de ses revendications ont l'approbation du Bien-Aimé *(maḥbûb)* dans ce qu'Il veut de lui. Or, l'amoureux ou amant *(muḥibb)* sollicite de s'unir *(ittiçâl)* à Lui. Si le Bien-Aimé veut la séparation *(hajr)*, l'amant est éprouvé, lui qui est éperdu d'amour pour deux réalités antinomiques *(naqîḍayn)* qui sont pour lui comme deux bien-aimés *(maḥbûbayn)*. La perplexité *(ḥayra)* qui accompagne nécessairement la passion d'amour naît de cette confrontation et celui qui est alors qualifié par cet amour tombe sous le coup de ce désarroi. Selon nous, la passion amoureuse se comprend comme étant la précipitation de l'amour dans le cœur de l'amant, et seulement d'un amant, au tout début d'un processus amoureux. Lorsque aucune autre réalité ne peut s'associer à son amour, il devient pur et diaphane et on le dénomme amour originel *(ḥubb)*. Quand il est constant il porte le nom de constance d'amour ou affection fidèle d'amour *(wadd)*. Lorsqu'il s'empare du cœur *(qalb)* et de l'intérieur de l'être *(aḥshâ')* et qu'il dissipe les suggestions surgissant à l'improviste *(khawâṭir)*, il ne reste au cœur qu'à s'attacher au Bien-

Aimé et on appelle cet amour : Amour éperdu ou excès d'amour ou spiration éperdue d'amour *('ishq)*, à l'instar du liseron épineux *(lablâba mashûka)* [qui s'enroule en spirale quand il s'élève autour d'un support][1].

---

1. Pour l'ensemble de ces termes techniques et pour plus de détails précisant les principales caractéristiques de l'Amour et des amoureux, voir notre traduction : *Le Traité de l'Amour* d'Ibn 'Arabî, ouvrage cité.

L'expression « les lieux suprêmes de contemplation », peu fréquente dans l'œuvre d'Ibn 'Arabî, revient souvent dans les commentaires de ce recueil de poésies. Elle se réfère à la contemplation essentielle qui se présente sans forme.

On la retrouve, par exemple, au singulier *manzhir a'lâ*, le « lieu suprême de contemplation » dans *al-Futûhât al-Makkiyya*, chapitre 65 : *Du Jardin paradisiaque, de ses demeures, de ses degrés et de ce qui s'y rapporte* : « Lorsque Dieu veut se dévoiler pleinement à Ses serviteurs au moment de la Visitation universelle *(zawr 'âmm)*, Il convoque un héraut dans chaque Jardin en disant : "Ô familiers du Jardin, empressez-vous vers la Grâce insigne, le Lieu très proche et le Lieu de contemplation suprême ! Venez visiter votre Seigneur dans le Jardin de la Félicité *(Jannat al-na'îm)* !" Ils accourront alors vers lui et y entreront, les êtres de chaque catégorie ayant déjà reconnu leurs degrés et leurs demeures et s'y reposeront. »

C'est en ce « Lieu » paradisiaque, au *Kathîb*, ou Dune blanche, que se produit la Vision *(ru'ya)* béatifique du Seigneur. (Cf. index.)

Le nom pluriel *manâzhir* admet deux singuliers :

– *manzhar* et *manzhara* : faculté de voir, vue, espace qui se trouve sous les yeux, aspect, lieu où l'on peut voir, belvédère ;

– de plus, le terme *manzhara*, quand il est au pluriel, comporte le sens de : ceux qui regardent.

Dans la perspective du Maître ici présentée, la contemplation comporte nécessairement trois aspects : l'acte même de contemplation, le contemplant et le contemplé, qui peuvent se trouver identifiés.

2
Archiprêtresse sans ornement

(1) Le jour de la séparation,
Lors du départ, ils ne sellèrent
Les robustes chameaux, couleur fauve,
Qu'une fois les paons posés sur eux.

(2) Paons souverains
Aux œillades assassines.
Tu les imaginerais être Bilqîs
Siégeant sur un trône de perles.

(3) Lorsqu'elle marche sur le sol
Diaphane et cristallin,
Tu vois un soleil sur la céleste voûte
Dans le sein même d'Idris.

(4) Son regard ayant tué,
Elle réanime de sa parole
Comme si Jésus elle était
Quand elle rappelle à la vie.

(5) Sa Thora, telle une lumière,
Est la face brillante de ses jambes

Thora que je lis et que j'étudie
Comme si j'étais Moïse.

(6) *Prêtresse sans ornement,*
Parmi les filles des Grecs,
Sur elle tu contemples
Les lumières du pur bien.

(7) *Sauvage est-elle ; aussi près d'elle*
On ne saurait trouver l'intimité.
Dans le tabernacle de sa réclusion,
En mémorial, elle choisit un hypogée.

(8) *Elle laisse démuni*
Le savant de notre Loi,
Le disciple de David,
Le rabbin et le prêtre.

(9) *Si d'un signe de tête,*
Elle demande l'Évangile,
On pense qu'elle appartient
À la prêtrise, au patriarcat, au diaconat.

(10) *Quand, pour le départ*
Elle monta la chamelle,
Je clamai : ô chantre conducteur ! Avec elle
Ne pousse pas ta monture de couleur fauve !

(11) *En ce jour de partance,*
Sur le chemin je disposais
Les armées de ma patience,
Cohorte après cohorte.

(12) Quand mon souffle animé
Eut atteint ses degrés,
Je sollicitai de cette grâce, de cette beauté,
De m'accorder soulagement,

(13) Et elle d'acquiescer.
Dieu nous préserve de ses méfaits !
Que le Roi victorieux
Éloigne Iblîs le séducteur.

COMMENTAIRE

LA VIVIFICATION PAR L'ESPRIT

(1) Les robustes chameaux font allusion aux actes intérieurs et extérieurs qui élèvent les paroles excellentes jusqu'à l'Assise sublime [du Trône de Dieu] conformément à ce verset : « *Vers Lui monte la bonne parole et l'œuvre parfaite l'élève*[1] » (*Coran* 35/10).

Les paons *(ṭawâsîm)*, qui sont assimilés aux bien-aimés de Dieu et qui symbolisent la beauté des chameaux, sont montés sur ceux-ci et représentent leur esprit. Car une action n'est agréée, n'est intègre et belle que si elle possède un esprit gracieux agissant ou une aspiration [spirituelle] *(himma)*.

L'esprit est comparé aux oiseaux en raison de leur nature spirituelle ; il est aussi rapporté aux paons à

1. La dernière partie de ce verset peut recevoir deux traductions. Nous avons retenu celle qui correspond au commentaire qu'en fait Ibn ʻArabî.

L'autre traduction possible est celle-ci : « *Il* (Dieu) *élève l'œuvre parfaite.* »

cause de la variété des couleurs nuancées qui confèrent à ces oiseaux une beauté esthétique et parfaite.

(2) Bilqîs [était reine de la tribu de Sabâ] ; le Coran la mentionne en relation avec le prophète Salomon – sur lui la Paix (sourate 27/22 à 44).

Paons souverains aux œillades assassines, c'est-à-dire une sagesse divine que le serviteur actualise dans sa retraite et qui le prive de la contemplation *(mushâhada)* de lui-même *(dhât)* et le subjugue.

Tu les imaginerais être Bilqîs siégeant sur un trône de perles. La voir en imaginant qu'elle se tient au-dessus d'un trône suggère ce qui fut dévoilé à l'Ange Gabriel et au Prophète – sur eux la Grâce et la Paix de Dieu – selon ce qui est rapporté dans certains récits décrivant les Voyages nocturnes du Prophète accomplis en partie sur un tapis déployé fait de perles et de hyacinthes, dans le ciel le plus bas. L'Ange Gabriel seul défaillit à cause de la connaissance qu'il avait de Celui qui se manifestait à lui sur ce tapis déployé *(rafraf)* fait de perles[1].

Cette Sagesse divine est appelée ***Bilqîs*** parce que la sagesse est le fruit de la science et de l'acte. L'acte est de nature grossière *(kathîf)* et la science de condition subtile *(laṭîf)*, à l'instar de Bilqîs qui fut engendrée d'un djinn par son père et d'un être humain [par sa mère]. Si son père avait été un humain et sa mère un djinn, sa naissance se serait produite chez les djinns et l'aspect spirituel l'aurait emporté alors chez elle. Pour cette raison, Bilqîs se manifesta dans notre espèce.

---

1. Pour plus ample information sur les Voyages et Ascensions nocturnes du Prophète, voir notre traduction : *L'Arbre du Monde*, d'Ibn 'Arabî, Paris, Les Deux Océans, 1982 et 1991.

(3) Le sol cristallin illustre l'analogie qu'il présente avec Bilqîs, et la diaphanéité *(çarf)* avec la sphère céleste *(falak)*. ***Idris*** fait allusion à la station de l'Élévation et de la Sublimité *(maqâm al-raf'a wa al-'uluw)* (cf. *Coran* 19/57).

Dans le sein d'Idris est une allusion à l'application adéquate du savoir ou sagesse *(ḥikma)* que ce prophète maîtrise comme il l'entend, sagesse dont le Messager de Dieu a ainsi parlé : « Ne confiez pas l'application adéquate du savoir aux personnes inaptes à le mettre en œuvre » sinon la décision qui en résulterait irait à l'encontre de la sagesse, et la maîtrise s'avérerait impossible, à la différence de celui qui s'exprime sous l'emprise de l'état ou changement dans la manière d'être *(ḥâl)* et qui tombe sous l'autorité de l'événement spirituel *(wârid)*.

Dans ce vers, l'accent est mis sur la pleine maîtrise *(tamalluk)*, que possède le sage, d'un Héritage *(mîrâth)* prophétique. Car les Prophètes maîtrisent les états *(aḥwâl)*, alors que la plupart des Saints sont maîtrisés par eux.

Le soleil est mis en relation avec Idris étant donné que ce prophète régit ce ciel [qui est la demeure cosmique symbolique du soleil]. Ce prophète est assimilé au soleil et non à la lune en vertu de l'identification de la station propre à cette sagesse à l'exclusion de toute autre. C'est comme si l'on disait : le domaine où s'exerce le pouvoir autoritaire de cette sagesse, lorsqu'il s'empare du cœur de celui qui se détache, développe en lui des états spirituels excellents et des connaissances variées. Quand la force de cette sagesse parvient au cœur de celui qui se réalise en un amour éperdu sous l'action des connaissances contenues en son cœur, elle les consume et les fait disparaître.

La mention de la marche, ici, et non de la course, par exemple, est due à la fierté de Bilqîs, à son amour-propre, mais aussi à son transfert dans des conditions d'un état d'être à l'autre que son cœur assume sous l'effet de la maîtrise *(tamakkun)*.

(4) L'expression ***son regard ayant tué*** se réfère à l'extinction dans la contemplation *(al-fanâ' fî al-mushâhada)*.

Elle réanime de sa parole implique la réalisation parfaite de la constitution harmonieuse et équilibrée *(taswiya)* [de l'être humain] en vue de l'insufflation de l'Esprit.

La comparaison avec ***Jésus*** – sur lui la Paix – est possible à l'exclusion d'autres comparaisons, compte tenu des deux versets suivants [qui ne s'appliquent pas à Jésus] : « *J'ai (Dieu) insufflé en lui (Adam) de Mon Esprit* » (*Coran* 38/72), « *Certes, la Parole que Nous adressons à une chose quand Nous la voulons est celle-ci : "Existe !" de sorte qu'elle vient à l'existence* » (*Coran* 16/40), et cela pour deux raisons :

– la première, par convenance *(adab)*, car nous ne pouvons nous permettre d'exercer l'analogie avec la divine Présence *(ḥaḍra ilâhiyya*, ou l'Être divin) que si nous n'avons pas trouvé dans le monde généré quelqu'un avec qui la comparaison puisse être faite selon un aspect qui s'y rapporte ;

– la seconde, car Jésus était exempt de passion naturelle [habituelle, puisqu'il était Esprit par son père]. Sous le rapport de l'analogie ou ressemblance assumée *(tamthîl)*, il se manifesta sous la forme d'un être d'apparence humaine *(fî çûrat al-ba<u>sh</u>ar)* [puisque sa mère appartenait à l'espèce humaine]. [Chez Jésus], cet aspect spirituel l'emportait sur le naturel, au contraire de celui qui vient au monde selon l'économie naturelle habituelle. C'est parce que celui qui avait assumé une forme apparentée [à l'homme] était Esprit, en raison de son origine, que Jésus avait le pouvoir de vivifier les morts. N'as-tu pas remarqué que *as-Samîrî* [selon l'épisode coranique, sourate 20/85 à 95], sachant que l'Ange Gabriel est source de vie là où il foule le sol, prit une poignée de terre sur laquelle il était passé et la lança sur le veau qui se mit à mugir et à s'animer[1] ?

(5) Le terme ***jambes,*** ici, fait allusion à Bilqîs et au sol de cristal (*çaḥr* = pur, sans mélange) car [dans l'épisode coranique] elle découvrit ses jambes. Or cette expression signifie en arabe : expliquer son cas. Cette manière de s'exprimer se rencontre dans le verset suivant : « *Ce jour, on découvre une jambe* » (*Coran* 68/42) qu'on interprète comme étant la circonstance qui montrera l'évidence de la vie ultime. On trouve aussi cette expression dans ce verset : « *La jambe se repliera sur la jambe* » (*Coran* 75/29), les choses de ce monde, en ce Jour, s'enveloppant ou se résorbant dans celles de l'Outre-monde.

Le terme ***Thora*** admet l'acception suivante : le feu jaillissant du briquet *(warâ al-zand)* qui symbolise la lumière en relation avec quatre aspects que ce

---

1. Pour tout cet épisode coranique, voir le commentaire qu'Ibn 'Arabî fait dans : *Les Chatons des Sagesses*, chapitre consacré à Jésus, page 122, traduit par Titus Burckhardt, *La Sagesse des prophètes*, Paris, Albin Michel, 1974.

Livre contient. Les jambes de la jeune fille [se reflétant sur le miroir du sol cristallin, selon l'épisode coranique] sont assimilées à la Thora sous quatre aspects de lumière ainsi qu'aux quatre Archanges qui supportent actuellement le Trône *('arsh)* [divin]. On laisse entendre ici qu'il s'agit des quatre Écritures révélées.

Dans cette poésie, on y fera allusion en parlant de l'émulation qui existe entre les tenants de ces quatre Écritures.

L'expression ***comme si j'étais Moïse*** signifie que l'objet de cette sagesse porte sur la lumière, ce qui justifie l'emploi du terme ***brillante***. La lumière par laquelle cette assimilation est rendue possible se présente sous quatre symboles : la niche *(mishka)*, le flambeau *(misbâḥ)*, le verre cristallin *(zujâj)* et l'huile *(zayt)* [selon l'énumération trouvée dans le verset dit de *la Lumière* in *Coran* 24/35]. Ces quatre aspects se réfèrent à l'Olivier exempt des quatre dimensions impliquées dans la ligne d'équilibre ou de l'équateur *(khaṭṭ al-i'tidâl)* [et suggérées dans ce verset par le fait que cet Arbre béni n'est *ni oriental ni occidental*].

La comparaison adéquate des deux jambes à la Thora implique tant l'aptitude à sa lecture et à son étude que la mention des personnes concernées par sa Révélation.

L'expression ***que je lis*** veut dire, en l'occurrence, que je me conforme [à la Thora] et que ***je l'étudie*** ou encore que je m'y applique. C'est pourquoi ce comportement vient modifier mes dispositions, comme l'un de nous s'attache à l'exemple de son semblable et arrive à se transformer par dévouement pour cet être qu'il prend comme modèle, car l'étude implique bien cette transformation.

(6) ***La Prêtresse*** *(usqufa)* : le prêtre [ou plus exactement l'évêque *(usquf)*] est un dignitaire ecclésiastique chez les chrétiens *(rûm* ou Byzantins).

Sans ornement, c'est-à-dire démunie d'ornement ou de parure [distinctive et fonctionnelle].

Le ***bien*** *(Nâmûs)* est ici synonyme de *khayr*.

Il s'agit d'une sagesse de type christique *('îsawiyyat al-maḥtid)* et pour cette raison, elle est mise en relation avec la Tradition christique *(rûm)* [selon les données de la Révélation coranique].

La jeune fille est ***sans ornement*** *('âṭila)* au regard de l'Unicité divine même *('ayn al-tawḥîd)* qui ne comporte aucune trace de l'ornement que représentent les Noms divins. Elle aussi est de la nature de l'Essence *(dhât)* et non des Noms *(asmâ')* et des Attributs *(çifât)*. Mais sur elle se manifeste le ***pur Bien*** suggéré par les ***lumières*** qui sont les Gloires brûlantes ; si Dieu retirait les Voiles de Lumières et de Ténèbres, ces Gloires consumeraient sa face [celle de l'être créé, selon une paraphrase d'un ḥadîth célèbre[1]]. Ces Gloires font allusion aux lumières incluses dans la vertu de cette sagesse de type christique ; aussi est-elle le pur Bien puisqu'elle relève de l'Essence inconditionnée *(dhât muṭlaqa)*.

(7) ***L'hypogée*** *(nâwûs)* est un tombeau de marbre dans lequel les empereurs d'Occident sont enterrés.

1. Le ḥadîth paraphrasé par le Maître se trouve dans le recueil d'Ibn Ḥanbal, IV, 401 et dans celui de Muslim, *îmân*, 233. En voici les termes : « Dieu a soixante-dix (ou soixante-dix mille, selon une variante) voiles de lumières et de ténèbres. S'Il les retirait, les Gloires brûlantes de Sa Face consumeraient les créatures que Son Regard atteindrait. »

Cette sagesse christique ne laisse place à aucune intimité, car cette contemplation, qui est extinction, ne procure aucune douceur ou jouissance *(ladhdha)*. As-Sayyârî[1] a dit : « Un homme sain d'esprit n'éprouve aucune volupté *(ladhdha)* de la contemplation, car la contemplation de Dieu le Réel est extinction dans laquelle il ne peut y avoir de douceur *(ladhdha)*. » Pour cette raison, elle est décrite comme ***sauvage*** *(waḥshiyya)*, car les âmes nobles et élevées sont poussées à désirer un être comme elle, mais sans trouver de l'intimité auprès d'elle en raison d'un manque d'affinité.

Le ***tabernacle*** *(bayt)* ***de sa réclusion*** *(khalwa)* symbolise le cœur, et la retraite qu'elle entreprend en lui indique le regard qu'elle porte vers sa propre âme, car Dieu le Vrai a dit [dans un ḥadîth saint] : « Ni Ma Terre ni Mon Ciel ne Me contiennent, mais le cœur de Mon serviteur porteur de la Foi Me contient. » Ce cœur qui contient une telle sagesse, essentielle, christique, dans la Stase de la Dépossession et de la Transcendance *(maqâm al-tajrîd wa al-tanzîh)*, est comme un désert *(falâ)* dans lequel elle se trouve tel un animal sauvage *(waḥsh)*.

On remarque ensuite que la mention de l'hypogée *(nâwûs)*, sépulture des empereurs chrétiens, la concerne puisqu'il s'agit de la mort qui est séparation de la conjonction *(firâq al-shaml)* [du corps et de l'âme]. Elle s'habitue à se déprendre de sa familiarité *(ta'alluf)* avec le Monde du Commandement et celui de la Création en raison même de cette séparation que la tombe suggère et qui la fait renoncer à la compagnie.

---

1. Abû-l-'Abbâs as-Sayyârî de Merv († 342). Voir Reynold A. Nicholson, *The Turjumân al-Ashwâq*, Londres, rééd., 1978.

(8) Cette question est de nature essentielle et concerne les quatre Écritures révélées qui font plus spécialement allusion aux Noms divins sans que les sciences qu'elles renferment se fassent concurrence. Il est donc fait référence à celles-ci à cause de celui qui s'y applique. ***Le savant de notre Loi*** se réfère au Coran, ***le disciple de David*** au Psautier, ***le rabbin*** à la Thora et ***le prêtre*** à l'Évangile.

(9) Étant de typologie christique, elle dépend de cette spiritualité *(rûḥâniyya)* par l'allusion à l'Évangile qui vient confirmer cette appartenance par les expressions utilisées ici. C'est la raison pour laquelle nous sommes auprès d'elle au rang de ces trois catégories d'êtres mentionnées qui représentent les ornements de cette institution, ses dignitaires, ainsi que ceux qui s'y conforment et se dévouent à son service, en raison du lustre et de l'autorité que ce message évangélique continue de comporter.

(10) Cette spiritualité ou réalité spirituelle essentielle, quand elle désira s'éloigner de ce noble cœur pour qu'il puisse assurer son retour [à Dieu], depuis la station du « J'ai un instant dans lequel un autre que mon Seigneur ne me contient point » [selon les termes d'un ḥadîth], jusqu'aux raisons qui l'ont poussée à prendre en charge la gestion des mondes, sous le regard des Noms [divins], cette réalité spirituelle donc fit voyager l'énergie spirituelle *(himma)* qui s'empara de ce cœur. Celle-ci est symbolisée par la chamelle, et les Anges rapprochés *(muqarrabûn)* et éperdus d'amour *(muhayminûn)* par les caravaniers qui véhiculent les aspirations. Il est question de l'entité spirituelle représentée par ceux-ci afin qu'ils ne partent pas avec elle à cause de l'amour et de l'attachement qu'ils ont pour elle, et à cause aussi de la nature humaine qu'ils partagent avec elle, tout en souhaitant que cet état *(ḥâl)* persiste.

(11) Par ***chemin,*** il faut entendre l'ascension spirituelle *(mi'râj rûḥânî)*, par ***cohorte*** *(karâdîs)*, les troupes, et par ***soulagement*** ou souffle consolateur *(tanfîs)* ce que le Prophète – sur lui la Grâce et la Paix de Dieu – voulait dire dans le ḥadîth suivant : « Certes, le Souffle consolateur de l'Irradiant d'amour *(Raḥmân)* vient à moi du Yémen (*yaman* – ou de la droite). »

(12) Le terme ***quand*** *(idh)* implique le transfert *(raḥîl)* du souffle animé (*nafs* – ou âme). Le monde où s'exercent les souffles animés *('âlam al-anfâs)* provenant d'elle ne cesse de m'affecter avec les états d'âme *(aḥwâl)* [correspondants]. Dans la poésie arabe, il est fait allusion à la délivrance de la salutation vivifiante ou salut *(taḥiyya)* et aux informations transmises par les vents *(riyâḥ)* lorsqu'ils se répandent. Les souffles dont il est question se réfèrent donc à cette station.

(13) Elle me répondit favorablement et se laissa docilement amener à ma requête – et que Dieu nous préserve de l'impétuosité de l'âme. C'est ainsi que le Prophète invoqua : « Je cherche refuge auprès de Toi contre Toi. »

Par ***le Roi*** *(malik)* ***victorieux,*** il faut entendre celui qui expose *(khâṭir)* la Science et la Guidance, et par ***Iblîs*** celui qui suggère *(khâṭir)* la prétention à l'unification *(ittiḥâd)*. Or, il s'agit d'une station difficile que peu de personnes réalisent tout en se gardant d'exprimer la prétention à l'unification et à l'incarnation ou installation *(ḥulûl)*. Dieu y fait allusion dans le ḥadîth saint suivant[1] : « … Je suis son ouïe, sa vue, etc. »

---

1. Ibn ʻArabî ne fait référence qu'à un élément du ḥadîth saint suivant qu'il citera, fragmentairement, de nombreuses fois dans ce traité : « Dieu dit : Mon serviteur ne s'est approché de Moi par une chose plus aimable pour Moi que les préceptes que Je lui ai assignés.

Mon serviteur ne cesse de se rapprocher de Moi par les œuvres surérogatoires de sorte que Je l'aime. Aussi, quand Je l'aime, Je suis son ouïe par laquelle il entend, sa vue par laquelle il voit, sa main par laquelle il saisit, son pied par lequel il marche.

S'il M'adresse une demande, certes Je l'exauce !

S'il cherche refuge auprès de Moi, Je lui donne asile.

Ce que J'hésite à faire est de me saisir de l'âme du porteur de foi qui déteste la mort, alors que Je déteste lui faire du mal. » (Recensé par Bukhârî, chapitre sur l'humilité, d'après Abû Hurayra.)

Il existe plusieurs variantes, plus ou moins complètes, de ce ḥadîth. Nous avons préféré cette version à d'autres du fait qu'Ibn ʻArabî sera amené à citer d'autres éléments de cette nouvelle dans le commentaire de certaines poésies de cet ouvrage. De plus, c'est cette version que l'on retrouve dans le recueil de ḥadîths qu'il a composé et intitulé *Mishkât al-anwâr*, traduit par Muhammad Vâlsan sous le titre *La Niche des Lumières*, Paris, Éd. de l'Œuvre, 1983, pp. 118-120.

3
Amoureuse salutation

(1) *Ô mes deux intimes, détournez votre chemin*
En passant par la Dune !
Chevauchez vos montures jusqu'à la Halte de La'la'
Et aspirez aux eaux de Yalamlam

(2) *Près d'elles, ceux que tu as connus ;*
Et ceux à qui appartiennent
Mon jeûne, mon pèlerinage, ma visite
Et ma fête solennelle aux lieux saints.

(3) *Que jamais je n'oublie le jour où, à Minâ,*
Les cailloux sont lancés, ni les choses d'importance,
Près du suprême autel sacrificiel,
Ni près de la source de Zamzam.

(4) *Là où ils lancent les pierres*
Demeure mon cœur, lancé contre leurs stèles.
Mon âme, là où ils sacrifient
Mon sang, là où ils s'abreuvent.

(5) Ô chantre conducteur de chameaux !
Si tu viens à Ḥâjir,
Arrête un moment les montures
Et transmets le salut !

(6) Adresse aux tentes pourpres,
Aux abords de l'enceinte sacrée,
La salutation de l'amant
Qui soupire vers vous, esclave du désir.

(7) S'ils adressent le salut
Rends-le avec le zéphyr oriental.
Et s'ils se taisent,
Bâte les montures et avance

(8) Jusqu'au fleuve de Jésus
Là où leurs montures font halte,
Et là où les tentes blanches,
Près de l'embouchure, sont plantées.

(9) Invoque Da'd,
Ar-Rabâb, Zaynab,
Hind, Salmâ et Lubnâ
Et fredonne telle une source !

(10) Demande-leur : al-Ḥalba est-elle la demeure
De cette jeune fille au corps souple ?
Elle qui te laisse voir l'éclat du soleil
Au moment même où elle sourit.

COMMENTAIRE

CONNAISSANCE DE DIEU PAR L'INTELLECT ET/OU LA FOI, PAR LA PAROLE ET L'ESPRIT

(1) Par ***mes deux intimes,*** il faut entendre que l'intellect *('aql)* et la foi *(îmân)* de l'être [amoureux] renoncent à leurs privilèges en passant par le *Kat͟hîb* [ou amoncellement abondant][1], qui est le lieu de la contemplation *(mus͟hâhada)* ainsi que le précise la Loi sacrée.

Tous deux font halte avant l'union *(wuçûl)* à ***La'la',*** lieu où le mirage apparaît, endroit où se produit la stupéfaction *(dahas͟h)* et la perplexité *(ḥayra)*. Cet être s'enthousiasme afin que la vision *(ru'ya)* s'opère par amour et désir intense.

Aspirez aux eaux de Yalamlam[2], ou du rassemblement, endroit accidenté, symbole du retour à la source-mère *(mawṭin)* de la vie, puisque toute chose vivante provient de l'eau. De même que les souffles animés *(anfâs)* sont mis en correspondance avec le Yémen ou avec la droite *(yamaniyya)* [selon les termes d'un ḥadît͟h], de même la vie est en relation avec cette direc-

1. Le *Kat͟hîb* – la Dune ou l'Amoncellement – est un « endroit » du Jardin paradisiaque appelé *'Adn* (d'Eden ou du Séjour immortel) là où s'opère la Vision du Seigneur au moment du Rassemblement des êtres humains destinés au Paradis, lors de la Grande Résurrection.

Ibn 'Arabî a traité ce thème, dans le chapitre 65 des *Futûhât al-Makkiyya* intitulé « Du Paradis, de ses demeures, de ses degrés et de ce qui s'y rapporte ».

2. Il s'agit d'un lieu près de La Mekke où s'effectue la sacralisation *(mîqat)* pour le Pèlerinage *(ḥajj)* et la Visitation *('umra)*.

tion en raison d'un symbolisme apparenté *(mushâ-kala)*.

(2) Le discours s'adresse [maintenant] à une seule personne pour désigner la foi sans l'intellect. En effet, la science au sujet de l'Essence et des Attributs extrinsèques *(nu'ût)* qu'elle implique s'obtient seulement par la foi et non par l'intelligence. C'est pour cette raison que nous avons précisé : ***près d'elles (hâ) sont ceux que tu as connus,*** et non, « que tous deux vous avez connus ». Le pronom ***elles*** *(hâ)* se réfère aux ***eaux*** qui sont connues, mais non selon l'Essence, puisqu'elle est vue et non objet de connaissance. Si en effet elle était connue, elle serait compréhensible. Or, Dieu n'est pas cerné par une science, Lui qui est saint et sublime, au point d'exclure que la science de l'être possible L'entoure ou que Son Essence soit compréhensible, alors que Lui est Celui qui englobe *(muḥîṭ)* tout sans qu'aucune chose L'englobe, étant donné que si une réalité L'englobait, elle Le restreindrait.

L'expression : ***Ceux à qui appartiennent,*** se rapporte aux Attributs divins extrinsèques *(nu'ût ilâhiyya)*.

Mon jeûne fait allusion à l'attribut de Soutien impénétrable *(çamadâniyya)*[1], ainsi que Dieu le suggère par la bouche de Son Prophète : « Le jeûne est à Moi (et c'est Moi qui rétribue par lui) ». C'est affirmer que cet attribut divin ne convient pas au serviteur qui ne peut s'en prévaloir, bien que le jeûne, qui lui appartient d'une certaine manière, lui permette de participer de cet attribut divin par l'abstention de nourriture et de choses substantielles *(ghadhâ')*.

---

1. Le Nom divin *aç-Çamad* se trouve une seule fois mentionné dans le Coran dans la sourate 112, *al-Ikhlâç*.

Mon pèlerinage *(ḥajj-î)*[1] indique la réiteration *(takrâr)* du but proposé, par l'orientation *(tawajjuh)* vers cette Essence d'une pureté transcendante, pour invoquer les Noms divins, quels que soient la personne et le moment.

Ma visite *(i'timâr-î)*[1], c'est-à-dire ma fréquentation *(ziyâra)* de l'Essence dans le temps de mon désir ardent et de ma démarche. La répétition qui comble l'insuffisance *('illa)* ainsi que la Visitation sont permanentes, le serviteur ne cessant jamais, dans les souffles, d'être dans le besoin *(ḥâja)* et dans le renouvellement *(mu'tamir)*, car toute âme *(nafs)* est transférée d'un Nom divin à un autre.

Ma fête solennelle *(mawsim-î)* signifie la période annuelle pendant laquelle le Pèlerinage a lieu, au moment où intervient la fête *('îd)*[2]. C'est parce que la fête solennelle s'interprète comme étant le réceptacle spatial et temporel *(maḥall makânî wa zamânî)* que les

---

1. Le mot *ḥajj* peut aussi se traduire par : quête, selon l'étymologie de la racine *Ḥ J J*. Voir à ce sujet notre traduction des deux traités de Ghazâlî, intitulée : *Les Secrets du Jeûne et du Pèlerinage*, Lyon, Éd. Tawhid, 1993 ; nlle éd. en 2 t., Éditions Albouraq, Beyrouth, 2001.

Les vers qui vont suivre font référence à des moments et à des événements rituels du Pèlerinage.

Le terme *ḥâja*, besoin, nécessité, vient de la racine *H W J* apparentée, par deux consonnes *Ḥ* et *J* à la racine *H J J* du vocable *ḥajj*, quête. Ce procédé linguistique, propre à l'arabe sacré et aux langues sémitiques d'une manière générale, est souvent utilisé par Ibn 'Arabî en particulier et par les maîtres du Soufisme et du Kalâm en général.

2. Le terme *'îd* provient de la racine *'W D*, revenir. Pour tenir compte de son étymologie et de la démonstration du Maître, il faut plus précisément le traduire par « retour festif » ou « retour cyclique à un certain point de départ ».

aptitudes ou réceptivités *(qabâ'il)* différentes s'y rassemblent pour un dessein unique selon des langages variés.

La mention ici de cette réunion festive *('îd* ou récurrence festive) suggère donc une seule et unique signification. De même, les stations de ce serviteur, ses états et les Réalités divines, quand le cœur opère son actualisation dans l'endroit de la synthèse *(maḥall al-jam')*, ainsi que nous l'avons spécifié, deviennent pour lui un lieu de fête *(mawsim)*[1] ou de récurrence festive *('îd)*. Le nom *mawsim* dérive de la racine *wasama* qui signifie marque ou signe de reconnaissance *('alâma)* qui est le signe de la réalisation de cette station synthétique. De même, le terme *'îd* vient d'une racine dont le sens est revenir à son point de départ, car la réalité en cause est (symboliquement) circulaire ou périodique *(dawrî)* [ou d'une spiration évolutive illimitée] étant donné que les occurrences *(waridât)* divines, au contraire des stations qui elles sont limitées, n'ont pas de fin, sans aucun doute possible !

(3) Jamais je n'oublie suggère la prise des Caractères divins *(takhalluq ilâhî)*[2] dont l'origine vient de la station du « … Je suis devenu son ouïe et sa

1. Ce nom, en dehors de sa signification étymologique qu'Ibn 'Arabî rappelle, et de celle de beauté insurpassable, est construit sur un schème exprimant des noms de lieu ; il prend alors le sens d'endroit qui reçoit une empreinte, un sceau.

2. Cette expression est empruntée à une nouvelle prophétique considérée comme authentique par les Maîtres du *Taçawwuf* : « Caractérisez-vous par les Caractères de Dieu. » Ibn 'Arabî fera souvent référence ou allusion aux termes de ce ḥadîth.

vue[1]… » L'attention est également attirée sur cette station : « *Ton Seigneur n'est pas oublieux* » (*Coran* 19/65), allusion évidente à cette caractérisation divine et à la Sollicitude *(i'tinâ')*.

Le jour où, à Minâ, les cailloux sont lancés, c'est-à-dire l'endroit où l'on jette les cailloux contre les stèles *(jimâr)* [à Minâ (qui signifie le lieu du Désir), pendant le Pèlerinage au retour de *'Arafa* et de *Muzdalifa*]. Ne me fais donc pas oublier ce jour où l'on séjourne un certain temps, attitude suggérée par le verset suivant : « *Invoquez Dieu comme vous invoquez vos pères et même d'une invocation plus intense* » (*Coran* 2/196). Rendez donc permanente l'invocation de vos pères en ce lieu dont l'origine est vos cœurs et vos langues. Dieu dit : « *Remercie, Moi et vos père et mère* » (*Coran* 31/14), et cela dans la seule station de l'existentiation de l'essence du serviteur, là où cet acte existentiateur intervient au moment où ses deux parents s'unissent par l'acte du mariage *(nikâḥ)* et lors des difficultés qu'ils éprouvent à faire naître l'enfant. Or cet acte n'est pas de la nature de la station spirituelle *(maqâm)* et cette manière d'agir, ici, ne s'applique pas à celui à qui l'on dirait : « Néglige d'invoquer tes deux parents en cette circonstance », car toute station spirituelle comporte une réalité qui lui est propre.

Il est fait mention de Minâ car cette cité est la porte du désir *(amânî)*, ainsi que l'on dit : « Que les désirs *(amâniyy)* ne vous séduisent pas » (cf. *Coran* 57/14).

Près du suprême autel sacrificiel *(manḥar)*, il faut entendre les victimes propitiatoires *(qurbân)* comme le poète l'a chanté :

1. Pour cet élément de nouvelle prophétique, cf. poésie 2, vers 13.

Tu as offert les victimes sacrificielles
Et moi, mes forces vives et mon sang.

allusion à l'âme ou souffle vital.

Ni les choses d'importance, c'est-à-dire la vie éternelle.

(4) Les différents pronoms ***ils*** se rapportent, ici, aux Réalités divines qui fondent sur le cœur, au moyen de tous les attributs possibles.

Lancé contre leurs stèles indique ce avec quoi ils lapident les suggestions psychiques et sataniques, et même divines, mais en tant que lieu où elles fondent sur le cœur, trouvant leur origine en lui. L'endroit où les cailloux sont lancés implique l'orientation blâmable ainsi que Dieu le précise : « … *Qu'un bien les atteigne, ils disent : "Ceci vient de chez Dieu." Qu'un mal les atteigne, ils disent : "Ceci vient de chez toi." Dis : "Tout vient de chez Dieu." Qu'ont donc ces gens-là à être peu capables de comprendre des choses nouvelles* (ḥadîth) *– qui sont en réalité des choses permanentes* (qadîm). *Le bien qui t'atteint vient de chez Dieu, le mal qui t'atteint vient de toi…* » (*Coran* 4/78 et 79).

Ces gens-là qui contestent ne comprennent pas les réalités nouvelles que Nous rapportons, c'est-à-dire que tout vient de chez Nous, le blâmable comme la louange. [Toutefois], ils ne blâment pas ce que Nous qualifions de blâmable bien qu'ils louangent ce que nous nommons digne d'être loué. Ils considèrent donc les choses comme Nous les leur avons enseignées, choses que Nous n'avons pas instituées en tant qu'elles se réfèrent à Nous, [mais] elles restent assujetties au statut existentiel qui les régit *(ḥukm al-îjâd).*

Mon âme, là où ils sacrifient, ou encore, les lieux propitiatoires, comme nous le chantons :

J'ai offert mon âme pécheresse en holocauste.
Une créature, au regard des péchés,

Sera-t-elle donc considérée
Comme victime propitiatoire ?

Il s'agit de l'anecdote, bien connue, du jeune homme qui s'offrit en sacrifice, à Minâ, sous l'effet de son ardeur, lorsqu'il vit les pèlerins offrir leurs victimes sacrificielles. Il s'offrit lui-même comme victime propitiatoire et mourut sur-le-champ.

Mon sang, là où ils s'abreuvent. Le sang qui s'écoule dans les veines est cause de la vie animale. La boisson fait allusion à l'Eau que Dieu a mise comme un principe amenant tout être à la vie : *« Nous avons fait provenir de l'Eau toute chose vivante »* (*Coran* 21/30).

(5) Le chantre conducteur est celui qui mène le chameau qui le suit et guide sa bride. De même, le désir, sous l'effet de l'aspiration, conduit jusqu'aux demeures des Amoureux.

Si tu viens à Ḥâjir : *Ḥâjir* signifie la digue, obstacle ou mur *(ḥâjir)*, et est le symbole de la raison *('aql)*. La Voie de réalisation spirituelle *(ṭarîq)* implique uniquement la foi et la contemplation, non la raison à cause de la faculté discursive *(quwwa fikri-hi)* ; elle fait intervenir la connaissance *('irfân)* et la foi.

Le ***ḥâjir*** est la digue qui retient *(ḥâjir)* deux choses devant rester séparées. Les amoureux retiennent leurs âmes et leurs vues essentielles afin qu'ils se distinguent bien du reste des êtres d'aspirations délibérées *(maqçûdîn)*. Cette disposition confirme que celui dont il est question est un bien-aimé mais aussi qu'un tel état demeure la cause de l'union avec un bien-aimé.

Il est demandé ensuite à ce chantre conducteur, qui symbolise le désir, de saluer les demeures des amoureux, mais après un certain temps d'arrêt. En effet, l'amant, en passant par la demeure des amoureux, est saisi de stupéfaction et de perplexité, tout au début de son trajet [spirituel] et, souvent, il en reste subjugué, en proie à l'agitation. Il ne peut alors satisfaire aux règles de convenance *(adab)* en matière de salut *(salâm)*, à cause de cette stupeur qui le prend. On lui dit donc : « ***Arrête-toi un moment*** », afin que cet état de stupéfaction et de commotion *(baht)* l'abandonne. Dès lors, il prend conscience de la convenance requise des bien-aimés en matière de salut. Le dicton populaire suivant convient bien à ce cas : « Quiconque pénètre en un lieu [pour la première fois] est surpris. » Il s'agit, en l'espèce, d'une expérience véritable.

(6) On dit à l'amoureux, à cause de son ardent désir : Lorsque tu adresses des salutations de paix et que tu portes le regard sur les tentes en forme de coupole *(qibâb*, sing. = *qubba)* de couleurs variées, ne lance ton appel que des tentes rouges qui sont les lieux de la beauté totalisatrice réservés aux fiancées protégées des regards profanateurs.

Divers coloris de tentes sont proposés :

– les tentes vertes indiquent les caractères les plus nobles,

– les noires, les plus redoutables,

– les blanches, les plus valeureux,

– les rouges, les plus beaux.

Ainsi, le représentant du Yamâma, lorsque [la fausse prophétesse] Sajâḥ[1] avec ses soldats vint le trouver, déclara :

Dressez pour elle la tente couleur pourpre !
En la voyant, elle brûlera du désir de l'union.

Et lui s'isola avec elle dans une tente de couleur rouge.

Pour cette raison, le Messager de Dieu – sur lui la Grâce et la Paix de Dieu – a déconseillé de monter sur des selles rouges. La passion *(s̲hawa)* intervenant en ce domaine, nous avons fait des tentes rouges la demeure des amoureux, car l'amour est la plus magnifique et la plus parfaite des passions.

Aux abords de l'enceinte sacrée ou protégée *(ḥimâ)* : ces tentes sont des demeures inaccessibles [à tous] en raison du Voile de l'inaccessibilité la plus protégée et la plus irrésistible, sauf à celui qui est digne d'elle et à celle qui est digne de lui, ainsi que l'a célébré un poète :

Elle n'était vertueuse que pour lui
Et il n'était vertueux que pour elle.

Si un autre que lui l'avait désirée
La terre, avec violence, en aurait été ébranlée.

---

1. Sur ce personnage, cf. *Encyclopédie de l'Islam*, Leyde, 1913-1934, ancienne édition, IV-46.

Sajâḥ, de la tribu des Tamîm, se faisait passer pour prophétesse. Sous le califat d'Abû Bakr, elle fut combattue avec ses partisans et défaite. Certains de ceux-ci, qui échappèrent à la mort, vinrent ou revinrent à l'Islam.

Nous avons mentionné que les tentes avaient la forme d'une coupole, car la forme sphérique *(shakl kuriyy)* est la plus excellente et la plus primordiale.

Ainsi, les amoureux sont en des demeures primordiales chez Dieu le Réel, et non dans une réalité quelconque, et ces demeures proviennent du Monde du Commandement *('âlam al-amr)*.

La forme sphérique n'a ni commencement ni fin, sauf quand elle se présente sous un aspect conventionnel *(ḥukm al-'araḍ)*. De même, ces amoureux sont les Réalités divines dans lesquelles l'Ordre assume une forme cyclique *(dawrî)* et sphérique *(kuriyy)* [symbolique].

(7) S'ils répondent à ton salut, tu connaîtras alors que tu es des leurs et de ceux qui sont des leurs. Répands leurs salutations de paix de pair avec le monde des souffles animés depuis la station de l'inclination [amoureuse] *(mayl)*, car le terme *çabâ* [que nous avons employé dans ce vers] signifie tout à la fois vent d'est léger et inclination amoureuse juvénile. Pour cette raison, cette expression a été choisie de préférence à celle désignant le sud *(janûb)* ou le nord *(shamâl)*, par exemple. Porte donc le salut de paix avec ceux que tu vois, depuis le monde des souffles, en t'orientant vers notre direction.

S'ils se taisent, c'est qu'ils ne te rendent pas cette salutation de paix et tu sauras de la sorte que, pour les familiers de ces demeures, tu n'es pas des leurs et qu'ils ne sont pas davantage tes familiers.

Mets-toi en route et recherche alors d'autres demeures que les leurs, en compagnie de ceux qui en sont dignes et dont tu es digne. Mais ***avance*** sans régresser en te gardant bien d'être de ceux à qui l'on dit : « *Revenez en arrière et sollicitez intensément une lumière* » (*Coran* 57/13).

(8) Avance jusqu'au fleuve de Jésus **:** il s'agit du lieu où la science christique immensément vaste est contemplée. Comporte-toi avec lui comme tu l'as fait avec les tentes rouges et plante les tentes blanches de ces amoureux, car c'est là que se tient la station christique qui est exempte de la passion née du mariage charnel *(shahwa nikâḥiyya)* du fait que Jésus naquit sans l'acte de la copulation humaine *(nikâḥ basharî)*. La tente est blanche à dessein, et non rouge. Tu reçois cette science christique du côté de l'embouchure du fleuve *(fam)*, là où s'exprime la Parole proférée bouche à bouche *(fahwâniyya)*, et où se trouve l'organe de transmission de la parole *(lisn)* pour conférer le « Sois ! » [existentiateur] *(kun)*[1].

(9) En atteignant les demeures, ***invoque*** les noms de ces Réalités divines, en fonction de leur diversité, afin que la part qui t'en revient te soit accordée, de telle sorte que tu connaisses dès lors ce qu'est ta station par rapport à elles. Les noms de ces amoureuses arabes ainsi mentionnés font allusion à ces Réalités divines.

Et fredonne telle une source *(Zamzam)* : Maintiens-toi, à cause d'eux, dans la station de l'Audition *(samâ')* qui produit l'actualisation de l'être *(wujûd)*, car tout être existencié est ému [par l'audition]. Le

1. Référence à certains versets du Coran qui mentionnent l'Ordre divin proférant les choses par la Parole « Sois ». Par exemple, ce verset : « *La Parole que Nous adressons à une chose, lorsque Nous la voulons, est seulement de lui dire : "Sois !" Et elle se trouve* » (*Coran* 16/40).

Prophète – sur lui la Grâce et la Paix de Dieu – a dit à ce sujet : « Dieu n'écoute rien autant qu'il n'écoute celui qui psalmodie le Coran ». Considère donc le lieu où ces Réalités divines sont contemplées, là où celui qui possède cette station est à l'Écoute divine *(içghâ' ilâhî)*. La nouvelle prophétique suivante vient renforcer cette interprétation : « Quiconque n'enrichit pas la récitation du Coran en la psalmodiant *(taghannî)* n'est pas des nôtres. » Or, psalmodier ainsi est une richesse [en soi] qui suffit *(ghinâ)* et non une suffisance affectée *(istighnâ')*.

(10) Al-Ḥalba est un lieu situé à Bagdad. Demande à ceux que tu appelles des Réalités divines et des Attributs extrinsèques éternels s'ils sont de al-Ḥalba, c'est-à-dire, selon la signification sémantique de ce nom, de l'hippodrome *(ḥalba)* où sont réunis les chevaux pour la course. Car, les Réalités divines se font concurrence pour la venue à l'existence *(kiyân)*, afin d'actualiser leurs possibilités *(âthâr)* et que leur vertu se manifeste dans les êtres. Elles sont dénommées *ghâda*, jeunes filles au corps souple ou flexible, car ce terme comporte aussi le sens d'inclination ou de propension à s'orienter vers l'existence *(kawn)*.

À cette jeunesse est encore attribuée la lumière du soleil lorsqu'**elle sourit**. Le Prophète – sur lui la Grâce et la Paix de Dieu – a dit : « Vous verrez votre Seigneur dans le Jardin paradisiaque comme vous voyez le soleil au zénith sans nuage pour le masquer. » [Il est à remarquer dans ce ḥadîth que] la comparaison porte plutôt sur la vision que sur le soleil.

Tu te trouvais dans la station de Jésus et te voilà maintenant en train de solliciter la station sublime et polaire d'Idris, régent du quatrième ciel.

Le rire *(tabassum)*, ici mentionné, fait allusion à la station de l'expansion *(maqâm al-basṭ)*. En effet, les stations sublimes, en raison de la crainte révérencielle *(hayba)* qui les accompagne, n'offrent pas la possibilité, à celui qui les assume, de se détendre à cause même de leur élévation et de leur sublimité. Quand elles se montrent avec le sourire, celui-ci épanouit le serviteur adorateur dont le cœur se dilate et qui sait dès lors qu'elles sont avec lui dans la station de l'intimité *(uns)* et de la beauté totalisatrice *(jamâl)*[1].

1. Le terme *Jamâl* vient de la racine *J M L* qui connote deux sens principaux : être beau et totaliser, réunir. *Jamâl* implique donc une perfection normative dans la beauté qui tient compte du développement harmonieux de toutes les possibilités d'une réalité. Ce terme se différencie de cet autre *ḥusn* provenant de la racine *Ḥ S N* qui exprime la beauté en soi.

4
Salut à Salmâ

(1) Salut à Salmâ et à ceux qui ont fait halte
Dans l'enceinte protégée !
On exige qu'un être comme moi,
Plein de tendresse, donne le salut.

(2) Que peut-on retenir contre elle
Si, à notre salut, elle répond.
Mais, de pouvoir, on ne peut exercer,
Sur les belles statues de marbre !

(3) Ils voyagèrent dans les ténèbres,
La nuit ayant laissé tomber ses voiles.
Alors, je lui parlai ainsi, moi l'amant éperdu,
L'exilé, l'esclave de l'amour :

(4) Les ardents désirs le cernent et le gardent.
Partout où il s'oriente,
Les sveltes lanceuses de traits
N'ont de cesse de le viser !

(5) Elle montra les perles de son sourire
Et un furtif éclair jaillit

Sans que je connusse, parmi les deux,
Celui qui fendit les nuits profondes.

(6) Voici qu'elle ajouta : Ne lui suffit-il pas
Que je sois en son cœur,
Qu'il me contemple à chaque instant ?
Oui, ne lui suffit-il pas ?

COMMENTAIRE

PROPHÉTIE ET SAINTETÉ – ASCENSION SPIRITUELLE

(1) Salmâ fait allusion à un état spirituel apparenté à la typologie spirituelle de Salomon[1] *(ḥâla Sulaymâniyya)*, état qui se réfère à la station propre à ce prophète – sur lui la Paix de Dieu – en vertu d'un Héritage prophétique *(mîrâth nabawî)*.

Ceux qui ont fait halte dans l'enceinte protégée sont les êtres en affinité avec cette disposition spirituelle. Cette expression indique que Salmâ réside dans la station qui ne peut être atteinte, celle de la Prophétie dont la porte est close [avec Muḥammad][2] et, pour cette raison, elle est dite restée protégée.

L'expérience *(dhawq)* de cette sagesse de Salomon est rapportée à sa condition de prophète et non à celle de saint car la qualité de sainteté, qui est universelle *(dâ'ira 'uzhmâ)*, peut être partagée avec lui par l'expérience spirituelle.

---

1. Les deux noms *Salmâ* et *Sulaymân* ont la même racine *S L M* qui comporte l'idée de salut, de paix, de sécurité et de sauvegarde, ainsi que le mot *salâm*, introduit dans le commentaire pour illustrer le thème que le Maître chante dans ce vers.
2. Selon le verset de la sourate 33/40.

On exige d'un être comme moi, lui qui est dans la station de l'amour *(maḥabba)*, ***plein de tendresse*** ou de délicatesse *(riqqa)* fait allusion au transfert dans le monde subtil *(luṭf)*, car l'opacité ou manque de subtilité *(kaṯhîf)* est le propre de la nature grossière qu'il est difficile de pénétrer.

On salue [ici] celui qui arrive mais, en cette circonstance, la préséance voudrait que celui vers lequel on se rend soit salué par celui qui arrive et non inversement, puisque dans ce cas, c'est lui le demandeur et que l'ascension *(mi'râj)* dans les Réalités divines n'entre pas dans son pouvoir[1].

Lorsque Salmâ se présenta à lui, il commença par la saluer, cette attitude prouvant que c'était bien lui qui la recherchait. Un tel comportement est plus conforme à la préséance, dans la mesure où les Réalités [divines] confèrent l'ascension *('urûj)* ; l'absence d'ascension étant due à l'ignorance essentielle de la Dignité divine *(makâna ilâhiyya)* qui n'est ni connue ni visée au moyen de l'ascension mais de la demande [en état de pauvreté totale].

(2) La réponse que nous faisons au salut *(taḥiyya)* est pure faveur *(minna)* et ne relève pas de la nécessité, car rien de la sorte n'oblige Dieu. Ce qui nous vient

---

1. Ibn 'Arabî se réfère implicitement aux deux versets suivants : « *Ô porteurs de la foi ! N'entrez pas dans des demeures qui ne sont pas les vôtres sans en avoir obtenu la permission, et sans avoir salué leurs familiers. C'est pour vous un bien, en espérant que vous vous rappellerez* » (*Coran* 24/27). « *Quand on vous salue, saluez d'une meilleure façon, ou bien rendez la salutation. Certes, Allâh tient compte de toute chose* » (*Coran* 4/86).

de Lui, sans exception, est soit obtenu d'emblée *(ibtidâ')* soit par accoutumance *(i'âda)*, mais dans tous les cas, il s'agit toujours d'une pure faveur de Sa part, Gloire à Lui omniprésente !

Cette subtilité *(nukta)*, de nature divine et prophétique, en rapport étroit avec Salomon, est suggérée par l'expression : ***belles statues de marbre*** *(dumâ)* [ou selon une autre acception de ce terme : jolies femmes], le marbre appartenant au monde minéral.

On en déduit que Salmâ ne se présente pas selon un langage articulé *(lisân nuṭq)*, car l'eût-elle fait que cette manière de s'exprimer n'aurait pas convenu à sa nature *(dhât)*, nature qui est complexe *(murakkaba)*, alors qu'elle [Salmâ] reste une en soi sous tous ses aspects. Aussi, son apparition *(wurûd)* est sa parole même, sa contemplation, son audition même et ainsi de suite de toutes les caractéristiques divines *(ḥaqâ'iq ilâhiyya)* et de l'ensemble des relations seigneuriales *(nisab rabbâniyya)* qui la concernent. S'il avait été fait allusion à elle sous une forme animale [et non minérale comme le marbre], cette station, qu'on a voulu ainsi mentionner, n'aurait pas été évidente.

(3) Ils voyagèrent, or un tel voyage ne s'effectue que de nuit[1], à l'instar des ascensions *(ma'ârij)* des prophètes qui n'ont lieu que pendant cette période, réceptacle de la confidence [divine][1] *(maḥall al-isrâr)*,

1. La racine *S R Y* exprime un voyage s'effectuant la nuit et le Maître met celle-ci en rapport avec cette autre racine *S R R*, dont les deux radicales *S* et *R* sont identiques, et qui signifie : réjouir, blesser au nombril, être secret. Le vocable *sirr* : secret, mystère, comporte alors la signification de joie primordiale en relation avec la Mère nourricière et la miséricorde *(raḥma)* dans son aspect d'amour maternel.

du mystère discret *(katn)* et du non-dévoilement *('adam al-kashf)*.

Dans les ténèbres, voile du Non-Manifesté ou mystère *(ḥijâb al-ghayb)*, ***la nuit ayant laissé tomber ses voiles,*** symbole de l'existence du corps grossier, lui qui représente la nuit de cette nature animale, puisqu'il constitue un voile opaque ou écran *(sitr)* dissimulant les subtilités spirituelles et les sciences nobles et élevées qu'il implique. Son approche de ces réalités qui sont en lui ne se réalise qu'après discernement *('ibâra)* et allusion *(ishâra)*.

Quelles que soient les modalités de son voyage nocturne, au moyen des actes corporels et des aspirations psychiques, cette sagesse se propage et s'éloigne de son cœur, au moment où il s'emploie à disposer de certaines de ses possibilités grossières. Lorsqu'il revient vers son secret, il trouve que cette sagesse est déjà partie et, derrière elle, il voyage de nuit en la désirant avec énergie et la supplie ainsi : « Aie pitié d'un amant éperdu, moi qui suis disposé à t'aimer et à m'éprendre de toi ! » deux attitudes passionnées faites de tendresse provoquée par le désir ardent. ***L'exilé*** hors de la terre de son existence, ***esclave de l'amour*** : asservi et humilié [par lui].

(4) Les ardents désirs, en s'emparant entièrement de cet amant et en l'entraînant dans un état, soit d'éloignement soit de proximité, qualifient l'aimée qui est éprise de lui. Les Théophanies *(tajalliyât)* surviennent dans des moments [propices] en assumant alors de belles et agréables formes dans le monde des similitudes ou des réalités subtiles prototypiques *('âlam al-tamthîl)*, ainsi que Dieu le précise : « *Il [l'Archange Gabriel] assuma alors pour elle [la Vierge Marie] la* *forme d'un être d'apparence humaine parfait* » (*Coran* 19/17).

Ces formes sont décrites comme décochant, sur le cœur de l'amant, les flèches des œillades, là où il s'oriente, cœur caractérisé par la fréquentation intime de la présence contemplative, conformément à cette parole divine : « *Où que vous vous approchiez* [ou *orientez*], *là est la Face de Dieu* » (*Coran* 2/109).

(5) Quand le ***sourire*** est l'occasion d'un dévoilement, le voile est promptement soulevé. Or l'éclair produit ce résultat par la correspondance effective existant entre l'un et l'autre. Cet amoureux trouve que son être entier est lumière, tout comme le voile de la nuit disparaît au moment où l'éclair brille, conformément à la parole de Dieu : « *Dieu est la Lumière des Cieux et de la Terre. Sa Lumière est semblable à une niche* »… (*Coran* 24/35), et à cette invocation du Prophète : « Ô mon Dieu ! Mets dans mon ouïe une lumière, dans ma vue une lumière… » Il mentionna les cheveux, la peau, le cœur, les os et tous les membres, pour finir ainsi : « Et fais de mon être entier une lumière ! » c'est-à-dire par cette théophanie *(tajallî)*. La théophanie essentielle *(tajallî dhâtî)* est comparable à l'éclair qui manque de fixité.

On pourrait s'exprimer ainsi : Quand elle fit resplendir entièrement les différents aspects de mon être, le temple de ma nature s'illumina, alors que j'étais dans la demeure d'une sagesse irradiante provenant d'une Réalité divine *(ḥaqîqa ilâhiyya)* assumant une forme similaire dans une phase d'épanouissement *(maqâm basṭ)*. Cette forme se mit à sourire, inonda ma terre et mon ciel de sa lumière et illumina ma nuit en contribuant à produire l'irradiation de mon essence par son sourire.

Sans que je connusse, parmi les deux, celui qui fendit les nuits profondes. Je ne sus alors lequel des deux illumina mon être, ni lequel fissura de sa lumière les nuits noires de mon essence en rapport avec ces deux illuminations. C'est pourquoi l'ambiguïté fut engendrée en cette circonstance.

(6) Cette Réalité divine, sous cette forme imaginale *(çûra mithâliyya)*, précisa en un langage personnel : « Ne me cherche pas à l'extérieur ! » ***Et ne lui suffit-il pas*** que je descende ***en son cœur,*** comme Dieu a dit : « *L'Esprit dépositaire et fidèle (rûḥ amîn) descendit sur ton cœur au moyen de la Récitation coranique* » (*Coran* 26/193). C'est moi-même qu'Il contemple alors en Son Essence et par Son Essence ***à chaque instant,*** dans les Jours de Dieu, Lui qui a dit : « *Chaque Jour, Il est à une Œuvre* » (*Coran* 55/29). Il s'agit des Jours de Dieu pendant lesquels s'actualise le désir ardent !

5
Désir insatisfait

*(1) Le désir ardent s'élève serein
Et ma résignation parcourt la plaine.
Alors je me trouve entre le plateau de Najd
Et la basse et torride Tihâma.*

*(2) Voici deux contraires
Qui ne peuvent se rencontrer.
Jamais ma dispersion ne trouvera
Un temps pour les accordailles !*

*(3) Comment faut-il agir ? Quelle ruse inventer ?
Conduis-moi doucement,
Ô mon censeur sévère !
Par ton reproche, ne m'effraie point !*

*(4) De profonds soupirs s'exhalent,
Par degré, ils s'élèvent.
Des pleurs abondants
Sur mes joues se répandent.*

*(5) Les chameaux couleur fauve
Aspirent à leurs terres natales.*

Les sabots usés par la marche
Ils geignent tout altérés d'amour.

(6) Après leur passage
Ma vie n'est qu'extinction.
Que la paix préserve
Ma vie et la patience !

COMMENTAIRE

LA SÉPARATION DU COMPOSÉ HUMAIN EST-ELLE POSSIBLE EN CETTE DEMEURE ?

(1) La recherche du désir ardent s'effectue sur un lieu ou ***plateau élevé*** (*najd* ou partie élevée de l'Arabie) en raison du lien que ce haut lieu garde avec l'Assise la plus sublime *(mustawâ a'lâ)* [de Dieu sur le Trône divin, cf. *Coran* 20/5] ; et la quête de la patience *(çabr)* a lieu à ***Tihâma*** [basse dépression autour de La Mekke].

La patience et le désir sont deux dispositions incapables de se réunir [dans un même temps], à l'exemple du haut et du bas qui ne peuvent se trouver rassemblés [dans le même endroit]. Me voici donc entre ces deux états dans une condition intermédiaire *(barzakh)*, cause d'affliction.

La patrie ou demeure habituelle *(mawṭin)* sollicite de moi la patience car, en ce lieu, la rencontre *(liqâ')* n'est pas possible. De même, le désir réclame de moi la séparation de toute composition *(mufâraqat al-tarkîb)* qui affecte cet habitacle naturel *(haykal ṭabî'î)*, obstacle irréductible à l'aspect immatériel ou spirituel *(laṭîfa)* qui, lui, est tout éperdu d'amour, à cause de la relation qu'il possède avec le monde sublime. Cette réalité spirituelle de l'être gouverne ce corps grossier jusqu'au terme imparti. Le désir m'entraîne vers le haut et la résignation vers le bas ; or la patience garde l'ascendant sur le désir. La protection de ce séjour habituel s'exerce à son égard dans la vie d'ici-bas.

(2) L'être humain, dans sa réalité spirituelle *(laṭîfa insâniyya)*, doit prendre en compte sa réalité complexe *(murakkab)* sans pouvoir faire abstraction de sa dépendance, puisqu'il est amené, ici-bas et ultimement, à gouverner une réalité qui ne peut être que composée – et qu'il ne peut quitter même un seul instant – pour contempler sa réalité incomposée *(basîṭa)*, comme le soutiennent certains soufis et philosophes qui n'ont aucune connaissance à ce sujet.

Pour cette raison, il a été mentionné : ***Jamais ma dispersion ne trouvera un temps pour les accordailles*** *(nizhâm)*, car je ne serai amené à Lui, dont la pureté est inaccessible, que selon la simplicité conforme à l'Essence et à la Réalité essentielle. En effet, régir ma constitution complexe est une qualité intrinsèque *(waçf lâzim)* dont la séparation ne s'avère pas possible puisque ma condition est d'être créé selon la Forme divine et miséricordieuse [d'après les termes de deux nouvelles prophétiques]. De même, la Fonction divine *(ulûhiyya)*[1] est un attribut nécessaire *(na't lâzim)* à Dieu le Vrai – Gloire à Lui. La nature humaine étant ainsi constituée, le désir ardent ignore cette condition *(maqâm)* qui ne peut alors être atteinte. Pourtant, le désir est aussi pour l'amour une qualité nécessaire inhérente *(waçf lâzim tâbi')* à

1. Le Nom propre Allâh se réfère aussi bien à l'Essence divine inconditionnée qu'à la Fonction de Dieu dans les différents degrés de la Manifestation ou Existence universelle.

celui-ci. L'amant, dans cette disposition, doit ajouter foi au rôle de l'amour, amour qui ne peut, pour cette raison, être dissocié du désir, tout en sachant que l'être objet de son désir *(al-mushtâq ilay-hi)* ne parviendra pas à s'unir à lui ; mais cette connaissance n'est d'aucun profit.

(3) Dieu « *jure par l'âme qui ne cesse de se blâmer* » (cf. *Coran* 75/2). Pourtant, en dehors du fait que le blâme, visé dans ce vers, et qui provient du censeur, n'est pas un état spirituel par soi, l'amant aussi, quel que soit le nom auquel il se rattache et vers lequel il soupire, et quel que soit le monde *('âlam)* pour lequel il éprouve le besoin de se censurer, l'amant donc blâme l'aimé de s'y être attaché et l'engage à rester près de lui. La raison en est que la connaissance en totalité et la présence divine impliquent que chaque élément de cet être s'actualise, chaque réalité [de l'Existence] désirant être en correspondance avec lui afin de s'unir à lui, et le blâme alors pour qu'il ne regarde pas d'autres qu'elle, et cela en raison d'une loi d'attraction et du pouvoir de suggestion *(ḥukm al-mayl wa al-ishâra)* ; car il demeure exclu que le gnostique ne subisse pas cette attraction, ni ne soit à tout jamais réprobateur.

(4) Les feux des désirs s'exaltent vers leur élément *('unçur)* qui est le désir suprême qualifiant la proximité ou dignité sublime. De même, l'amour qui émane de nous exige l'Amour divin, conformément à cette parole de Dieu : « ... *Il les aime et ils L'aiment...* » (*Coran* 3/31). Notre amour résulte donc du Sien.

Le secret de la vie, qui est l'eau, reçoit des noms et des attributions *(aḥkâm)* différents en fonction de la variété de son réceptacle *(maḥall)*. L'eau est nommée larmes dans l'œil, salive dans la bouche, urine dans la vessie.

Ce secret apparaît dans l'œil sous l'effet de la douleur, que l'âme ressent, de l'éloignement *(bu'd)*, de la contrariété *(çadd)* et de la séparation *(hijrân)* qui sont des qualifications inhérentes (à l'amour) ainsi que nous l'avons signalé. On y trouve de la chaleur car les soupirs poussés par les désirs d'amour, et produits par leurs feux, sont chauds. En exprimant ce secret dans les yeux, les larmes sont pour autrui un signe extérieur des soupirs étant donné qu'il convient à l'amant de ne pas regarder un autre que l'être bien-aimé, jusqu'à ce que le maintien de son regard *(nazhar)* soit dominé par l'Œil essentiel de Dieu *('ayn Allâh)*, ou encore que le maintien de sa vision de Dieu *(maqâm ru'yat Allâh)* soit en toute chose. Dès ce moment, les pleurs et les soupirs disparaissent de lui à cause de cet excellent lieu de contemplation, extrémité que le gnostique finit par atteindre.

Jésus – sur lui la Paix de Dieu – a dit de cette station : « *La Paix soit sur moi le jour où je fus engendré...* » (*Coran* 19/33). Une telle formulation exprime une union plus parfaite que celle qui s'applique au prophète Jean-Baptiste *(Yaḥyâ)* dans la même sourate : « *Que la Paix soit sur lui le jour où il fut enfanté* » (*Coran* 19/15). Il s'agit ici d'une première station en vue de cette seconde station sublime. Le nom [arabe et coranique] du prophète Jean-Baptiste, *Yaḥyâ*, vient d'une racine qui signifie la vie, sur laquelle Jésus avait pouvoir et, pour cette raison, il put vivifier les morts [selon l'autorité de versets coraniques, par exemple : 3/49]. Nous précisons donc que Jésus était d'une station plus élevée [que celle de Yaḥyâ] en nous appuyant sur la parole divine précitée : « *Que la Paix soit sur moi...* » Comprends bien[1] !

(5) Il est ici question des actes sur lesquels la « *bonne parole* » (*Coran* 35/10) s'élève jusqu'à l'Assise sublime *(mustawâ a'lâ)* [du Trône divin][2].

À leurs terres natales ils aspirent, eux qui sont issus des Noms divins et sous l'effet desquels ils se déterminent.

Cette ***aspiration*** *(ḥanîn)* ou élan de tendresse les oblige à accélérer leur démarche *(sayr)*. Cet empressement peut exprimer aussi les aspirations *(himam)* qui sont mises, selon nous, en rapport avec les comportements et, pour cette raison, elles sont comprises comme s'y appliquant, puisque les aspirations impliquent les agissements [correspondants]. Cet élan de tendresse est un signe d'amour et de désir, et en aucun cas une démonstration passagère *('araḍ)* qui disparaît avec la cessation de ce qui l'a provoquée.

(6) Après leur passage, ma vie n'est qu'extinction, les aspirations s'étant élevées vers leur but, elles se maintiennent dans « l'extinction à l'extinction » *(al-fanâ' 'an al-fanâ')*[3] pour atteindre la vie

---

1. Pour l'ensemble de cette explication, voir *Fuçûç al-Ḥikam, The Bezels of Wisdom*, d'Ibn 'Arabî, traduction anglaise de R.W.J. Austin, Londres, SPCK, 1980, chapitre consacré au prophète Jean-Baptiste.

2. Pour la traduction de ce verset, cf. commentaire de la poésie 2/1 dans lequel Ibn 'Arabî retient la première lecture.

3. Dans les définitions techniques des termes du Soufisme, chapitre 73, réponse 153, in *Futûḥât al-Makkiyya*, Ibn 'Arabî

qui ne passe point et qui n'est pas sujette à limitation. C'est alors que [l'amant] donne la salutation de paix et qu'il dit adieu à la patience et à la vie naturelle du fait qu'il s'est séparé de leur terre natale : celle du monde sensible et de la complexion naturelle *(tarkîb ṭabî'î)*.

---

définit ainsi le terme *fanâ'* : « Si tu demandes ce qu'est l'extinction, nous dirons : c'est quand l'adorateur a la vision de son acte accompli par Allâh. L'extinction a un rapport d'analogie avec la Permanence *(baqâ')*. »

Fanâ' 'an al-fanâ' implique l'extinction intégrale de la conscience de l'être à sa propre extinction.

Al-Baqâ', « la permanence, c'est – dit encore Ibn 'Arabî – lorsque l'adorateur a la vision qu'Allâh se tient sur toute chose, avec l'œil *('ayn)* de la conscience séparative », in *Futûḥât*, II, 128 à 134.

6
Ni résignation ni patience

(1) Résignation et patience s'écartent
Quand ils s'éloignent.
Ils se séparent, mais demeurent
Dans le tréfonds du cœur.

(2) Je les questionnai sur la sieste des caravaniers
Et on nous fit pour toute réponse :
Leur repos est là où absinthe et muscade
Exhalent leur parfum

(3) Je dis alors au vent du soir :
Va donc les rejoindre
Dans l'ombre du bosquet touffu,
Car là est leur intime demeure.

(4) Transmets-leur un salut de paix
De la part d'un frère attristé
Dont le cœur est tant chagriné
De la séparation de ses proches.

COMMENTAIRE

L'EXTINCTION DANS LA CONTEMPLATION DE L'AIMÉ

(1) La station de l'abstinence *(mana'a)* et de la patience s'écarte et ceux qui ***s'éloignent*** sont les Lieux divins de contemplation *(manâzhir ilâhiyya)* qui se séparent de moi.

Ils se séparent mais demeurent dans le tréfonds du cœur, car les Lieux divins de contemplation ne sont appréciés qu'en fonction de Celui qui est considéré ou contemplé *(al-manzhûr ilay-hi)*, Dieu, Lui qui est dans le tréfonds du cœur comme il sied à Sa (ou sa) Majesté, conformément à Sa parole, dans le ḥadîth saint suivant : « Ni Ma Terre ni Mon Ciel ne Me contiennent, mais le cœur de Mon serviteur porteur de foi Me contient. » Dieu est donc dans le cœur du serviteur. Cependant, puisqu'une épiphanie ne [peut] s'introduire en cette « disposition » *(ḥâla)*, les Lieux de contemplation ne sont pas assentis. Ils disparaissent en tant que Lieux de contemplation pour lui bien que Dieu demeure en son cœur. Il est d'usage de dire qu'une chose est d'accès impossible lorsqu'elle est inaccessible et ne peut être atteinte.

La patience est une rétention du souffle *(ḥabs al-nafas)* provoquée par l'adversité *(shakwa)*. Or, tout cela disparaît en raison de leur séparation.

(2) Je les questionnai, eux les gnostiques, sur les Réalités essentielles des Maîtres passés qui nous révélèrent la Voie *(ṭarîq)* et nous rendirent les chemins de la réalisation spirituelle *(manâhij al-taḥqîq)* évidents lorsque nous les vîmes intuitivement *(kashfan)* dans nos dévoilements théophaniques *(tajallîyât)*.

Le pronom ***les***, dans l'expression ***je les questionnai***, se rapporte aux ***caravaniers*** évoluant en ces Lieux divins de contemplation là où ils font la ***sieste***. Qu'importe le cœur et l'œil qu'ils prennent comme lieu de sieste *(maqîl)*, [car] ils nous disent : « Prenez comme lieu de sieste tout cœur dans lequel apparaissent les souffles du désir et de l'inclination *(tawqân)*. »

Là où absinthe et muscade exhalent leur parfum, car l'absinthe *(shîḥ)* signifie aussi le penchant *(mayl)* et la noix muscade *(bân)* l'éloignement.

La racine verbale *FaḤa* a deux acceptions principales :

– Lorsque le nom verbal est *fûḥ*, il signifie exhalaison ou bonne odeur *(a'râf ṭayyiba)*.

– Lorsque le nom verbal est *fîḥ*, il signifie alors abondance, amplitude *(ittisâ')*, dont le sens convient aussi dans ce vers. En effet, l'ampleur *(sa'a)* est requise dans cette disposition que Dieu précise, dans le ḥadîth précité : « Ni Ma Terre ni Mon Ciel ne Me contiennent, mais le cœur de Mon serviteur porteur de foi Me contient. » Le terme *fîḥ*, en cause, ne veut donc pas dire ici mauvaise odeur, bien que sa racine comporte ce sens, une telle signification ne convenant pas à ces stations spirituelles du fait que de ces deux végétaux émanent des parfums agréables. Nous sommes ici en présence d'acceptions étymologiques contradictoires.

(3) Ceux qu'on interroge me dirent alors : la ***sieste*** *(qaylûla)* de mes bien-aimés est faite là où le monde des souffles désirables est présent. Pour cette raison, il est mentionné ce qui suit : ***Je dis alors au vent du soir*** **:** J'ai envoyé un de mes souffles de désir amoureux qui a rejoint mes bien-aimés afin qu'il les fasse revenir vers moi.

Le bosquet touffu *(ayk)* est composé d'une sorte d'épineux dont provient le bois pour se brosser les dents *(masâwîk)*. Ce terme fait allusion à la pureté *(ṭahâra)* et à la satisfaction *(marḍâ)* du Seigneur, conformément à la nouvelle prophétique suivante : « Certes, le *siwâk*, ou bois à brosser les dents, est purification de la bouche et satisfaction du Seigneur. »

Là est leur intime demeure *(quṭṭân)* signifie que ceux-ci se tiennent en repos ou dans la quiétude *(râḥa)*. L'***ombre*** est repos, surtout celle des arbres, et protection. Or, celui qui s'assoit dans ton ombre demeure sous ta protection.

(4) Transmets-leur un salut de paix ou une salutation *(salâm)*, conformément au verset suivant : « *Lorsque les ignorants leur adressent la parole, ils répondent : Salutation de paix* » (*Coran* 25/63). Le sens de ce vers est donc : il ne vient pas s'opposer à vous **de *la part d'un frère attristé,*** d'un compagnon ***dont le cœur est tant chagriné de la séparation de ses proches*** dans la station de la mutabilité *(maqâm al-talwîn)*. L'allusion au cœur *(qalb)*, ici, est due à sa mobilité *(taqallub)* dans ses états spirituels et aux peines *(aḥzân)* qui l'affectent à cause de la séparation des êtres chers. Cet état d'âme se développe du fait que cet être ne voit pas la Face de Dieu le Réel *(wajh al-ḥaqq)* en ceux qui se succèdent dans sa demeure *(maḥall)* au moment où il ne ressent nullement la séparation. Et même s'il venait à avoir conscience de cet éloignement, son attitude ne serait pas authentique avant l'obtention de cette réalisation *(maqâm)* du fait que les Réalités essentielles n'admettraient pas cela et refuseraient son existence. Le Prophète – sur lui la Grâce et la Paix de Dieu – a dit : « J'ai un instant dans lequel rien d'autre que mon Seigneur ne me contient. »

Il était abîmé dans les états spirituels, bien que Dieu fût contemplé chez lui en chacune de ses dispositions. Cependant, la conscience contemplative de l'Essence lui procurait une présence plus intense, plus douce et plus universelle pour toutes ces raisons, et la Face de Dieu se tenait en lui au-delà même de cette conscience contemplative. Si un être venait à s'éprendre d'amour pour les divins attachements affectueux *(ta'alluqât ilâhiyya)*, la délectation de la contemplation *(shuhûd)* portant sur la Science *('ilm)* [divine] serait plus sublime que la contemplation ayant trait à la Puissance *(qudra)*, car l'emprise de la science est plus universelle que celle plus particulière de la puissance du fait que l'endroit [dans l'être] où celle-ci est reçue concerne uniquement les réalités possibles *(mumkinât)* [et non pas celles qui sont d'une permanente actualité].

7
D'avenantes femmes omniprésentes

(1) *Je venais de baiser la Pierre noire*
Quand d'avenantes femmes vers moi se pressèrent.
Elles venaient accomplir les tournées rituelles[1]
En se couvrant la face d'un voile.

(2) *Elles se découvrirent*
Elles, pareilles aux rais des soleils
« Retiens-toi ! » me dirent-elles
Car l'âme se perd dans les œillades.

(3) *Ô combien d'âmes fières*
Avons-nous abattues à Minâ,
Près des lieux où les pierres sont lancées
Contre les stèles de l'Ennemi !

(4) *Dans Sarḥat al-Wâdî*
Et les monts de Râma et de Jam',

1. Pour les différents rites du Pèlerinage et les noms symboliques qui leur sont attachés, voir Al-Ghazâlî, *Les Secrets du Jeûne et du Pèlerinage*, traduction de Maurice Gloton, ouvrage cité.

Quand les pèlerins déferlent
Des monts de 'Arafât.

(5) Ne comprends-tu pas que la beauté
Ravit quiconque est discret.
C'est pourquoi on l'a appelée
Le ravisseur des vertus.

(6) Le lieu de notre promesse réside,
Après les tournées, à la source de Zamzam,
Tout près de la tente centrale
À l'orée des massifs montagneux.

(7) C'est là que l'extatique,
Emacié par l'ascèse,
Auprès de femmes parfumées
Qu'il désire, recouvre la santé.

(8) Quand la crainte les prend
Elles laissent flotter leurs tresses.
Les longues boucles alors paraissent
Les draper de ténèbres.

COMMENTAIRE

LA CONTEMPLATION DE DIEU SEUL
ET SES CONSÉQUENCES CHEZ L'AMANT

(1) Lorsque la Droite sainte [de Dieu] se fut étendue jusqu'à moi afin que je conclue [de la main droite] le Contrat divin *(bay'a)*, conformément à la parole de Dieu : « *Certes, ceux qui contractent le Pacte avec toi*

contractent seulement avec Dieu. La Main de Dieu est au-dessus de leurs mains... » (*Coran* 48/10), les Esprits qui font cercle vinrent alors « *autour du Trône en chantant gloire par la propre Louange de leur Seigneur* » (cf. *Coran* 39/75), sollicitant de faire ce Contrat avec Lui, en cette disposition intime dans laquelle je me tenais.

Ces entités angéliques ont été nommées ***femmes avenantes*** *(awânis)* afin que l'intimité *(uns)* se réalise par elles. Ces entités sont féminines, car le terme qui décrit les anges et les djinns est généralement féminin, et ces êtres sont considérés, ici, comme des filles *(banât)* ou des êtres femelles *(inâth)*.

Se couvrant la face d'un voile *(mu'tajirât)* : les faces glorieuses de ces êtres spirituels ne sont pas pour lui l'objet de témoignage puisqu'ils sont occultés pour nous qui ne les voyons pas [habituellement].

(2) Elles se montrèrent à lui et ôtèrent le voile, et alors leurs lumières firent briller son essence à la manière ***des soleils*** *(shumûs)*.

Nous avons plus particulièrement mentionné, un peu plus haut, les anges qui entourent le Trône de Dieu, en raison de la correspondance qu'ils ont avec les êtres qui font les tournées rituelles autour du Temple de la Ka'ba.

Retiens-toi, évite le regard scrutateur afin que tu ne disparaisses pas avec la lumière de ta vue conditionnée, par analogie avec le sens de ce ḥadith : « Les Gloires de Sa Face brûleraient les créatures que Son Regard atteindrait. »

Ces Esprits lui dirent : « Ne nous regarde pas car alors tu serais éperdument épris de nous, aussi bien par l'état spirituel *(ḥâl)* que par la station initiatique *(maqâm)*. Tu as été créé pour Lui et non pour nous. Si tu te dérobais à Lui à cause de nous, par cette attitude, Il t'éteindrait à ta propre existence. Tu mourrais alors et un tel regard te serait funeste ! » Nous le conseillons donc en précisant : « ***Retiens-toi !*** », pour concentrer l'attention.

(3) ***Ô combien d'âmes fières*** : celles-là qui aiment les choses supérieures et abhorrent les caractères vils et l'attachement aux créatures. Malgré cela, la beauté *(jamâl)* des êtres générés les voile et les assujettit à certains moments et à certaines stations. Sois donc vigilant pour ne pas t'attacher à eux !

Les âmes que nous avons abattues ne sont pas spécialement celles qui sont mentionnées dans ce vers, mais aussi ces esprits qui n'entrent ni dans les lieux là où les cailloux sont jetés *(muḥassab)*, ni ailleurs, eux qui entourent [le Trône de Dieu]. Ils n'ont d'affinité qu'avec ceux qui font les tournées rituelles [autour de la Ka'ba, par exemple]. Ce sont des êtres de même nature que ces esprits qu'on peut d'ailleurs trouver en n'importe quel lieu *(maqâm)* ainsi que Dieu dit : « … *vous les craignez comme vous vous craignez les uns les autres* » (*Coran* 30/ 28), c'est-à-dire vos semblables et non pas vous-mêmes.

(4) Dans tous ces endroits sacrés *(mawâṭin)* ici mentionnés [en relation avec le Pèlerinage ou Quête *(ḥajj)*], les âmes fières moururent en prétendant ne pas s'attacher à ces lieux, ni être follement éprises, sauf de la pure Lumière inconditionnée. Et lorsque celle-ci s'irradia, à l'instant où les âmes se séparèrent de ces

endroits, en dissipant les ténèbres de la nature et de la fine poussière existentielle *(habâ')*[1], et qu'elles s'écartèrent de ces abîmes pour aller vers les lumières des réalités spirituelles sublimes de ces endroits saints et d'autres du même ordre, cette Lumière, dans sa perfection, sa beauté et sa brillance, se mit à luire d'un éclat éblouissant et, sous son effet, les âmes s'immobilisèrent sans tenir compte de leur but, à cause de leur ignorance à cet égard.

Ne sois donc pas comme elles et repens-toi !

(5) La Beauté totalisatrice *(jamâl)* est aimable en soi. Quiconque est gouverné par une chose demeure sous son emprise. Du terme beauté en soi *(ḥusn)* vient par dérivation le mot *ḥasana*, belle action. Or, la beauté en soi *(ḥusn)* est aimée pour soi et la belle action possède la vertu de la beauté en soi. La belle action est une réalité conceptuelle ou intelligible

---

1. Le terme technique *habâ'* est employé par Ibn 'Arabî principalement avec la signification de *Materia prima* ou de substance primordiale indifférenciée qui se différencie sous l'effet de la Lumière divine. Jurjânî, dans son *Livre des Définitions (Kitâb al-Ta'rîfât)*, Presses universitaires d'Iran, Téhéran, 1994, traduit par Maurice Gloton, définition 1839, p. 443, définit ainsi ce terme :

« C'est ce en quoi Dieu produit les corps animés du monde, bien qu'elle n'ait de réalité que par les formes produites en elle dans l'existence.

On l'appelle "le Phénix" *('anqâ')*, expression qu'il faut comprendre comme une simple dénomination, sans qu'il ait une existence en soi.

Ce terme désigne aussi la *Materia prima (hayûlâ)*.

Dans la hiérarchie des degrés fonctionnels de l'Être actuel, *al-habâ'* occupe le quatrième rang après l'Intellect premier, l'Âme universelle et la Nature universelle… »

(ma'nawiyya) qui relève de la Foi *(îmân)* et qui disparaît pendant la contemplation, c'est un des fruits des actes pénibles et la conséquence de l'endurance dans les désagréments ; il s'agit alors de résultantes connexes et désagréables. Pour cette raison, la beauté en soi que l'on contemple l'emporte sur la belle action et gouverne celui qui la contemple. C'est pourquoi on l'appelle ***le ravisseur des vertus*** ou des belles actions *(ḥasanât)*.

La délectation *(taladhdhudh)* que produit la contemplation de la Beauté en soi *(ḥusn)* chez celui qui fait [la belle action *(ḥasana)*] ne disparaît pas sauf si celui qui endosse cette Beauté en soi le précise.

Quelquefois, il arrive qu'on fasse référence à une chose qui s'interpose entre soi et les réalités supérieures envisagées en tant qu'on peut les atteindre et non pas en tant que réalités en soi, puisqu'on peut y accéder par l'existence de désagréments ainsi que le Prophète – sur lui la Grâce et la Paix de Dieu – le dit : « Le Jardin paradisiaque est bordé de désagréments. » Ou encore, comme ce contemplatif qui vit une personne de ses connaissances au milieu du Feu de l'Enfer qui l'entourait de toutes parts. Or, le Feu est bel et bien la somme des désagréments que cet être subissait dans l'endroit même où ce contemplatif l'avait vu. Il lui fut suggéré, par ce dévoilement intuitif, qu'il n'atteindrait son degré [au Paradis] qu'après s'être enfoncé dans les abîmes de ce feu.

Telle est l'interprétation de ce vers.

(6) Le lieu de notre promesse réside, après les tournées rituelles, à la source de Zamzam. Ces réalités spirituelles lui dirent alors : « Nous avons contemplé les esprits depuis les sphères de la Vie dans lesquelles nous nous trouvons. » Car ce sont des esprits [qui ont pouvoir de vivifier], et la correspondance qui existe entre eux et l'eau [dont vient toute vie, selon un verset coranique (cf. *Coran* 21/30)] est [de donner] la vie.

Tout près de la tente centrale *(qubba wustâ)* : le monde intermédiaire *(barzakh)*, à l'orée des massifs rocailleux.

Les principes subtils précieux *(ma'ânî nafîsa)* descendent dans les réceptacles *(qawâbil)* sensibles suggérés ici par les minéraux des massifs rocailleux *(çakharât)* dépourvus de vie d'adoration *('ibâda)* et de règles coutumières *('urf)*. Ces esprits qui résident dans des formes imaginales *(çuwar khayâliyya)* sont des entités non permanentes qui disparaissent instantanément du dormeur quand il s'éveille ou de l'extatique *(mukâshif)* quand il revient au monde des sens, par comparaison à des femmes qui parviennent à un lieu qu'elles fréquentent un moment et qui se retirent ensuite dans leurs demeures familières.

Ne sois donc pas séduit par les belles apparitions de créatures sublimes ou inférieures à cause de ce que tu es, car tout sauf Dieu est irréel *(bâṭil)*, c'est-à-dire néant ou non-être *('adam)* comme toi. C'est comme si tu ne voulais pas cesser d'être toi. Sois donc pour Lui afin qu'Il soit pour toi et ne sois pas pour toi car les prophètes – que les actions de grâces soient sur eux – ont ainsi conseillé !

(7) L'extatique émacié recouvre la santé : dans le monde intermédiaire *('âlam al-barzakh)*. Celui qui veut se délecter des principes saints dans les réceptacles sensibles recouvre la santé à travers le monde des Souffles *(anfâs)* et des Esprits *(arwâḥ)*. Cette aptitude résulte de l'union entre deux formes : intelligible et sensible. Qu'il savoure donc essence (*'ayn* ou vision) et science *(ilm)* !

(8) Ces formes majestueuses, lorsqu'elles craignent, dans leurs corps empruntés *(tajassum)*, d'être cause de leur conditionnement dans la forme, abstraction faite de ce qu'elles ont d'absolu, te font prendre conscience qu'elles constituent un voile sur une réalité plus subtile que celle que tu vois. Au moment où tu comprends ce phénomène, ton aspiration s'élève et alors elles se dérobent à toi, quittent leurs formes, se trouvent débarrassées du conditionnement et se répandent dans leurs zones de liberté illimitée.

8
Campements dévastés, passion renouvelée

(1) Défaits, leurs camps de printemps !
(Mais) la passion pour eux demeure
Toujours nouvelle dans le cœur,
Sans pouvoir s'effacer.

(2) Voici leurs demeures ruinées !
Voici leurs larmes répandues !
Mais les âmes ne cessent de fondre
Lorsque d'eux l'on fait mention.

(3) Derrière leurs montures j'ai appelé
Par amour à leur égard :
Ô toi dont la richesse est beauté,
Et moi réduit à l'indigence !

(4) J'ai traîné ma joue dans la poussière
Avec douceur et affection.
Par la passion vraie que j'ai pour vous,
N'amenez pas au désespoir !

(5) Celui qui dans les larmes, noyé,
Dans le feu de la tristesse, brûlé,

Ne cesse de demeurer,
Jamais ne pourra se consoler.

(6) Ô toi qui embrases le feu,
Ne te hâte que peu à peu,
Car voici le feu du fol amour !
Prends-en donc un tison !

COMMENTAIRE

LES DIFFÉRENTES PHASES DE LA DÉMARCHE INITIATIQUE

(1) Les haltes *(maḥâll)* des exercices spirituels méthodiques *(riyâḍât)* et des efforts intenses *(mujâhadât)*, qui sont les demeures des actes, varient en fonction de l'âge et du manque de capacité de la jeunesse *(shabâb)*.

L'expression ***camps de printemps*** *(rab' – pl. rubû')* a été choisie de préférence aux suivantes : demeure ruinée *(ṭalal)*, vestige *(rasm)*, maison *(dâr)*, lieu où l'on descend ou auberge *(manzil)*, car elle provient d'une racine qui a donné le mot *rabî'*, printemps, symbole de la jeunesse dans le cycle humain.

La transformation *(taghyîr)* affecte les capacités de la jeunesse ainsi que sa croissance et se réfère à l'âme, siège de la passion située dans les entrailles *(ḥashâ)* qui remplissent *(maḥshuwwa)* l'intérieur du corps et en constituent, en quelque sorte, la plénitude. Cette constatation est corroborée par la parole divine suivante : « *Pourquoi donc lorsque [l'âme] atteint le gosier ?* » (*Coran* 56/83), au moment où la mort la fait sortir [du corps].

La passion pour eux, dans l'âme (ou le souffle animé – *nafs* ou *nafas*), ne varie pas. Plus même, c'est la passion qui produit dans l'être croissance (*ṭarâwa* = litt. fraîcheur nouvelle) et décroissance *(gh̲aḍâḍa)* du fait qu'il se maintient par une réalité *(dh̲ât)* qui n'est pas d'ordre naturel.

(2) Voici leurs demeures ruinées, c'est-à-dire les êtres qui les habitent. C'est comme si l'individu *(sh̲akh̲ç)* était une demeure destinée à la destruction. L'expression ***demeures ruinées*** *(ṭulûl)* est de même racine que *ṭall* qui signifie aussi bien quelque chose qui commence à se produire que les prémices de la venue de la pluie, mais qui est presque imperceptible. Aussi ***les larmes répandues*** ont-elles une relation avec les demeures dévastées à cause de cette dérivation étymologique. Un tel être pleure par incapacité devant l'absence de secours de tous moyens *(âlât)* qu'il espérait trouver dans les actes d'obéissance.

La mention qui est faite d'eux est exprimée par la nostalgie *(ḥanîn)* des gnostiques, dans leur phase ultime *(nihâya)*, pour la constitution *(mawṭin)* de leur phase initiale *(bidâya)*, car rien ne procure une délectation plus intense que le commencement.

(3) Quand les énergies de la jeunesse ainsi que les délectations afférentes à la phase initiale [de leur parcours spirituel] se dissipent, sous l'effet de la langueur *(fatra)* et de la perplexité *(ḥayra)*, que les aspirations *(himam)* sont troublées et que le caravanier reste sans aide, tu demeures tout comme l'indigent qui voit au souk les choses les plus attractives sans posséder les moyens pécuniaires pour assouvir ses passions.

Le pronom ***toi*** dans ce vers se rapporte à celui qui est dans la période de jeunesse et au début de son parcours, évoluant sous ces deux aspects. La ***beauté*** en soi *(ḥusn)* est rapportée à lui car il est aimé, la Beauté étant aimée pour soi en toute chose où elle apparaît.

(4) J'ai traîné ma joue dans la poussière avec douceur *(riqa)* ***et affection*** *(çabâba)*. Il est fait allusion à l'abaissement *(nuzûl)* de cet être à cause d'une attitude réelle de soumission et de dénuement par désir d'union *(wiçâl)*. Dieu, dans un ḥadîth saint, a dit : « Rapproche-toi de Moi par ce qui n'est pas Mien », c'est-à-dire docilité *(dhilla)* et indigence *(iftiqâr)*. ***L'affection*** *(çabâba)* traduit la douceur du désir. Quand la soumission revêt un aspect d'amour, elle favorise davantage l'union que la soumission sans amour !

La ***douceur*** ou délicatesse *(riqqa)* indique ici la condition de bienveillance et le dépassement du monde grossier.

La passion est considérée ici comme ***une réalité*** par laquelle on jure puisqu'elle possède un pouvoir effectif *(sulṭân)*, car elle vient du Monde supérieur et, pour cette raison, elle est dite choir car le mot passion *(hawâ)* se rattache à une racine signifiant tomber.

(5) Cet amoureux est conditionné par l'hésitation entre les larmes et les soupirs.

Le terme *'abarât*, larmes, est de même étymologie que le mot *i'tibâr*, le fait de traverser, de dépasser. Cela signifie qu'ayant dépassé la possibilité d'assurer sa propre sauvegarde [à cause de sa passion] il arrive à se perdre en elle *(halâk)*, et c'est ce qui constitue la noyade *(gharaq)*.

Le feu de la tristesse s'exprime par les soupirs poussés sous l'effet de la brûlure causée par la peine, et non sous l'effet du souffle consolateur et rafraîchissant irradiant d'amour *(nafas raḥmânî bârid)* par lequel l'intime du cœur *(fu'âd)* se tranquillise quand ce souffle vient refroidir la chaleur de la tristesse. C'est pourquoi l'attristé ressent le manque de contemplation devant l'absence d'assistance divine et l'inexistence d'un moyen de salut qui pourraient le délivrer de la noyade dans l'océan de larmes.

Il ne transite donc pas d'une chose à une autre mais il contemple Dieu en toute chose, car le discernement que procurent les connaissances s'avère difficile en présence du Contemplé.

(6) Dans ce vers, tout un chacun recherchant un feu est concerné et on lui dit : « N'insiste pas dans la quête d'un feu exigée par mon existence, car ce feu, celui du désir ardent qui se trouve au plus intime de moi, est patent. Assouvis donc ton besoin de ce feu, c'est-à-dire transporte-toi vers le feu subtil en un état de type mosaïque, engendré par désir d'un feu qui profite aux membres de ta famille [comme celle de Moïse, cf. *Coran* 20/10] pour leur assurer les moyens de subsistance. L'appel, qui est provoqué par leur exigence d'un feu, nécessite une réponse immédiate sans passer d'un état à l'autre.

L'altération survient dans les deux feux [grossier et subtil] en raison de la nature de la sollicitation. Il a rendu une son aspiration, et alors le Contemplé ne se présente à lui que sous une forme ignée en relation avec un arbre de vallée boisée parmi l'entrelacement des arbres [comme ce fut le cas de Moïse avec le Buisson ardent]. Il s'agit de la station de la « compénétration » *(tadâkhul)* [intime] des stations qui est un des endroits de la contemplation de la parole *(mashhad al-kalâm)*, parole qui cause la « compénétration » intime des significations principielles selon leurs possibilités indéfinies de manifestation *(kathra)*. Elle s'apparente donc à un arbre, et c'est de celui-ci et dans le Feu qu'on sollicite ces significations, car c'est le feu qui est recherché [en l'occurrence], et aucun état ne vient alors altérer [cet appel irrésistible].

9
Tonnerre intérieur

(1) C'est pour nous qu'en al-Abraqân
Des éclairs jaillissent
Et des tonnerres, en ce lieu,
Grondent dans l'intime des cœurs.

(2) Les nuages déversent l'eau
Sur le terrain fertile,
Sur la branche frémissante
Qui vers toi se balance.

(3) Leurs larmes à flots se répandent,
Leurs fragrances s'exhalent.
Un pigeon à col bariolé s'ébat.
Une branche se pare de ses feuilles.

(4) Ils dressèrent les tentes rouges,
Au milieu des ruisselets
Ondulant comme des reptiles,
Parmi lesquelles siégeaient

(5) De candides et attrayantes jeunes femmes
Comme des soleils levants,

Nobles, aux grands yeux noirs,
Au corps souple, femmes sages.

COMMENTAIRE

CONTEMPLATION FORMELLE ET INFORMELLE ET SES FRUITS

(1) Al-Abraqân [terme au duel] illustre deux lieux de contemplation de l'Essence *(mashhadân li-al-dhât)* : l'un se trouve dans le monde non manifesté ou occulté *(ghayb)* et l'autre dans le monde attesté ou présent *(shahâda)*. Le monde non présent [pour nous] ne se diversifie pas dans les formes car il n'est pas conditionné au contraire du monde formel présent.

Le terme ***éclairs*** *(burûq)* symbolise la diversification des formes en ce monde et la rapidité de leur disparition.

Le ***tonnerre*** *(ra'd)* qui leur succède fait référence à l'arrivée d'un entretien divin *(munâja ilâhiyya)*. Un état spirituel de type mosaïque *(ḥâla mûsâwiyya)* résulte de cette présence contemplative *(shuhûd)*, car c'est en une telle disposition que Moïse reçut ce qu'il vit, comme provenant du Feu qui est assimilé à l'éclair. Ensuite, on s'adressa à lui confidentiellement et la Parole succéda à l'éclair. Le tonnerre qui survient après l'éclair fait allusion à ce processus qui prend la forme d'un entretien terrifiant.

(2) Le terrain fertile *(khamîla)* est un jardin recouvert d'une végétation luxuriante *(rawḍa)*, il se réfère au cœur de l'homme imprégné de connaissances divines.

Les nuages *(saḥâb)* font allusion aux états spirituels engendrant les connaissances. Les nuages s'amoncellent et la pluie se déverse ; ceux-ci donnent l'eau abondamment en produisant la fertilité. Il en est ainsi du terrain rendu fertile par une eau de pluie contenue dans le nuage, et où des fleurs poussent comme dans un jardin exubérant.

La branche frémissante, qui est dans ce jardin, indique le mouvement suggérant la verticalité *(ḥaraka mustaqîma)* qui est celui de la croissance humaine se rapportant à ce ḥadîth prophétique : « Dieu créa Adam selon Sa [ou sa] forme. » À partir de cette station, Il s'incline vers toi afin de t'instruire.

(3) Les vallées des connaissances divines déversent l'eau et le monde des souffles répand les suaves parfums contenus dans les fleurs des connaissances divines en fonction du flair des Quêteurs [de connaissances].

Le pigeon *(muṭawwaqa)* fait allusion à l'Âme universelle *(nafs kulliyya* – ou Respir animé universel) qui produit des effets dans chaque âme [particulière] désaltérée qui se manifeste selon la forme de l'Âme universelle *('alâ çûrati-hâ)* grâce à ses deux facultés de science et d'action.

La branche qui se pare de ses feuilles symbolise le revêtement de la ramure. Le verset suivant y fait allusion : « *Prenez vos parures auprès de tout lieu de prosternation ou mosquée* (masjid) » (*Coran* 7/29). La parure de Dieu *(zînat Allâh)* ne nous est pas refusée ; celle de cette vie immédiate attire le blâme, parure actuelle évanescente. Ne vous revêtez donc que des vêtements qui présentent un caractère permanent comme ceux des sciences et des connaissances, de nature non créée. C'est pour cela que Dieu a dit : « *Les* *vêtements de la crainte pieuse, voilà qui est meilleur !* » (*Coran* 7/26), crainte ou préservation dont l'Enseigneur *(mu'allim)*, Dieu, t'a revêtu et qu'Il exprime selon Sa parole : « *Laissez-vous garder en Dieu car Dieu vous accordera la science...* » (*Coran* 2/282).

(4) Les tentes rouges *(qibâb ḥumr)* expriment la condition de nouvelle mariée *(ḥâlat al-i'râs)* dans les lieux retirés symbolisant les sagesses divines.

Les ruisselets suggèrent les catégories de sciences relatives à l'univers *('ulûm kawniyya)* et qui sont liées aux comportements disposant à l'union [avec ces sagesses divines]. Ces cours d'eau sont comparés aux reptiles *(asâwid)* ou aux serpents dont le déplacement s'effectue sur le ventre. Dieu en dit : « *Dieu créa toutes les bêtes d'eau. Certaines d'entre elles se meuvent sur le ventre...* » (*Coran* 24/45). Il est fait allusion aux personnes scrupuleuses qui examinent attentivement et pieusement leur nourriture car, par une nourriture reconnue bonne selon les données de la Loi sacrée et qui renouvelle les forces en vue de l'accomplissement des œuvres d'obéissance, le cœur est illuminé. Ces sagesses divines, dont il vient d'être question, descendent alors et siègent parmi les ruisselets sous les tentes rouges. Discerne bien ce que nous suggérons là !

Ces réalités, selon leurs degrés, sont décrites dans le vers suivant.

(5) Ces ***jeunes femmes*** sont qualifiées de ***candides*** car aucun doute ne les effleure. C'est aussi à elles que s'adresse la nouvelle prophétique suivante : « Vous verrez votre Seigneur comme vous voyez le soleil, à son apogée, qu'aucun nuage ne voile » puisque l'évi-

dence de cette vision ne laisse place à aucun doute chez celui qui l'observe.

Ces *jeunes femmes (awânis)* sont, d'après le sens de la racine *anasa*, des êtres avec lesquels on acquiert de l'intimité *(uns)* par familiarité, considération *(na<u>zh</u>ra)* et regard *(na<u>zh</u>ar)* porté sur elles, de ce regard ou vue *(baçar)* dont il est question dans un ḥadî<u>th</u> saint « … Je suis sa vue par laquelle il voit… »

Elles sont *comme des soleils* qui symbolisent tout à la fois l'éminence *(rif'a)*, la situation polaire *(maqâm al-quṭbiyya)*, l'élimination des doutes et les bienfaits accordés dans le monde de la génération.

Ces *soleils levants* culminent sur les cœurs qui recherchent ces réalités supérieures en les désirant intensément pour qu'elles descendent sur eux et manifestent leurs lumières en eux.

Ces *jeunes femmes aux grands yeux noirs* possèdent un vaste regard permettant de recevoir la lumière et le dévoilement avec intensité.

Elles sont *nobles* ou d'extraction excellente, en raison des effets que produisent les œuvres prescrites par la Loi sacrée de Dieu le Vrai, et non en raison des règles de sagesse des philosophes *(ḥikam al-falâsafa)*, car de telles prescriptions sont le fruit de leurs élaborations. Or, les personnes d'expérience spirituelle savent bien discerner cela !

L'expression *femmes sages ('aqâ'il)* dérive de *'aql*, intelligence, lien, car ces êtres saisissent les grâces projetées sur elles, en comprennent la valeur et en apprécient la portée. Leur pénétration est fonction de cette appréciation et de cette détermination.

Leur corps est souple (<u>gh</u>îd), incliné ou penché en faveur de celui sur qui elles descendent sous l'effet de l'inclination compatissante *(ḥunuww)*. Car le penchant est une préférence qui implique la prédisposition à la compassion, à la tendresse, à la bienveillance, à l'amour et à l'empressement. Le penchant *(mayl)* n'est que la rupture d'un état d'équilibre *(istiwâ')*. Ces créatures, au corps flexible, mettent en évidence la station de l'équilibre *(istiwâ')* et de l'harmonie *(i'tidâl)*, ainsi que celle du manque de déviation *('adam al-iltifât)*. Aussi, lorsqu'elles soulèvent une question, lorsqu'elles provoquent envie, modestie, désir, amour, elles se déprennent de cet équilibre, sollicitées qu'elles sont par celui qui les interpelle, du fait qu'il n'a pas la capacité de s'élever vers elles. Ainsi ce sont elles qui descendent [vers lui].

10
Étonnant miroir !

(1) Je m'étonne, dit-elle, de l'amant
Qui, sous l'effet de ses mérites,
Se plaît à marcher avec panache
Parmi fleurs et jardins !

(2) Ne t'étonne point, m'exclamai-je,
De celui que tu vois,
Car c'est toi-même que tu contemples
Dans un miroir humain !

COMMENTAIRE

VISION DE L'UN DANS LE MULTIPLE ET DU MULTIPLE DANS L'UN

(1) La présence divine *(ḥaḍra ilâhiyya)* s'exprime ainsi : ***Je m'étonne de l'amant*** *(çabb)*[1] ***qui, sous l'effet de ses mérites,*** s'incline vers elle par amour.

1. La racine *Ç B B* veut dire : verser, aimer éperdument, d'où l'idée d'un épanchement d'amour.

L'étonnement *(ta'ajjub)* qui la caractérise est du même ordre que celui décrit dans cette nouvelle du Prophète – sur lui la Grâce et la Paix de Dieu : « Dieu s'étonne du jeune homme qui n'a pas les penchants de son âge ! »

Et qui se plaît à marcher avec panache parmi fleurs et jardins : il s'agit des fleurs ou ornement des créatures, et du jardin de la station de la synthèse *(maqâm jâmi')* ainsi que de l'Essence de cet amoureux. Le ***panache*** ou la fierté *(khuyalâ')* qui le qualifie est mis en correspondance avec l'étonnement.

Son cas relève de celui de 'Utbat al-Ghulâm qui se mit à marcher avec superbe et ostentation. On lui en fit la remarque et il répondit : « Comment ne me comporterais-je pas ainsi alors que Lui est devenu mon Maître et moi Son serviteur ? » Quand un serviteur se réalise par Dieu le Réel, il actualise en lui la vérité contenue dans ce ḥadith saint : « … Je suis son ouïe et sa vue… » Il réalise aussi que tout son être est lumière. Tout ce qui est rapporté à Dieu le Réel, une fois cette relation établie, relève réellement de cette station.

C'est alors que cet amant lui répond sur-le-champ :

(2) Ne t'étonne pas de celui que tu vois, car je suis comme un miroir *(mir'â)* pour toi [ma bien-aimée]. Ce sont tes traits de caractère *(akhlâq)* dont je suis investi ; c'est donc toi-même que tu mires et non moi, mais dans ma nature humaine dépositaire de cette théophanie ou épiphanie *(tajallî)*. Le miroir est pour elle comme le jardin. Telle est la station initiatique de la vision du Dieu-Vrai dans le monde de la création.

Chez certains contemplatifs, la station de la vision du Vrai dans les créatures est plus élevée que celle de la vision du monde de la création en Dieu le Réel[1].

Le secret, résidant en ces deux stations, est étonnant. Les êtres humains demeurent, dans le Jardin paradisiaque, selon leur condition de béatitude, et de leur disposition (*taçarrufât* ou latitude), ils se trouvent dans la station de la vision de la création, en Dieu le Réel, en possédant alors la capacité à se déterminer *(iqtidâr)*. Dans le [séjour paradisiaque du] *Kaṯhîb* [où s'opère la vision de Dieu], ils voient la création en Dieu le Réel *(Ḥaqq)*. C'est par cette caractéristique qu'ils rejoignent le Paradis. En vérité, il s'agit de la vision d'une réalité *(ḥaqq)* dans une réalité qu'ils contemplent dans le *Kaṯhîb*.

1. Ibn 'Arabî a en vue, ici, le double aspect de la réalisation spirituelle, ascendante et descendante. Sur cette question, voir Ibn 'Arabî, « Un texte du cheikh el-Akbar sur la "réalisation descendante" », in *Études traditionnelles*, avril-mai 1953, n° 307, traduction et présentation de Michel Vâlsan.

11
La religion de l'Amour

(1) Ô colombes des bois de arak et de bân !
Témoignez de mansuétude !
Ne venez pas, par vos lamentations,
Accroître mon chagrin !

(2) Faites preuve de compassion,
Et ne montrez point, par plaintes et pleurs,
Le secret de mon fervent amour
Et l'objet caché de ma tristesse.

(3) Avec elle je converse
Au crépuscule et à l'aube,
Rempli d'un désir de tendresse
Et d'un amour éploré.

(4) Les esprits se font face
Dans les bois de tamaris.
L'inclination de leurs branches sur moi
A provoqué ma disparition.

(5) Avec cruels désirs et intense passion,
Avec des épreuves nouvelles,

Ils viennent jusqu'à moi
En prenant de multiples formes.

(6) Qui sera à moi à Jam'
À al-Muḥaççab près de Minâ ?
Qui sera à moi à Dhât al-Athl ?
Qui aussi à Na'mân ?

(7) Autour de mon cœur, ils tournent,
Heure après heure,
Pour l'extase et l'affliction,
Et pour baiser mes pierres angulaires ;

(8) Comme le meilleur des Messagers
Le fit avec la Ka'ba,
Elle, au sujet de laquelle
La raison se montre déficiente.

(9) Il en embrassa des pierres inertes
Tout en restant doué de discernement.
Quelle est donc la valeur du Temple
Par rapport au degré de l'Homme ?

(10) Combien de vœux et de serments
A-t-elle faits de ne pas changer.
Or, celle qui s'est teinte
À la promesse fut infidèle !

(11) Quoi de plus surprenant
Qu'une gazelle voilée
Montrant un jujubier,
Et faisant signe de ses paupières !

(12) Une gazelle dont le pâturage
Se trouve entre côtes et entrailles !
Ah quel prodige !
Un jardin au milieu de feux !

(13) Mon cœur est devenu capable
D'accueillir toute forme.
Il est pâturage pour gazelles
Et abbaye pour moines !

(14) Il est un temple pour idoles
Et la Ka'ba pour qui en fait le tour,
Il est les Tables de la Thora
Et aussi les feuillets du Coran !

(15) La religion que je professe
Est celle de l'Amour.
Partout où ses montures se tournent
L'amour est ma religion et ma foi !

(16) Nous avons comme exemple Bishr,
Épris de Hind et de sa semblable,
Et Qays l'amoureux de Layla,
Et l'affection de Ghaylân pour Mayya.

COMMENTAIRE

DIEU AUTEUR DES ACTES RÉCEPTIVITÉ DU CŒUR AMOUREUX

(1) Les ***colombes*** *(ḥamâmât)* sont les inspirations *(wâridât)* fruits de la sanctification *(taqdîs)*, de la satisfaction, de la lumière et de l'Incomparabilité *(tanzîh)*.

La sanctification et la satisfaction sont en relation avec le ***arâk*** qui est un arbre dont on fait les cure-dents *(siwâk)* utilisés pour purifier *(taṭhîr)* la bouche et satisfaire le Seigneur [selon une nouvelle prophétique connue].

La lumière et l'incomparabilité sont symbolisées par le ***bân,*** arbuste qui sert d'onguent. Le nom *bân* prend dans l'usage le sens d'éloignement.

Ne venez pas, par vos lamentations, accroître mon chagrin : les inspirations qui se présentent à moi sont douceur bienveillante *(rifq)* ; pourtant, elles ne viennent pas accroître, en s'exprimant, les fruits de l'emprise affective *(ta'ashshuq)* et de l'amour fatal *(maḥabba muhlika)* des amants qu'elles projettent sur moi. Mais leurs modes d'expression, quels qu'ils soient, me causent une vive émotion *(shajw)* et redoublent ma commotion.

De la racine du verbe accroître *(ḍa''afa)* dérive le nom *double (ḍi'f)* étant donné que mon intense émotion est accrue par la leur. Cette interprétation est corroborée par ce ḥadîth saint : « … Celui qui s'approche de Moi d'un empan *(shibr)*, Je M'approche de lui d'une coudée *(dhirâ')*… »

(2) Il s'agit toujours des inspirations que nous venons de mentionner plus haut.

Les ***plaintes,*** qu'il ne faut pas divulguer, sont à mettre en correspondance avec la vive émotion. Les ***pleurs*** sont faits de larmes qui s'écoulent et qui sont provoquées par l'arrivée anticipée des événements prédestinés *(maqdûr)* qu'on ne peut modifier. J'ai pu voir ce phénomène lors d'une scène qui s'est présentée à moi en un moment de contemplation. Quelqu'un pleurait sur la détresse qui, dans la Science (divine) préexistante, accablait l'Antéchrist *(dajjâl)*, Abû Lahab et

Abû Jahl [tous deux ennemis acharnés du Prophète]. [Dans le même ordre d'idées concernant le Décret divin inexorable], on trouve, dans ce ḥadîth saint, que Dieu dit : « Mon hésitation n'est jamais comparable à celle que J'ai lorsque Je saisis l'âme de Mon serviteur fidèle qui déteste la mort. Or, Moi Je déteste lui déplaire alors qu'il Me rencontrera nécessairement ! »

C'est dans une telle circonstance que les pleurs se produisent.

Le secret de mon fervent amour exprime la douceur du désir *(riqqat al-shawq)* que les inclinations tenaces *(ḍulû'* : litt. les côtes) impliquent devant le lieu de contemplation le plus irradiant *(manzhar ajlî)*.

L'objet caché de ma tristesse est une expression qui signifie la douleur sourde provoquée par l'absence au moment où ces mouvements d'âme réaffectent l'aimée.

(3) Avec elle je converse en répétant ce qu'elle exprime, comme par un phénomène d'écho *(çadâ)* qui renvoie le son de la voix. Ce cas présente une analogie avec les propos suivants que Dieu échangea avec l'âme au moment où Il la créa : « Qui suis-Je ? » Et elle de Lui répondre à cause de sa pureté transparente *(çafâ')* : « Qui suis-je ? » Il la fit demeurer en repos, dans l'océan de l'inanition *(baḥr al-jaw')*, pendant quatre mille ans. Elle Lui dit alors : « Tu es mon Seigneur ! »

Au crépuscule *(açîl)* ***et à l'aube*** *(ḍuḥâ)*, aux deux extrémités de la journée, selon ces versets : « *Fais acte de glorification par la propre Louange de ton Seigneur à l'orée de la nuit et au grand matin* » (*Coran* 40/55) ou encore : « *avant le lever du soleil et avant le couchant* » (*Coran* 20/130). De la sorte, dans ces versets, c'est Dieu Lui-même qui atteste Sa Sainteté, et c'est

Lui qui agit dans l'autre tout en rapportant à Lui cet ordre [de glorification], alors qu'Il ne se trouve pas là, car c'est bien par Lui, Dieu, que le serviteur parle, par Lui qu'il entend et par Lui qu'il voit.

Rempli d'un désir de tendresse et d'un amour éploré, selon la parole de Dieu : « *Il les aime et ils L'aiment* » (*Coran* 5/54). Dans cette circonstance intervient l'entretien *(muṭâraḥa)* entre eux, le soupirant de désir et l'éploré d'amour, comme entre ceux que nous venons de mentionner.

(4) Les esprits *(arwâḥ*, sing. : *rûḥ)* ***se font face.*** Quand le nom *arwâḥ* a pour singulier *rîḥ*, souffle, vent, il s'agit du Monde des Souffles animés *('âlam al-anfâs)*.

Par le terme ***tamaris*** *(g̲haḍâ)*, il est fait allusion aux feux de l'amour *(nîrân al-ḥubb)* [car cet arbre s'embrase facilement]. Les fourrés sont constitués d'arbustes. Les esprits ou souffles spirituels sont décrits comme ayant une attirance, un penchant *(mayl)*. Le mouvement de l'air produit par le feu est comparable à celui des branches de l'arbre [que le vent agite] en faisant osciller le feu comme les branches. L'analogie existe donc entre le feu, les bosquets [de tamaris] et les rameaux *(afnân)*.

L'inclination *(mayl)* de ces branches rattachées symboliquement aux désirs brûlants se produit pour provoquer ***ma disparition*** afin que Lui [Dieu] soit Lui seul et non moi [avec Lui], par jalousie *(g̲hayba)* à l'égard de l'amant pour éviter qu'il ait en son âme la conscience *(wujûd)* d'un autre que son Bien-Aimé. Il en est alors comme il est dit dans ce vers : pour me dérober à moi-même, par l'effet de ces branches de toutes sortes qui se courbent. Ces ***esprits se font face*** puisque l'amour exige l'union des contraires *(al-jam' bayna aḍ-ḍiddayn)*.

(5) Les esprits se déplacent avec elle, l'aimée, vers moi, ***en prenant de multiples formes,*** sous l'effet du désir lancinant, c'est-à-dire là où il apparaît à cause de la passion que recèle mon cœur et de ***la passion intense*** *(jawâ)* qui est [un effet] de l'épanouissement de l'âme *(infisâḥ)* dans l'amour car, en fait, le terme *jawâ* dérive [indirectement] de la racine *jaww* qui signifie air, atmosphère.

L'expression *ṭuraf*, ***nouvelles,*** est le pluriel de *ṭurfa* qui veut dire prémices de toute nouveauté. Or le début de toute épreuve est le plus pénible. Quand l'âme reste paisible auprès de Dieu, l'épreuve lui est facilitée.

(6) Qui sera à moi à Jam', avec les amoureux, dans la station de la Proximité *(qurba)* qui est *al-Muzdalifa* [près de Minâ, pendant les rites du Pèlerinage], emplacement où l'on se rapproche *(izdalafa)* [selon le sens de la racine *Z L F* qui veut dire : se rapprocher].

Al-Muḥaççab[1] est le lieu où l'on écarte *(taḥçîb)*[2] les suggestions subites *(khawâṭir)* qui empêchent les amoureux d'atteindre l'objet de leur désir.

Qui sera à moi à Dhât al-Athl, en ce lieu pourvu de racines ou de principes *(açl)*. Car le principe, en matière d'amour, est que tu sois l'essence même de

1. Al-Muḥaççab est l'endroit où, lors du Pèlerinage, on ramasse les cailloux qui, ensuite, seront lançés contre les stèles de lapidation à Minâ, et où l'on doit passer une partie de la nuit.

2. *Taḥçîb*, qui provient de la même racine que *Muḥaççab* à la même forme verbale, comporte deux significations : le fait de lancer des cailloux et le fait de dormir au lieu-dit *Muḥaççab* pendant la nuit qui précède la lapidation des stèles.

ton bien-aimé et que tu t'absorbes en lui, de sorte que lui seul demeure et non toi.

À Na'mân, à l'endroit où se produit le Bienfait *(na'îm)* divin et saint.

(7, 8 et 9) Dans le premier de ces vers, les esprits reviennent à moi devant les gémissements qui affectent l'amant à cause de son inconstance ou versatilité *(taqallub)* dans les états [spirituels]. Pour cette raison, c'est le ***cœur*** *(qalb)* qui est ici mentionné [étant donné que cette expression, étymologiquement, signifie permutation, revirement] et non l'âme ou l'esprit.

Pour l'extase *(wajd)* ou ***l'affliction*** *(tabrîḥ)* en raison de ce que les esprits inspirent *(ilqâ')* pendant l'extase, et du désir quasi obsessionnel pour lui.

Pour baiser (ou ***masquer*** *tal<u>th</u>umu*) ***mes pierres angulaires*** ou mes quatre fondements élémentaires *(arkân-î)* sur lesquels ce Temple de la Ka'ba *(haykal)* est établi[1]. Ce baiser *(li<u>th</u>âm)*, ou embrassement *(taqbîl)*, s'effectue par-dessus le voile (*li<u>th</u>âm*, mot de même racine que baiser) qui cache le visage. L'amant, en effet, n'a d'autre moyen de contempler ces esprits que par un intermédiaire *(wâsiṭa)*. Ils ne cessent de tourner autour de son cœur en subjuguant cet amant dans sa sensibilité et en le submergeant dans les significations que comportent ces vérités essentielles.

(10) Il se peut que ces inspirations s'altèrent en s'infusant *(imtizâj)* dans le complexe tempéramental *(mizâj)*. Elles font allusion, ici, à ***celle qui s'est teinte*** ou imprégnée *(ma<u>kh</u>ḍûb)* et, pour cette raison, elles sont décrites comme manquant de fidélité

---

1. Autre lecture possible : sur lesquels cette constitution humaine *(haykal)* est établie.

(wafâ'). Elles sont alors nommées inspirations psychiques *(wâridât nafsiyya)* ; ce sont celles qui parviennent à l'âme au moment où Dieu s'adressa à elle de cette manière : « *Ne suis-Je point votre Seigneur ?* » (*Coran* 7/172). Dieu prit à son égard l'engagement *('ahd)* et l'alliance *(mîthâq)*. Or, après cet acte solennel, elle n'eut pas, envers Lui, une attitude convenant aux exigences du degré de l'Unicité divine *(tawḥîd)*, mais elle Lui associa des dieux autres en fonction de ses tendances. Personne n'est indemne de cet acte de polythéisme *(shirk)*, car chacun se dit : « C'est moi qui ai agi », et au moment où il néglige de considérer Celui Qui s'adresse ainsi à lui, il se dit : « Qui est Celui [ou celui] qui [agit] en lui et par lui ? »

(11) Quoi de plus surprenant qu'une gazelle voilée, ou qu'une subtilité divine *(laṭîfa ilâhiyya)*, ***voilée*** *(mubraqâ')* ou cachée sous l'effet d'un état psychique *(ḥâla nafsiyya)*.

Tels sont les états des gnostiques qui restent ignorés !

Contrairement aux êtres doués d'états spirituels *(açḥâb al-aḥwâl)*, les personnes initiées confirmées *(ṭâ'ifa muḥaqqaqa)* peuvent apparaître extérieurement aux autres comme des gens du commun *('âmma)*. Il n'entre pas dans le pouvoir des familiers de cette station de divulguer *(taçrîḥ)* leurs états spirituels, car ils pourraient être contestés [s'ils venaient à faire paraître leur cas] devant le fait qu'ils ne trouveraient personne pour témoigner de leur réalisation. Ils s'expriment alors par allusion *(ishâra)* et signes discrets *(îmâ')* auprès de certaines personnes qui expérimentent les prémices des états spirituels.

Par ***jujubier*** *('unnâb)*[1] il faut entendre la même chose que pour *al-Muḥaççab* [voir vers 6] où l'on prend dans la main ce [les cailloux] que l'on trouve devant soi [pour lapider les stèles].

Et faisant signe de ses paupières *(al-îmâ' bi al-ajfân)* : cette expression représente les preuves spéculatives *(adilla al-nazhar)* portant sur les dispositions *(aḥkâm)* affectant les détenteurs de cette station qui se présente à ceux qui expérimentent en eux-mêmes les prémices de la Réalisation spirituelle. Cette connaissance s'actualise pour eux et en eux au point que si on les confond avec les gens du commun sous l'aspect de la disposition extérieure, ils s'en distinguent par le principe même de leurs secrets. Il existe une grande différence entre celui qui parle par lui-même et celui qui s'exprime par son Seigneur, alors que le langage est le même pour l'auditeur présent.

(12) Le pâturage de cette gazelle se trouve entre les côtes *(tarâ'ib)* : cet élément d'hémistiche fait allusion aux sciences demeurant dans la poitrine de l'amant, et ***les entrailles*** *(ḥashâ)* désignent les sagesses et la foi qui emplissent *(ḥashâ)* son intérieur et son cœur, ainsi que ['Alî, cousin, gendre du Prophète et quatrième calife] l'a exprimé en frappant sa poitrine

1. *'Unnâb* ou *'anâb* est une montagne sur la route de La Mekke (cf. *Lisân al-'arab al-muḥîṭ* de Ibn Manzhûr, racine *' N B*).

La racine de ce mot signifie « produire du raisin ». C'est aussi le jujubier, et ses fruits rouges, à cause de leur petite taille, peuvent être assimilés aux petits cailloux ramassés au lieu-dit Muḥaççab. En raison de leur couleur rouge, ils peuvent aussi être comparés soit aux cheveux, soit aux lèvres, soit aux paupières, soit aux doigts. D'ailleurs Nicholson donne l'interprétation de « bout des doigts rouge » *(red finger-tip)*, à cause du vers précédent où l'on trouve l'expression « teinté » (au henné).

de la main : « Il y a ici des sciences en abondance ! Si seulement je pouvais trouver des personnes pour les recevoir ! »

Ensuite, il est fait allusion à l'étonnement de l'amoureux qui brûle des feux de l'amour et du désir fervent. Comment, en effet, les sagesses et les sciences qui sont dans les côtes supérieures ou poitrine *(tarâ'ib)* et les entrailles ne sont-elles pas consumées ?

Le jardin *(rawḍa)*, qui la qualifie, contient une grande variété de fleurs et de fruits. De même, les catégories de sciences sont nombreuses et variées. D'autre part, la nature du feu est de consumer les arbres quand il s'en empare. Il s'agit, en l'espèce, de sciences enfermées en cet individu et du feu de l'amour qui s'embrase en son for intérieur *(dhâti-hi)*. [Une question se pose alors] : comment ce feu de l'amour ne s'emparerait-il pas de ces sciences ? Mais alors, aucune science ne pourrait jamais subsister en cet amant ! La réponse est que le feu [de l'amour] produit ces sciences. Or, lorsqu'une chose est engendrée d'une autre, elle ne peut l'anéantir. Ce cas est comme celui de la salamandre *(samandal* ou *samandar)* qui est, en réalité, un animal dont la croissance s'effectue sous l'action de la chaleur non nocive pour lui. Quand ces sciences et ces connaissances résultent des feux de la sollicitation et du désir, elles ne disparaissent pas sous l'action de ceux-ci.

(13) Mon cœur est devenu capable d'accueillir toute forme… Quelqu'un a dit que le cœur a été nommé *qalb* du fait de sa permutabilité *(taqallub* – mot de même racine *Q L B)* car il se diversifie en fonction de la différenciation des inspirations qui l'affectent. Or, celles-ci se nuancent en fonction de ses états spirituels, et ceux-ci selon la variété des Théophanies *(tajalliyât ilâhiyya)* convenant à son secret *(sirr)*. La Loi sacrée *(shar')* fait allusion [selon une nouvelle prophétique] à cette caractérisation du cœur en parlant de mutation *(taḥawwul)* et de substitution *(tabaddul)* dans les formes[1].

Le pâturage pour gazelles *(mar'â li-ghizlân)* est réservé aux pasteurs de gazelles et non à ceux d'autres animaux. Nous nous exprimons ici selon le langage de la passion amoureuse et les gazelles symbolisent alors l'amour des bien-aimées pour les amants. Pourtant, il n'est pas douteux que l'œil du cheval est plus noir et dilaté [que celui de la gazelle], mais l'analogie qui est faite ici concerne l'œil de celle-ci.

L'abbaye pour moines *(dayr li-ruhbân)* car, de même que nous comparons les amoureux aux moines à cause de la vie monacale [qui permet de se vouer entièrement à Dieu], de même le cœur est assimilé à un temple consacré qui est la demeure des religieux et l'endroit où ils se tiennent [pour l'adoration].

(14) Ce cœur est semblable ***au temple pour idoles*** *(bayt al-awthân)* car, en s'emparant de lui, les Réalités essentielles *(ḥaqâ'iq)* que les êtres humains sollicitent, et à cause desquelles ils adorent Dieu, reçoivent le nom d'idoles *(awthân* – ou de biens nombreux, selon une acception de la racine).

Quand les esprits sublimes entourent le cœur, il est appelé Ka'ba [ou Temple de forme cubique, ou en

1. Pour ce ḥadîth et ce point doctrinal important, voir *Fuçûç al-Ḥikam, Les Chatons des sagesses*, ouvrage cité, chapitre consacré au prophète Shu'ayb. Voir également la traduction anglaise du même ouvrage d'Ibn 'Arabî par R.W.J. Austin, *The Bezels of Wisdom*, ouvrage cité, pp. 145 ss. Voir aussi *Le Traité de l'Amour*, ouvrage cité, pp. 265 et 266.

forme de sein, selon l'étymologie]. Il s'agit de ces esprits mentionnés dans le Coran lorsqu'un spectre de démon les touche (cf. *Coran* 7/201)[1]. Ce sont les possesseurs d'aptitudes angéliques *(açḥâb al-malakât al-malakiyya)*.

Les Tables de la Thora, car le cœur du spirituel, qui réalise les sciences mosaïques hébraïques, devient comme des tables réverbérantes *(alwâḥ)* pour ces sciences.

Quand il hérite des connaissances muḥammadiennes parfaites *(ma'ârif muḥammadiyya kamâliyya)*, il devient comme des ***feuillets***. Il se maintient alors dans la station du Coran *(qur'ân)* dès qu'il actualise celle du « J'ai été nanti de la somme des Paroles »[2] [selon les termes d'une nouvelle prophétique].

(15) La religion que je professe est celle de l'Amour, en référence à cette parole divine : « *Si vous aimez Dieu, conformez-vous à moi* [il s'agit du Prophète, selon l'interprétation habituelle], *Dieu vous aimera* » (*Coran* 3/29). Pour cette raison, elle est appelée ***religion de l'amour*** *(dîn al-ḥubb)*. Il la pratique afin d'accueillir les obligations que son bien-aimé lui impose, et cela avec acceptation et satisfaction, avec amour et disparition de la peine et de la fatigue qui accompagnent ces obligations sous un aspect ou sous un autre. En conséquence, il est précisé dans ce vers : ***Partout où les montures se tournent,*** ou encore quels

1. Le verset complet est le suivant : « *Ceux qui se protègent par la crainte pieuse, quand certains démons les touchent, se remémorent Dieu et deviennent alors perspicaces.* »

2. La racine du mot *qur'ân, Q R'*, comporte les acceptions suivantes : récitation, recueillir, rassembler, etc.

que soient les chemins qu'elles empruntent, approuvés ou non, elles en sont satisfaites, selon nous.

L'amour est ma religion *(dîn)* ***et ma foi*** *(îmân)*, car il n'y a pas de religion plus élevée que celle fondée sur l'amour et le désir pour Celui envers Qui je la professe et Qui l'ordonne mystérieusement. Telle est la caractéristique des spirituels de type muḥammadien. Car Muḥammad – sur lui la Grâce et la Paix de Dieu – a sur les autres prophètes le privilège de la station de l'amour parfait ; et bien qu'il soit aussi élu, confident, ami intime et d'autres qualifications parmi celles qui sont reconnues aux prophètes, Dieu lui accorda une faveur supplémentaire, celle de l'avoir pris comme amoureux *(ḥabîb)*, c'est-à-dire amant *(muḥibḅ)* et aimé *(maḥbûb)*. Or, j'ai hérité de sa voie.

(16) Il s'agit de ces amoureux arabes qui, dans le monde de la génération *('âlam al-kawn)*, étaient sous l'emprise de la passion pour les chastes créatures fixées dans les formes.

Par ***leurs semblables*** *(ukht)*, il faut comprendre des êtres comme Jamîl b. Mu'ammar et Buthayna, Bayâḍ et Riyâḍ, Ibn ad-Durayj et Lubnâ, et bien d'autres encore.

L'amour en tant que tel est pour nous et pour tous ceux-là une réalité unique, bien que ces amoureux soient de toutes sortes, car du fait de leur nature créée *(kawn)*, ils sont eux-mêmes épris d'êtres créés, alors que nous, nous sommes amoureux d'une réalité essentielle *('ayn)*. Les circonstances *(shurûṭ)*, les nécessités *(lawâzim)* et les motivations *(asbâb)* se résument à une seule [qui est l'amour].

Ainsi, nous avons en ces amoureux un ***exemple*** à imiter. En effet, Dieu n'a rendu ces êtres épris et ne les a éprouvés dans l'amour qu'ils portent à leurs semblables que pour qu'Il apprécie, par leur exemple, les arguments de celui qui prétend L'aimer et qui [pourtant] n'est pas épris comme ceux-là dont l'amour a aliéné la raison et les a éteints à eux-mêmes, à cause des marques de témoignages que leurs bien-aimés laissent dans leur imagination. Il est plus juste qu'un tel amoureux prétende aimer Celui qui est devenu son ouïe et sa vue, Lui, Dieu, qui s'est approché de lui bien plus que celui-ci s'est rapproché de Dieu [selon des ḥadîths connus].

12
Les trois aspects de l'Aimé

(1) À Dhû Salam et au monastère,
À côté de celui qui est présent à al-Ḥimâ,
Des gazelles te laissent voir le soleil,
Sous forme de statues de marbre.

(2) Je scrute des sphères célestes,
Je me consacre à un temple,
Je garde aussi au printemps
Un jardin riche en couleurs.

(3) Pendant un temps, on me nomme
Pasteur de gazelles dans le désert,
Pendant un autre, on m'appelle moine
Ou encore astrologue.

(4) Mon aimé, sous trois aspects, se montre,
Bien qu'Il soit unique.
De même, les [trois] Hypostases
Deviennent une par l'Essence.

(5) Ne refuse pas, ô mon compagnon,
Que je décrive les gazelles
Tournant autour de gracieuses femmes,
Comme le ferait un soleil éclatant :

(6) La gazelle au long cou,
Le soleil aux multiples visages,
Le buste et les bras
Des belles statues de marbre.

(7) J'ai, de même, prêté
Aux branches des parures,
Aux jardins des vertus,
Aux éclairs de riantes bouches.

COMMENTAIRE

UNITÉ, TRINITÉ,
MULTIPLICITÉ ET RÉCEPTIVITÉ

(1) Dhû Salam est le lieu de Paix qui subjugue par sa beauté totalisatrice *(jamâl)* et ***le monastère*** *(dayr)* est un état spirituel de type « syriaque » *(ḥâla siryâniyya).*

À côté de celui qui est présent ***à al-Ḥimâ,*** ou dans l'Enceinte protégée, là où l'on tourne autour du Voile de l'Inaccessibilité divine la plus protégée *(ḥijâb al-'izza al-aḥmâ).*

Les Sagesses divines et prophétiques qui descendent sur l'esprit de l'amant sont comparées :

– Aux ***gazelles*** *(zhibâ')* qui vagabondent et hantent les déserts, et qui sont l'expression de la station du dépouillement ou dépossession *(maqâm al-tajrîd)*.

– Au ***soleil*** *(shams)* à cause de sa lumière, de ses feux et de la propagation de ses bienfaits.

– Aux ***statues de marbre*** [ou belles femmes, selon le sens métaphorique] *(dumâ)*, figurines faites de pierres très lisses, que l'on trouve dans les lieux d'adoration de type christique syriaque et expriment les connaissances auxquelles ni l'intelligence *('aql)* ni la concupiscence *(shahwâ)* ne peuvent être associées. Elles sont donc liées au monde minéral, car le minéral *(jamâd)* et l'ange *(malak)* possèdent par nature des connaissances desquelles concupiscence et raison sont exclues. Les animaux sont pourvus de connaissances et de concupiscences et en cela exempts de culpabilité *(ḥaraj)* que Dieu n'exige pas d'eux [à cause de leur nature]. L'être humain et le djinn sont constitués de raison et de concupiscence ; ils ont la capacité *(quwwa)* et la réflexion *(fikra)* ainsi que d'autres facultés qui leur permettent d'obtenir les connaissances, et leur raison doit repousser les concupiscences pour ne pas mésuser des sciences.

(2) Du fait que ces connaissances sont considérées comme un soleil, il est dit : ***Je scrute des sphères célestes*** *(aflâk)* ou encore j'observe leur course. Elles tournent avec lui et autour de lui. Il s'agit ici des états spirituels dans lesquels ces connaissances se produisent à l'intérieur même de l'être aimant.

Et si l'on considère que ces connaissances sont des statues, c'est-à-dire des formes en marbre *(çurât al-rukhâm)*, ***Je me consacre à un temple*** *(bî'a)* où elles se trouvent et où se pratique l'adoration christique de type syriaque en rapport avec la station de la Parole *(kalima)* et de l'Esprit *(rûḥ)*[1].

Et pour autant que l'on considère ces connaissances comme des ***gazelles,*** je les garde ***au printemps*** dans un ***jardin riche en couleurs*** pour qu'elles y paissent. Elles évoluent dans les prairies des actes *(mu'âmalât)* et des normes ou caractères divins *(akhlâq ilâhiyya).* Les couleurs variées représentent l'ornement des Réalités divines.

Les gazelles y séjournent ***au printemps,*** période de l'année symbolisant l'épanouissement de la jeunesse du fait de la nouveauté et de la fraîcheur, condition suggérée par ce verset coranique : « *Un rappel nou-*

---

1. Allusion, semble-t-il, aux versets suivants concernant Jésus : « *Ô familiers de l'Écriture ! ne soyez pas excessifs dans votre Culte dû et n'exprimez au sujet d'Allâh que la Vérité. Voici assurément ce qu'est Jésus-Fils-de-Marie : le Messager d'Allâh et Sa Parole qu'Il projeta sur Marie, ainsi qu'un Esprit procédant de Lui. Portez donc la foi en Allâh et en Ses Messagers et ne dites pas "Trois". Retenez-vous pour votre bien. Voici assurément Ce qu'est Allâh : un Dieu adoré unique* (ilâh^{un} wâḥid^{un}). *Loin de Sa Gloire qu'une progéniture* (walad) *se trouve Lui appartenir ! À Lui ce qui est dans les Cieux et ce qui est dans le Globe terrestre. Qu'il suffise à Allâh d'être Témoin !*

Le Messie ne refusera pas d'être serviteur pour Allâh, ni même les Anges rapprochés. Allâh rassemblera vers Lui tous ceux qui refusent d'être Ses serviteurs et s'enflent d'orgueil » (*Coran* 4/171 et 172).

La mention divine : « *Ne dites pas Trois* »... « *Voici assurément Ce qu'est Allâh : un Dieu adoré unique* », va être commentée par Ibn 'Arabî, au vers quatre, sans référence précise à ce verset. Il est à remarquer que Dieu, dans ce contexte coranique, refuse qu'on dise « *Trois* » sans jamais préciser, dans le Coran, ce que représente ce « *Trois* ». Seuls les commentateurs exerceront leur talent sur ce point particulièrement difficile et délicat.

veau de leur Seigneur ne leur vient sans qu'ils l'écoutent en se divertissant » (*Coran* 21/2). En cette saison, les âmes sont plus disposées à l'amour et plus réceptives, car la délectation dans la nouveauté spontanée affecte l'âme d'une manière plus grande que l'attachement à l'accoutumance *(mulâzama al-çaḥba)*. Des secrets se découvrent dans le bien-être novateur et spontané du cœur qui accompagne les souffles et le renouvellement de ceux-ci.

(3) Quand je me fais le gardien de ces gazelles dans le jardin, je suis appelé ***pasteur*** *(râ'î)* ; et pour autant que je me consacre à un temple, à cause des figures de marbre, je suis nommé ***moine*** *(râhib)* ; et pour autant que je scrute le soleil dans sa sphère *(falak)*, je porte le nom d'***astrologue*** *(munajjim)*.

L'intention est de décrire la diversité des états qui régissent le for intérieur de l'amant. Les événements ou occurrences divines *(wâridât ilâhiyya)* l'affectent différemment ainsi que les sciences, dans la mesure où les possibilités qui se dégagent de ces états lui font réaliser l'analogie existant dans ces diverses manières d'être. Il s'agit, en l'espèce, d'expériences *(adhwâq)* diverses, bien que l'essence soit unique *(al-'ayn wâḥid^un^)*, à travers tous ces modes d'adoration.

Dans un ḥadîth rapporté par Muslim, dans son recueil de nouvelles prophétiques, au chapitre consacré à la Foi, est mentionné le transfert *(taḥawwul)* dans des formes, selon des signes de reconnaissance *('alamât)* qui se présentent dans les *credo* ou convictions *(i'tiqâdât)* [individuelles][1]. Celui qui adore Dieu dans le soleil voit un soleil ; celui qui L'adore dans l'animal

1. Pour ce ḥadîth rapporté par Muslim, cf. poésie 11/13 et la note 1.

voit un animal ; celui qui L'adore dans les minéraux voit un minéral ; et enfin celui qui L'adore comme étant « *Celui auquel aucune chose n'est pareille* » (cf. *Coran* 42/11) voit qu'*aucune chose n'est semblable à Lui*. Ce ḥadîth, recueilli par Muslim, se réfère à ce que nous exposons ici.

(4) Le nombre *('adad)* n'engendre pas de multiplicité dans l'essence *(kathra fî al-'ayn)*, ainsi que les chrétiens le professent au sujet des trois Hypostases *(aqânîm thalâtha)* ; aussi parlent-ils du Dieu unique *(al-ilâh wâḥid)*. Ils soutiennent encore : « Au Nom du Seigneur *(Rabb* – ou "Enseigneur", Maître-Éducateur), du Fils *(Ibn)* et du Saint-Esprit *(Rûḥ al-Qudus)*, Dieu unique[1] ». Dans notre Loi révélée, Dieu s'exprime ainsi : « *Dis ! Invoquez Dieu ou invoquez al-Raḥmân* (l'Irradiant-d'Amour). *Quel que soit Celui des deux que vous invoquez, à Lui* (la-Hu) *sont les Noms excellents* » (*Coran* 17/110). Dieu a bien précisé que *les Noms excellents Lui appartenaient*, de sorte qu'Il a proclamé Son Unicité *(waḥḥada)*. En observant le texte du précieux Coran, nous trouvons que Dieu revient sur trois Noms cardinaux ou matriciels *(thalâthat asmâ' ummahât)* auxquels les récits et tout autre thème se rapportent, et ce sont *Allâh, al-Rabb* et *al-*

1. Ces trois noms portent sur l'Unicité divine *(waḥdâniyya)* dans Laquelle on peut envisager des distinctions et des aspects, et non pas sur Son Unité *(aḥadiyya)*. Seul le nom *ilâh*, Dieu ou dieu qu'on adore, se réfère à la Fonction de l'Unique *(wâḥid)* et non de l'Un *(aḥad)*. Le Nom divin *ar-Raḥmân*, le Tout-Irradiant d'Amour, le Tout-Miséricordieux, a la même étymologie que *raḥim*, matrice, utérus, liens du sang ; sa fonction est de dilater aux confins du possible tous les autres Noms et, par là même, toutes les réalités ontologiques permanentes *(a'yân thâbita)* quand elles manifestent leurs possibilités grâce à ces Noms.

Raḥmân. Or, il est notoire qu'il s'agit bien d'un Dieu unique, les autres Noms (excellents) étant autant de qualificatifs *(nu'ût)* qui s'y réfèrent et, plus particulièrement, au Nom *Allâh*. C'est cela même que nous avons voulu exprimer dans ces vers !

(5) Ne refusez pas cet entrelacement audacieux d'expressions *(layyith)* bien que je n'aie en vue qu'une Essence unique *('ayn wâḥid)*. Certes ! chaque réalité fait allusion à une signification intentionnelle. Le nom ***soleil*** *(ghazâla*, de même racine que gazelles, *ghazâl)* est une désignation pour cet astre *(shams* = soleil). Nous nous proposons d'y revenir dans la suite de cette poésie.

(6) Nous avons mis en relation les ***gazelles*** *(zhibâ'*, sing. *zhaby)* et le [long] ***cou*** pour symboliser la lumière, en référence à cette nouvelle prophétique : « Les Muezzins (*mu'adhdhinûn*, ceux qui font l'appel à la prière canonique) sont des êtres humains dont le cou sera le plus long, le Jour de la Résurrection ! », c'est-à-dire ceux qui auront les plus grandes lumières.

Le ***soleil aux multiples visages*** correspond au dire du Prophète – sur lui la Grâce et la Paix de Dieu : « Vous verrez votre Seigneur [au Paradis] comme vous voyez le soleil. »

Le buste et les bras des belles statues de marbre font allusion au ḥadîth qui mentionne le Buste et les Bras du Dieu-Réducteur *(al-Jabbâr)*.

(7) Par ***branches*** *(ghuçûm)*, il faut entendre les âmes éperdues d'amour *(nufûs muhayyama)* sous l'effet de la Majesté divine et que l'amour écarte par attraction de la vision de leur être et de la contemplation de leur nature créée.

Les parures *(malâbis)* sont les vertus ou normes *(akhlâq)* divines dont ces âmes sont investies.

Le jardin *(rawḍ)* représente la station de la Synthèse *(maqâm al-jam')* en laquelle Dieu le Réel les établit avec les qualifications ou normes adéquates pour recevoir les souffles consolateurs *(anfâs)* de l'Irradiant d'Amour, souffles qui embaument en propageant un vent frais et agréable. Ils constituent autant de louanges reflétées *(thanâ')* adressées à Dieu le Beau-Totalisateur *(thanâ' al-jamîl)* et qui font allusion aux propos suivants du Prophète destinés à Lui : « … Tu es tel que Tu as reflété les Louanges sur Toi-même… »

Les éclairs *(barq)* brillent dans des lieux de témoignage essentiel, symbolisés par ***de riantes bouches*** *(mabsim)*, comme le suggère ce propos prophétique : « Dieu a une joie plus grande en raison du repentir de Son adorateur [que celle du chamelier qui retrouve sa monture perdue dans le désert]. » Dans le même ordre d'idée, on trouve, une seule fois, dans le recueil de ḥadiths de Muslim : « Certes Dieu rit. »

Je n'ai jamais connu personne qui ait composé une telle poésie, en vers ou en prose. Celle-ci est un théâtre *(mashhad)* précieux et j'ai eu le bonheur de la présenter de façon subtile, spirituelle, poétique et amoureuse, chacun de ses vers comportant trois significations différentes.

13
La complainte de la colombe

(1) Une colombe à col bariolé roucoule.
Vivement ému par sa complainte,
Un amoureux soupire tout attristé,
Il gémit de tendresse.

(2) Rempli de commisération
Pour le gémissement de l'oiselle,
Des pleurs de ses yeux s'écoulent,
À des sources, semblables !

(3) Alors je l'interpellai, elle, tout éplorée
Par la disparition de son unique enfant.
Car réelle est l'affliction d'une mère
Ayant perdu son seul [enfant] !

(4) Pendant qu'avec elle je conversais,
L'émotion nous imprégna.
Elle ne la faisait point paraître,
Alors que moi, je la laissai s'exprimer.

(5) Un violent désir me consumait,
Sous l'effet de l'amour pour le sable de 'Alij,

À l'endroit où les tentes sont plantées,
Où se trouvent les belles aux grands yeux noirs.

(6) De chacune de leurs œillades hardies
Naissent des états langoureux.
Leurs paupières de gazelle sont des fourreaux,
Pour les sabres effilés de leurs clins d'œil.

(7) Je ne cesse d'avaler mes larmes
Qui viennent de mon insatiable amour,
Ni de dissimuler ma passion,
Ni de la garder de qui me blâme,

(8) Jusqu'au moment où le corbeau
Grailla leur séparation.
L'éloignement vint alors dévoiler
L'ardente affection de l'amant affligé.

(9) De nuit, sans trêve, ils voyagèrent,
Arrachant les anneaux des narines des chameaux.
Et ceux-ci, sous la pesante litière,
Ne cessaient de geindre et de se douloir.

(10) J'ai considéré les affres du trépas
Au moment même où, des chameaux,
Ils relâchaient la bride,
Tout en resserrant leur selle.

(11) Ô combien la séparation
Avec la peine d'amour cause ma ruine !
Ô combien la dureté du mal d'aimer,
Avec la rencontre de l'aimé, paraît légère !

(12) Non, personne n'ose me blâmer
Pour la passion que je lui montre !
Ô combien l'on s'éprend d'elle,
Pour sa beauté, quand elle paraît !

COMMENTAIRE

LE RETOUR DU GNOSTIQUE AMOUREUX VERS LES CRÉATURES

(1) Une colombe à col bariolé *(muṭawwaqa)* ***gémit,*** une forme se dispose en vis-à-vis *(qâbalat)* et Dieu dit : *« En l'être humain J'ai insufflé de Mon Esprit »* (*Coran* 15/29) qui est issu de Lui. Cette forme est l'aspect subtil humain *(laṭîfa insâniyya)*. Ce ***col bariolé,*** selon l'étymologie de ce nom appliqué à cette sorte de pigeon, s'interprète comme étant un enveloppement ou capacité synthétique *(taṭwîq)* et se réfère à l'Alliance *(mîthâq)* que cette forme a contractée, et par laquelle elle a acquis la capacité d'englober ou de comprendre. Cela signifie que le Tout pleure sur sa partie par une sorte de correspondance *(muqâbala)*. C'est pour cette raison que le gémissement *(nawḥ)* évoque les pleurs par un symbolisme approprié.

Un amoureux tout attristé soupire, car l'esprit parcellaire humain provient de cette source essentielle *(ma'în)*.

Sa complainte : celle-ci le rend triste. Un tel état est engendré par les suaves mélopées qui sollicitent l'union *(ittiçâl)* car celle-ci est le premier rassemblement *(ḥashr awwal)* provoqué par la mort.

Il gémit de tendresse *(ḥanîn)* : l'être est ainsi qualifié à cause de la bonté *(ra'fa)* et de la sympathie *(ta'aṭṭuf)* que le géniteur *(wâlid)* ressent pour sa progéniture *(walad)*. Cette relation de la partie avec le tout entraîne le soupir compatissant que l'enfant a pour celui qui l'a engendré ; il produit aussi la nostalgie de l'individu pour sa patrie. Il ne s'agit pas ici d'une référence à ce propos prophétique : « Dieu créa Adam selon Sa [ou sa] Forme », en raison de la capacité d'enveloppement *(ṭawq)* [que Dieu a mise en lui], quand bien même il serait parvenu à la station sanctissime à laquelle Dieu fait allusion dans ce verset : « *Votre Seigneur s'est prescrit à Lui-même la Miséricorde* » (*Coran* 6/54). Citons encore cette parole qui a trait à cette aptitude : « Quiconque a accompli les cinq prières rituelles journalières ne sera pas privé de la vertu qui y est attachée, car *il a auprès de Dieu un engagement* ('ahd) » (cf. *Coran* 19/78). Dieu s'est donc impliqué Soi-même de pair avec Son adorateur dans une de Ses Alliances *('uhûd)*, par pure grâce et faveur, et non par obligation. Cependant, dans ce vers, l'accent est mis sur la compassion *(ḥanîn)* [divine], bien que le Décret préétabli *(sabaq al-qaḍâ')* [divin] exerce son pouvoir dans les modalités d'application *(ḥukm)*. À titre d'exemple, citons l'hésitation *(taraddud)* que Dieu manifeste quand Il doit ravir l'âme du Fidèle qui déteste la mort [selon un ḥadîth saint][1]. Telle est la signification que j'exprime dans les vers suivants :

L'aimé soupire pour me voir. Pourtant,
Pour lui, ma tendresse est plus grande.

Les âmes s'empressent refusant le Décret.
Je me plains de gémir comme il se plaint lui-même !

---

1. Pour les références à ce ḥadîth, cf. poésies 11/3 et 24/8.

Je sais que nos compagnons, parmi les personnes à vocation spirituelle de cette condition *(sha'n)*, connaissent ce à quoi nous faisons allusion ici sous forme symbolique *(îmâ')* et synthétique de nous exprimer *(ijmâl)*, et cela nous dispense de l'analyse *(tafçîl)* et de l'explicitation *(tafçîḥ)*. Dieu sait bien la portée que j'attache à ce vers, car s'il n'en était pas ainsi, la protection *(ḥimâ)* serait retirée de mon for intérieur, du fait de la force de l'inspiration *(wârid)* qui me pénètre et de la célérité avec laquelle les connaissances se meuvent. Il n'entre pas en mon pouvoir de diffuser [de moi-même] ce que je ressens malgré la vertu que Dieu m'a donnée d'exprimer et de communiquer cela aux entendements déficients. En conséquence, je transmets plus que ce que ceux-ci peuvent comprendre. Mais la Jalousie divine *(ghayra ilâhiyya)* et le Voile de l'Inaccessibilité la plus protégée *(ḥijâb al-'izzat al-aḥmâ)* posé devant moi m'interdisent cela. Il s'agit en l'occurrence d'une inspiration patente *(nafatha maçdûra)*.

(2) Les esprits sont décrits par ***les pleurs*** et le flot des larmes, bien que ces caractéristiques relèvent du domaine naturel *('âlam ṭabî'î)*, mais elles entrent dans la possibilité des esprits qui assument des formes corporelles *(arwâḥ tamaththul fî al-çuwar al-jasadiyya)*, ainsi que Dieu le dit : « *L'Ange prit pour elle (Marie) une ressemblance humaine parfaite* » (*Coran* 19/17). Pour cette raison, ils reçoivent ces attributions naturelles.

Dans une nouvelle prophétique, on trouve que « les anges Gabriel et Michel pleurent par crainte de la Dissimulation ou Ruse de Dieu *(makr Allâh)*. » Telle est la cause de ces pleurs qui émanent de ces esprits élémentaires en raison de la compassion de l'Esprit universel pour eux, lui qui est leur père. Ils soupirent donc de compassion envers lui à cause de leur origine *(açâla)* et de leur engendrement *(tawallud)*. Mais sa compassion envers eux est bien plus intense. En effet, la compassion qui affecte le père en tant que tel *(ubawwa)* est plus forte que celle du fils pour son père car le fils est engendré du père et non l'inverse, plus même, le père est sa source originelle *('ayn)*. Cette disposition relève de la compassion que toute entité *(shay')* garde pour sa propre essence *(nafs)*.

La multitude de larmes est assimilée aux ***sources*** d'eau courantes qui ne s'épuisent pas, leurs flots allant d'une occultation *(ghayb)* à une manifestation *(shahâda)*.

Par ***commisération pour le gémissement de l'oiselle,*** il est possible de dire que cet amoureux est pour elle semblable à celui qui soupire de compassion pour les Lieux de considérations ou de contemplations sublimes *(manâzhir 'ulâ)* et qu'il ne se soustrait pas à ce qu'ils ont créé pour lui à cause de l'attraction d'amour que les êtres générés éprouvent.

(3) La disparition de son unique enfant : il s'agit de la particularité ou réalité singulière *(khâççiyya)* par laquelle elle s'isole du monde. ***Car la perte de son seul [enfant],*** ou de cette caractéristique, est celle de son propre être généré *(kawn)*. Elle ne connaît pas en quoi consiste cette réalité singulière et elle n'arrive pas à déterminer ce qu'elle représente pour elle, mais elle sait qu'il y a là quelque chose par quoi elle s'isole des autres, et cela d'une manière globale. Cette réalité singulière est son unicité à partir de laquelle elle connaît l'Unicité de son Existentiateur, puisque seul l'Unique-Un *(wâḥid)* connaît l'Unique-Un. Celui qui s'exprima ainsi ne veut pas dire autre chose :

*En **toute** chose il est un signe*
Qui indique qu'elle est unique.

Par « ***toute*** », il veut désigner cette réalité singulière qui est l'unité *(aḥadiyya)* de la chose dont il fait un signe distinctif qui concerne l'Unité de l'Un *(aḥadiyyat al-aḥad)* : « *le Sustentateur impénétrable qui n'engendre pas et n'est pas engendré, et aucun autre "un" (aḥad) ne se trouve comparable à Lui* » (*Coran* sourate 112).

Je l'interpellai ou je pleurai comme elle pleure sur des réalités du même ordre que celles sur lesquelles elle pleurait aussi.

Certes, la plupart des gnostiques meurent de la peine causée par la perte de cette connaissance qui est celle de leur unité. Eux tous connaissent leur unicité *(waḥdâniyya)* alors que peu parmi les familiers de la Providence et du Raffermissement *(ahl al-'inâya wa al-tamkîn)* connaissent l'Unité *(aḥadiyya)*[1].

(4) Je pleurais comme elle-même pleurait bien qu'elle, du fait qu'elle sort du domaine de l'interprétation *('ibâra)* et de l'explication *(tafçîl)*, ne laissât rien paraître aux auditeurs de son émotion provoquée par la contemplation face à face *(fahwâniyya)*. Quant à moi, je donnais libre cours, devant eux, à l'interpréta-

1. Dans la perspective d'Ibn 'Arabî et de son école, « l'Unité *(aḥadiyya)* est le nom de l'Essence excluant la multiplicité des Attributs, des Noms, des Relations ontologiques et des Autodéterminations principielles ». Qashânî, in *Içtilâḥât al-Çufiyya*, Beyrouth, 1981, page 25.

L'Unicité *(waḥîdiyya)*, de la même manière, est le nom de l'Essence qui exprime la multiplicité des Attributs sans que ceux-ci soient envisagés dans la Manifestation universelle.

tion, à l'allusion *(îmâ')*, à la suggestion *(ishâra)* et à la disposition *(ta'dâd)* de ce qui se manifeste pendant les pleurs. Je parle de cet état tel qu'il est en soi.

L'émotion nous imprégna, ainsi que l'a dit Ibn Zahr :

Le désir ardent est cause de peine entre nous deux,
De lui à moi et de moi à lui !

Pendant qu'avec elle je conversais, dans la tristesse *(ḥazan)* et non dans la joie *(surûr)*, car la tristesse résulte d'une absence ou manque *(faqd)* et non d'une présence *(wujûd)*.

(5) Le feu de l'incitation au désir *(ishtiyâq)* ***me consumait*** sous l'effet de l'amour pour les subtilités des sciences acquises, c'est-à-dire des sciences analytiques *('ulûm kasbiyya wa hiya 'ulûm al-tafçîl)*. Pour cette raison, ***le sable*** est mis en relation avec ***'Alij*** qui est une expression signifiant cure ou traitement *(mu'âlaja)* par référence [indirecte] à ce verset coranique : « *Et si eux s'étaient conformés à la Thora et à l'Évangile ainsi qu'à ce qui est descendu vers eux de la part de leur Seigneur* » (*Coran* 5/66). Il est donc question de l'application *(mu'âlaja)* aux actes qui est une recherche d'acquisition *(takassub)*. Dans ce verset, Dieu poursuit ainsi : « *Ils auraient mangé de dessus eux et de dessous leurs pieds* » (*Coran* 5/66). Dieu fait allusion à ces connaissances : ce qui est « *au-dessus d'eux* » est comparable aux sciences symbolisées par la pluie ou aux lieux de contemplation par l'éclair, à l'entretien intime par le tonnerre ; ou encore à l'extinction provoquée par les brûlures sur les yeux voilés sous l'effet des feux de la foudre *(çawâ'iq)*. Ce qui est « *au-dessous d'eux* » est composé de sable et de caillasse

ainsi que du sol terrestre qui les supporte et des belles choses qu'il laisse éclore. Toute science de cet ordre doit être fondée sur un symbolisme que Dieu propose dans les données de la Révélation.

À l'endroit où les tentes sont plantées se trouvent les belles, symbole des voiles, de la jalousie et de la véracité.

Là où se tiennent les belles aux grands yeux noirs, c'est-à-dire ce que recèlent les tentes et ce que les sciences contiennent, chacune de ces sciences ayant une tente correspondante. Qu'elle soit conque *(çadaf)*, c'est un joyau de perles précieuses *(jawhar)* ! Qu'elle soit pavillon *(khayma)*, c'est une perle rare non percée *('adhrâ')* ! Les êtres ainsi concernés sont décrits dans les vers qui vont suivre.

(6) De chacune de leurs œillades hardies, ou encore des sciences qui surviennent aux êtres en retraite *(açḥâb al-khalawât)* pendant laquelle elles les tuent, les éteignant à leur essence individuelle par le pouvoir et la fascination qu'elles exercent sur eux. Car pendant la retraite la hardiesse spontanée du regard tue.

Naissent des états langoureux, en eux qui sont en retraite, du fait de ces œillades. Car la maladie ou ***langueur*** *(maraḍ)* est inclination ou rupture d'équilibre *(mayl)* et elle est alors mise en rapport avec les œillades qui engendrent la contemplation. Il faut entendre que celles-ci symbolisent les sciences, fruits de la contemplation et du dévoilement et non les sciences provenant de la Foi et du Mystère. Toutefois ces sciences sont conformées à partir des théophanies.

Aussi est-il ajouté : ***pour les sabres effilés de leurs clins d'œil,*** par analogie avec les fourreaux de ces sabres *(jufûn al-sayf)*. La hardiesse des œillades ainsi décrites est l'instrument du meurtre, celles-ci étant assimilées au sabre.

(7) Il est fait allusion à la condition du recouvrement *(sitr)* et de l'occultation *(kitmân)* qui est celle des gens du blâme *(malâmatiyya)*[1], eux qui se manifestent dans l'endroit où ils se trouvent selon les habitudes locales *(mawâṭin)*, eux les initiés accomplis *(rijâl)* de cette Voie.

De qui me blâme : les **blâmeurs** *('udhdhâl)* sont ceux qui désapprouvent les états des familiers de cette Voie car ils méconnaissent la beauté de ceux qui en sont éperdument épris d'amour. En effet, la beauté leur est cachée et la foi n'est pas en eux, car celle-ci se déploie, dans le cœur de celui des serviteurs que Dieu a choisi volontairement, par une des modalités de connaissance, de sorte que cette manifestation sur leur cœur les rend fous d'amour. Les épreuves difficiles qui les frappent, arrêtées par le Destin, leur sont rendues faciles. La raison qui les soustrait à un juste équilibre *('udûl)* est la jalousie *(ghayra)* (divine) qui empêche d'exposer le bien-aimé aux critiques afin que le blâmeur ne côtoie que celui qui mérite la considération parce qu'un tel voisinage ne peut convenir à son excellence. Un tel être se comporte de la sorte pour préserver l'Aimé, mais aussi par préférence *(îthâr)* et non par contrariété, à cause du blâme qui pourrait se retourner contre lui. Il trouve du bonheur auprès de ceux qui sont attentifs à la mention de son Bien-Aimé, mais il déteste entendre les propos qui ne conviennent pas à la Majesté sanctissime de Dieu. Cette remarque

1. Sur les « gens du Blâme », voir Sulamî, *La Lucidité implacable, Épître des Hommes du Blâme*, traduit de l'arabe et présenté par Roger Deladrière, Paris, Éditions Arléa, 1991.

est illustrée par ce verset : *« Ils n'ont pas estimé Dieu comme l'exige Sa Valeur »* (*Coran* 6/91).

(8) Quand la sollicitude divine s'est emparée de quelqu'un, familier de cette station, et qu'on le détourne de ces lieux de contemplation *(manâzhir)* qui se manifestaient à lui, et qu'il les considère maintenant en un état d'accablement *(fatra)*, ou encore lorsqu'il en reçoit une inspiration divine comportant une sagesse prépondérante qu'il ne peut supporter, cette séparation *(firâq)* lui fait apparaître la douceur du désir et de la passion amoureuse que ces situations recelaient. Ce phénomène s'empara de Abû Yazîd (al-Bisṭâmî) lorsque Dieu lui dit : « Vas vers Mes créatures avec Mes Attributs ! » Dès qu'il eut fait un pas et que le voile [de la séparation] s'imposa à lui, il fut foudroyé. Dieu cria alors : « Ramenez-Moi Mon bien-aimé, car il n'aura pas de patience loin de Moi ! »

Le corbeau *(ghurâb)* [dont l'étymologie signifie éloignement] demeure la cause obligée de la séparation. Son graillement ou croassement est la conséquence [sonore] de la contemplation face à face lors de l'audition de la Parole du « *Sois !* » *(kun)* existentiateur.

Ce vers comporte encore d'autres significations [que nous n'avons pas exposées ici].

(9) Dans ce vers, il ne s'agit ni de spatialisation ni de conditionnement par l'orientation ; aussi le retour d'un voyage à l'autre s'effectue de cette manière [en perpétuel déplacement]. C'est pour cette raison qu'il est précisé : ***De nuit, sans trêve, ils voyagèrent,*** c'est dire qu'ils revinrent d'un voyage vers un autre, comme il est relaté dans une nouvelle prophétique au sujet des quatre rencontres de rois qui s'opérèrent à partir des

quatre directions de l'espace, chacun d'eux affirmant qu'il venait de la part du Vrai. Le verset coranique suivant s'applique à cette situation : « *Et Lui est avec vous où que vous vous trouviez* » (*Coran* 57/4). Le Voyage de nuit *(isrâ')* et le Transfert ou Déplacement *(tanaqqul)* s'effectuent d'un Nom divin à un autre, ainsi que Dieu dit : « *Le Jour où Nous rassemblerons, en délégation, les pieux craignants qui se gardent, vers le Tout-Irradiant-d'Amour (Raḥmân)* » (*Coran* 19/85). Le pieux craignant qui se garde *(muttaqî)* est celui qui est en présence des Noms divins coraniques : « *l'Intense dans la saisie, le Prompt dans la Reddition des comptes, le Fort* ». Aussi, sa concentration ou rassemblement *(ḥashra)* le conduit jusqu'au Tout-Irradiant-d'Amour, dans l'endroit de la sécurité *(amn)*, contre ce dont il doit se protéger par crainte et contre ce dont il doit se garder sous l'égide du Nom « *al-Raḥmân* » qui englobe toute chose.

Arrachant les anneaux des narines des chameaux, à cause de la puissance de leur démarche. L'anneau en question se met au nez du chameau *(ba'îr)* que l'on fend pour pouvoir le diriger. On dit que par la puissance attractive *(jadhb)* de la démarche « les anneaux sont rompus », ou encore que « le naseau est fendu ». Le voyage dont il s'agit concerne les montures des actes. L'anneau est « *l'anse fiable* » (cf. *Coran* 2/256 et 31/22) qui ne doit pas se briser. C'est celui qui fend le nez et qui ne se rompt point. Sa caractéristique est d'être placé plus bas que la litière et de soulager des charges, des efforts intenses et des actes pénibles.

Ils ne cessaient de geindre et de se douloir, tel le bruit produit par les soupirs et la compassion du cœur, tel aussi le râle qu'on entend venir de la poitrine au moment de la récitation du Coran *(tilâwa)* et de l'invocation *(dhikr)*. Dieu dit de cette disposition : « *Si Nous* *faisions descendre ce Coran sur une montagne, tu la verrais humble, fissurée par la crainte redoutable de Dieu...* » (*Coran* 59/21).

Ces qualificatifs sont donnés aux chameaux du fait que ceux-ci sont accablés par le poids de ces inspirations changeantes, car le râle est poussé seulement à cause du manque de force et le gémissement, tel le bruit que fait l'arc qui se détend, est mélopée, comme l'est l'accord harmonieux de la voix du héraut ou du chamelier pour celui qui sait entendre.

(10) Lorsque je fus sollicité de retourner au monde de la génération après l'intimité que j'avais goûtée sous l'effet de cette Essence sainte *('ayn muqaddasa)* et de cette Présence contemplative sanctissime incomparable *(shuhûd aqdas aḥadî)*, je ressentis une douleur due à un état de proximité résultant du monde de l'analogie *(tashbîh)*.

Cette souffrance est comparable à celle que l'être épris d'amour ressent lorsque la mort se présente ou encore au moment de la séparation des choses habituelles avec lesquelles il se sentait en intimité. Il ne subit donc aucun dommage plus grand que celui engendré par la mort affectant l'individu qui n'aime ni la séparation ni la perception des causes de la mort qui sont des affres et des abîmes plus considérables que la mort elle-même ! Car la mort n'est pas ressentie lorsque la personne qui perçoit ne subsiste plus.

Dans cette situation [qui a été la mienne], l'analogie s'applique aux circonstances de la mort et non à la mort elle-même. Cet être [en état de réalisation descendante] est alors contraint de retourner au monde des êtres générés et c'est pour cette raison qu'il est précisé : ***ils relâchaient la bride***. Il est amené à dire : « Je ne trouve nul appui dans ces raisons de la mort, celle-ci vient seulement à moi et moi je ne puis retourner à mon essence individuelle ». Il n'est donc pas dit : J'ai relâché ma bride mais bien ***ils relâchaient la bride***[1].

(11) La peine d'amour ou l'emprise affectueuse *(gharâm)* a un pouvoir décisif en matière d'amour. L'exténuation *(nuḥûl)*, la violence amoureuse *(haymân)*, les larmes, la soif ardente *(ghalîl)*, les gémissements, les infirmités te déciment ainsi que toutes sortes de peines que cette emprise d'amour provoque nécessairement. Alors, la séparation vient s'ajouter à toutes ces dispositions, elle qui entraîne la cessation de la contemplation du bien-aimé par le retour vers sa condition d'être généré. Il en est en ce domaine comme le Prophète – sur lui la grâce et la Paix de Dieu – a dit : « Aucun des prophètes n'a été éprouvé plus que moi. » Il est fait allusion ici à la condition qui était la sienne [au moment du Voyage et de l'Ascension nocturnes], pendant la vision [de l'Aimé] et à son retour, lorsqu'il fut l'objet des diatribes de Abû Jahl et Abû Lahab. Il conjoignit alors les peines d'amour à celles de la séparation *(bayn)*.

Pour toutes ces raisons, il est dit que ***la peine d'amour cause ma ruine***. Si ces peines d'amour exis-

1. Ces derniers vers décrivent certains aspects du processus de Réalisation descendante d'un spirituel, tel qu'Ibn 'Arabî lui-même, qui, éteint en Dieu, revient vers les créatures, par Ordre de Dieu, investi par Lui d'une fonction et nanti de certaines qualités pour l'accomplir.

Ibn 'Arabî a traité de cette question dans *ses Futûḥât al-Makkiyya*, chapitre 45 : « Sur celui qui revient et Celui qui le fait revenir », traduction et annotation de Michel Vâlsan, in *Études traditionnelles*, 1953, n° 307.

tent, coexistent aussi celles de l'amour que l'emprise affectueuse produit malgré la rencontre [avec l'aimé]. Or, cela est une sorte de présence dans laquelle l'extinction n'est guère possible. Il ressent nettement la brûlure de l'incitation au désir intense malgré la rencontre. Mais cette brûlure amoureuse est activée par la séparation *(mufâraqa)*. Il convient alors au gnostique de ne s'immobiliser qu'avec l'Essence *(dhât)* et non pas d'être épris d'un seul Nom divin, car en tout état, la séparation d'avec un Nom divin entraîne l'attachement à un autre Nom divin.

(12) Toutes les aspirations, toutes les volitions *(irâdât)* et toutes les orientations *(tawajjuhât)* s'attachent à elle la bien-aimée, et émanent de tous ceux qui la recherchent du fait qu'elle est méconnue en son essence *('ayn)* auprès d'eux et sans caractère distinctif. C'est pour cela que tout être s'éprend d'elle et que personne ne blâme la passion qu'on a pour elle. De même est-il enseigné que le salut *(najâ')* est recherché par toute âme et par les affiliés *(ahl)* de toute religion *(milla)*. Il est donc aimé de tous, même si, ignorants en quoi il consiste, ils ne connaissent pas la voie qui y mène.

Tout être d'obédience doctrinale *(naḥla)* et d'appartenance religieuse *(milla)* s'imagine qu'il est sur la voie qui conduit à l'union. Le dénigrement *(qadḥ)* qui apparaît entre les représentants des religions et des obédiences n'existe qu'en fonction des voies qu'ils suivent pour parvenir au but et non en fonction du but lui-même. Si celui qui se trompe savait qu'il s'agissait d'une mauvaise voie il ne s'y tiendrait point !

Aussi est-il précisé : ***Non, personne n'ose me blâmer pour la passion que je lui montre. Ô combien l'on s'éprend d'elle, pour sa beauté quand elle paraît,***

là où il trouve pour elle un endroit dans lequel il peut la rendre présente. Or, les amants « *sont frères* » et « *se tiennent sur des trônes face à face par affinité, après avoir ôté toute haine de leurs poitrines* » (*Coran* 15/47). Et du fait qu'elle apparaît aussi évidente que le soleil dans sa plénitude, chacun voit qu'il est uniquement concerné par elle, elle qui est, par son essence, avec ceux qui la contemplent. La jalousie et l'envie à son endroit dès lors s'écartent de leur cœur.

Par exemple, tout être en prière rituelle s'entretient intimement avec son Seigneur, plein de ferveur. Mais il en va autrement de la présence immédiate [d'une personne] qui disparaît pour un individu lorsqu'elle se manifeste à un autre. La jalousie s'installe alors entre eux à son sujet et les réprobateurs s'affairent contre ceux qui la désirent par leur savoir *(ma'rifa)* et par leur ruse *(makr)* : par leur ruse d'abord vis-à-vis d'un autre être aimé pour qu'elle y renonce, de sorte que cette attitude exerce un pouvoir sur lui ; par leur savoir ensuite du fait qu'elle s'attache à un seul être dont elle discerne bien le cas.

14
Message du vent

(1) À l'est il vit briller l'éclair
Et soupira vers l'orient.
Si l'éclair avait lui à l'ouest,
Vers l'occident son soupir se serait exhalé.

(2) Certes, ma passion m'oriente
Vers l'éclair et sa lueur.
Et non vers les sites éminents
Ni vers une demeure terrestre.

(3) De leur part, le vent d'orient lui transmit
Une nouvelle dont l'origine remonte
De la dispersion à ma nostalgie,
De la tristesse à mon affliction,

(4) De l'ivresse à ma raison,
Du désir à ma passion,
Des larmes à mes paupières,
Et du feu à mon cœur :

(5) « Celui qui te désire, dit le vent,
Au fond de ton cœur se trouve.

Les souffles le font osciller
D'un côté à un autre. »

(6) Je dis alors au vent d'orient :
« Va porter ceci à l'amoureux,
Oui, c'est lui l'allumeur du feu,
Ce feu qui pénètre mon cœur. »

(7) Si l'on pouvait l'éteindre,
Perpétuelle serait l'union.
Si embrasé il pouvait être,
L'amant jamais ne pécherait !

COMMENTAIRE

VISION ET THÉOPHANIE DANS LES FORMES

(1) À l'est il vit briller l'éclair… Il s'agit ici de la Vision de Dieu le Réel *(ru'yat al-Ḥaqq)* dans les créatures et de la théophanie dans les formes. Cette disposition arrive à produire l'attachement *(ta'alluq)* aux êtres générés *(akwân)* étant donné que la théophanie apparaît en eux, car ***l'orient*** (*sharq* ou levant) est l'endroit de l'apparition existentielle *(mawḍi' kawnî)*. Si la théophanie de l'Ipséité *(Huwiyya)*, qui est symbolisée par ***l'occident*** *(maghrib* = couchant ou lieu de la disparition), s'était portée sur les cœurs, cet amoureux aurait soupiré vers le monde de la Transcendance pure *(tanzîh)* et du Mystère *(ghayb)* ; là il aurait contemplé également un lieu théophanique [mais] en une théophanie qui transcende, sans commune mesure, celle des formes apparaissant à l'horizon oriental. Son soupir compatissant vers les Demeures *(mawâṭin)* théophaniques dure à jamais, mais en tant que ces Demeures concernent la théophanie et non en tant qu'elles sont des demeures. Tout cela est explicité dans le vers suivant.

(2) Certes, ma passion ou emprise d'amour *(gharâm)*, mon affection violente et mon attachement se produisent sous l'effet de la théophanie qui est illumination ou ***lueur*** (*lamḥ* ou encore coup d'œil brillant, suivant l'étymologie de ce terme). Ce qui se manifeste *(mutajallî)*, l'éclair, ne provient de mon amour pour Celui qui se « théophanise » à travers lui que par voie de conséquence *(ḥukm al-tab'iyya)*, à l'exemple de l'engouement *(tawallu')* pour les Haltes *(manâzil)* des amoureux, mais en tant seulement qu'elles sont des Haltes pour eux et non en tant que haltes en soi.

Par ***sites éminents*** *(amâkin)*, il faut entendre la demeure *(mawṭin)* occidentale et par ***demeure terrestre*** [*ṭurb*, litt. terre fine] la demeure naturelle formelle *(mawṭin ṭabî'î çûrî)*. En effet, il est mentionné l'orient et l'occident étant donné que l'orient représente le monde sensible et présent *('âlam al-ḥiss wa al-shahâda)* dont la terre fine est le symbole, et que l'occident décrit le monde du Mystère et de la Royauté céleste *('âlam al-ghayb wa al-malakût)*. Pour cette raison, nous avons employé le terme *amâkin* (pluriel de *makân*) : ***sites*** ou lieux, qui est un vocable comportant une signification plus générale, car toute terre *(ṭurb)* est un lieu alors que tout lieu n'est pas terre. Dieu dit à propos d'Idris : « *Nous l'avons élevé en un lieu* (makân) *sublime* » (*Coran* 19/57), qui sort du domaine des Éléments *('anâçir)* puisque Idris se trouve dans le quatrième ciel. Aussi le nom « lieu » peut être employé valablement.

(3) Ce vent vient de ***l'est*** *(çabâ)* et c'est à l'orient que se trouve son soupirant aimé *(ḥanîn)*, car de l'est brille pour lui l'éclair théophanique qui se produit dans le monde des formes dans l'intérieur desquelles se situe la recherche du gnostique, lieu de disparition intériorisé en elles, suggéré par ces paroles : ***et s'il avait lui à l'ouest.***

Le monde des souffles *('âlam al-anfâs)* est le zéphyr oriental qui me transmet la science de la passion amoureuse que ces formes intériorisent pendant leur théophanie, comme une ***nouvelle*** *(ḥadîth)* qui se transmet depuis son ***origine,*** ou comme on dit d'une tradition qu'on tient d'Untel et remontant à Untel. Ici, il est mentionné successivement la chaîne des transmetteurs *(asnâd)* qui sont les rapporteurs *(ruwâ)* par lesquels cette théophanie occidentale assure valablement la transmission d'une science *('ilm)*, de même que la théophanie orientale transmet un état spirituel *(ḥâl)*.

Par ***dont l'origine remonte de la dispersion*** *(baththh)*, il faut entendre les aspirations *(humûm)* qui se diversifient en fonction des formes nombreuses dans lesquelles la théophanie apparaît. Pour cette raison, il aspire à chaque forme et c'est à cause de cela que ce vers mentionne : ***De la dispersion à ma nostalgie*** *(wajdî)*, état qu'on ressent avec nostalgie *(yajidu)* sous l'effet de ces aspirations qui représentent pour moi une expérience spirituelle ou gustation *(dhawq)*. On ne me transmet pas un état autre que le mien.

Par ***la tristesse*** *(ḥuzn)*, il est question d'un amour insurmontable et très pénible, ce terme connotant l'âpreté *(wa'r)* par sa dérivation.

Mon affliction trouve son origine dans ce qu'on ressent sous l'emprise violente de la passion, de ses brûlures, des mortifications *(içṭilâm)* qu'elle impose, des soupirs qu'elle fait pousser.

(4) ***L'ivresse*** *(sukr)* est un état spirituel, le quatrième [selon la classification habituelle des spirituels], que produisent les théophanies.

Le premier est la gustation *(dhawq)*, puis dans l'ordre : la boisson *(shurb)*, la satiété *(riyy)* et l'ivresse *(sukr)*[1].

---

1. Ces termes techniques sont rapidement définis de la façon suivante par Ibn 'Arabî, dans *Futûḥât al-Makkiyya*, chapitre 73, réponse 153 au questionnaire de M. H. Tirmîdhî, ouvrage cité :

« Si tu demandes ce qu'est la gustation, nous dirons : C'est le tout début d'une épiphanie divine qui conduit au boire.

Et si tu demandes ce qu'est le boire, nous dirons : C'est l'aspect intermédiaire d'une épiphanie divine résultant d'une station qui provoque l'abreuvement assouvi ou satiété. Il provient également d'une station qui n'appelle pas la satiété, car il est possible que la complexion du "buveur" n'accepte pas la satiété.

Et si tu demandes ce qu'est la satiété, nous dirons : C'est la phase ultime de l'épiphanie divine en toute station. Ce qui est ainsi ingéré est une liqueur *(khamr)*. Il s'agit d'un breuvage qui conduit à l'ivresse.

Et si tu demandes ce qu'est l'ivresse, nous dirons : C'est une absence ou évanouissement *(ghayba)* engendrée par l'allégresse d'un événement intense et dont la conséquence est la lucidité chez les Maîtres accomplis. »

Ces définitions sur le même thème, qui s'emboîtent l'une dans l'autre, se complètent par celle-ci :

« Et si tu demandes ce qu'est la lucidité *(çaḥw)*, nous dirons : C'est le retour à la perception sensible après l'absence produit par la force de l'événement. »

Les 188 termes techniques, définis dans cette réponse 153 au questionnaire de Tirmîdhî, sont repris pour la plupart dans les commentaires de ce recueil de poésies ; l'importance de celui-ci nous oblige à limiter nos citations ou à renvoyer à des traductions ou à des études, en français de préférence, consacrées à Ibn 'Arabî ou au Soufisme en général.

L'ivresse emporte l'intelligence *('aql)* et pour cette raison elle est ici rapportée à elle car elle la gouverne, l'ivresse aliénant le contenu de l'intelligence comme celle-ci supprime le désir amoureux *(shawq)*.

C'est ce que soutiennent les sages philosophes *(ḥukamâ')* qui expriment que les intelligences sont mues par le désir, et que les âmes des sphères célestes *(nufûs al-aflâk)* ont pour motion le désir de la perfection à laquelle elles aspirent.

À ma passion *(jawâ)* : il s'agit de l'épanouissement *(infisâḥ)* de l'âme dans les stations de l'Amour séminal *(maḥabba)* maîtrisée par sa vigilance *(ḥîṭa)*, comme la continence *(inḥiçâr al-jawâ)* demeure sous l'empire de la sphère de la Lune *(qamar)*, lune qualifiée par la décroissance *(naqç)* et l'accroissement *(ziyâda)* et par la réceptivité de l'irradiation lumineuse *(qabûl al-fayḍ al-nûrî)* [de la lumière solaire]. Nous disons donc que le désir est sous l'emprise de l'âme.

La ***passion*** *(jawâ)*, qui suggère l'atmosphère *(jaww* = de racine apparentée)[1], appelle les ***larmes*** et les ***paupières*** qui expriment la passion, comme la pluie et le nuage se produisent dans l'atmosphère.

Ensuite l'élément ***feu*** *(nâr)*, qui relève de la sphère de l'Éther *(falak al-athîr)*, est mentionné car il est dit : ***du feu à mon cœur,*** allusion au souffle de l'Esprit *(rûḥ)* exhalé de la concavité du cœur.

Ces narrations ainsi transmises, sûres et confirmées, informent que le modèle de celui dont tu es fou d'amour réside entre tes côtes ou courbures *(ḍulû')* [traduit ici par « ***au fond de ton cœur*** »].

---

1. Il en est ainsi du terme *hawâ*, passion, rattaché à la racine *H W Y* qui implique les sens de tomber de haut en bas et d'air, d'atmosphère. La passion *(hawâ)* liée à ce terme est une affection de l'âme qui la fait sortir d'elle-même.

(5) Fait partie de la compassion *(shafaqa)* de l'amant à l'égard de son aimée d'assimiler sa longévité *(khuld)*. Il s'imagine que les feux des désirs qui s'emparent de lui laissent des traces dans cette ressemblance dont il tire sa longévité. Elle soupire auprès de l'être aimé par compassion afin de s'interposer entre lui et ce feu. C'est pourquoi les côtes ou parties courbées *(ḍulû', pl. aḍlû'*, terme traduit ici par ***fond de ton cœur)*** sont mentionnées du fait de l'inclination ou penchant *(inḥinâ')* qui est en elle, l'aimée, ainsi que nous l'avons exprimé dans une des poésies de ce recueil. Aussi, nous disons que celui qui évite les extrémités des parties courbes *(aṭrâf al-ḍulû')* a une tendre inclination, une flexibilité *(maḥniya)* pour le Bien-Aimé afin qu'il puisse l'embrasser, et pour éviter d'être l'objet d'un préjudice. C'est ce que nous avons voulu exprimer dans le vers suivant :

Tu n'as pas éprouvé la crainte,
Quand le feu de la douleur

S'embrasa en tes côtes (aḍla'),
En te causant une vive brûlure.

ou encore, dans ces vers :

Dépose une brûlure en mon cœur intime,
Ou laisse ton être éprouver un dommage,

Toi qui demeures en mes côtes robustes
Jette les flèches de l'œillade, ou retiens-les !

Car atteint, tu l'es avec moi
Par les traits que tu lances.

L'endroit où ils fondent est ce cœur,
Et c'est bien là que tu résides.

Par ***souffles*** *(anfâs)*, il faut entendre les élans fougueux de la crainte révérencielle engendrée par la théophanie *(saṭwât hayba al-tajallî)*. Ces élans fougueux le font osciller *(taqlîb)*, c'est-à-dire l'impressionnent en des états spirituels variés à cause de la diversité des souffles.

Le font osciller d'un côté à un autre *(janb)*, de gauche à droite et inversement – mais il n'est pas dit : de l'extérieur vers l'intérieur –, afin que les Gloires de la divine Face *(subuḥât al-Wajh)* ne le brûlent point, ni que le Voile *(ḥijâb)* ne l'anéantisse. ***Le côté*** est relaté car il s'y produit une théophanie qui ne résulte pas d'une correspondance de vis-à-vis *(muqâbala)* [qui consumerait sa face], mais plutôt d'une oscillation *(inḥirâf)* de l'être existant, étant entendu que la vision *(ru'ya)* s'effectue en fonction de la forme de l'être généré.

(6) C'est lui, l'amoureux, qui a allumé dans le cœur le feu du désir et de la nostalgie *(wajd)*. Il ne l'a allumé qu'en sachant bien qu'il est essentiellement protégé de lui, ce feu ne pouvant lui nuire. La nuisance de ce feu ne subsiste qu'en fonction du lieu *(maḥall)* [qui est ici le cœur de l'amoureux]. Aussi, il n'y a pas de péché pour l'amoureux pendant la consomption de l'endroit [le cœur] où se porte l'amour et là où réside le bien-aimé.

(7) Lorsque l'amour apporte la fraîcheur de la joie *(bard al-surûr)* et la neige de la certitude *(thalj al-yaqîn)*, le pouvoir de cette impétuosité s'estompe pour que l'être *('ayn)* subsiste, et l'union *(waçl)* avec l'aimé devient alors permanente. Si la force impétueuse de ce feu disparaît, celui qui se trouve dans cette situation ne subsiste même plus, et nul péché n'est à la charge de celui qui succombe ainsi.

Tel est le langage tenu sous l'emprise de l'état spirituel, ainsi que le Prophète – sur lui la Grâce et la Paix de Dieu – le suggérait quand il invoquait de cette manière son Seigneur, pendant la bataille de Badr [contre les polythéistes de La Mekke] : « Si cette troupe d'hommes [c'est-à-dire les musulmans de la nouvelle forme religieuse opposés à ces polythéistes] était anéantie, Tu ne serais plus adoré après ce jour ! » Or, il n'exprima ce jugement que lorsque l'état prit de l'ascendant sur lui, et Abû Bakr – que Dieu l'agrée – alors le tranquillisa.

Dieu accomplit pour toi ce qu'Il t'a promis ainsi qu'il résulte de ce qui précède, et telle est la disposition de celui que l'état subjugue. Nous disons alors que les prophètes peuvent être pareillement dominés par l'état spirituel.

15
Séparation et pitié

(1) Ils me quittèrent à al-U<u>th</u>ayl,
Ainsi qu'à an-Naqâ.
Je répandis des larmes
Déplorant la brûlure.

(2) Que mon père soit la rançon
De celui pour qui je me ronge de tristesse !
Que mon père soit la rançon
De celui pour qui je meurs de peur !

(3) Le rouge de la pudeur
Qui se lit sur ses joues
Est pareil à la clarté de l'aurore,
Rehaussant la rougeur du crépuscule.

(4) La patience, comme une tente, se démonte
Mais la tristesse comme elle se dresse.
Et moi, entre elles deux
Je demeure tout paralysé.

(5) Qui empêchera ma dispersion ?
Qui soulagera ma nostalgie ?

Guide-moi ! Qui dissipera ma tristesse ?
Et qui apaisera l'amant éperdu ?

(6) Chaque fois que je réprime
Les tourments de la passion,
Les larmes et l'insomnie
Trahissent mon ardent désir.

(7) Lorsque je m'exclamai :
« Un regard, accordez-moi ! »
On me fit cette réponse :
« La pitié seule t'est refusée ! »

(8) Un regard émanant d'eux
Ne pourrait te suffire.
Ce n'est qu'un furtif coup d'œil,
Fulgurant éclair.

(9) Je n'ai pas oublié le temps
Où le chamelier les pressait en chantant.
L'éloignement, il recherchait
Réclamant le retour à al-Abraq

(10) Les corbeaux de l'éloignement
Croassent à côté d'eux.
Que Dieu ne préserve point
Un corbeau qui croasse !

(11) Le noir corbeau de l'éloignement
Est seulement une monture
Qui, pressant la marche,
Fait voyager de nuit les amants.

COMMENTAIRE

AFFINITÉ ET ANTINOMIE ENTRE LE DOMAINE SPIRITUEL ET LE MONDE CORPOREL

(1) Lorsqu'il contempla de visu ses familiers *(julasâ')* parmi les êtres spirituels angéliques *(rûḥâniyyât malakiyya)* qui se séparent de lui en évoluant dans les vastes étendues sublimes, sans être conditionnés par un lieu du monde naturel, il ne cessa de dépendre de cet habitacle corporel *(haykal)*, contraint à le gouverner, hors des souffles qui évoluent librement dans l'immensité de ces sphères sublimes. Il se prit alors à répandre des larmes et se plaignit du désir brûlant qui habitait l'intime de son cœur *(fu'âd)*.

Al-Athil – ou ***Uthayl*** – se réfère à la racine primordiale ou origine *(açl)* naturelle de l'être, d'après l'étymologie ; et ***an-Naqâ*** à son corps, expression qui signifie : le choix le plus pur. C'est de cet aspect de la nature *(ṭabî'a)* que vient le corps humain qui est la constitution naturelle la plus équilibrée, et pour cette raison, il a reçu la forme divine, suggérée ici par ce terme ***naqâ.***

Je répandis des larmes, [car] ils me laissèrent au monde de la Nature. Je dispensai alors les connaissances attachées aux lieux de contemplations suprêmes *(manâzhir 'ulâ)* aux fils de l'espèce *(abnâ' al-jins)* qui sont empêchés de goûter à ces expériences sublimes et d'obtenir ce que les hommes véritables *(rijâl)* réalisent par la sincérité dans les états spirituels.

Déplorant la brûlure : il regrette pour eux que cette expérience *(khubr)* ne leur soit évidente. Or cette manière de faire relève de la miséricorde *(raḥma)* envers les créatures.

Dans leur démarche, l'aspiration du premier [l'homme véritable *(rijâl)*] présente plus de possibilités que celle du second [le fils de l'espèce *(abnâ' al-jins)*]. Cependant, cette dernière suit la même démarche que celle de ceux qui écoutent [un enseignement] et qui sont tributaires de l'instant *(waqt)*. Si ce vers avait été seul, le cas du second se serait trouvé vérifié mais, à cause des vers qui suivent, [on peut ainsi vérifier] que le cas du premier présente plus de possibilités. Le premier comme le second sont concernés par l'écoute avec en plus la connaissance de ce qui en résulte.

(2) Il fait serment par son père, lui qui est l'Esprit universel le plus élevé *(rûḥ kullî a'lâ)* et qui est son Père véritable et sublime *('uluwî)*, alors que sa Mère est la Nature fondamentale *(ṭabî'a sifliyya)*. Il témoigne donc d'un dévouement extrême envers ce Père qui est le Secret divin descendant sur lui et que son cœur enveloppe. Cette signification est rendue dans ce vers par le pronom relatif ***man,*** qui. L'expression ***pour qui je me ronge*** est mise en relation avec ***tristesse*** *(kamad)*.

Lui [l'amant] se tient en spiration d'amour *('ishq)* pour Lui [le Bien-Aimé] sous l'effet du Nom divin « le Beau-Totalisateur » *(Jamîl)* dans lequel Il se manifeste à lui.

En répétant ***Que mon père soit la rançon*** et en ajoutant : ***de celui pour qui je meurs de peur,*** il est fait à nouveau allusion à la station de la dissolution *(dhawabân)* causée par la mort, mais en redoutant les lumières de la crainte révérencielle *(hayba)*.

Il est précisé la dissolution et l'extinction à moi-même *(fanâ' 'an-nî)* tant par un état qui émane de moi et qui est cette spiration amoureuse *('ishq)*, que par l'impératif de cette Beauté totalisatrice suprême sous l'effet de la crainte révérencielle. C'est que la Beauté totalisatrice *(jamâl)* est redoutable, vénérée tout en étant aimable, au contraire de la Majesté *(jalâl)* qui est redoutable, vénérée mais non aimable, car elle relève de l'impétuosité de la Coercition *(qahr)*, de la Réduction *(jabarût)*, et les âmes sont disloquées par elle. Lorsque ce Secret divin, que ce noble cœur inclut, a conscience de la dissolution et de la mort qui agissent sur lui, il fait montre de pudeur car les subtilités cachées qui le faisaient subsister ne l'accompagnent plus dans leur descente.

(3) Le rouge de la pudeur *(ḥumrat al-khajla)* vient du Nom divin « Le Vivant-Pudique » *(al-Ḥayy)*, comme dans le ḥadîth suivant : « Dieu a de la pudeur *(yastaḥyî)*[1] à l'égard de Son serviteur aux cheveux blancs qui pourrait mentir à Son sujet. » Cette théophanie survient dans les formes similaires *(çuwar mithâliyya)*, ainsi qu'il est relaté dans le ḥadîth prophétique rapporté par Ikrima [b. Abû Jahl] : « J'ai vu mon Seigneur sous la forme d'un jeune homme encore imberbe, revêtu d'une parure d'or, portant sur la tête une couronne d'or et à ses pieds des sandales d'or[2]. »

---

1. La racine *Ḥ Y Y* permet cette interprétation de l'Auteur puisqu'elle signifie tout à la fois vivre et avoir de la pudeur, le rouge que celle-ci laisse voir sur les joues étant un des signes de la vie.

2. Ce ḥadîth n'est pas considéré comme authentique par les compilateurs de nouvelles prophétiques. Ibn 'Arabî le citera plusieurs fois dans son œuvre ; cf. par exemple, *Futûḥât*, I, 97, chapitre III consacré à un exposé sur l'incomparativité *(tanzîh)* et la comparativité *(tashbîh)* de Dieu, ainsi que sur la corporalisation *(tajsîm)*.

De telles nouvelles, indiquant des formes d'apparition analogues *(mushakkala)* et mentionnées par les savants, sont [confirmées] par les paroles divines suivantes : « *et en vos âmes [il y a des signes], ne regardez-vous pas* » (*Coran* 51/21). Mon maître – que Dieu lui fasse miséricorde – a tenu de tels propos. Cette forme est donc mise en correspondance avec cette pudeur *(khajla)* qui s'exprime par la couleur rouge du fait que cette entité corporelle est dotée de joues. L'analogie *(tashbîh)* est rendue ici possible par la blancheur de la face et le rose produit par la pudeur se lisant sur les joues.

La clarté de l'aurore, qui est sa blancheur, et ***la rougeur du crépuscule*** sont comme deux signes exprimant la raison qui provoque la pudeur en s'emparant de ce cœur sous l'effet de la théophanie.

(4) La patience, comme une tente, se démonte, car sa tente *(khiyâm)* est repliée pour le voyage. ***La tristesse*** survient. Il tend sa tente avec le cordage et la ***dresse***. Il dit alors : « L'impatience est prête à me gagner ainsi que la tristesse. Mais la complète opposition à l'anéantissement (*halâk* ou destruction) n'existe pas et je me trouve précipité sans pouvoir me mouvoir, succombant *(hâlik)* sous l'effet irrésistible de l'émotion enstatique *(wajd)* dans la station de l'indiscrétion *(bawḥ)*, de la divulgation *(ifshâ')* et de la renommée *(i'lân)* », et cela en raison des secrets désirables *(asrâr shawqiyya)* que ces côtes *(ḍulû')* renferment. Il dit alors : « Je suis détourné du Nom divin "le Très-Constant" *(çabûr)*, incapable que je suis de maîtriser mon émotion enstatique qui se manifeste dans toute son emprise. »

(5) Qui donc va rassembler mes énergies ou aspirations spirituelles *(humûm-î)* qui se dispersent ? Qui me donnera en héritage ce qui prend possession de moi ? Et qui soulagera mon émotion enstatique *(wajd)* ? Cela revient à dire : Qu'y a-t-il de plus sensible que les affres de l'épreuve évoluant avec les Noms et cessant avec eux par-delà l'immutabilité *(thabât)* propre à l'Essence ?

Qui dissipera ma tristesse de la difficulté [à supporter] cette condition en l'allégeant ?

Qui apaisera l'amant éperdu qui montre du penchant sans qu'il puisse trouver de stabilité ?

L'amant éperdu étreint l'adversité comme la lettre *lâm* [dans l'écriture] s'accole à la lettre *alif* [pour former l'article universel *al*, le, la les]. L'expression ***éperdu*** dans ***l'amant éperdu*** ou en « spiration amoureuse » *('ishq)* dérive d'une racine qui a donné le nom *'ashaqa*, liseron [qui s'entoure en spires autour d'un support].

Guide-moi vers celui qui m'assiste depuis la station de l'auto-différenciation *(tafarruq)* et qu'il me guide pour réaliser l'essence même de la synthèse de la synthèse *('ayn jam' al-jam')*[1] et la présence contemplative *(shuhûd)* sans pouvoir obtenir davantage car l'accroissement sous-entend une imperfection.

(6) Chaque fois que j'exprimais le désir de me tenir dans la station de la discrétion *(kitmân)* émanant de ***l'ardent désir*** *(jawâ)* et de ***l'insomnie*** *(araq)* qui me pénétraient intimement, soit je refusais de verser des larmes, soit je le faisais mais seulement par divulgation et indiscrétion. Certes, l'émotion, en amour, est plus

1. Pour la signification de cette expression technique, voir Index-glossaire.

souveraine et plus efficace que la discrétion ! Quiconque est pris de discrétion a pouvoir sur l'amour, mais celui qui divulgue son état est subjugué par le pouvoir de l'amour et devient plus fortement épris. Les vers suivants de al-Muḥibb ne te sont pas inconnus :

Par la passion, habité,
Un fou divulgua son secret.

Or, la mienne, je recelai
Et mourus d'émotion contenue.

Et lorsqu'on demanda,
Au Jour de la Résurrection,

Qui est celui que la passion a tué,
Seul alors, je m'avançai.

L'amour n'a pas dominé ce poète de la même manière que l'autre personne que le pouvoir de cet amour n'a pas quittée.

Celui qui interdit à l'amour de manifester son empire le domine et sa raison l'emporte. Or, il n'y a pas de bien dans un amour que la raison gouverne. Bien plus, les raisons (*aḥkâm* ou principes) de l'amour ne tolèrent pas de se laisser conduire par la raison *('aql)* !

(7) Ce vers fait allusion à une nouvelle du Prophète – sur lui la Grâce et la Paix de Dieu : « … Les Gloires de Sa Face, certes, consumeraient ce que Son Regard atteindrait. » Le déploiement des voiles *(irsâl al-ḥujub)* entre les Gloires et les créatures est une miséricorde pour elles et une sollicitude envers leur existence *(wujûd)*. Si tu objectais que Dieu a promis la

Vision dans la Demeure ultime, comment la permanence pourrait-elle exister en cet « Endroit », alors qu'il n'y a nulle différence entre les deux Demeures, en tant qu'elles sont toutes deux créées et possibles [et non nécessaires comme Dieu] ? Nous répondrions que si tu comprends bien le sens de la relation que les Gloires de Dieu ont avec Sa Face, tu feras une différence entre la nouvelle précitée et celle-ci : « Au Jour de la Résurrection, vous verrez, certes, votre Seigneur comme vous voyez le soleil au zénith… » À ce sujet, Dieu dit : « *Des visages brillants, en ce Jour, vers leur Seigneur regarderont* » (*Coran* 75/23). Il a donc fait dépendre du Seigneur la Vision [comme dans la citation précédente], et de la Face les brûlures. Dieu ajoute : « *Les regards ne L'atteignent pas* » (*Coran* 6/103), et il s'agit bien de la Face *(wajh)* [qui fait allusion à l'Essence divine]. Tu connais maintenant la différence existant entre ces deux nouvelles prophétiques et tu es donc à même de discerner que ton objection n'est pas fondée !

Ces significations s'appliquent également aux deux expressions citées dans ce vers : ***Un regard, accordez-moi*** et ***la pitié seule t'est refusée,*** car l'émotion enstatique *(wajd)*, le mal d'amour *(alîm al-ḥubb)* et le regard vers le bien-aimé ne font qu'ajouter émotion à son émotion et amour à son amour. C'est comme s'il demandait un accroissement à son tourment. On lui dit alors : « Nous avons pitié de toi pour tout cela. » Il n'existe pas de discernement *(tadbîr)* en amour puisqu'il est aveugle et sourd. Alors que le bien-aimé crie, on l'assiste avec bienveillance mais pas de la manière dont il l'entend lui-même.

(8) Certes, ***un regard*** n'est pas suffisant pour éprouver l'émotion enstatique *(wajd)*. Il est comparable, pour agir sur le cœur, à l'action de l'eau de la mer sur l'assoiffé. Plus il boit et plus sa soif est grande. Du fait aussi que tu es un être de nature complexe *(murakkab)*, tu gouvernes cette composition, et du fait que tu n'es pas un individu de nature simple ou incomposée *(basîṭ)*, il ne t'est pas possible d'avoir la Vision permanente régie par le principe de continuité *(bi-ḥukm al-ittiçâl)*, car il t'est demandé de garder la pleine maîtrise *(iqâma)* et l'usage *(tadbîr)* de ton corps. Il te faut donc revenir à lui tout en soulevant les voiles qui se posent entre toi et l'objet de ton désir, désir qui te fait esclave de la passion, qui te rend éperdument amoureux et qui t'agite sous l'effet même des feux de ce regard *(nazhra)* à cause de la théophanie qui s'exerce grâce au ***coup d'œil furtif*** *(lamḥ)* brillant comme ***l'éclair*** lorsqu'il luit à l'instant où un autre que ton Seigneur ne peut te contenir [pour paraphraser une nouvelle prophétique].

(9) Quand ces êtres sublimes et spirituels qui sont pour nous des familiers en Dieu L'invoquent pour Son excellence, ***le chamelier les pressait en chantant*** de retourner à Dieu en L'invoquant, ainsi que le dit le Prophète : « Des anges se succèdent auprès de vous la nuit et des anges le jour. Ceux qui passèrent la nuit auprès de vous reviennent alors et Dieu leur demande – bien qu'Il soit infiniment savant : "Comment avez-vous laissé Mes serviteurs ?" Et eux de répondre : "Nous les avons laissés en train de prier et nous sommes arrivés à eux alors qu'ils priaient !" aux temps réservés aux prières du matin et de l'après-midi. »

C'est l'éloignement *(bayn)* ***qu'il recherchait,*** car ce chantre-chamelier *(ḥâdî)* qui les ***pressait*** sollicitait la séparation *(firâq)* et l'éloignement *(bu'd)* du monde généré *(kawn)*, à cause de ces êtres spirituels. On exprime cette notion à l'aide du vocable ***bayn*** (éloignement) et pas d'un autre, car ce terme, en arabe, qui entre dans la notion d'opposés *(aḍdâd)*, implique tout à la fois les sens de séparation *(firâq)* et de réunion *(ittiçâl)*. Tel est bien ce qui est voulu ici. On ne trouvera pas ce double sens dans un autre vocable que ***bayn***.

Réclamant le retour à al-Abraq puisqu'il désirait être près d'eux dans le lieu où la contemplation de Dieu le Réel les prend, et ce nom de ***Abraq*** est énoncé en vertu de l'analogie que la contemplation essentielle présente avec l'éclair *(barq)* à cause de sa lumière et de la rapidité de son évanescence. Il est donc fait allusion aussi bien au lieu et à la présence *(ḥaḍra)* en lesquels la lumière apparaît après la contemplation à ***al-Abraq,*** c'est-à-dire en ce lieu où l'éclair *(barq)* se manifeste.

(10) On indique ici ***les corbeaux de l'éloignement*** *(bayn)* des réalités créées, depuis le retour avec eux jusqu'à ***al-Abraq***. Ils symbolisent les considérations *(mulâḥazhât)* sur l'existence naturelle *(wujûdi-hi al-ṭabî'î)* [de l'amoureux] qui l'oblige à la régir *(tadbîr)* et à se conformer à son économie *(siyâsa)*. Or, lui [l'amant], augure mal de son pouvoir *(mulk)* et souhaite le transfert de la station de la maîtrise *(mulk)* à la station de la servitude adorative *('ubûdiyya)* qui est subordonnée à la Réalité du Possesseur de l'Autorité (*malik al-mulk*, cf. *Coran* 3/26). C'est alors qu'il se prend à appeler tous ceux qui sont la cause de sa séparation d'avec Ses bien-aimés, eux qui l'assistent en proportion de son aspiration quand il prend du retard sur eux au moment où ils s'éloignent de lui peu à peu.

(11) Le corbeau de l'éloignement n'est pas seulement un volatile qui voltige près des amoureux, il est aussi leur monture qui les transporte loin de nous. Ce sont donc ces ***corbeaux de l'éloignement*** qui se trouvent parmi les meilleures montures, comme le sont les chameaux et d'autres montures semblables, et comme le sont aussi les aspirations subtiles, qui font voyager le serviteur de réalisation spirituelle *(muḥaqiqq)* loin du lieu familier de son existence *(mawṭin wujûdi-hi)* pour lui permettre de se rapprocher de la présence contemplative. Si tu avais contemplé *de visu* l'opération *(sayr)* des subtilités de la nature humaine *(laṭâ'if insâniyya)* selon les aspirations les mieux disposées qui pénètrent les Pavillons des Mystères *(sarâdiqât al-ghuyûb)* et annihilent les lieux de refuge de l'être existant *(mafâzât al-kiyân)*, tu aurais vu des merveilles ! Pour cette raison, le gnostique a dit : « Les aspirations spirituelles sont faites pour l'union *(wuçûl)* », car par elles on s'unit au Désiré et leur opération s'achève au degré *(makâna)* dans lequel le nom se résorbe et où les traces se dissipent.

16
Promesse de jeune fille

(1) Sur les chamelles agiles elles déposèrent
Des baldaquins ouvragés
Et leur confièrent
Statues de marbre et pleines lunes.

(2) À mon cœur elles promirent
Intimement de revenir.
Mais promesse de jeune fille
N'est-elle point illusion ?

(3) Elle salua pour l'adieu
De ses doigts teintés de henné.
Elle laissa couler des larmes
Qui, du désir, avivèrent la brûlure.

(4) Quand elle s'en retourna,
Elle se proposa
De se diriger vers le palais de Khawarnaq,
Et vers les terres de Sadîr.

(5) Je m'exclamai : Perdition !
Sur les traces qu'ils laissèrent.

Elle répondit alors :
« Est-ce à la perte que tu appelles ? »

(6) Tu ne l'appelles pas
Une seule fois
Certes non ! mais appelle
Maintes fois à la perdition !

(7) Ô colombe des bois de Arak,
Fais montre d'un peu de pitié !
Car l'éloignement
Multiplie tes roucoulades.

(8) Tes plaintives roucoulades,
Ô ma colombe,
Excitent l'objet du désir
Et font s'agiter les jaloux !

(9) Elles dissolvent l'intime du cœur
Et provoquent l'insomnie,
Redoublant nos désirs
Et nos profonds soupirs.

(10) Le trépas est là planant
Devant les pleurs de la colombe.
Il demande alors à la mort
L'octroi d'un modique sursis.

(11) Il se peut qu'un souffle
Venant du zéphyr de Ḥâjir
Achemine vers nous
Un nuage porteur de pluie.

(12) C'est par lui que tu abreuves
Les âmes encore assoiffées,
Mais tes nuages de traîne
Ne font qu'accélérer la fuite.

(13) Ô toi qui guettes l'étoile,
Sois pour moi le commensal !
Ô toi qui surveilles l'éclair
Sois mon confident de nuit !

(14) Ô dormeur dans la nuit,
Du sommeil tu tires ton profit !
Et avant que le trépas n'arrive
Tu hantes les tombeaux !

(15) Si de la belle et pure jeune fille
Tu étais tombé amoureux,
Tu aurais reçu d'elle
Joie et félicité.

(16) Tu enivres la belle
Du nectar de l'intimité.
Aux soleils tu te confies.
Tu charmes aussi les nuits de pleines lunes.

COMMENTAIRE

INACCESSIBILITÉ DE L'ESSENCE
PRÉSENCE DIVINE SYNTHÉTIQUE
TRANSCENDANCE ET IMMANENCE

(1) Les chamelles agiles *(ya'malât)* sur lesquelles on agit *(yu'malu)* font allusion aux facultés humaines auxquelles sont imposées les œuvres spirituelles et sensibles et par lesquelles se réalisent les œuvres requises.

Par ***baldaquins*** *(khudûr)* il faut comprendre les œuvres auxquelles les êtres humains sont assujettis. Mention est faite des ***baldaquins,*** car ces lieux rassemblent des secrets émanant des sciences *('ulûm)* et des connaissances *(ma'ârif)* liées aux actes divinement imposés, comme ces dais contiennent les belles damoiselles comparées aux ***statues de marbre*** *(dumâ)* à cause de leur forme parfaite, et aux ***pleines lunes*** *(budûr)* en raison de leur perfection et de leur élévation. Les connaissances sont obtenues en fonction de leur correspondance avec celui qui les reçoit, car elles se diversifient selon ce qu'il veut d'elles ; cette affinité suggérant qu'il existe bien une correspondance subtile *(munâsaba laṭîfa)* d'un certain ordre en vertu d'une signification cachée *(dalâla ghaybiyya)*. Il en est comme Dieu dit : « *Dieu est la Lumière des Cieux et de la Terre. Le Symbole de Sa Lumière est comme une Niche dans laquelle est un Flambeau. Le Flambeau est dans un Cristal et le Cristal est comme s'il était un Astre à l'éclat de perle. Il est allumé d'un Arbre béni, un Olivier ni d'Orient ni d'Occident et dont l'Huile est sur le point de briller, même sans qu'un Feu la touche. Lumière sur Lumière, Dieu guide vers*

Sa Lumière qui Il veut. Dieu propose des paraboles aux êtres humains. Dieu est omniscient au sujet de toute chose » (*Coran* 24/35). Il faut que le Cristal *(zujâja)* soit un corps pur, transparent *(çâfî)* et diaphane *(shaffâf)*, et que l'Huile *(zayt)* symbolise l'équilibre *(i'tidâl)* qu'elle seule peut affecter. Or, on connaît *('ilm)* par cette analogie *(tashbîh)* de quelle lumière il s'agit. Il en est de même de toutes les choses que le gnostique veut comprendre. Il convient que celui qui réfléchit réalise bien cela et le considère attentivement en faisant un effort, sans se laisser entraîner par une opinion *(ra'î)* qui pourrait paraître évidente. En effet, l'empressement en ce domaine constitue une faute, sauf quand cet être qui réfléchit peut effectivement maîtriser *(sulṭân)*, en toute chose, la première intrusion subtile ou suggestion *(khâṭir)* dont il prend conscience. Il s'y arrête alors et cela même qui lui est donné constitue bien l'objet de sa démarche sans aucun doute, et en conséquence, il ne peut plus commettre d'erreur.

(2) Dans ce vers, avertissement est donné sur ces connaissances qui viennent d'être décrites et qui impliquent une ruse cachée *(makr khafî)*. L'expression utilisée : ***Mais promesse de jeune fille n'est-elle point illusion*** met en garde contre cette éventualité pour tranquilliser le gnostique au moment du retour de ces connaissances, ou d'autres semblables, sur lui, simplement à cause de cette promesse. Il peut arriver que cela le conduise à un manque de disponibilité *(isti'dâd)*, attitude à cause de laquelle Dieu ne tient pas Sa Promesse de lui envoyer ces connaissances. Il fait alors partie de ceux qui suivent leurs passions *(shahawât)* et qui prêtent des caprices *(amânî)* à Dieu. Le gnostique ne doit pas se relâcher mais se bien com-

porter selon la bonne disposition exigée pour la demande d'accroissement (de science) qu'il sollicite, ainsi que Dieu le dit de Son Prophète (Muḥammad) – sur lui la Grâce et la Paix : « *Et dis ! Mon Seigneur, accorde-moi un surcroît de science* » (*Coran* 20/114).

(3) Cette subtilité divine *(nukta ilâhiyya)*, que nous venons d'évoquer, entre dans le domaine du possible *(mumkin)*. Ces connaissances s'obtiennent seulement par voie d'acquisition *(iktisâb)* et ne relèvent pas de la pure gratuité *(wahb)* ; aussi par rapport à elles, le comportement existentiel *(ta'ammul kawnî)* produit l'altération *(taghayyur)*, d'où l'allusion à la couleur du ***henné***.

L'extrémité charnue de ses doigts est une manière d'exprimer la reconnaissance de l'Unicité [divine] *(tawḥîd)* entachée d'association *(ishtirâk)*. Mais malgré tout cela, que cette réalité subtile prenne possession de son cœur est plus excellent que sa séparation, car elle préserve le gnostique aussi longtemps qu'elle demeure avec lui. En conséquence, le gnostique ressent la douleur de la séparation *(firâq)* au moment des adieux et du départ de cette subtilité [ou de la bien-aimée]. Il pleure donc et le feu de l'incitation au désir *(ishtiyâq)* qu'il ressent pour elle le brûle. C'est ce qui ressort de l'expression : ***elle laissa couler des larmes,*** car cette subtilité développe dans le cœur des sciences relevant de la contemplation qui affectent celui-ci par incitation au désir intense et arrachement *(içṭilâm)*.

(4) Il s'agit du retour de cette réalité subtile divine vers l'Origine *(açl)* d'où elle a été envoyée et du voisinage *(çadad)* dont elle provient.

Le terme ***Khawarnaq*** désigne un château dans la région de Koufa, et celui de ***Sadîr*** une contrée.

(5) Je m'exclamai : Perdition ! ou ruine *(halâk)* sur le monde du conditionnement et de la composition *('âlam al-taqyîd wa al-tarkîb)*, qui est ma demeure que je quitte pour approcher intimement *(istiçḥâb)* ces sciences divines et ces secrets sublimes, théâtre permanent de la contemplation du monde incomposé.

Elle répondit alors : Est-ce à la perte *(thubûr)* ***que tu appelles ?*** Elle s'adresse à lui de cette façon : « Ô être voilé ! Pourquoi ne vois-tu pas la Face de Dieu le Réel en chaque chose, dans une ténèbre *(zhulma)* comme dans une lumière *(nûr)*, dans le composé comme dans le simple, dans le subtil comme dans le grossier, afin que tu ne ressentes plus la douleur de la séparation, et que l'objet même du désir disparaisse de toi en toute chose. Alors et nécessairement, tu as appelé à la perte du monde de la composition par ce voile qui se pose sur toi. »

(6) Tu ne l'appelles pas une seule fois mais maintes fois. Certes non ! mais appelle maintes fois à la perdition (cf. *Coran* 25/15), car cette attitude ne concerne pas cette seule station à cause de ce qui reste caché de l'Ordre universel *(amr kullî)* qui se propage dans toutes les réalités existenciées *(mawjûdât)* ; cette disposition, au contraire, intéresse toute station où l'on se tient. Il te faut donc te séparer de celle-ci et faire abstraction de la Forme *(çûra)* de Dieu le Réel qui s'y trouve. De plus, il ne t'est pas possible d'échapper à la douleur et tu t'imagines que Dieu se sépare de toi alors qu'il n'en est rien. Il s'agit seulement de ta fixation sur toi-même *(wuqûfu-ka ma'a-ka)*[1] qui te voile

1. Nous pensons avec Nicholson qu'il faut lire *wuqûfu-ka* et non pas *wuqûfu-hâ*.

à ce que nous venons d'exprimer. Pour cette raison ***appelle maintes fois à la perdition***. La répétition [de cet appel] est envisagée sous le rapport du nombre à cause de la multiplicité des stations et des réalités conditionnées qui s'y présentent.

(7) Dans ce vers, il est question des interventions qui sanctifient et donnent la satisfaction *(wâridât al-taqdîs wa al-riḍâ)*, et cela transparaît pour certaines interventions d'ordre contemplatif *(wâridât al-mushâhadât)*[1].

Le ***arak*** est un arbuste qui sert à se purifier les dents et les gencives.

Fais montre d'un peu de pitié avec moi, ô intervention qui sanctifie ! car le lieu imparfait ne permet pas de recevoir la purification *(ṭahâra)* qui ne peut s'obtenir que progressivement *(istidrâj)*. Pour cette raison, la satisfaction du Seigneur est à mettre en rapport avec l'embellissement *(zîna)* et l'intégrité *(içlâḥ)*. Telle

---

1. Le terme technique *wârida*, pluriel *wâridât*, ne se laisse pas rendre facilement en français. Il est souvent traduit par intuition, événement, arrivée subite. Ibn 'Arabî, in *Futûḥât*, ouvrage cité, le définit ainsi :

« Si tu demandes ce qu'est l'intervention, nous dirons qu'il s'agit des intrusions subites *(khawâṭir)* louables qui se présentent au cœur, sans application *(ta'ammul)*. C'est aussi tout Nom divin qui atteint le cœur. »

Jurjânî, dans son *Livre des Définitions*, donne, à l'article 1794, p. 433, ouvrage cité, une définition plus générale de ce terme qui « désigne les significations essentielles mystérieuses qui arrivent au cœur de l'adorateur ».

Pour plus de détail sur les différents aspects doctrinaux et spirituels que comporte ce terme, cf. *Futûḥât*, chapitre 265, tome II, pp. 265 et 266.

est la manière d'être bienveillant *(rifq)*, d'où l'expression utilisée : ***fais montre d'un peu de pitié.***

L'éloignement multiplie tes roucoulades, ô intervention ! la présence même que j'ai de toi n'est que par moi et en moi, et je suis détourné de toi par le monde ténébreux et naturel qui me conditionne. C'est pourquoi tu te lamentes de cette séparation causée par ton propre départ.

(8) Or, lorsque tu es dans le monde de la sanctification, de la satisfaction et de la contemplation et que, dans ce lieu de retour, tu pleures sur la perte du lieu naturel grossier et enténébré, nous, nous pleurons davantage que toi par quête de la pure récréation *(tanazzuh)* dans les vastes étendues sublimes.

Elles excitent l'objet du désir et font s'agiter les jaloux *(g͟hayûr)* : la jalousie *(g͟hayra)* prend son origine dans la considération des réalités autres *(ag͟hyâr)* ; mais si tel n'est pas le cas, quiconque alors contemple Dieu le Réel en toute chose n'est pas jaloux, car il ne voit que la Face de Dieu en toute chose. Or, le Réel est unique, mais Il se diversifie dans les formes qu'assument les théophanies en fonction de la réceptivité des stations et des états.

C'est pour cette raison que le terme « jalousie » a été appliqué à Dieu, comme dans cette tradition du Prophète – sur lui la Paix : « Certes, Sa'd est excessivement jaloux et moi je suis plus jaloux que lui et Dieu plus que moi ! » C'est à cause de Sa Jalousie qu'Il a interdit les actes répréhensibles *(fawâḥis͟h)*. Ici résident finesses et secrets divins dont la plupart des gnostiques sont éloignés. Mais il ne nous est possible de les dévoiler *(kas͟hf)* à nos frères que par voie orale *(mus͟hâfaha)*.

(9) Il convie les interventions, mentionnées plus haut, qui sanctifient et donne la satisfaction.

Elles dissolvent l'intime du cœur *(fu'âd)* : elles fondent sur lui en se déversant, interdisant tout sommeil *(ruqâd)*, car un tel être est familier de la veille *(sahr)*.

Redoublant nos désirs et nos profonds soupirs : il s'agit de l'accroissement *(ziyâda)* des désirs qui résultent seulement de la contemplation des aspects de la beauté qui se développent dans l'être contemplé sous l'effet du regard essentiel au moment même de la contemplation *(s̲h̲uhûd)*.

Les profonds soupirs *(zafîr)* sont tel le crépitement du feu. On dit de la domination de l'arrachement *(içṭilâm)* affectant le cœur qu'elle subit une amplification *(mutaḍâ'ifa)*.

(10) Le trépas, qui ***est là planant,*** représente la station de la séparation de l'aspect subtil de l'être humain *(infiçâl al-laṭîfat al-insâniyya)* hors de la tutelle *(tatbîr)* de cet habitacle enténébré, en raison des subtilités divines et des sciences seigneuriales que ces interventions, qui sanctifient et qui procurent la satisfaction et la contemplation, font assimiler.

Alors il demande à la mort l'octroi d'un modique sursis, en référence à ce ḥadît̲h̲ du Prophète – sur lui la Paix – au sujet de deux frères dont l'un mourut quarante nuits avant l'autre. On mentionna au Messager de Dieu les mérites du premier et le Prophète précisa du cas du second : « Mais il ne vous a pas fait savoir ce que sa prière lui faisait atteindre ! »

Aimer désirer une longue vie en Islâm est bien connu.

Mentionnons aussi le ḥadît̲h̲ sur les six vieillards qui se présentèrent devant la mort. Chacun d'eux cherchait à surpasser l'autre de la durée d'une heure de vie afin d'invoquer Dieu pendant ce temps et de pouvoir obtenir ainsi une station qu'il ne détenait pas avant.

Ces récits posent un problème majeur qui nécessiterait des développements. C'est pour cette raison qu'il est précisé : ***Il demande à la mort l'octroi d'un modique sursis***[1].

(11) Ḥâjir [qui vient de la racine *Ḥ J R* signifiant « empêcher d'accéder, cacher »] fait allusion au voile de l'Inaccessibilité divine la plus protégée *('izza aḥmâ)*, cachée à l'être généré et l'empêchant d'atteindre une certaine expérience spirituelle *(dhawq)*. Mais des souffles *(nafaḥât)* qui en proviennent font vibrer le cœur des gnostiques par une sorte de démonstration amoureuse *(ta'ashshuq)*. Ce ***zéphyr,*** ou vent d'est, décrit bien cette inclination. Il est demandé qu'on obtienne de ces souffles parfumés un souffle discret, une insufflation qui émane de cette Excellence sublime la plus protégée par laquelle il achemine, jusqu'à ce cœur assoiffé d'amour, les nuages des connaissances et des sciences seigneuriales sanctissimes qui se rapportent à cette expression coranique : « *Aucune chose n'est comme Lui* » (*Coran* 42/11). Les souffles inondent de pluie ce cœur et y font éclore le printemps des sagesses *(rabî' al-ḥikam)*, cœur par lequel s'exprime le langage du Face-à-Face *(fahwâniyya)*, et le printemps des caractères normatifs divins

1. Problème majeur de la compénétration de l'instant présent et éternel dans la durée ; de la présence de l'Infini dans le fini ; hiatus irrémédiable de l'un à l'autre ; mystère de l'incomparable et du comparable dans le monde de la contingence ; difficulté insoluble et réelle soulevée par le rapport illusoire quasi impossible entre transcendance et immanence !

(akhlâq ilâhiyya) qui lui accorde une progression supplémentaire, car il est tout épris à cause de ce lieu d'inspiration *(mawrid)*.

(12) C'est par lui que tu abreuves les âmes assoiffées, altérées, car Dieu – exalté soit-Il – fait ainsi parler le Prophète – sur lui la Grâce et la Paix : « *Dis ! Mon Enseigneur, accorde-moi un surcroît de science* » (*Coran* 20/114).

Ensuite, par l'expression ***tes nuages de traîne,*** on l'avertit du manque d'approbation à sa demande qui portait sur la nécessité de magnifier tout ce qui relève de l'Inaccessibilité, de l'Inabordable *(man')*, de la Sublimité, de l'Enveloppement *(iḥâṭa)* sans commune mesure avec les Demeures cosmiques *(manâzil al-kawn)*. Si cette station avait été obtenue, elle n'aurait pas été inaccessible et n'aurait pu être qualifiée par le Voile qui est l'Inabordable *(man')*.

La relation de la ***fuite*** *(nufûr)* avec ***le nuage*** est à mettre en parallèle avec ce verset : « *Aucune chose n'est comme Lui* » (*Coran* 42/11). Cette parole se rapporte à tout ce que tu peux te représenter dans ta faculté estimative *(wahm)*, ou à toute impression de ta faculté d'appréhension *(çadr)*, ou encore toute preuve que ta raison recueille. Or Dieu est à l'opposé de cela, car « *Il est sans qu'aucune chose soit comme Lui bien qu'Il soit* (ma'a kawni-Hi) *l'Oyant et le Voyant* » (cf. *Coran* 42/11), nécessairement en relation avec ces [deux] Noms [divins], mais aussi avec les symboles *(kinâyât)* et les connaissances *(ma'ârif)*. Malgré cela « *aucune chose ne Lui est semblable* ». Car même si le terme *ishtirâk*, participation, se rencontrait dans des expressions à caractère absolu, il n'y aurait jamais personne pour les synthétiser à cause de la sublimité de cette Stase *(maqâm)* et de sa transcendance. Quand il constate que toute ressemblance avec la Réalité cachée *(mithâl al-maḥjûb)* est impossible, il revient à sa forme normale *(shikl)* et il est enclin à aller vers ce qui lui ressemble *(mithl)*. C'est ce qui est exprimé dans les vers suivants.

(13) Ô toi qui guettes l'étoile : cette expression représente celui qui garde ou préserve ce que les sciences impliquent dans leurs expressions intelligibles *(ta'aqqulât)* selon la diversité de leurs catégories. Il prend donc les vigiles d'étoiles comme des commensaux *(nudamâ')*. En effet, le fait de participer à un repas avec quelqu'un *(munâdama)* implique de proposer des paraboles, de présenter des anecdotes, des nouvelles, des récits inédits, des poésies.

Ô toi qui surveilles l'éclair, là où se produit la contemplation essentielle. Son requérant *(ṭâlib)* s'entretient ainsi : Notre démarche est une, aussi ***sois mon confident de nuit*** *(samîr)*, car la confidence de nuit *(musâmara)* est un propos original *(ḥadîth)* échangé la nuit, nuit qui est mystère *(ghayb)* ou occultation comme l'Essence est occultation au monde généré, et son familier *(dalîl)* est le Soi *(al-Huwa)*. Aussi, il lui dit : « ***C'est toi mon confident de nuit*** », puisque notre station est une ! Comprends donc de moi ce que je veux, comme je comprends de toi ce que tu veux pour que nous nous taisions et que la passion *(hawâ)* puisse s'exprimer.

On considère ensuite la fatigue *(ta'ab)* engendrée de la suggestion subite *(khâṭir)* qui affecte les deux types de personnes [mentionnés dans le vers précédent] dans l'obtention de ce que les êtres générés n'ont pas la capacité d'assumer. Les indifférents *(ahl al-ghafala)* à l'égard de cette station et ceux qui, en elle, se sont éteints *(ahl al-fanâ')* au monde sont alors interpellés.

(14) Le rôle assigné aux indifférents, dont il est question dans ce vers, consiste dans la préoccupation qu'ils montrent pour les êtres générés et dans leur attachement *(mulâzama)* provoqués par les ténèbres de la nature concupiscente, par les jouissances *(tamattu')* et les délectations *(ladhdhât)*. Il en est de même des êtres attachés à la rencontre [de leur semblable, suggérée par la fréquentation des tombeaux] que nous avons aussi mentionnés dans ce vers.

Ô être ravi à toi-même à cause de cette station, l'analogie avec ***le dormeur dans la nuit*** persiste ; tu as tiré profit de ce sommeil, qui est ton extinction, par la quiétude et la douceur qui en résultent.

Avant que le trépas *(manât)* ***n'arrive,*** ou avant ta séparation totale d'avec ce corps. Tu te trouves ainsi qualifié par cette condition malgré la dépendance dont tu es l'objet pour le gouverner, car tu es dans l'état d'une extinction – et non d'une mort – dont il y a nécessairement retour *(rujû')*, mais cet état n'engendre que les propos que tiennent les êtres indifférents.

(15) Ce dormeur parle ainsi : Si tu étais follement épris de cette belle et pure jeune fille *(fata')* – qui est la forme essentielle objet de la quête des gnostiques – ***tu aurais reçu d'elle joie et félicité,*** par son truchement, car même si on ne peut conquérir cette beauté, elle se montre pleinement à toi, et tout ce que ta capacité *(mulk)* implique apparaît alors clairement à cause de cette pleine manifestation. L'ensemble de ton royaume ou capacité *(mulk)* t'apparaît dès lors sous cette forme essentielle. Si cette manifestation n'avait pas été, ce royaume *(mamlaka)* n'aurait pas accueilli cette ravissante forme.

La ***félicité*** *(na'îm)*, ici mentionnée, qui est obtenue par la pleine possession des lieux de contemplation *(mashâhid)* à raison de cette épiphanie, est la béatitude *(na'îm)* conférée par l'Essence à travers la forme de cette possession *(mulk)* ; car l'Essence brille et aucune délectation ne peut être ressentie sans le moyen des réalités substantielles *(mawâdd)*.

(16) Cette forme qui acquiert la beauté de la forme essentielle par la théophanie que nous venons de mentionner te confère l'intimité courtoise *(ghunz)* et t'incite à la volubilité que les spiritueux *(khamr)* provoquent par l'ébriété *(ṭarab)*, l'allégresse et la volupté.

Quand le lieu où survient la contemplation est de nature essentielle, on dit : ***Aux soleils tu te confies, tu charmes aussi les nuits de pleines lunes,*** car le Prophète compare la vision dans la Demeure ultime au soleil et à la lune, lorsqu'il dit : « Vous verrez votre Seigneur comme vous voyez la lune au moment où elle est pleine, et comme vous voyez le soleil. » La confidence *(munâja)* est attribuée au soleil en raison de la brillance, de l'évidence et de l'explicitation dans la nouveauté du discours *(ḥadîth)* qui est jour [et non nuit]. L'intimité courtoise ou enjôleuse (*munâghâ* : charme) est mise en relation avec la pleine lune *(badr)* qui est la lumière de la nuit et présence synthétique *(ijmâl)* qui ne se détaille pas ni ne s'explique, et qui n'est pas un endroit symbolique *(maḥall ramz)*. La badinerie ou intimité enjôleuse est souvent mise en rapport avec le gazouillis des oiseaux, et pour cela elle s'applique aux pleines lunes.

17
Arrête les montures !

(1) Ô chantre conducteur de chameaux fauves !
Ne les presse pas, arrête-toi ! arrête-toi !
Car d'un mal chronique je suis atteint
Et je vais dans leurs traces.

(2) Fais halte avec les montures
Et resserre leurs longes.
Par Dieu et la nostalgie !
Par l'accablement, ô chantre conducteur !

(3) Mon âme est consentante,
Mais sous moi, mes pieds se dérobent !
Qui pourra alors me témoigner
Tendresse et assistance ?

(4) Que fait l'habile artisan
Alors que, sur l'ouvrage,
Ses outils lui permettent
De détruire le travail ?

(5) Dévie pour faire halte, car leurs tentes
À droite de la vallée se dressent.

Que Dieu te donne l'abondance,
Ô val, pour ce que tu contiens.

(6) Là tu réunis des moyens
Qui sont mon âme, mon souffle,
Le plus profond du for intime
Au cœur même de mes entrailles.

(7) Que la passion cesse de croître
Si je ne meurs d'affliction
Dans les terres de Ḥâjir,
De Salʿ ou de Ajyâd !

COMMENTAIRE

SÉPARATION OU NON DE L'ÂME ET DU CORPS PENDANT LA RÉALISATION SPIRITUELLE

(1) L'Esprit divin *(rûḥ ilâhî)* – s'exprimant dans l'être humain, à qui il est demandé de maîtriser son corps, pour l'appeler à l'excellence de Dieu le Réel – est représenté par ***le chantre conducteur*** *(ḥâdî)*.

Les chameaux fauves *('îs)* symbolisent les aspirations spirituelles *(himam)*.

Ô chantre conducteur, ne presse point leur marche afin qu'ils examinent quelle réalité divine essentielle ils comprennent. Il lui ordonne donc de s'arrêter avec insistance, et l'expression « ***arrête-toi*** » est, à cet effet, mise au duel. C'est avec la même intention d'insistance que al-Ḥajjâj [b. Yusûf, gouverneur du Ḥedjaz fit mettre à mort ʿAbd Allâh b. Zubayr en disant : « Ô Ḥâris, frappe-le au cou ! » [en utilisant le verbe « frapper » au duel : *iḍribâ̲ ʿunqa-hu*, afin d'insister].

Car d'un mal chronique *(zamân)*, ou d'une infirmité, ***je suis atteint et je vais dans leurs traces***. Le mal chronique est mis en relation avec l'immobilisation ou arrêt *(wuqûf)* de cet être avec son corps auquel il demeure attaché jusqu'au terme imparti.

Dans leurs traces, sous l'influence des énergies spirituelles, ***je vais,*** c'est-à-dire je pars au moment de l'arrivée du terme fixé, en me séparant de mon corps, lui qui m'a fait hériter de ce mal chronique. Cette signification est indubitable.

(2) Les montures font allusion aux aspirations spirituelles.

Resserre leurs longes, retiens les chameaux de se conduire vers l'objet de leur quête afin que je reste parmi eux comme il sied à un être de réalisation spirituelle *(muḥaqqiq)*.

C'est alors qu'il jure par ***le chantre conducteur*** qui convie au Réel-Dieu ; ***par Dieu*** fait allusion au Degré *(martaba)* [divin]. Il jure donc par ce dernier, car celui qui appelle ainsi est le servant *(kh̲adîmu-hu)* de ce Degré. Au moment où se produit ce jurement *(qasam)*, il s'arrête donc, sans avoir à préciser un Nom [divin] particulier afin que son immobilisation *(wuqûf)* ne soit point dépendante de ce que ce Nom particulier pourrait conférer, ou encore qu'il s'interdise ce qu'il implique pour qu'il n'ait pas à s'y arrêter. Ce par quoi il jure relève d'une réalité synthétique *(amr jâmi')*. Celui-là qui appelle ne peut évoquer le Nom totalisateur [qui est Allâh], pour une réalité particulière *(amr mu'ayyan)*. Il faut donc qu'il s'immobilise pour tenir compte de [la réalité] du jurement et non de celui qui jure *(muqsim)*.

Il jure encore sur lui ***par la nostalgie*** ou émotion enstatique *(wajd)* afin que la compassion envers lui-même en résulte pour que son arrêt soit une sorte de miséricorde et de pitié.

Il jure enfin ***par l'accablement*** dû à mon état spirituel qui se manifeste à toi et que tu peux ainsi vérifier.

Est mentionné enfin celui qui refuse de le laisser partir là où ses énergies spirituelles se dégagent.

(3) L'âme de cet individu, ainsi conditionné, doit présenter une certaine analogie avec son corps. Or, cet assujettissement à celui-ci lui interdit d'évoluer dans des lieux élevés comme il l'entend. Sa volonté est existenciée et les moyens *(âla)* par lesquels il pourrait atteindre son but ne sont pas une aide.

Qui pourra alors me témoigner tendresse et assistance, c'est-à-dire un être compatissant qui me facilitera la séparation, que je désire, de ce monde vil, lieu du voile et des ténèbres, de l'effacement des lumières et du sombre chagrin *(ghamma)*. Le compatissant et l'assistant font allusion au Décret *(qadar)* [divin].

Qui donc pourra m'assister au regard du Décret divin, par compassion pour moi, puisque je suis à l'égard de ce Décret sous le pouvoir de la tristesse, de l'affliction et, de surcroît, assujetti à la modalité *(kayf)* et à la quantité *(kamm)* ?

Dans le vers suivant, il tente de se réconforter.

(4) L'artisan *(çâni')*, qui fait allusion ici à l'âme, est quelqu'un d'habile et versé dans un domaine d'activité où il excelle.

Que dois-je faire ? se dit-il. Même si je peux me séparer [du corps] à certains moments, pendant les instants d'extinction et d'évanouissement extatique *(zamal al-fanâ' wa al-ghayba)*, pendant que se produisent les états spirituels et les interventions divines *(wâridât)*, l'objet de ma quête n'est que le départ total. Car le rapt *(jadhb)* qui me tire hors du monde sensible pendant l'instant de l'extinction est intense. Ce processus est symbolisé ici par ***les outils*** *(âla)*. Ce rapt donc détruit ce que je suis en train d'exécuter et me fait désavouer les circonstances de mon trépas et de mon occultation *(ghayba)*, sous l'action de l'attraction que ce corps exerce pour me le faire réintégrer afin de le régir pour qu'il ne soit pas désintégré. La raison en est que ce corps [animé] connaît les ressources qui restent en moi pour en faire bon usage et l'utiliser *(tabîr)* selon les possibilités que le Très-Sage – Gloire à Lui – y a déposées.

(5) Au chantre conducteur, il est dit : ***Dévie*** (du chemin) ***pour faire halte,*** grâce aux énergies spirituelles, ***à droite de la vallée*** située près de la montagne élevée, dans la vallée sainte, dans une disposition où la Parole qu'on adresse et l'entretien intime *(munâja)* produisent toutes sortes de sciences [à l'exemple de Moïse à qui Dieu a parlé dans le Buisson ardent (cf. *Coran* 19/53)].

Leurs tentes sont les lieux où descendent ces énergies spirituelles, car elles ne se présentent que dans la Science par Dieu, et non en Dieu, attendu que Lui – Gloire à Lui – n'est pas un lieu où une chose pourrait descendre. Cependant, la finalité *(ghâya)* de tout être possible *(mumkin)* est la science par Dieu. Le pivot ou mobile *(madâr)* de l'Univers se réalise donc selon la science et non en dehors d'elle, car il n'entre pas dans la capacité de l'être possible de se trouver ailleurs que là où il se tient.

Que Dieu te donne l'abondance, ô val, pour ce que tu contiens. Ce vers fait allusion aux connaissances divines et saintes de type mosaïque au sujet desquelles il a été précisé à notre Prophète – sur lui la Grâce et la Paix : « *Tu n'étais pas du côté du mont Sinaï (ṭûr) quand Nous avons appelé (Moïse)* » (*Coran* 28/47). « *Les vallées, selon leur capacité, laissent couler les fleuves* » (*Coran* 13/17).

(6) À propos de la vallée, il est dit : ***Tu réunis des moyens*** *(qawm)*, qui symbolisent des connaissances et des énergies spirituelles.

Par ***mon âme,*** on fait allusion aux aspirations [spirituelles], et par ***mon souffle,*** aux connaissances.

Le plus profond du for intime, au cœur même de mes entrailles (litt. : de la membrane de mon foie), ou encore, là où les énergies, qui sont des forces suscitées *(inbi'âthât)*, émanent du tréfonds du cœur *(suwayd al-qalb)*.

Car même si mon destin n'avait pas été de m'installer ou de m'immiscer *(ḥulul)* en toi, j'aurais [de toute façon] profité des possibilités que tu renfermes et je me serais récréé, dégagé de toute impureté. Car l'installation *(ḥulûl)* de mes énergies spirituelles en toi est comme mon installation même *(ḥulûl-î)*, puisque ces énergies spirituelles proviennent de moi et reviennent à moi en provoquant la consolation de l'âme à cause du désir qu'elle ressent pour la séparation [d'avec le corps] afin de rejoindre le monde sanctissime. Elle se réfère ainsi à son état et à sa soif d'amour.

(7) J'invoque ***la passion*** *(hawâ)*, car elle cause la ruine lorsqu'elle est excessive et provoque la sortie de cette demeure habituelle *(mawṭin)*, ainsi qu'on s'accorde à l'entendre de la part d'amoureux qui parlent de leur bien-aimé de cette manière : « Si tu m'aimes, meurs donc ! » Il lui arrive de mourir de cette façon lors de ses tribulations sur terre. Il se prend

donc à s'exclamer dans sa passion amoureuse pour ce monde sanctissime : Cela n'est pas (ainsi), il ne me fera pas mourir d'affliction et de désir ardent, en terre de Ḥâjir ou [selon l'étymologie] en une terre qui m'empêche d'atteindre le monde intermédiaire *(barzakh)* qui est une digue *(ḥâjiz)* entre deux choses, ou en terre de Sal' [qui est une crevasse ou fente *(sil')*].

Si je ne meurs d'affliction dans les terres de Ḥâjir : par amour d'atteindre le monde intermédiaire, en faisant abstraction de cet habitacle *(haykal)* dans lequel je ne cesse d'être retenu par le voile.

De Sal' à cause d'une station élevée jouxtant la Station muḥammadienne *(maqâm muḥammadî)* dans laquelle il est impossible de pénétrer. Notre connaissance à son sujet se borne à la regarder comme on le fait dans le Jardin paradisiaque vers l'endroit dit « *'iliyyîn*, les Lieux sublimes » (cf. *Coran* 83/18) comme aussi nous tournons notre regard vers le ciel pour voir les étoiles.

Sal', qui est une montagne près de Dhû al-Ḥulayfa dominant Médine, fait allusion à la station muḥammadienne du fait que Muḥammad repose en cette ville. Cette expression indique aussi sa classe *(rutba)* et son degré *(martaba)*.

De Ajyâd, Ajyâd étant une montagne élevée située dans le territoire sacré de La Mekke, dominant le Temple [de la Ka'ba].

La conjonction « ***ou*** » *(aw)* suggère une station divine qui permet de se passer des créatures. Il n'est pas de passion amoureuse qui ne puisse être rattachée à ces trois degrés [symbolisés par ces trois lieux] ou à l'un d'eux.

18
À la quête des campements

(1) *Arrête-toi aux relais et pleure*
Sur les ruines des demeures !
Questionne alors les traces usées
Des campements de printemps :

(2) *« Où sont passés les bien-aimés ?*
Où sont allés leurs chameaux fauves ? »
« Observe-les fendre la vapeur qui plane
À travers les ruines désertées. »

(3) *Dans les mirages tu les vois*
Semblables à des jardins.
La brume, aux yeux, fait paraître
Immense leur silhouette vaporeuse.

(4) *Ils voyagèrent par désir de se rendre*
À al-'Udhayb pour y boire
Une eau limpide et douce
Semblable à la jouvence de vie.

(5) *Je les suivais, m'informant d'eux*
Auprès du vent léger d'orient :

« Ont-ils planté leurs tentes
Ou recherché l'ombre de l'arbre de Ḍâl ? »

(6) J'ai laissé, dit le zéphyr,
À Zarûd leurs tentes arrondies.
Les chameaux poussaient leurs plaintes,
Harassés par la marche de nuit.

(7) Ils avaient laissé pendre,
Sur leurs tentes, des auvents
Qui protégeaient leur beauté
De la chaleur de midi.

(8) Lève-toi et vers eux presse-toi
À la recherche de leurs traces.
Avance jusqu'à eux en te balançant
Au rythme rapide de tes chameaux.

(9) Et quand tu t'arrêtes
Aux repères de Ḥâjir,
Et que tu traverses, grâce à eux,
Vallées et montagnes,

(10) Leurs campements se rapprochent ;
Leur feu apparaît en brillant,
Un feu qui est allumé
À la vive flamme de la passion.

(11) Fais s'agenouiller les chameaux.
Que ces lions ne t'effrayent point
Car les désirs enflammés
Te les feront voir tels des lionceaux.

COMMENTAIRE

L'IMITATION DU PROPHÈTE
ET DES MAÎTRES AUTHENTIQUES

(1) ***Arrête-toi*** près de moi, dit-il, à cause de celui qui, de son cœur, appelle Dieu le Réel, ***aux relais*** ou demeures *(manâzil)*, stations *(maqâmât)* où les gnostiques de Dieu descendent lors de leur cheminement *(sayr)* pour obtenir la science sans fin de leur Adoré.

Pleure sur les ruines des demeures, sur les traces ou vestiges que ces gnostiques laissent, du fait que je ne suis pas en mesure de les suivre là où ils descendent.

Questionne alors les traces usées des campements de printemps *(rubû')*, ou demeures, si tu ne nous a pas remarqués en elles à cause de ceux qui y font halte *(nâzilîn)*, afin que ces lieux de descente t'entretiennent de ceux qui y demeurent selon les convenances *(âdâb)* qu'ils doivent respecter, et afin que les états spirituels soient magnifiés pour que tu trouves en eux éducation *(ta'dîb)* et connaissance.

Les traces de ces campements sont usées au moment où l'on y descend, car leur état antérieur s'est trouvé altéré *(taghayyur)*. En effet, les relais desquels disparaît l'atmosphère d'intimité *(uns)*, en raison du départ de ceux qui y campent et après leur éloignement, n'ont d'existence, en tant que haltes, que par la présence de ceux qui y descendent.

(2) Où sont-ils donc allés, et où donc leurs énergies spirituelles les ont-ils conduits, elles qui sont symbolisées par les chameaux *('îs)* ? Elles lui répondent ainsi : « ***Observe-les*** [les gnostiques] parcourir la sta-

tion du détachement *(maqâm al-tajrîd)* à laquelle l'expression ***ruines désertées*** *(yabâb)* fait allusion. Dans ce désert ils se séparent des repères familiers *(dalâ'il)* en fonction de la finalité de leur quête, car ces repères dépendent de l'existence de ce but qui se trouve en eux-mêmes, conformément à cette parole divine : *"Les actions de ceux qui enfouissent la foi sont comme un mirage dans une plaine désertique. L'assoiffé s'imagine qu'il s'agit de l'eau et quand il arrive à l'endroit du mirage, il ne le trouve pas être quelque chose* (lam yajid-hu shay^{an})][1] ; *il trouve Allâh auprès de lui. Allâh lui acquitte intégralement son compte. Allâh est prompt à compter*" » (*Coran* 24/39).

(3) Dans les mirages *(sarâb)* ***tu les vois semblables à des jardins.*** L'entrée dans cette station les fait hériter de l'état de grandeur ou immensité *(ḥâlat al-'azhama)*, à laquelle fait allusion le premier terme ***brume*** *(âl)*. Le second terme ***silhouette vaporeuse*** indique la silhouette *(shakhç)* du marcheur dans le mirage, à cause de sa condition. La raison de l'importance *('azhîm)* que prend cette silhouette est d'être [pour lui] un repère ou argument *(dalîl)*. Il donne de l'importance au signe ou argumentation *(dalâla)* en fonction de l'importance même de l'objet de sa quête. Pour cette raison, il est mentionné que ***la brume fait paraître*** cette silhouette ***immense,*** suggérant que ce qui n'est pas, c'est toi, alors que subsiste Celui qui n'a pas cessé d'être, Lui, ainsi que Dieu Lui-même le précise dans le verset précédemment cité : « ... *Comme un mirage dans une plaine désertique...* » (*Coran* 24/39), dans la station de l'humilité *(maqâm al-tawâḍu')*. De la sorte,

1. La traduction littérale de cet élément de verset permet de comprendre plus facilement la démonstration du Maître.

« *quand il y parvient, il ne le trouve pas être quelque chose...* » (*Coran* 24/39) – et Il fait allusion à une chose *(shay')* – « *Il trouve Dieu auprès de lui* » (*Coran* 24/39), pour qu'il se sépare des causes secondes *(inqiṭâ' al-asbâb)*. Il s'agit d'une noble station élevée *(maqâm sharîf)*.

C'est pour cette raison qu'il est dit : ***la brume aux yeux fait paraître immense leur silhouette vaporeuse.*** Ici l'immensité ou grandeur *('azhama)* est l'apanage de l'être humain, à l'exclusion des autres êtres possibles *(mumkinât)*, puisqu'il possède, à un plus haut point, la preuve au sujet du Vrai *(al-dalâla 'alâ-l-Ḥaqq* ou signe probant du Vrai) par sa constitution la plus parfaite *(nash'al-akmal)* dont le Prophète – sur lui la Grâce et la Paix – a dit : « Certes, l'être humain [ou Adam] a été créé selon la Forme du Tout-Irradiant d'Amour *(çûrat al-Raḥmân)*. » [Par cette nouvelle], voici bien la preuve la plus évidente, la plus forte et la plus considérable [qui confirme la perfection de l'être humain] !

Ensuite, il est mentionné ce qu'il faut entendre par le voyage des bien-aimés.

(4) Ils voyagèrent, eux les quêteurs, à la recherche du secret de la Vie, à travers la station de la pureté diaphane *(çafâ)* émanant de la source de la générosité *(jûd)*, afin de vivifier ainsi leurs âmes. Or le ***boire*** *(shurb)*, ici mentionné, est le deuxième degré de la station de la Théophanie *(maqâm al-tajallî)*, la gustation ou savourement *(dhawq)* en étant la phase initiale.

C'est alors que l'état de l'amoureux, qui va être décrit, l'incite à rechercher leurs traces et à demander des nouvelles d'eux.

(5) Je suivais les traces de ces bien-aimés et je demandais de leurs nouvelles *(akhbâr)* auprès du ***vent léger d'orient*** *(rîḥ al-çabâ)*, c'est-à-dire auprès du monde des souffles animés *('âlam al-anfâs)* où ces bien-aimés existent par la théophanie même *(kânû bi-'ayni al-tajallî)*.

Je m'informais auprès de ceux-là, nos compagnons : « Sont-ils descendus pour ***rechercher l'ombre*** auprès de ce qu'ils ont acquis ou auprès de ce qu'ils ont reçu[1] en pur don ? »

Les tentes qu'ils ont plantées concernent leurs œuvres, et l'***arbre de Ḍâl*** [racine apparentée à cette autre *Ḍ L L* qui signifie « égarement »] se rapporte à ce à quoi ils s'appliquent. Cet arbre a été choisi parmi d'autres pour exprimer la perplexité *(ḥayra)*.

Ensuite vient la réponse que le vent d'est fit à leur demande.

(6 et 7) Le zéphyr répondit, au moment où je le questionnai à leur sujet : Je les ai laissés alors qu'ils s'installaient dans ***leurs tentes arrondies*** *(qibâb,* sing. : *qubba)*, à l'ombre de leurs acquisitions *(kasb)* dans un état d'impulsion *(tazalzul)* et d'instabilité *('adam thubût)*. Cette disposition est indiquée par le terme ***Zarûd,*** lieu immense couvert de sable dans le désert, car le sable abondant, porté par les vents, change de forme et de place, par analogie avec l'état d'impulsion et avec son absence de fixation sur un objectif unique.

---

1. Autre traduction possible : rechercher l'ombre, ou se mettre sous la protection de.

Nous lisons le verbe *WaHaBa* à la forme passive. Vocalisé à la forme active, il se traduirait : ce qu'ils ont accordé en pur don.

Les chameaux poussaient leurs plaintes, harassés par la marche de nuit, en raison de l'attachement qu'ils montrent pour le but à atteindre. Ils sont ***harassés,*** car la fatigue leur est attribuée du fait qu'ils réclament d'un être ce qui n'est ni stable ni concevable ; on ne peut atteindre de celui-ci que ses traces ou surimpositions *(âthâr)* et non son être lui-même.

L'attention est alors attirée sur cette parole du Prophète – sur lui la Grâce et la Paix : « Dieu a soixante-dix mille voiles de lumière et d'obscurité. S'Il les retirait, les Gloires de Sa Face consumeraient les créatures que Son Regard atteindrait. »

Aussi le voile *(ḥijâb)* est posé sur eux, et non [uniquement] sur leur face, dans ce cas. Il est ainsi précisé que, si les lumières intenses de cette station ne se trouvaient pas sur leur face, c'est-à-dire sur leur réalité essentielle *(ḥaqâ'iq)* – la face d'une chose étant sa réalité essentielle –, Dieu n'aurait plus à les protéger.

Qui protégeaient leur beauté de la chaleur de midi, sinon cette lumière aurait supprimé ***leur beauté*** *(maḥâsin)*, de même que le soleil altère habituellement la beauté des visages.

Il va ensuite se mettre à les encourager, derrière eux, jusqu'à ce qu'il les ait rejoints.

(8) Comporte-toi avec bienséance dans la précellence *(taqaddum)* que tu dois montrer et ne rivalise pas avec lui [le chamelier] dans son domaine, car tu n'y as aucune part. Il s'agit, en l'occurrence, des stations des prophètes – sur eux la Paix. Les êtres mentionnés dans ce passage sont les gnostiques dénommés les bien-aimés.

À la recherche de leurs traces : en t'efforçant de t'approcher de leur degré. Rivalise avec eux par l'énergie spirituelle *(himma)*, symbolisée ici par les ***cha-***

meaux, et non pas par l'état qui, dans cette station, est refusé à tout autre que le Prophète – sur lui la Grâce et la Paix.

On rapporte de Abû Yazîd (al-Bisṭâmî) et d'autres maîtres, sur cette station [réservée], des anecdotes connues et nombreuses. Dans la Station du Prophète – sur lui la Grâce et la Paix de Dieu – on ménagea à Abû Yazîd une ouverture grande comme le trou d'une aiguille pour qu'il s'en manifeste quelque chose à lui. Sans qu'il eut à y pénétrer, il fut embrasé.

L'être, par son énergie spirituelle, n'est pas inapte à solliciter [cette station], ni à y être attaché. Cependant, il ne lui est pas accordé tout ce qu'il désire, ni ce à quoi il s'applique. Pour cette raison, il n'y a pas d'empêchement à y exercer son aspiration. Il y a aussi un profit, même si celui qui y aspire n'arrive pas à y pénétrer avant de réaliser, en le maîtrisant, l'objet de sa quête et à s'absorber en lui tout purifié, comme celui qui se purifie en expulsant de son corps ou de sa vue ce qui l'avait atteint. De la même manière, nous nous réjouissons devant la beauté des étoiles en contemplant le ciel tout en restant sur terre par notre condition.

(9) Tu t'arrêtes alors au lieu-dit « de l'Empêchement » ou « du Ḥijr », déjà mentionné, qui s'interpose entre nous et notre réalisation en lui par l'état spirituel. De plus, tu traverses les endroits mystérieux *(mawâḍi' ghaybiyya)*, pistes et sentiers de montagnes, vers lesquels Dieu le Réel nous guide après notre combat spirituel *(jihâd)*, conformément au verset suivant : « *Ceux qui combattent en Nous, Nous les guiderons sûrement dans Nos Voies* » (*Coran* 29/69).

Une fois ces états réalisés, tu te seras rapproché des demeures sublimes *(manâzil 'aliya)*.

(10) Leurs campements, ou demeures, se rapprochent de toi, ***leur feu apparaît en brillant,*** ou encore les désagréments *(makârih)* surviennent vers lesquels ils se précipitent au point de les faire parvenir à ces demeures sublimes, car, selon un ḥadîth, le Jardin paradisiaque est entouré de désagréments. C'est ainsi qu'un des personnages gratifiés de dévoilements spirituels *(mukâshifîn)*, parmi les véridiques, me raconta avoir vu en rêve, à Mossul, Ma'rûf al-Karkhî – que Dieu soit satisfait de lui – assis au milieu du feu. Il fut effrayé de cela, sans comprendre le sens de cette vision. Il nous en fit part et je lui dis : « Ce feu est une protection autour de sa demeure où tu l'as vu assis. Quiconque veut atteindre une telle demeure doit s'introduire dans ce feu et subir les affres de l'adversité. » Notre homme se réjouit de cette explication et en reconnut le bien-fondé. Telle est la signification de ce feu que la personne en question avait vu.

Un feu qui est allumé à la vive flamme de la passion **:** le feu de l'amour s'est embrasé dans son cœur pour pouvoir obtenir cette station afin qu'elle soit pour lui une confirmation et une énergie pour braver les adversités en lui permettant d'atteindre le but duquel son cœur s'est épris.

(11) L'amour que tu ressens pour une chose te rend aveugle et sourd ; aveugle car ton œil ou essence *('ayn)* ne peut atteindre ce qu'il craint, la crainte s'interposant entre toi et l'objet de ta quête ; sourd, ensuite, en empêchant l'écoute *(samâ')* de ce qu'appréhende tout aspirant dans la manière d'atteindre son but.

C'est alors que le zéphyr d'orient lui dit : « Si tu es sincère en ton amour, ne redoute point les difficultés, symbolisées ici par ***le lion*** *(asad)*, que tu vois, car la sincérité *(çidq)* dans le désir, en ce domaine, te fait considérer ces animaux comme des ***lionceaux*** *(ashbâl)* que tu ne crains point, le désir amoureux que tu ressens pour les êtres te rendant alors légères adversités et difficultés. »

19
Sur les traces des ruines

(1) Ô traces de ruines effacées
Laissées à Al-U<u>th</u>ayl !
C'est en ce lieu que je folâtrai
Avec de belles damoiselles vierges.

(2) Hier pourtant il se présentait
Riant et accueillant.
Mais aujourd'hui, il apparaît
Sauvage et austère.

(3) Les voici qui se sont éloignés
Sans que je garde conscience d'eux.
Mais ils ne surent pas que moi,
Intimement je veillais sur eux.

(4) Il les suivait là où ils partaient,
Et ils plantèrent leurs tentes.
Peut-être s'occupait-il
À soigner les montures ?

(5) Jusqu'au moment où ils s'installèrent
Dans un désert inhabité,

Déployant les tentes,
Déroulant les tapis.

(6) Dans un verger, il revint à eux,
Parmi des arbres fleuris, rouges de fruits mûrs,
En un lieu qui dans le passé
Était un désert desséché.

(7) Jamais ils ne firent halte en un lieu
Sans qu'un jardin ne s'y trouvât
Réunir de parfaites beautés
Atournées aux couleurs de paons.

(8) Jamais ils ne décampèrent
Sans que cette terre ne recelât
Les sépultures remplies d'êtres
Dont ils étaient follement épris.

COMMENTAIRE

CONNAISSANCE DU MICROCOSME ET DU MACROCOSME

(1) Nous avons déjà mentionné, à plusieurs reprises, dans ce recueil, ce que confère l'écoute ou audition *(samâ')* au fur et à mesure que le temps s'écoule *(wârid al-waqt)*. J'ajouterai maintenant que l'écoute spirituelle *(samâ')* est sous-entendue dans ces propos : ***Ô traces de ruines*** près de ***U<u>th</u>ayl.*** Ces traces sont celles des demeures *(diyâr)* après que leurs occupants *(sâkinîn)* les ont quittées.

Sache que l'être humain possède en lui des correspondances *(munâsib)* avec chaque élément de l'univers et que chacune d'elles est en relation avec celles de l'homme dans ses aspects les plus apparents. L'état *(ḥâl)*, l'instant *(waqt)* et l'écoute *(samâ')* lui sont attribués en raison de correspondances que n'ont pas les autres êtres créés, puisqu'il possède des affinités multiples avec ces correspondances, à cause des aspects nombreux exigés par son essence.

Le terme ***Uthayl*** est le diminutif de *athl* dont le sens est : racine, origine *(açl)*.

L'expression ***ṭalal,*** ruine, indique la marque ou empreinte de la nature *(athar ṭabî'î)* ou sa trace naturelle qui persiste en lui. ***Les traces de ruines sont effacées*** *(dâris)* ou transformées par les états spirituels qui surviennent en lui. Il passe donc d'une condition à l'autre en se modifiant et une fois qu'il a assumé une autre disposition, sa trace disparaît de l'état duquel il est sorti afin qu'un autre état surgisse en lui.

C'est en ce lieu que je folâtrai avec de belles damoiselles vierges *(khurrad)* qui sont les Sagesses divines *(ḥikam ilâhiyya)* avec lesquelles le cœur du gnostique se familiarise à raison de l'intimité qu'elles procurent.

Ici est mentionné l'état spirituel dans lequel il se trouve à l'instant de son extinction au monde de l'extinction *(al-fanâ' 'an 'âlam al-fanâ')* et de l'effacement *(duthûr)*.

C'est en ce lieu que je folâtrai : cet endroit représente ***les traces de ruines.*** Il ne contemple rien si ce n'est en ce lieu qui en est l'occasion *(sabab)*, et ainsi celui-ci, par son origine *(açl)*, est engendré de lui [le contemplant]. Et lui, en vertu de l'équilibre naturel *(taswiya ṭabi'iyya)*, conformément aux dispositions de sa complexion *(mizâj)* et au caractère de sa constitution *(ṭab' al-ta'lîf)*, n'actualise pas ce secret spirituel et seigneurial, simplement *(sâdhijan)* sans signification [actuelle] pour lui. Ensuite, par l'intermédiaire des facultés que Dieu a déposées dans cet habitacle *(haykal)*, il réalise toutes les sciences et les connaissances liées aux différentes disciplines *(riyâḍiyya)*, à la nature et au divin qui se manifestent en lui. Par toutes ces aptitudes, l'excellence *(sharaf)* se trouve en cette forme réceptive *(qâbil)*.

(2) ***Hier*** *(ams)* fait allusion au temps révolu *(zamal mâḍî)*, moment dans lequel il s'occulte *(maghîb)* et s'éteint dans le monde suprême *('âlam a'lâ)*, celui de la permanence *('âlam al-baqâ')*, non assujetti à la durée temporelle et étranger au monde de l'évanescence *(fanâ')* et de la perception conditionnée *(iḥsâs muqayyad)*, apanage du monde présent *('âlam al-shahâda)*.

Riant et accueillant, c'est-à-dire dans la gaieté et la joie, la prospérité et la réjouissance ; car ces dispositions, par une correspondance spirituelle *(munâsabat al-rûḥânî)*, s'accordent dans ce lieu de contemplation *(mashhad)*. Quand il revient, dans un deuxième temps – illustré ici par le terme ***aujourd'hui*** *(al-yawm)* –, à la condition de la perception sensible et de la présence du monde conditionné et restreint, et qu'il quitte ces immensités, ces espaces sublimes et ces zones de libre action, la solitude aride *(waḥsha)* le prend en raison même de cette séparation ; il devient alors austère, préoccupé et chagrin.

(3) Quand les hôtes du Plérôme suprême *(mala' a'lâ)*, qui, dans cette station, étaient pour lui objets de contemplation *(mashhûdîn)*, partirent, c'est lui qui, de cette occultation *(ghayba)*, me renvoya à mon témoin contemplant *(shâhid)*, et qui envoya vers eux, comme gardien, mon être intime *(ḍamîr-î)*, mes suggestions

subites *(khawâṭir-î)* et mes aspirations *(himam-î)* qui les protègent et les observent. Il en est de lui comme de l'homme qui quitte sa demeure sans en avoir conscience du fait qu'il y reste présent par l'imagination et la représentation qu'il se forme en lui-même. Cette aptitude intérieure va être commentée.

(4) Il les suivait là où ils partaient et où ils s'orientaient dans leur démarche, à l'intérieur des Demeures divines.

Et ils plantèrent leurs tentes lorsqu'ils se tinrent dans une des stations de la Synthèse *(jam')* et de la Présence existentielle *(wujûd)* pour que survienne la contemplation pendant laquelle aucune activité procédant de lui n'est possible. Bien au contraire, il possède la stabilité ou immobilité *(thubût)* dans ce lieu de contemplation.

Les montures *(maṭayâ)* sont les voyageurs pour lesquels il montre un ardent désir sous l'action de l'énergie spirituelle.

Peut-être s'occupait-il à les soigner **:** il acquiert une influence sur eux par l'aspiration spirituelle de sorte qu'ils lui témoignent de la considération, et cela à cause de sa sincérité. Car le petit exerce une action sur le grand lorsqu'il est sincère dans sa prévenance, comme il appert souvent chez les novices *(murîdîn)* sincères avec leurs directeurs spirituels *(shuyûkh)*, eux qui pourtant sont d'un rang plus élevé. Néanmoins, la prévenance sincère *(çidq al-tawajjuh)* qu'ils ont pour les maîtres est, chez eux, une marque de bonté à leur égard « *afin que Dieu rétribue les sincères en raison de leur sincérité* » (*Coran* 33/24), sans retard dans cette vie et ultérieurement dans la vie ultime.

Ensuite les états des itinérants *(sâ'irîn)* sont décrits.

(5) Ils s'installèrent dans la station de la purification parfaite ou transcendance *(maqâm al-tanzîh)* et dans le dépouillement ou esseulement dû à la réalisation de l'Unicité [divine] *(tajrîd al-tawḥîd)* en déployant les tentes [pour s'ombrager] comme on le retrouve dans cette parole du Messager de Dieu – sur lui la Grâce et la Paix de Dieu : « Certes, l'être humain, au Jour de la Résurrection, sera dans l'ombre de son offrande sincère *(çadaqa).* »

Déroulant les tapis : il s'agit ici du monde des êtres générés *('âlam al-akwân)* que Dieu le Réel déploie pour eux dans leurs demeures spirituelles *(manâzil)* au moment où ils y arrivent ainsi que de la bonté et de la générosité qu'Il leur accorde en cette station.

Il est mentionné ensuite l'effet que produit en eux-mêmes leur installation dans cette station, les grâces subtiles *(alṭâf)* qui fondent sur eux de chez Dieu le Réel, ainsi que les cadeaux *(taḥf)* et les connaissances provoqués par cette installation.

(6) L'attention est attirée, dans ce vers, sur le dépouillement dû à la réalisation de l'Unicité [divine] avec laquelle jamais aucune réalité dépassant l'essence *(ḥaqîqa zâ'ida 'alâ al-'ayn)* ne peut être établie. C'est alors qu'ils se tinrent dans cette station, en réalisèrent la Vérité et connurent la signification de cette parole divine : « *Aucune chose n'est comme Lui* » (*Coran* 42/10). Il les amena à la réalisation de l'Unicité *(tawḥîd)* de leur essence en considération de leur unité *(aḥadiyya)* qui n'admet aucune ressemblance en tant qu'essence *('ayn)* dans l'Unité même *(dhât).*

La réceptivité de leur essence est alors mentionnée en raison de secrets divins attachés aux réalités des Noms divins que le Vrai répandit sur elle. Elle est donc assimilée à un ***verger*** ou jardin *(rawḍa)* du fait que celui-ci comprend toutes sortes de fleurs. Il s'agit ici de la station de la Parole face à face (*fahwâ-niyya* = littéralement, bouche à bouche) illustrée par l'expression ***parmi des arbres fleuris rouges de fruits mûrs.*** L'acquisition *(kasb)* et le don *(wahb)* sont rassemblés [en cette station], en raison de la contemplation et de la Parole [de Dieu]. Celui qui évolue dans cette station relève des types [spirituels] mosaïque et muḥammadien, selon l'interprétation d'Ibn 'Abbâs et de la plupart des êtres de réalisation spirituelle.

C'est ensuite que l'on décrit l'influence que ceux-là exercent dans les demeures une fois qu'ils y sont installés.

(7) Ils firent halte en un lieu à cause de leurs états, de leurs comportements et de leurs vertus *(khuluq)* d'une beauté multiforme comme celle des ***paons*** *(ṭawâsim)*, en raison de la beauté de ces oiseaux et des couleurs de leur parure. Ils sont aussi comparés aux oiseaux devant l'aspect spirituel qui domine dans les êtres de ce type.

Les oiseaux évoluent entre, d'une part, le monde spirituel libre du fait de leur vol dans l'atmosphère et de leur déplacement dans les airs et, d'autre part, le monde corporel du fait de leur forme et de leur constitution. Il est donc possible d'établir une comparaison avec eux puisque les esprits humains conditionnés par ce corps n'en sont pas dégagés, à la différence des esprits affranchis, non conditionnés par le monde des corps. Ces esprits humains sont gouvernés fondamentalement par la nature ou différenciation originelle *(fiṭra)* et par la constitution innée *(jibilla)*. De plus, ils n'en sont pas dégagés du fait qu'ils appartiennent au monde corporel, qu'ils sont de la sorte totalement enténébrés, grossiers et appesantis et qu'ils se meuvent par autre qu'eux et non par soi. Pour toutes ces raisons, ils sont comparés aux oiseaux ; ils participent, par leur nature, des ténèbres et de la lumière, et ils sont ainsi comme dans une condition intermédiaire entre les deux mondes lumineux et ténébreux.

(8) Jamais ils ne se mirent en route ***sans que cette terre ne recelât les sépultures remplies d'êtres dont ils étaient follement épris*** : pour lesquels ils ont une vive affection et qui sont les vérités essentielles qui nécessitent que leurs effets agissent en eux afin de leur manifester leur pouvoir.

Les gnoses *(ma'ârif)* n'ont d'existence que par les gnostiques *('ârifûn)* ; elles provoquent de la sorte une intense emprise amoureuse *('ishq)* plus forte chez ces derniers qui possèdent ces connaissances, pour autant qu'ils les connaissent à cause du désir qu'ils en ont. Il est même possible que le gnostique ignore certaines de ces connaissances, mais alors [devant cette possibilité], on ne conçoit chez lui ni recherche ni emprise d'amour. Pour cette raison, cette disposition est décrite comme une mort au moment où ces connaissances se retirent du gnostique. C'est pour cela qu'il est question de ***sépultures*** *(manâwîs)* ou de tombeaux *(madâfin)*.

20
Dilemme d’amour

(1) Ma langueur d’amour est née
D’œillades langoureuses.
Soulagez-moi tous deux par la mémoire
Que je garde d’elle ! Oui soulagez-moi !

(2) Les colombes grises, dans les jardins,
Plaintives, voltigent et roucoulent.
Ces oiseaux qui montrent leur émoi
Provoquent en moi vive émotion.

(3) Par le sang de mon père, je jure
Qu’une jouvencelle enjouée dodine,
Parmi les filles, dans leur demeure, retirées
Au milieu de femmes vertueuses.

(4) Elle apparaît à tous
Aussi évidente qu’un soleil.
Quand elle disparaît, elle brille
À l’horizon de mon cœur.

(5) Ô traces de ruines évanescentes !
Combien de beautés avez-vous vues,

Aux seins bien formés,
Sur les lieux de Râma.

(6) *Par le sang de mon père et par le mien,*
Une gazelle prospère
Vient se repaître
Toute confiante, entre mes flancs.

(7) *En cet endroit de moi-même*
Émane un feu : c'est une lumière,
Et cette lumière vient alors
Calmer l'ardeur des tisons.

(8) *Ô vous mes deux intimes*
Sur mes rênes venez tirer
Pour que clairement je voie
La forme de sa demeure.

(9) *En atteignant la demeure,*
De vos montures vous descendez,
Et là, vous deux, mes compagnons
Sur moi répandez vos pleurs.

(10) *Près de moi tous deux, arrêtez-vous un peu,*
Sur les ruines des demeures.
De pleurer alors, nous nous efforcerons ;
Mais moi je pleure de ce qui m'a frappé !

(11) *La passion me pénètre*
Sans user de la flèche.
La passion me meurtrit
Sans le fer de la lance.

(12) Venez tous deux me dire
Si lorsque je pleure près d'elle
Vous m'aiderez à pleurer.
Ô vous deux, m'aiderez-vous à pleurer ?

(13) Rappelez à ma mémoire
L'histoire de Hind
De Lubnâ, de Sulaymâ,
Et aussi de Zaynab et de 'Inân.

(14) Ajoutez encore, vous deux,
Ḥâjir et Zarûd.
Donnez-moi des nouvelles
Des pâturages de gazelles.

(15) Faites mon éloge funèbre,
Par les vers de Qays et Layla
Par ceux de Mayya aussi,
Et de Ghaylân l'éprouvé.

(16) Persiste mon ardent désir
D'une tendre jouvencelle,
Éloquente en prose, en vers,
Du haut de sa chaire.

(17) Elle est une des filles de rois
Originaire de Perse,
De la plus glorieuse des terres,
De la ville d'Ispahan.

(18) Elle est fille de l'Irâq,
La fille de mon imâm.

Et moi, son contraire :
Un fils du Yémen.

(19) Ô mes princes ! avez-vous vu
Ou encore entendu
Que jamais deux opposés
Se trouvent réunis ?

(20) Si à Râma tu nous avais vus,
Les coupes de la passion
Nous nous offrions,
Sans l'usage des doigts.

(21) La passion qui nous distingue
Nous pousse à prononcer
De suaves propos engendrant l'émotion
Sans l'usage de la langue.

(22) Vous auriez vu alors
Ce qui trouble la raison :
Le Yémen et l'Irâq
Venir s'embrasser !

(23) Le poète a menti,
Lui qui, avant moi, en parla.
Il a lancé sur moi
Les pierres de sa raison.

(24) « Ô toi qui donna en mariage
Les Pléiades à Canope.
Que Dieu prolonge ta vie !
Comment peuvent-ils se rejoindre ?

(25) Les Pléiades à gauche se trouvent
Quand elles commencent à briller,
Alors que Canope à droite se tient
En irradiant son éclat. »

COMMENTAIRE

CONNAISSANCE ESSENTIELLE
ET CONNAISSANCE LIMITÉE

(1) La langueur ou maladie est une déviation ou une inclination *(mayl)*.

Lorsque les « regards essentiels » de la Présence *('uyûn al-ḥaḍra)*, objet de la quête des gnostiques, provenant du Dieu-Vrai – Gloire à Lui – s'inclinent vers nous par irradiance amoureuse *(raḥma)* et délicatesse *(talaṭṭuf)*, ils font pencher mon cœur, vers cette présence, par attachement amoureux *(ta'ashshuq)*. Elle est d'une pureté si majestueuse, d'une exaltation si considérable et d'une élévation si puissante et si magnifique, qu'il est impossible de la connaître. Elle est aimée et se laisse descendre, avec les grâces cachées, sur les cœurs des gnostiques.

Ce point doctrinal fait appel à ce ḥadîth saint : « … Le cœur de Mon serviteur porteur de foi Me contient[1]. » Il s'agit d'une sorte de théophanie qui affecte le cœur à ce moment. Quand l'amour est présent, l'inclination ou attraction coexiste en permanence, et c'est une maladie louable *(maraḍ maḥmûd)*.

1. Sur ce ḥadîth, cf. poésies 2/7 – 6/1 – 27/1 – 29/8 – 30/19 – 46/12 et 54/1.

Soulagez-moi tous deux par la mémoire, du fait que la mémoire ou mention *(dhikr)* de la maladie, ou déficience *(maraḍ)*, fait désirer le soulagement *(ta'allul)*. Or, pour y parvenir, seul le *dhikr*, ou réminiscence, reste à la disposition de la créature, bien que sa maîtrise *(ḍabṭ)* et la réalisation de son contenu s'avèrent impossibles [sous tous ses aspects]. Il recherche ce qui est permis : le *dhikr*, conformément à cette parole divine : « *Faites Mon Dhikr, Je ferai votre dhikr* » (*Coran* 2/147). La répétition du terme « *dhikr* » [dans ce verset] signifie le *dhikr* par le langage du Mystère *(lisân al-ghayb)*, et celui par la langue de la présence attestée *(lisân al-shahâda)*.

L'expression : ***Soulagez-moi*** est répétée deux fois [comme le terme *dhikr* dans le verset précité] pour signifier ceci : « Mentionnez-Le tous deux pour moi, par le *dhikr* que je fais de Lui, et par le *Dhikr* qu'Il fait de moi. » Il est donc question de l'état d'extinction *(fanâ')* du serviteur sous l'effet du *Dhikr* de son Seigneur, par Son *Dhikr* pour son *dhikr* par son Seigneur, pour son Seigneur, par la langue de Son serviteur, conformément à l'invocation suivante que le Prophète – sur lui la Grâce et la Paix de Dieu – faisait en se relevant de la position inclinée pendant la prière rituelle gestuelle : « Dieu s'exprime *par ('alâ* ou *selon)* la langue de Son serviteur. Dieu écoute *à cause de* ou *pour* celui qui Le louange *(sami'a-Llâlu* li-*man ḥamida-Hu)*. »

(2) Ces colombes qui ***voltigent*** sont les esprits du monde intermédiaire *(arwâḥ barzakhiyya)* qui se meuvent dans les ***jardins*** *(riyâḍ)*, ceux des connaissances.

Elles roucoulent plaintives, ces esprits pleurant sur eux-mêmes du fait qu'ils ne sont pas affranchis de leur nature *(dhât)*, en s'exprimant ainsi à cause de l'excellence des esprits libérés de la limitation de cet habitacle formel, en raison des possibilités des êtres de la hiérarchie suprême, concurremment avec ceux du Plérôme le plus haut. Ils me communiquent leur émoi tant qu'il existe une correspondance avec eux provenant de l'aspect subtil incorporé de l'être *(laṭifa mumtazija)*. Ce qui m'afflige les afflige aussi par le fait de l'affinité *(mushâkala)* existant entre les deux catégories d'êtres en présence.

(3) ***La jouvencelle,*** délicate et tendre, fait allusion à la jeunesse *(ṭufûliyya)* qui désigne l'entrée nouvelle *(ḥudûth)* dans la vie, par sa venue à l'existence *(wujûd)* pour Dieu le Réel et non pour sa propre âme.

Enjouée *(la'ûb)*, car elle dispense le jeu à profusion et se fait aimer *(mutaḥabbiba)* sans se montrer soucieuse, réjouie de la proximité de son lieu de contemplation le plus primordial.

Les femmes vertueuses *(ghawânî)* sont les entités spirituelles *(dhawât al-arwâḥ)* et vierges parmi eux *(bayna-hum)*. Aucun homme ne les a touchées avant l'obtention de ces connaissances, pas même des djinns ou êtres du monde subtil *(jânn)* [cf. *Coran* 55/56 et 74], c'est-à-dire des êtres cachés qui se dérobent [selon le sens que reçoit la racine *J N N*].

Ni [les entités] du monde du Mystère ni [celles] du monde de la Présence attestée ne se réjouissent avec elle. Ici réside une allusion à la Sagesse sublime, divine, essentielle, la plus sainte, présente à celui qui parle ainsi, par une douceur qui engendre contentement, réjouissance, émotion et joie, chez celui dont elle s'occupe.

Cette ***jouvencelle enjouée dodine*** *(tahâdâ)*, c'est-à-dire vacille ou se déplace en oscillant entre les sagesses divines et les grâces par lesquelles les gnostiques, qui précédèrent ce gnostique dans l'Existence, obtinrent leur réalisation spirituelle.

Parmi les filles, dans leur demeure, retirées *(banât al-khudûr)*, expression qui fait allusion à sa condition, derrière le voile de la préservation, de la conservation et de la jalousie, pendant le voyage qu'elle effectue, pour le cœur de ce gnostique, depuis la Présence divine, dans les demeures sublimes, afin qu'elle le rejoigne. Le terme ***khudûr*** signifie : le rideau, ou plus exactement, la litière *(zha'îna)* sur laquelle la femme repose à dos de chameau *(hawdaj)* pendant le voyage, et qu'on descend dans la chambre particulière située sous la tente.

(4) Ce vers se réfère à cette parole du Prophète – sur lui la Grâce et la Paix de Dieu : « Certes, vous verrez votre Seigneur comme vous voyez le soleil avec évidence, sans qu'aucun nuage se trouve au-dessous de lui. »

Cette beauté aux propos affectueux *(mutaghazzil)* se lève avec évidence dans le Monde du Royaume et de la Présence attestée *('âlam al-mulk wa al-shahâda)* sous l'effet des Noms divins l'Apparaissant ou Extérieur *(zhâhir)*, l'Infiniment-Grand *(kabîr)*, l'Exalté *(muta'âl)*.

Sous l'action de cette Théophanie, elle accorde ce que le soleil dispense d'influences intelligibles et sensibles dans le monde des éléments *('alam al-arkân)*, pour finir, au terme de sa course, par se cacher au milieu de la sphère du Monde *(niçf dâ'irat al-'âlam)*, et disparaître alors du Monde du Royaume et de la Présence attestée. De la sorte, son coucher devient son lever dans le Monde du Mystère et de la Royauté céleste *('âlam al-Ghayb wa al-Malakût)*. Ce phénomène est décrit par le terme *janân*, cœur [litt. : voile, ou obscurité de la nuit, le fait d'envelopper]. Le vocable : cœur *(qalb)* n'est pas employé ici pour éviter de parler d'inconstance *(taqlîb*, mot de même racine que *qalb)* et de changement d'état ou coloration *(talwîn)*[1] dans cette station.

L'horizon *(ufuq)* est mentionné à cause de l'équilibre, ou proportion équilibrée *(i'tidâl)*, et du fait que l'être humain, en raison de sa constitution et dans cette perspective, ne demeure en condition équilibrée qu'en considérant son orientation à partir de son cœur symbolisé par ***l'horizon***. Quand le cœur manifeste le désir de regarder ailleurs qu'à ***l'horizon,*** il se déséquilibre, et c'est pour cela qu'il est dit : ***l'horizon de mon cœur*** ou de mon for intime.

(5) Par ***traces de ruines,*** il faut entendre les facultés corporelles *(quwâ juthmâniyyât)*, et par ***Râma*** [selon l'étymologie de la racine de ce nom de lieu], le désir qui est l'appel désapprouvé, ou fallacieux *(muḥâwala)*.

Ô [toi, jouvencelle, dotée de ces] facultés ! Comme tu essaies de réaliser ce qui ne peut être atteint puisque tu es dans le lieu de l'altération *(taghyîr)* et du changement *(talwîn)* d'un état à un autre !

Évanescentes **:** ce qui s'évanouit *(dâris)* c'est ce qui se modifie ou s'altère *(mutaghayyir)*.

---

1. Ibn 'Arabî définit ainsi ce terme : « Si tu demandes ce qu'est le changement, nous dirons : C'est la mutation graduelle et consciente *(tanaqqul)* du serviteur dans ses états spirituels. Pour la plupart, elle présuppose une station spirituelle imparfaite mais, selon nous, c'est la plus parfaite des stations, car elle est le lieu de la similitude *(tashbîh)* que l'être humain se propose de réaliser et dont la motivation est l'assaut imprévisible *(hujûm)*. » In *Futûḥât al-Makkiyya*, chapitre 73, réponse 153 au questionnaire de Ḥakîm at-Tirmîdhî, tome II, pp. 128 à 134.

Les traces de ruines évanescentes sont évoquées pour décrire les sagesses divines, les grâces et les démonstrations *(ishârât)* sublimes par rapport à ce qu'elle avait constaté disparaître, s'effacer et s'extirper d'elle avant cela.

L'expression ***aux seins formés*** *(kâ'ib)* indique que les seins *(thâda*, sing. *thady)* prennent leurs formes pleines quand les filles deviennent adolescentes.

L'allusion est faite aux ***seins*** à propos de cette sagesse puisqu'ils contiennent le lait, symbole de l'extraction ou différenciation primordiale *(fiṭra)*, lait que le Messager de Dieu – sur lui la Grâce et la Paix de Dieu – but pendant la nuit de son Ascension *(mi'râj)*, et entre ses deux seins. Il ressentit sur lui la fraîcheur des doigts *(bard al-anâmil)* et il en obtint la science des Premiers et des Derniers ; car le lait, que contenait le premier sein, fait allusion à la science des Premiers, et le lait contenu dans le second indique la science des Derniers ; entre les deux seins se trouve l'endroit de la synthèse *(mawḍi' al-jam')* en vue d'obtenir ces deux types de science, afin que la connaissance distinctive *(tamyîz)* puisse s'actualiser ainsi dans le monde lorsque la perception sensible *(iḥsâs)* résulte de celui-ci dans cet endroit. Dieu y fait allusion dans ce verset : « *Entre les deux (mers), un Isthme* (barzakh) *qu'ils ne peuvent dépasser* » (*Coran* 55/20), afin que la confusion ne se produise pas[1].

Par ***beautés,*** ou perfection *(ḥisân)*, il faut entendre

1. Ibn 'Arabî a traité du monde intermédiaire *(barzakh)* au chapitre 58 des *Futûḥât al-Makkiyya*. Voir notre traduction de ce chapitre dans *L'Arbre du Monde*, pp. 154-163, ouvrage cité.

Voir aussi notre traduction d'Ibn 'Arabî : *De la mort à la Résurrection*, Éditions Albouraq, Beyrouth, 2009.

que ces deux ordres de réalités relèvent de l'œil essentiel de la contemplation *('ayn al-mushâhada)*, car cet embellissement, ou perfection de comportement *(iḥsân)*, consiste à « ... adorer Dieu comme si tu Le voyais... [selon les termes d'un long ḥadîth] ». En effet, le terme « *iḥsân* » dérive d'une forme verbale signifiant : le fait de rendre beau, parfaire[1].

(6) Ce bien-aimé, qui se manifeste à moi, sert de rançon pour mon père et pour moi-même. Voici une allusion à ce qui se présente soudainement à lui, si toutefois l'état d'extinction le permet.

La gazelle symbolise le bien-aimé sous deux aspects :

– Le premier, du fait que ce terme, qui dérive de *ghazal*, exprime la comparaison *(tashbîh)*, l'amour et la poésie courtoise *(nasîb)*.

– Le second puisqu'il est le vocable qui désigne la bête sauvage *(waḥsh)* vivant dans le désert.

C'est comme si l'on disait : ce sens, que je recherche, est l'endroit de la génération *(mawlid)* et de la station du bien-aimé qui est un désert, symbole aussi bien de la station du dépouillement *(tajrîd)* que de l'état de pureté parfaite ou transcendance *(tanzîh)* et de sanctification *(taqdîs)*. Quand il s'agit de mon état et de ma station, cette signification devient familière, comme la gazelle est familière du désert.

L'expression ***prospère*** *(rabîb)* veut dire : élevé, soigné, éduqué. Le profit résultant de l'éducation est le fruit de l'orientation délibérée de l'énergie spirituelle. Ce processus est du même ordre que celui qui

1. Pour ce ḥadîth, cf. notre traduction du traité d'Ibn 'Aṭâ' Allâh, *Traité sur le Nom Allâh*, Paris, Les Deux Océans, 1981 et 1991, pp. 238 et ss.

concerne l'offrande sincère *(çadaqa)* qui tombe dans la Main du Tout-Irradiant-d'Amour *(taqa'u fî yadi-r-Raḥmân)* [avant qu'elle ne tombe dans celle du pauvre, selon les termes d'un ḥadîth]. Un tel être développe son énergie, ou aspiration, comme l'un de vous aide à élever son nourrisson et son petit sevré. Il en est de même des significations divines quand elles deviennent intelligibles aux aspirations, au point que la quête de ces principes leur donne une forme. L'éducation, ou formation *(tarbiya)*, permet cette actualisation, à la différence de ce qui ne se présente pas au cœur incapable, de ce fait, de retenir l'énergie spirituelle.

Vient se repaître *(yarta'î* de la racine *ra'â)* est une expression dont l'étymologie signifie : le fait de paître. Or cet acte procure [indirectement] le beurre *(samn)*, source de bien et d'agrément à celui qui fait paître. Il en est de même de cette inspiration ou intervention divine *(wârid)* quand elle arrive au cœur policé, orné et embelli par le beau comportement, lors de la Rencontre [avec Dieu] ; car nécessairement, il revient à son Existentiateur en retournant à une forme excellente, source des instants spirituels dont l'entrée dans les connaissances est immense.

Toute confiante *(amân)*, ***entre mes flancs,*** ou mes côtes *(aḍlu')*, ce qui signifie la courbure ou inclination des côtes comme si celles-ci enveloppaient la gazelle craintive, afin que rien ne l'atteigne, ainsi que nous l'avons chanté dans une poésie de ce recueil (cf. 29/21). Je la retiens entre mes côtes pour l'empêcher de partir ; or cette protection implique sécurité pour elle.

(7) C'est comme si on lui disait : ce lieu, que tu as placé comme pâturage pour ta gazelle, est de nature ignée *(nârî)* [par assimilation du terme ghazâl avec

celui de soleil, *ghazâla*]. Nous lui répondrons alors qu'il s'agit de la lumière *(nûr)* qui a une action plus intense que le feu[1]. En conséquence, ces inspirations *(mawârid)* sont de la nature de la lumière *(nûrâniyya)* et trouvent leur origine au degré de présence de la Lumière [pure] *(ḥaḍrat al-nûr)*.

Il n'est pas douteux que le feu naturel qui réside entre les côtes de cet amoureux ne s'intensifie pas pour la bien-aimée, ni ne disparaît non plus. L'amour embrase ce feu et le fortifie pour finalement le calmer sans exercer son influence sur lui. N'as-tu pas vu comment, normalement, la lumière du soleil éclipse celle du feu pour l'œil même si nous savons que le feu possède, lui aussi, une lumière ; mais le plus faible est assimilé par le plus fort pour notre vue ? Nous voyons de la sorte le feu comme s'il était éteint alors qu'en réalité il continue de brûler.

(8) Il appelle ses deux interlocuteurs qui concernent le monde de son mystère et de son attestation, à cause de la Vérité qui est en lui, et il leur dit : Ployez ***ma rêne,*** par laquelle on exerce le contrôle et par laquelle on fait avancer sur la voie la plus droite.

Pour que clairement je voie la forme de sa demeure, c'est-à-dire la présence dont émane cette sagesse amoureuse *(ḥikma maḥbûba)*, par ma vue *(baçar-î)* en tant que vision et non pas en tant qu'elle

1. Les deux vocables qui expriment la lumière et le feu, en arabe, *nûr* et *nâr*, ne diffèrent que par les voyelles longues et proviennent de la même racine. Le feu, quel que soit le domaine où il se manifeste, grossier ou subtil, est de la lumière substantielle, reçue dans un monde donné qui la réfléchit. En eschatologie islamique, le Feu subtil brûle la substance de l'être pour qu'il réalise qu'il est Lumière pure.

est conditionnée par un organe ou une direction. C'est comme s'il cherchait la station de la contemplation, puisque la sagesse n'est recherchée que pour la signification qu'elle implique.

(9) Quand tous deux vous atteignez le campement, veillez sur moi. Or, sans aucun doute, cette présence enrichit tous ceux à qui elle se communique et qui la contemplent. Mais la contemplation est extinction dans laquelle on ne trouve aucune délectation.

Quand tous deux vous me verrez, je m'éteindrai à mon existence et à vous-mêmes. Pleurez donc sur moi à cause de vous et non à cause de moi afin que, par mon extinction, il vous soit donné au-delà de ce que vos réalités essentielles dispensent. Et si je ne trouvais pas la demeure, j'en trouverais la trace tout en répandant mes pleurs sur des êtres semblables à vous !

(10) Près de moi, tous deux, arrêtez-vous, si je trouve la forme de la demeure sur leurs traces et sur celles des autres en elle, pour la raison qu'il partage les pleurs entre lui et eux deux, alors qu'ils sont deux et moi un seul, la plus grande quantité l'emportant sur la plus petite.

De pleurer alors, nous nous efforcerons, car eux deux ne pleurent pas puisqu'ils n'ont rien perdu. Or, celui qui perd *(fâqid)* est celui qui pleure *(bâkî)*, et s'efforcer de pleurer *(tabâkî)* est plus important que de pleurer à cause d'elle.

Il est chanté ensuite ce qu'est la circonstance de sa séparation d'avec eux deux. Ainsi renonce-t-il à l'effort de pleurer, attitude exprimée par la particule *bal*, mais, car il est dit : ***mais moi je pleure de ce qui m'a frappé,*** de la perte de mes bien-aimés et des formes des demeures dont il ne me reste plus que les vestiges *(âthâr)* qui sont les reliques *(baqâyâ*, sing. *baqiyya)* de celles-ci.

Ensuite, on dépeint la condition qui régit l'amour par le pouvoir qu'il exerce sur lui.

(11) La passion me pénètre sans user de la flèche : par pénétration, il faut entendre l'action que la passion exerce sur lui à distance et qui provoque le désir ardent *(shawq)*.

Par ***la passion me meurtrit sans le fer de la lance,*** il est fait allusion à l'action que la passion produit à proximité de lui et qui incite à s'abandonner au désir *(ishtiyâq)*[1].

Il importe peu que le bien-aimé soit en état d'éloignement ou de proximité, car l'action qu'il exerce sur moi est nécessaire *(lâzim)* et son autorité *(amr)* sur moi décisive *(mutaḥakkim)*.

La flèche *(sihâm)* et la ***lance*** *(sinân)*, moyens sensibles, sont exclues car je succombe dans le lieu de contemplation du Mystère et de la Royauté céleste et non dans le corps sensible, sans flèches meurtrières. Il s'agit, en l'occurrence, d'une disposition principielle.

Ses deux compagnons vont faire maintenant l'objet de questions.

(12) Alors, il est dit à leur sujet : ***Lorsque je pleure près d'elle,*** est-ce que, oui ou non, vous vous efforcerez de pleurer avec moi, à cause de mes pleurs, pour m'aider ? C'est-à-dire me ferez-vous connaître certaines des sciences [résultant] de la contemplation

1. Pour la différence existant entre les deux termes techniques *shawq* et *ishtiyâq*, voir poésie 55/1, note 1.

('ulûm al-mushâhada) qui sont en vous et qui conviennent à ce lieu, car les pleurs proviennent des yeux (*'uyûn* ou sources essentielles) ? Ce sont des larmes chaudes dues à la tristesse. Elles sont alors des sciences résultant d'un effort spirituel *('ulûm mujâhada)*.

(13) Il leur dit : « Soulagez-moi tous deux en me narrant des anecdotes apparentées et assimilées à mon cas. Faites-moi donc le récit des bien-aimées éprises d'eux, et non des amants épris d'elles, en aimant mieux mentionner celles-ci que moi-même, et pour me procurer un délassement en écoutant le récit de ceux qui ont des affinités avec elles. »

Les bien-aimées décrites ici ont fait l'objet de récits. Leur mention serait longue à faire et ne pourrait entrer dans le cadre de ce commentaire. On leur a déjà consacré une place importante dans les ouvrages littéraires. Par exemple : les récits sur Hind, compagne de Bishr, sur Lubnâ, compagne de Qays b. Dharîḥ, sur 'Inân, esclave de an-Nâṭiqî, sur Zaynab, une des compagnes de 'Umar b. Abî Rabî'a, Sulaymâ, esclave et notre contemporaine que nous avons vue et qui avait un amoureux soupirant après elle.

[Ces noms ont tous une signification dans la langue] :

Ainsi, ***Hind,*** qui a pour signification étymologique : cajoler, et aussi Inde, fait allusion à la chute d'Adam [qui, chassé du Jardin paradisiaque, descendit dans ce pays], et réfère à des secrets propres à ce lieu.

Lubnâ fait allusion à la préoccupation, ou besoin *(lubâna)*.

Sulaymâ exprime la sagesse caractérisant Salomon *(sulaymâniyya)* et Bilqîs.

'Inân (qui veut dire « rênes » ou l'acte de diriger un animal avec elles) suggère la science des principes politiques *(umûr siyâsayyât)*.

Zaynab, ou « timide », indique le transfert de la station de la Sainteté *(walâya)* à celle de la Prophétie *(nubuwwa)*.

Il s'agit ici d'une perfection concernant les âmes relevant du genre féminin *(unûtha)*, sous l'effet du statut originel *(bi-ḥukm al-açâla)*. Si elles sont parfaites, il ne subsiste plus entre femme et homme que le degré du surcroît de faveur *(darajat al-faḍl)* ; l'équivalence ou parité *(tasâwî)* se manifeste alors dans le degré de la perfection *(darajat al-kamâl)* en tant que perfection en soi et non en tant qu'une perfection quelconque. Par exemple, Dieu dit : « *Nous avons favorisé certains de ces messagers par rapport à d'autres* » (*Coran* 2/253) : sous le rapport du Message *(risâla)* il n'y a pas de surcroît de faveur car le terme « Message » est pris dans le sens général [de Révélation], mais quand il désigne un message particulier, l'émulation dans la faveur *(tafâḍul)* entre en considération.

(14) Alors, après la mention de ces personnages, il se met à en désirer d'autres, et cela par mode d'allusion et de stimulation *(tanbîh)*, en raison des lieux dans lesquels ces sagesses, objet de la quête de cet être fortement épris, se trouvent présentes.

Ajoutez encore, vous deux, dans vos nouvelles, l'histoire de ***Ḥâjir*** : Ḥâjir symbole des causes empêchant l'objet de la quête de se réaliser, car telle est la signification de ce mot.

Zarûd est une sorte de contrée au voisinage insociable. C'est une grève où le sable avoisine le sable sans se mélanger. Malgré cela, dans ces lieux, on trouve des ***pâturages*** pour ces ***gazelles*** représentant les sciences insolites *('ulûm shawârid)* qui ne sont ni arrêtées ni concevables. C'est comme si l'on aspirait à des états qui les rendent attractives.

(15) Faites mon éloge funèbre par les vers des bien-aimés comme moi, dans le monde de la sensibilité et de la présence immédiate, à l'instar de ***Qays*** qui symbolise la vigueur *(shidda)* et le Calame existentiateur *(qalam al-îjâd)*.

Par ***Qays,*** on attire l'attention sur la vigueur, ou force, car cette expression, dans la langue, prend ce sens et celui d'acéré, consistant *(dhakar)*.

Le nom : ***Layla*** vient de ***layl,*** « nuit », période de temps pendant laquelle l'ascension *(mi'râj)*, le voyage dans les ténèbres *(isrâ')* et les descentes volontaires *(tanazzulât)* divines s'effectuent depuis le Trône du Tout-Irradiant-d'Amour *('arsh raḥmânî)*, sous l'effet des grâces discrètes *(alṭâf khafîyya)*, jusqu'au ciel le plus proche du cœur le plus rempli de désir.

Mayya signifie : maladresse ; elle symbolise celle dont l'œuvre n'est pas bonne. Or, celui qui ne parfait pas son acte est [bien] l'acteur [mais] sans faire référence à Dieu, car « *Dieu vous a créé et ce que vous faites* » (*Coran* 37/96) ; ce qui veut dire que les actes, qui sont créés pour Dieu, se manifestent par votre entremise.

Ghaylân a pour signification : celui qui possède une corde usée. Or, la corde est le moyen qui permet de saisir quelque chose avec la main et de s'y attacher, et le rapport qu'elle garde avec le Préexistant *(qadîm)* est certain, car la « *Corde de Dieu* » (*ḥabl Allâh*, cf. *Coran* 3/103) est un symbole du Préexistant sans fin. Ce terme ***Ghaylân*** signifie aussi : un arbuste épineux qui s'accroche à celui qui le touche pour l'empêcher de s'éloigner de lui par amour et préférence pour lui. Cet arbre lui procure le repos du fait qu'il pousse uniquement dans un désert sans végétation, lieu périlleux à cause de l'intensité de sa brûlure et de sa chaleur ; le voyageur *(sâlik)* n'y trouve aucune ombre sauf auprès de ces arbustes, appelés : « la mère de Ghaylân » ; il les trouve dans ce lieu par miséricorde, jette sur eux son vêtement, recherche leur ombre, accroche cet habit aux épines de l'arbre pour éviter qu'il soit emporté par les vents ; il se découvre donc à cause de l'ardeur du soleil. Il en est ainsi des Grâces divines cachées qu'il découvre dans la station du Dépouillement ou Esseulement dû à la réalisation de l'Unicité divine *(tajrîd al-tawḥîd)* et de la Transcendance propre à la Sanctification *(tanzîh al-taqdîs)*.

L'analogie est rendue possible de cette façon par ces correspondances symboliques *(manâsib)*.

C'est pourquoi il demande à tous deux de lui mentionner ces personnages qui sont des amoureux, afin qu'il réunisse les conditions de l'Amour et la science des réalités essentielles, apanage des êtres ici décrits – car ils sont bel et bien des amants !

(16) Cette connaissance essentielle *(ma'rifa dhâtiyya)* s'exprime ***en prose*** *(nathr)* ***et en vers*** *(nizhâm)*, chacun de ces deux modes de composition traduisant ce qui est respectivement limité *(muqayyad)* et illimité *(muṭlaq)*. En tant qu'expression de l'Essence [divine], il s'agit d'une existence *(wujûd)* affranchie ou absolue ; mais en tant qu'expression de Dieu, Souverain-Possesseur *(mâlik)*, il s'agit d'un conditionnement par la possession *(milk)*.

Comprends bien ce que nous voulons dire ainsi : il est question d'une chose rare et précieuse *('azîz)* que nous n'avons vu personne mentionner avant nous dans un des traités sur la connaissance de Dieu – exalté soit-Il !

La chaire (minbar) [littéralement, gradin où l'on élève la voix] est le symbole des degrés des Noms divins excellents, de l'ascension en eux et de la caractérisation ou le fait de se normaliser *(takhalluq)* par eux. Ils sont le *minbar* où se hausse l'être généré *(minbar al-kawn)*.

L'éloquence (bayân) se réfère à la station du Message [divin] *(maqâm al-risâla)*.

Nous faisons allusion à toutes ces connaissances à travers le voile de Ni<u>zh</u>âm [signifiant aussi vers ou poésie], fille de notre <u>sh</u>ay<u>kh</u>, la vierge vouée entièrement à Dieu *('a<u>dh</u>râ' batûl)*, la vénérable des deux Cités saintes [de La Mekke et de Médine], une des savantes déjà mentionnée [dans le prologue].

(17) Une des filles de rois (mulûk) : par son ascèse *(zahâda)*, car les ascètes *(zuhhâd)* sont les rois ou possesseurs de la terre. [L'auteur, Ibn 'Arabî lui-même] dissimule les connaissances dont il parle par la mention de sa demeure et de son origine [celles de Ni<u>zh</u>âm]. *Des filles de rois* est une expression indiquant que cette connaissance qu'elle possède présente un aspect restrictif, car la fonction royale ou possessive implique un mode de relation [entre le possesseur et l'objet possédé].

Originaire de Perse (min dâri Fars), car même si elle est arabe par l'éloquence *(bayân)*, elle demeure persane – donc non arabe *('ajmâ')* – par l'origine ou lignage *(fî al-açl)*. Or, l'éloquence de sa [celle de l'amant] noblesse inaccessible *(bayân 'izzati-hi)* et l'attachement à cet art *(ta'alluq al-'ilm bi-hi)* n'exercent pas d'influence sur l'origine.

Ispahan (Açbahân) est mentionnée car cette ville de son pays est son origine *(açâla)*. Elle y est dite apparentée par des principes de sagesse, en fonction de la valeur que tout gnostique connaît de ses caractéristiques, et c'est à travers elle qu'il est fait référence aux gnostiques[1].

(18) Le nom ***« Irâq »*** signifie : la racine *(açl)* d'une chose. Cette connaissance en question provient d'une origine noble qui garde la précellence du fait de la mention de la fonction d'***Imâm,*** ou préposé[2].

Mais ***moi*** je suis ***du Yémen*** sous le rapport de la Foi (*îmân* : mot de racine apparentée), de la Sagesse, du Respir du Tout-Irradiant-d'Amour *(nafas al-Raḥmân)* [selon un ḥadîth], et de la délicatesse de l'intime des cœurs rayonnants *(riqqat al-af'ida)*[3]. Or, le Yémen est considéré comme l'opposé *(ḍidd)* de l'Irâq du fait qu'on impute à ce dernier la grossièreté, la rigueur, la mécréance, qualités contraires à celles attribuées au Yémen [ou à la droite, ou bon augure]. En fait, le contraire de l'Irâq est l'Occident *(maghrib)* et non le Yémen qui s'oppose au pays de Shâm [ou Syrie]. L'opposition ici désignée est celle que le Législateur *(shâri')* rapporte à deux aspects ou directions [distinctes].

« Elle » est la bien-aimée qualifiée par la rudesse, l'éloignement, la grossièreté et la violence ; ***« moi »*** représente l'amant. De moi vient l'assistance, la foi, la douceur, la grâce, moyens de se concilier, d'une manière bienveillante, l'agrément de l'être aimé, et de

1. Le pronom *elle* s'applique aussi bien à la ville d'Ispahan qu'à l'héroïne Nizhâm.

2. Sur les fonctions d'*Imâm* et de *Quṭb*, cf. ces termes en référence dans l'Index-glossaire.

3. Pour la notion technique de *fu'âd*, voir notre article : « Les Secrets du cœur en Islam », in *Revue française de yoga, L'espace du cœur*, n° 5, 1992, pp. 65-89.

rechercher la douceur auprès de lui[1]. Quand cette connaissance spécifique s'actualise, elle soustrait le serviteur à la contemplation de lui-même, et apparaît en lui par une sorte de contrainte et de domination, fait disparaître ses caractéristiques et dissipe toutes ses autres connaissances *('ulûm)*. La relation de l'Irâq à cette connaissance est plus déterminante qu'une autre provenant d'autres lieux.

(19) Deux opposés **:** allusion à l'anecdote suivante : Junayd[2] se trouvait en présence d'un homme qui, ayant éternué, dit : « *La Louange est à Dieu* » (*Coran* 1/2). Junayd intervint : « Tu aurais pu continuer ainsi “... *le Seigneur des êtres de l'Univers”* » (*Coran* 1/2). L'homme lui répliqua : « Et qu'est donc l'Univers pour qu'il puisse être mentionné avec Dieu ? » Junayd ajouta : « Eh bien, mon frère ! il ne reste aucune trace de l'être contingent quand il est réuni au Préexistant. Quand Lui est en tant que Lui, tu n'es pas ; et si tu es en tant que toi, Il n'est pas ! “Si les voiles cachant les Gloires sublimes de Sa Face se retiraient, Elles brûleraient ce que Son Regard atteindrait[3].” »

(20) Si tu nous avais vus dans la station de la conversation déconcertante *(muḥâwara)*, ***nous nous***

---

1. La Bien-aimée, dans ce cas, est apparentée à l'Essence divine inaccessible, dépouillée, absolue, décrite en mode de pure négation, au contraire de l'Amant qui exprime des qualités et attributs positifs.

2. Pour plus de détail sur Junayd et son enseignement, voir : Junayd, *Enseignement spirituel, Traités, lettres, oraisons et sentences*, traduits de l'arabe et présentés par Roger Deladrière, Paris, Sindbad, 1983.

3. Sur ce ḥadî<u>th</u>, cf. poésies 7/2 – 15/7 – 18/6 et 25/6.

offrions les coupes de l'Amour, conformément à la parole divine suivante : « *Il les aime et ils L'aiment...* » (*Coran* 5/54).

Sans l'usage des doigts suggère la pure Exemption, ou Transcendance (*tanzîh* = immunisation) et la Sanctification *(taqdîs)* ; et attire l'attention sur son caractère principiel et caché, excluant la sensibilité, l'imagination, la conceptualisation *(çûra)* et l'analogie *(mathâl)*.

(21) Ce vers se résume à ce que le poète a chanté :

Dans les visages, nos yeux parlaient de nous.
Nous nous taisions, et la passion alors s'exprimait.

Rien que par son regard, je sais ce qu'elle veut.
À ce moment, je baisse les yeux, et elle comprend.

Suave, ou bon *(ṭayyib)*, par la double perception du goût et de l'odorat, allusion à la station des Esprits et des savourements, ou expériences spirituelles *(adhwâq)*. Il est relaté que cette disposition fait naître l'émotion *(ṭarab)*. Très souvent, l'Audition *(samâ')* pousse à l'émotion, ou dilection, et à ce qui dispose à la contemplation face à face (*fahwâniyya*, litt. bouche à bouche). Le but est ce que nous évoquions à propos de l'odorat et du goût. L'émotion se produit chez l'amoureux par une vertu spéciale *(khâççiyya)* [qui porte effet].

Sans l'usage de la langue, signe de pure transcendance *(tanzîh)*, comme dans le vers précédent.

Pousse *(sâqa)* ***à prononcer,*** et non « conduit » *(qâda)*, car celui qui parle est « derrière » son propos et non « devant », position qui indique que la parole concerne l'auditeur.

Des propos *(ḥadîth)*[1], en référence à ce verset : « *Il ne leur vint pas de rappel renouvelé (muḥdath)*[1] *[sans qu'il l'écoute en se jouant]* » (*Coran* 21/2).

L'éloignement *(bayna')* est ici la distinction entre deux stations et deux réalités, et non l'éloignement du lieu et du temps.

(22) Vous auriez vu alors ces états dans lesquels nous nous trouvions pour que vous voyiez une station au-delà de la capacité de la raison *('aql)*, cette station qui consiste à ce que l'attribut de contrainte s'unisse *(ittiḥâd)* à celui de bonté.

On peut, à ce sujet, citer la parole de Abû Sa'îd al-Kharrâz[2]. On lui demanda : « Par quoi as-tu connu Dieu ? » – « Par Sa synthèse *(jam')* des deux opposés *(ḍiddayn)*, car *"Il est le Premier et le Dernier, l'Extérieur et l'Intérieur"* » (cf. *Coran* 57/3) sous un aspect unique et nécessairement ainsi, contrairement à ce que permet d'atteindre la raison. En effet, cette faculté donne des preuves sur ce sujet dans la mesure où elle y parvient, en affirmant que Dieu est Premier sous tel aspect et Dernier sous tel autre, Extérieur sous un aspect et Intérieur sous un autre. Pourtant, il n'en est pas ainsi : les facultés selon lesquelles Dieu a créé l'être humain ne peuvent aller au-delà de leurs capacités. Par exemple, il n'est donné à l'odorat que

1. Les termes *ḥadîth* et *muḥdath* ont une racine commune Ḥ D T H qui signifie : être nouveau, prononcer des propos.

2. Abû Sa'îd al-Kharrâz, célèbre soufi, naquit à Bagdad et mourut au Caire en 286/899. Voir à son sujet : Kalâbâdhî, *Traité de soufisme*, traduit de l'arabe et présenté par Roger Deladrière, Paris, Sindbad, 1981.

de percevoir les odeurs bonnes ou mauvaises, et il en est de même pour toutes les facultés ; la raison, également, ne peut atteindre que ce qui entre dans sa capacité réflexive dans la recherche des preuves ; le secret seigneurial *(sirr rabbânî)* s'exerce selon la fonction qui lui est impartie et qui entre dans son pouvoir. Il se peut qu'une chose quelconque soit absurde pour la raison et non pour Dieu le Réel. Il en est ainsi décidé, et il faut que l'ignorance de la vérité soit dans la raison, même si, contre toute évidence, celle-ci prétend qu'elle en a la connaissance. En matière de preuve à ce sujet, on peut encore dire, sans aucun doute, que la raison ignore la réalité de Dieu – Gloire à Lui – sans connaître Son Essence en tant qu'Elle est nantie des Attributs positifs, et malgré cela, elle prétend nier Dieu, à l'aide d'un argument probant pour elle : qu'Il n'est pas extérieur puisqu'Il est aussi intérieur. Il ne convient donc pas que la raison se prononce sur la connaissance de Dieu en tant qu'Essence. Il entre dans la capacité de cette faculté de connaître l'Être du Vrai *(kawn al-Ḥaqq)* en tant qu'Il est un Dieu se révélant *(ilâh)*[1] en nous donnant l'existence, alors que nous demeurons dans

1. Le Maître relève ici la différence qui existe entre les deux noms *Allâh* et *ilâh.*

Allâh est aussi bien le Nom de l'Essence *(dhât)* que celui de la Fonction divine *(ulûhiyya)* qui s'exerce à travers les Noms et Attributs divins dans les degrés ontologiques et cosmiques. Sous ce rapport, il est considéré comme un nom propre qui ne dérive de rien.

Ilâh est théophanie *(tajallî)*, ou Dieu présent à et dans Ses créatures, Dieu sous le rapport de la manifestation. Au contraire du nom *Allâh*, il peut concerner la créature. Dans le Coran et chez les Maîtres musulmans, il n'est jamais substitué au nom *Allâh*, alors que l'inverse est vrai.

le besoin *(muftaqirûn)* de Lui pour venir à l'existence et nous y maintenir. Sache-le bien !

(23) Le poète (*shâ'ir*, de la racine *SH 'R*, avoir conscience, avoir l'intuition) ou savant ***a menti*** sous le mode de l'appréhension intuitive *(shu'ûr)* d'une chose, et non sous celui de l'explication *(taçrîḥ)*, car la raison fait connaître des choses par l'explication tout en faisant connaître d'autres choses par l'appréhension intuitive, du fait qu'elles en font l'objet. Cependant, par manque d'évidence *('adam al-wuḍûḥ)*, sa raison est tributaire de choses qui exercent sur elle un pouvoir déterminant.

Il a lancé sur moi les pierres de sa raison, c'est-à-dire les preuves dont il se sert par elle en refusant ce qui revient à Dieu le Vrai ou ce qui est nécessaire à cette faculté en elle-même qui se retourne alors contre ***moi*** en disant : « Il s'agit d'une preuve que l'être doué de raison imagine ! » Or, cela est vrai ! En effet, la preuve que la raison avance [peut être] illusoire et non réelle puisque [par exemple] quelque chose de grand peut apparaître comme petit sans vraiment l'être, le grand pouvant sembler [dans certains cas] petit ou le restreint vaste.

Ensuite, nous avons introduit dans cette poésie les deux vers qui suivent, d'un poète, afin d'en compléter le sens.

(24 et 25) Les Pléiades *(Thurayyâ)* sont composées de sept étoiles, et ***Canope*** *(Shuhayl)* d'une seule apparaissant sur la droite, et les premières sur la gauche.

Certes, l'Essence [divine] n'est pas le réceptacle des sept Attributs qui La désignent et qui viendraient s'y ajouter *(ziyâda)*, selon les docteurs spéculatifs *(nuzhzhâr)*, mais ces Attributs sont comme une pure relation *(nasba)*[1].

La Syrie, ou côté gauche *(shâm)*, est le lieu de la génération *(kawn)*, et les Pléiades sont visibles de Syrie, ou à gauche. Il en est de même des attributs rapportés à Dieu le Réel *(Ḥaqq)* qui apparaissent dans les créatures et qui font l'objet de preuves, alors que l'Essence n'est pas immanente à la création *(lâ dukhûl la-hâ fî al-khalq)*, comme Canope ne pénètre pas en Syrie [ou ne peut y être vue]. Et si on objectait : « Que veut donc bien dire Dieu le Réel – exalté soit-Il – dans ce propos [saint] : "Je suis son ouïe et sa vue…" ? Est-Il donc immanent [à l'être] *(fa-qad dakhala)* ? », Nous répondrons que oui, car Il n'a pas dit : « Je suis son essence », mais Il a mentionné des attributs en précisant : « par Mon Ouïe, il entend et par Ma Vue il voit… » ; ou comme le prononce aussi le Législateur quand [l'orant] se relève de la position inclinée [dans la prière gestuelle] – et certes, Dieu s'exprime *par (ʻalâ)* la langue de Son serviteur : « Dieu entend, ou écoute, *à cause de* ou *pour (li)* celui qui Le louange. »

Ce langage allusif suffira à nos compagnons, et aussi à ceux qui visent juste parmi les spéculatifs !

1. Les sept attributs de l'Essence sont dans l'ordre : la Vie, la Science, la Volonté, la Puissance, la Parole, l'Ouïe et la Vue. Pour plus de détails sur cet enseignement constant en Théologie chez les Maîtres du Kalâm et du Soufisme, voir notre traduction de l'ouvrage de Fakhr ad-Dîn ar-Râzî, *Traité sur les Noms divins*, deux tomes, Paris, Dervy-Livres, 1986 et 1988.

Voir nouvelles éditions aux Éditions Albouraq, Beyrouth, 2000 et 2010.

21
La Dame du sanctuaire

(1) Ô jardin de la vallée !
Réponds à la Dame du sanctuaire inviolable
À la bouche ornée de perles bien rangées !
Ô jardin de la vallée !

(2) Recouvre-la un peu de ton ombre,
Ne serait-ce qu'une seule heure,
Afin que celui qui l'invoque
Auprès d'elle demeure.

(3) Ses tentes sont dressées,
Sur les chemins qui te traversent.
Autant de rosée que tu désires
Pour nourrir les délicates pousses.

(4) Autant de torrents de pluie,
Et d'humidité matinale :
Nuage passant soir et matin
Sur tes arbres appelés bân.

(5) Autant d'ombre abondante,
Autant de fruits appétissants

Pour le cueilleur,
Sur les branches qui se balancent,

(6) *Et autant de personnes*
Qui cherchent Zarûd et son sable,
Autant d'autres qui poussent en chantant le chameau,
Ou le tirent en psalmodiant.

COMMENTAIRE

PAROLES ET NOMS DIVINS

(1) La vallée est la plaine sainte, ou la station de la sanctification *(maqâm al-taqdîs)*. Le ***jardin,*** ici, fait allusion à l'Arbre dans lequel la Lumière *(nûr)* apparut à Moïse[1] – sur lui la Paix.

La Dame *(rabba)* ***du sanctuaire inviolable*** *(ḥimâ)* est la Réalité essentielle de Moïse *(ḥaqîqa Mûsâ)*, et cette expression suggère au gnostique le degré propre à Moïse *(martaba mûsawiyya)* dont elle a hérité.

Le sanctuaire inviolable est l'Enceinte inaccessible *(maqâm al-'izza)* dont l'Essence même refuse l'accès.

À la bouche ornée de perles bien rangées, expression de l'illumination des personnes souriantes *(ashrâq al-mubâsim)*. Cette Dame est concernée par l'invocation *(dhikr)* qui intervient dans la station de l'intime Conversation *(munâja)* et de la Parole *(kalâm)* dont le siège *(maḥall)* est la bouche *(fam)*. Ses dents sont

1. Allusion à un épisode de la Mission de Moïse mentionné à plusieurs reprises dans le Coran. Par exemple : 20/12 – 28/30 – 79/16.

pures de sécrétion et de saleté qui viendraient les ternir. Il s'agit donc de la limpidité diaphane *(çafâ')* et de la pureté *(ṭahâra)*.

Réponds, car la Réalité essentielle de Moïse exige un Feu *(nâr)*[1] [un des sens de la racine *jâba*, qui donne l'impératif ***réponds,*** signifie : « foyer »].

(2) Dans ce vers, il demande à ce jardin : ombrage cette Dame du sanctuaire avec toutes sortes de branches qui sont en premier lieu tes connaissances. Il couvre de son ombre ce qui est près d'elle, c'est-à-dire :

– qu'il converse de l'extérieur *(min khârij)*, selon les modalités de l'orientation *(ḥukm al-jiha)*, jusqu'à ce que l'intimité *(uns)* en résulte,

– que le lieu soit propice à la réceptivité,

– et que se produisent pour lui l'appel *(nidâ')* et le message *(khiṭâb)* à partir de son Essence *(dhât)*, sans considérer, de l'extérieur, les essences individualisées *(al-a'yân min khârij)*.

Afin que celui qui l'invoque auprès d'elle demeure, c'est-à-dire qu'il se maintienne *(thubût)* près d'elle dans la sérénité. La suite du poème va élucider ce point.

(3) Quand tu retournes dans la station de la sérénité *(ṭama'-nîna)*, tu dresses pour elle les tentes de ses œuvres dans les stations les plus magnifiques, exprimées ici par le terme : ***chemins***.

Autant de rosée que tu désires : rosée du jour et de la nuit. Cette ondée légère symbolise les prémices des connaissances qui descendent sur l'amoureux, par

---

1. La station de la Parole ici évoquée par le Maître se réfère toujours à Moïse, cf. *Coran* 4/164.

voie de grâces subtiles *(luṭf)*, dans les réalités imperceptibles du Mystère *(gh̲ayâbât al-gh̲ayb)* et de la présence attestée *(sh̲ahâda)*. Car cette descente ne peut être perçue par la sensibilité tant que la part assignée à la perception sensible se manifeste dans le lieu où elle apparaît.

Les délicates pousses sont les branches couvertes d'une nouvelle végétation qui assurent la subsistance pour que la croissance humaine se produise « *selon la plus excellente disposition*[1] » (cf. *Coran* 95/4) qui a reçu le privilège du mouvement en position verticale par rapport aux autres êtres engendrés.

(4) Autant de torrents de pluie *(wabl)* : expression d'une descente [de connaissances] considérable dans laquelle se trouve la guérison du fait de la pluie rafraîchissante du soir. Le terme « *wabl* » : pluie abondante, dérive indirectement de la racine « *ball* » qui désigne la demande à être mouillé ou humecté, et qui représente un remède salutaire *(sh̲ifâ')*, comme le sont les connaissances qui dissipent l'ignorance par leur existence.

C'est qu'en effet les connaissances peuvent descendre sur les cœurs sincères toujours disponibles :

– Elles peuvent aussi descendre sur les cœurs dans lesquels les doutes et les hésitations qui subsistent constituent une maladie.

– Elles peuvent encore descendre sur des cœurs dans lesquels on trouve de l'ignorance ; elles se maintiennent en eux pour autant qu'elles sont des sciences. Cette descente leur rend évident leur état spirituel de sorte qu'ils en profitent. Or, cette disposition n'est pas

1. *Fî aḥsan*[i] *taqwîm*, le terme *taqwîm* évoque la station debout, le fait de rendre droit, érigé.

nommée maladie, car une des conditions de celle-ci est de la ressentir *(iḥsâs)* [comme telle] et de demander, en conséquence, le remède par désir de guérison. Ainsi, cette dernière disposition intervient seulement dans les cœurs de ceux qui sont remplis de doutes et de perplexité.

– Celui qui persiste dans sa conviction *(i'tiqâd)* [erronée] ou dans son incertitude *(shubha)* n'est pas qualifié de malade mais de mort ! Cette descente alors le vivifie, ainsi que Dieu l'affirme : « *Or celui qui était mort* – par l'ignorance – *et que Nous avons vivifié. Nous avons mis pour lui une lumière par laquelle il marche parmi les êtres humains...* » (*Coran* 6/122).

Et d'humidité matinale : nuage passant soir et matin sur tes arbres appelés bân, car Dieu a dit : « *[Dans des maisons que Dieu a autorisé d'élever et dans lesquelles Son Nom est mentionné] ; en elles on Le glorifie au lever du jour et à son coucher* » (*Coran* 24/36). Il s'agit des descentes *(tanazzulât)* qui symbolisent ces actes propres à ces moments : temps propices à la tombée de la rosée abondante *(nadâ)* ; station de la générosité *(jûd)* près de laquelle passe le nuage de la sollicitude [divine] *(saḥâb al-'inâya)* ; rosée qui se pose sur les arbres nommés ***bânât*** (ou de ***bân*** par abréviation), en raison de la transcendance pure *(tanzîh)*, de la séparation *(tafriqa)* et de la distinction *(tamyîz)* existant entre les réalités essentielles.

Cette interprétation est confirmée par l'expression ***soir et matin*** qui indique la tombée de la nuit et le grand matin.

Ce nuage disparaît le matin pour revenir le soir et ainsi de suite, comme cela se passe entre deux périodes de temps, mesure de la vie de l'itinérant spirituel *(sâlik)* : état et station, car « *vers Dieu les réalités ordonnées reviennent et deviennent* » (cf. *Coran* 2/210 et 42/53), allusion à cette station : « *Et vers Lui l'Ordre revient en sa totalité* » (*Coran* 11/123). On dit de *l'Ordre* qu'il *revient* étant entendu qu'il est issu de Lui et que jusqu'à Lui il revient ; entre sortie et réintégration les balances [cosmiques] *(mawâzîn)* sont placées, le *Çirâṭ*, ou Voie effilée, est étendu ; les revendications s'élèvent ; l'adversité apparaît ; les messagers sont là qui apportent les remèdes salutaires. Certaines personnes se comportent comme il convient à cet égard, d'autres sont reprises, certaines s'en désintéressent[1].

(5) D'ombre abondante, car toute ombre n'est pas suffisante pour tous ceux qui veulent en profiter, mais seulement pour certains : ceux de cette station muḥammadienne et mosaïque qui s'ombragent à toute ombre. En effet, pour un tel être, toute ombre le protège en lui permettant d'être entièrement baigné dans toutes les stations. Or cela se produit lors de la pesée des actes *(mawzûnât al-a'mâl)* en raison de la récompense qui est attachée à ceux-ci, ainsi qu'on le trouve illustré dans le ḥadîth où le Prophète – sur lui la Grâce et la Paix de Dieu – est précédé par Bilâl, dans le Jardin paradisiaque, à cause de son état de pureté rituelle qu'il renouvelait chaque fois que nécessaire, et de la prière *(çalâ)* qu'il faisait après cette purification.

Autant de fruits appétissants : fructification *(istithmâr)* de ce que l'on reçoit de celui qui donne, comme l'aspirant profite de son maître spirituel ou de son professeur, ou comme le Prophète par rapport à l'Ange

---

1. Il s'agit ici d'un symbolisme eschatologique qu'Ibn 'Arabî a exposé aux chapitres 61 à 65 des *Futûḥât al-Makkiyya*. Voir notre traduction sous le titre : *De la mort à la Résurrection*, ouvrage cité.

[de la Révélation : Gabriel]. De la même manière, ce qui est donné, c'est ce qui est sollicité, dispensant la science avec les connaissances qu'elle implique comme des fruits situés en elle.

Le cueilleur est celui qui dispose des fruits que portent les branches, par un effet de la douceur et non de la rigueur, par voie d'affinité *(ulfa)*. Il est en effet précisé ***appétissants pour le cueilleur,*** car tel est bien le but recherché.

(6) Autant de personnes qui recherchent Zarûd et son sable **:** allusion aux connaissances insolites *(ma'ârif shawârid)* que ne saisit le connaisseur qu'au seul instant de la contemplation.

On disait [des gens de la Caverne, nantis également de connaissances insolites] : « *Ils sont trois et leur chien est le quatrième, ou cinq ou sept...* » (*Coran* 18/22). Dieu ajouta alors : « *Mais leur science est bien minime* » (*Coran* 18/22). Les êtres de cette catégorie se sont soustraits à l'aspect formel humain *(bashariyya)* pour se porter jusqu'au monde des Esprits et des Réalités immatérielles gracieuses *(laṭâ'if)* que l'on peut symboliser par le ***sable***.

Autant d'autres qui poussent en chantant le chameau **:** les chameliers qui se tiennent derrière les montures pour les faire avancer en chantant, alors que ***ceux qui le tirent en psalmodiant*** se situent devant elles. ***Ceux qui le poussent*** font référence à la personne qui intervient avec des cris de réprimande, d'intimidation et de frayeur, et ce comportement concerne le serviteur du Tout-Contraigneur *(qahhâr)*.

Ceux qui tirent, ou guident, agissent avec diligence, courtoisie, bienveillance, et laissent espérer la meilleure attitude, comportements qui sont l'apanage du serviteur du Très-Gracieux ou Très-Bienveillant *(laṭîf)*. Au Jour de la grande Résurrection, les êtres humains sont les serviteurs des Noms divins excellents : certains sont serviteurs du bienfait *(‘abd ni‘ma)* et d’autres de la disgrâce *(‘abd niqma)* ou encore serviteurs des Noms d’incomparabilité et de sanctification ou d’autres semblables.

Toutes ces stations s’actualisent chez ceux qui sont appelés dans le Jardin situé dans la Vallée sainte.

Médite ces allusions, tu seras heureux si Dieu le veut !

22
Clins d'œil

(1) Fais dévier les montures
Vers la terre brillante de Thahmad,
Là se trouvent les rameaux frais
Et les jardins humectés de rosée.

(2) En ce lieu, les éclairs brillent
Et te font voir leur éclat.
En ce lieu, le nuage
Est poussé soir et matin.

(3) Élève donc la voix
À la pointe de l'aurore
Pour convier les vierges belles et souples
Aux visages couleur d'argent.

(4) Chacune d'elles anéantit
Avec les clins d'œil de ses prunelles noires.
Chacune d'elles incline souplement
Son cou long et svelte.

(5) Elle aime passionnément, frappant à mort
Le cœur de l'amant éperdu

Qui aime ces belles lanceuses de traits
Aux regards de sabres acérés.

(6) Elle prend d'une main délicate
Aussi douce que soie pure,
Et couverte d'ambre et de musc,
Harmonieusement répartis.

(7) Elle regarde avec affection,
Lançant des coups d'œil de faon,
De sa pupille noire
Qui rappelle l'antimoine.

(8) Regard provocant et charme fatal
Émanent de ses yeux, de khôl, enduits.
Parée de son collier,
Elle révèle fierté et insolite beauté.

(9) Elle, gracieuse et subtile,
Ne pratique pas comme moi la passion.
Elle n'exécute pas la menace
Liée à la sincérité de la promesse.

(10) Elle laissa traîner sa tresse :
Grand serpent noir,
Pour inspirer la peur
Chez qui voudrait la suivre.

(11) J'en jurerais par Dieu !
Je ne redoute point le trépas !
Ce que je crains, c'est de mourir
Sans que demain je la revoie !

COMMENTAIRE

CONNAISSANCE DES DEGRÉS COSMIQUES PAR DIEU

(1) Du meneur de chameaux ou guide, il est dit : Entraîne ***les montures,*** ou les chameaux, que les nuages symbolisent, conformément à l'interprétation donnée à ce verset : « *Ne considèrent-ils pas comment le chameau a été créé ?* » (*Coran* 88/17). Ici le nuage représente ce qu'on intentionne *(murâda)* de faire, comme le laisse entendre l'expression mentionnée, c'est-à-dire aller ***vers la terre brillante*** *(buqra)* ***de Thahmad,*** le terme « *buqra* » étant apparenté à l'éclair *(barq)* par la racine.

Thahmad est une contrée du Yémen, à ce que l'on rapporte.

L'éclair correspond toujours, dans ces poèmes, à un lieu de contemplation essentiel *(mashhad dhâtî)* qui, immanquablement, aliène les regards *(abçâr)*.

Là se trouvent les rameaux frais *(qaḍîb raṭb)* : il s'agit de l'émergence de l'équilibre *(nash'at al-i'tidâl)* en toute chose ; et ***les jardins humectés de rosée*** *(rawḍ nadî)* symbolisent la station dans laquelle se produit cette émergence de l'équilibre. La rosée *(nadâ)* fait allusion à la douceur *(lîn)* et à la générosité *(jûd)* qui se trouvent dans le jardin.

(2) Le terme ***nuage*** *(saḥâb)* vient renforcer l'assimilation qui a été faite au vers précédent, avec les ***montures*** *(rakâ'ib)*.

En ce lieu, les éclairs te font voir leur éclat **:** ils te font voir les significations qui sont attachées aux nuages qui sont comme un voile sur eux. La plupart des êtres humains prétendent voir l'éclair alors qu'ils ne perçoivent que sa clarté ; il est donc proposé cette explication : ***en ce lieu, le nuage est poussé soir et matin***. C'est ainsi qu'on a interprété le vers quatre de la poésie précédente, la vingt et unième :

Nuage passant soir et matin
Sur ses arbres appelés bân

(3) La pointe de l'aurore *(suḥayr)* ne se présente que dans la station de l'énonciation des lettres *(maqâm al-khiṭâb bi-al-ḥurûf)* dans le monde des substances *('âlam al-mawâdd)* qui relève du domaine de l'assimilation *(ḥaḍrat al-tamthîl)* et de la similitude *(mithâl)*[1]. Ce degré exige d'avoir un aspect *(wajh)* orienté vers le monde des Lumières *(ḥaḍrat al-anwâr)* et un autre aspect vers le monde des Ténèbres *(zhulam)*, qui constituent deux voiles essentiels empêchant les Gloires omniprésentes [divines] *(subuḥât)* de brûler les réalités existantes *(kâ'inât)*[2]. Le terme « *saḥr* » implique [par son étymologie] la signification de « faible lumière de l'aube » qui est tout à la fois un mélange de luminosité et d'obscurité.

Par : ***élève donc la voix,*** il faut entendre ce qu'on a voulu dire par le terme : « énonciation » *(khiṭâb)*, selon les deux aspects décrits plus haut, simultanément ou selon un seul des deux.

---

1. Ce domaine de l'assimilation ou configuration a trait au monde intermédiaire *('âlam al-barzakh)* à travers lequel les esprits se corporalisent et les corps se spiritualisent.

Les Lettres, qui symbolisent les réalités principielles, ont besoin d'une substance réceptrice, grossière ou non, pour actualiser leurs potentialités.

2. Référence au ḥadîth évoqué dans le commentaire des poésies 7/2 – 15/7 – 18/6 et 25/6.

Par l'expression ***pour convier*** *(munâdî)*, on indique l'information *(i'lâm)* donnée de loin, sens que comporte la racine *nadâ* de ce vocable.

Aux visages couleur d'argent *(bîḍ)* : toute sagesse, relevant d'Idris, émanant d'un discours prononcé du quatrième ciel, d'où proviennent les sciences des réalités essentielles que Dieu a déposées dans la sphère du Soleil[1]. Ce terme : « *bîḍ* », est le pluriel de « *bayḍâ'* », un des noms donnés au soleil, et signifie : la couleur de l'argent éclatant de blancheur.

Par ***souples*** *(ghîd)*, il faut entendre celui dont l'inclination va vers le monde de la génération par une constante sollicitude *(imdâd)*, chaque réalité essentielle ayant pour ces êtres un penchant vers le monde de la génération, tout comme les Noms divins sont attirés vers lui.

Le terme « ***belles*** » *(ḥisân)* symbolise la station de la contemplation *(mushâhada)* et de la vision *(ru'ya)*.

Les vierges *(khurrad)* sont les êtres qui ont pour vertu la pudeur *(ḥayâ')*, qualité dont le Prophète – sur lui la Grâce et la Paix de Dieu – a dit : « La pudeur fait partie de la foi. » Il s'agit, en l'occurrence, de la science relative à la foi *('ilm îmânî)*, car la pudeur est une conséquence *(natîja)* de la foi et non de la réflexion *(fikr)*, puisque les conclusions auxquelles on arrive par cette faculté résultent de données existentielles préalablement recueillies *(muqaddimât kawniyya nâzila)*, alors que la résultante de la foi est pur

1. Pour la signification de ces correspondances symboliques entre les prophètes, les cieux et les planètes, voir Ibn 'Arabî, *L'Alchimie du Bonheur parfait*, traduit et présenté par Stéphane Ruspoli, Paris, Berg International, 1981. Voir également Ibn 'Arabî, *Le Dévoilement des effets du voyage*, traduction et présentation par Denis Gril, Éditions de l'Éclat, 1994, pp. 36 à 40.

don gracieux *(wahb)* divin et dévoilement seigneurial essentiel *(ka<u>sh</u>f rabbânî <u>dh</u>âtî)*, et tout particulièrement en ce domaine *(mawḍi')*, mis en rapport étroit avec ces ***vierges belles,*** et qui concerne la station de la contemplation.

(4) Il est de nouveau question de ces différentes sortes de sciences dont on tire profit dans la démarche spirituelle.

Chacune d'elles anéantit avec les clins d'œil de ses prunelles noires, il s'agit des sciences relevant de la contemplation qui se présentent à la personne isolée en retraite *(çâḥib al-<u>kh</u>alwa)*, et qui lui font perdre sa propre conscience.

On a attribué à ce coup d'œil, qui suggère la contemplation, l'expression : « *aḥwar* », de grands yeux blancs à la pupille noire Ce terme au singulier *(ḥawr)* s'applique à l'œil de couleur intense, aussi bien dans le blanc que dans le noir ; on dit que ce clin d'œil est exempt d'ambiguïté *(<u>sh</u>ubha)* et de confusion *(mazj)*, et innocente celui qui le lance. Si l'on donne au vocable en question *(aḥwar)* l'acception de « revenir » *(rujû')*, il exprime un penchant pour un certain type d'amour *(maḥabba)* et d'enjôlement *(<u>gh</u>unj)* par lequel la volupté *(la<u>dhdh</u>a)* se produit en exerçant un pouvoir prédominant sur l'intelligence dans le cœur même du contemplant. Il peut s'agir aussi d'une tendance à obtenir certaines sciences, selon l'expression de la fin de ce vers : ***chacune d'elles incline souplement son cou long et svelte***.

Il est précisé que cette connaissance et cette sagesse exercent un attrait et font naître une tendresse chez celui qui en est vivement épris. Pour cette raison, il est signifié, par l'expression : ***incliner souplement*** *(a<u>gh</u>yar)*, que cette tendance est renforcée.

Le terme : ***long cou*** *(jîd)* signifie ici le monde de la Lumière, car ceux dont le cou est long possèdent longanimité (*ṭawl*, mot de même racine que long) et faveur surabondante *(faḍl)* dont tous ne bénéficient pas. Cette interprétation résulte du ḥadîth prophétique suivant : « Les *mu'adhdhins, ou ceux qui font l'appel à la prière rituelle, seront les êtres humains au cou le plus long, le Jour de la Résurrection* » ; *c'est dire qu'ils seront gratifiés d'un dévoilement (zhuhûr)* et d'une distinction *(tamyîz)* que n'auront pas les autres humains, et qui leur donnent une connaissance [supplémentaire]. Car, le cou est l'endroit par où circule le souffle animé *(nafs*, ou *nafas)*, là où s'effectue la respiration *(tanaffus)* jusqu'à la bouche, pendant l'appel à la prière *(adhân)*. Pour cette raison, le cou est mis en relation avec l'allongement ou longanimité *(imtidâd)*, et avec la longueur ou aptitude *(ṭûl)* ; il représente alors un gain ou rétribution *(ajr)* pour l'être humain, en ce lieu.

(5) Cette sagesse est d'un ordre sublime et d'une dignité élevée, aussi est-elle décrite en termes d'amour passionné *(hawâ* ou *hawiya)* dont le sens de la racine est : « tomber de haut en bas », et ici, descendre du plus exalté jusqu'en chaque cœur épris et tout éperdu d'amour *(muta'allaq hâ'im)*. C'est pourquoi cet amant, désorienté *(ḥâ'ir)* dans la recherche de cette sagesse, en ignore la valeur insigne. Un tel cœur est dit ***aimer les belles*** qui sont ces sagesses mises en relation avec la station de la contemplation que nous avons mentionnée précédemment.

Lanceuses de traits *(râshiq)*, expression qui signifie : « décocher les flèches des clins d'œil » qui le pénètrent.

Aux regards de sabres acérés *(muhannad)*, comme s'ils étaient des sabres. La belle lui lance des traits et l'empêche d'aller vers d'autres qu'elle au moyen du sabre. Le terme ***muhannad*** dérive de la racine *H N D* qui a donné le nom « *Hind* » (Inde), lieu du Statut primordial *(mawḍi' al-ḥukm al-awwal)* ; car c'est en cette contrée qu'Adam – sur lui la Paix – chuta, l'Inde étant la source *(yanbû')* de sagesse et le lieu originel où coulèrent les sources de la Sagesse qui s'exprima selon le langage d'Adam.

(6) Elle prend d'une main délicate : elle bénéficie du bienfait et de l'agrément accordés à ce serviteur. Cette allusion est du même ordre que celle contenue dans cette tradition prophétique : « Certes, l'offrande spontanée *(çadaqa)* tombe, en fructifiant, dans la Main *(yad)* du Tout-Irradiant-d'Amour *(raḥmân)*. »

Cette main est décrite comme étant ***aussi douce que soie pure*** qui est exempte de tout mélange de couleurs. Cette soie *(dimaqs)* n'a pas reçu d'autre couleur que celle qu'elle prend à l'état de nature, et sa caractéristique est alors d'être d'une pureté immaculée *(tanzîh)*. De plus, elle est ***douce,*** ou souple *(layyin)*, pour décrire la main, ou vertu *(yad)*, symbole d'affection *('aṭf)*, de compassion *(ḥanân)*, d'assistance *(rifq)* et de don partagé *(tanâwul)*.

Cette main ouverte est porteuse de bon parfum *(ṭayyib)* pur coupé d'***ambre gris*** *(nadd)*, et elle en est tout imprégnée, de cette imprégnation par les normes divines *(al-takhalluq bi-al-khuluq al-ilâhiyya)*[1] et les

1. Cette expression, fréquemment employée par Ibn 'Arabî et les maître du Soufisme, est empruntée à un ḥadîth, sans filiation authentique, et fait intervenir la racine *Kh L Q* qui implique les significations suivantes : créer, donner la norme à quelque chose, être râpé, user, polir, parfumer. À la forme verbale (la cinquième) utilisée ici, elle prend le sens d'être imprégné de parfum, outre le sens habituel de : prendre le caractère de, se caractériser par quelque chose.

Noms excellents. Or le ***nadd*** est un mélange de parfums agréables et on en déduit que le serviteur doit s'imprégner de ces normes *(takhalluq)*.

L'expression ***harmonieusement répartis*** se rapporte à ce qui est précédemment mentionné. Dans cette même perspective, Dieu a dit : « *À Dieu les Noms excellents. Invoquez-Le par eux !* » (*Coran* 7/180). Voici bien l'indication que cette imprégnation des normes s'applique au serviteur, sache-le bien !

(7) Elle regarde avec affection : il s'agit de la vision *(ru'ya)* de celui qui n'a pas la possibilité de percevoir quelque chose autrement qu'avec un œil noir comme s'il était enduit de collyre *(kaḥlâ')*. C'est qu'elle porte son attention sur un point noir *(sawâd)* qui est le Mystère dont le contenu ne peut être atteint que par Lui – Gloire à Lui.

Les coups d'œil *(mulâḥazha)*, ici, intéressent celui qui convie les cœurs des amoureux à la perfection de Sa beauté totalisatrice *(ḥusn jamâli-Hi)* ; il ne s'agit donc pas du coup d'œil dégagé de toute limitation *(laḥzh muṭlaq)* dont on ne retire jamais aucun profit dans le monde, car le profit *(fâ'ida)* est accordé par le Vrai au serviteur au moyen d'une application de réalités conditionnées *(taqyîd)*. Lorsqu'il se comporte ainsi de manière restrictive, il se particularise, l'ordre hiérarchique *(martaba)* alors se précise [entre les différentes réalités] et cet individu prend conscience de la distinction existant entre lui et celui qui ne peut pas réaliser cette station.

Le terme ***muqla,*** prunelle ou pupille noire dans le blanc de l'œil, a été choisi parmi d'autres, car celui-ci comporte, en outre, le sens de « regarder fixement », de « plonger dans l'eau » et de « compensation ». On trouve dans une nouvelle prophétique que « la mouche tombée dans la nourriture doit être plongée dedans entièrement, car une de ses ailes comporte un poison *(dâ')* et l'autre la guérison *(dawâ')* de celui-ci ».

Le verbe ***rappeler,*** ici, indique que les choses sont rapportées à elle tant qu'elle en dépend.

(8) Alors, les principes intelligibles *(ma'ânî)* se corporalisent ou se substantifient *(tajassadat)* dans le monde des similitudes *('âlam al-mithâl)* et revêtent des formes *(çuwar)* dans le corps complexe *(jism mushtarak)*, ainsi que le Prophète – sur lui la Grâce et la Paix de Dieu – l'a précisé à propos des deux sourates [la deuxième et la troisième du Coran] appelées « les deux brillantes » *(zahrâwân), la Génisse* et *la Famille de 'Imrân* ; elles viendront toutes deux, le Jour de la Résurrection, avec deux langues et des lèvres qui témoigneront en faveur de ceux qui les ont récitées. L'enseignement contenu dans cette nouvelle prophétique authentique est qu'on peut prendre ou non à la lettre un des sens attachés à ce propos.

En ce domaine, le défaut *(dhîn)* apparaît [en rêve] sous forme de lien *(qayd)*, la science sous forme de lait, l'être humain sous forme de pilier *('amad)* ; la description *(na't)* est fonction du descripteur *(nâ'it)*, la qualification *(waçf)* du qualifiant *(wâçif)* à cause du sens attaché à cette forme sous laquelle il apparaît à cet individu dans le monde prototypique intermédiaire, et ce sens est alors décrit en fonction de la forme symbolique sous laquelle il se présente.

C'est ainsi que le ***regard provocant*** *(ghunj)* est une langueur *(futûr)* dans l'œil qui est décrit comme possédant du ***charme*** *(siḥr)* car l'œil s'interpose entre l'individu et son cœur comme toute science s'interpose entre toi et ton essence sous un aspect de beauté *(jamâl)*, par une miséricorde accordée *(raḥma ilqâ')* et une descente de grâces *(nuzûl alṭâf)*. C'est de cette manière qu'il faut comprendre qu'une telle théophanie *(tajalliya)* soit représentée sous la forme de l'œil.

La fierté *(tîh)* exprime la perplexité *(ḥayra)*, le regard étant impuissant à saisir cette réalité.

L'insolite, ou incomparable ***beauté,*** implique une amplification de celle-ci, sans précédent *(badî')* pour nous mais non en soi, conformément à ce verset : « *Il ne leur vient aucun dhikr novateur (muḥdath) du Tout-Irradiant-d'Amour sans qu'ils s'en détournent* » (*Coran* 26/5), ce qui est vrai pour nous, mais non en soi, puisqu'il s'agit d'une novation relative et non d'une innovation en soi. Il est donc fait allusion à l'originalité *(ibdâ')* qui nécessite de ne pas avoir de modèle préalable.

Ornée *(muqallad)*, ou ***parée*** de chaque côté, est une expression qui s'applique aux deux côtés *(janbayn)* [qui concernent la belle] : deux manières [de se parer] par changement de côtés *('itfân)*, un de la droite à la droite, et un autre de la gauche à la gauche, comme on met le baudrier orné du sabre *(taqlîd al-sayf)* ou le collier *(qilâda)*, cet ornement étant placé sur la poitrine et le cœur. Les secrets qui appartiennent à ces deux aspects sont fonction des propriétés de ces deux endroits. Il y a là une immunité *(i'tiçâm)* qui s'étend aux deux côtés, au dos et à la poitrine, quatre aspects qui ne concernent que l'être humain, ceux-là mêmes qu'Iblîs mentionna selon l'information que Dieu donne en la circonstance [dans le récit coranique] : « *Puis je [Iblîs] viendrai, certes, à eux de devant eux, de derrière eux, de leur droite et de leur gauche* » (*Coran* 7/17).

Tel est l'ornement de la préservation *(taqlîd al-'içma)*, car ***la beauté insolite*** soustrait l'âme de l'amant, et d'autres que lui, à quiconque la contemple et cherche à se prémunir, sans aucun doute.

(9) Elle, gracieuse et subtile, ne pratique pas comme moi la passion, elle qui n'est pas soumise à la volonté de quiconque, grâce à son indépendance *(nazâha)* et à la sublimité de sa majesté et de son rang, même si les volitions coïncident, les miennes et les siennes ; aussi là où elle exerce son pouvoir sur moi, je ne peux exercer le mien sur elle.

Elle n'exécute pas la menace exprime l'amnistie *('afw)*, la noble générosité *(karam)* et l'indulgence *(tajâwuz)*. Le terme : « *wa'd* », promesse d'une récompense, prend le sens, ici, de : « *wa'îd* », menace ou promesse de sanctionner le mal *(wa'îd bi-al-sharr)*. Dans l'usage de la langue arabe, on dit : « Je lui ai fait une promesse pour le bien comme pour le mal *(wa'adtu-hu fî al-khayr wa al-sharr)* » ; mais on ne dit pas : « Je ne l'ai menacé » que pour le mal *(lâ taqûlu awda'tu-hu illâ fi al-sharr khâççatan)*. Or, dans ce vers, par ***menace,*** on entend le mal ; la noble générosité est décrite comme accomplissement et comme bien ; on substitue ainsi la menace du mal à l'indulgence et à l'amnistie. Le poète a montré cette nuance dans les vers suivants :

Moi, quand je le menace ou lui fais une promesse,
Je m'oppose à ma menace et je tiens ma promesse.

Il fait son propre éloge par le pardon et l'indulgence.
Telle est l'insigne noblesse et l'immense faveur !

(10) En un beau langage, il est dit de cette jouvencelle *(jâriya)* qu'***elle laissa traîner sa tresse*** qui, tel un ***serpent noir,*** apparaît ***pour inspirer la peur,*** sous cet aspect, ***chez qui voudrait la suivre***.

(11) Cet amoureux s'exclame : ***Je ne redoute point le trépas,*** mais je déteste la mort qui m'empêchera de la revoir ; expression qu'il faut comprendre comme s'appliquant à la connaissance ; car celle-ci « défait sa tresse », ou prodigue arguments *(dalâ'il)* et preuves *(barâhîm)*. La comparaison avec la tresse permet d'insérer les prémisses *(muqaddimât)* [d'un raisonnement] l'une dans l'autre, comme l'imbrication [des mèches] de la natte. ***Le serpent noir*** fait allusion au Domaine de la Majesté et de la Crainte révérencielle *('âlam al-jalâl wa al-hayba)*. L'itinérant spirituel *(sâlik)* craint que les projections violentes des Lumières de la crainte révérencielle *(saṭawât anwâr al-hayba)* ne le brûlent ; aussi s'immobilise-t-il.

Il est chanté que je ne crains point la mort, mais ma crainte est que ne m'échappe, ultérieurement, la contemplation attachée à cette créature subtile aux propos amoureux *(al-nuktat al-mutaghazzal fî-hâ)* que cette jeunesse possède. Je m'immobilise donc, jusqu'à ce que j'acquière des facultés divines *(quwâ ilâhiyya)* et des « suscitations » ou suggestions seigneuriales *(bawâ'ith rabbâniyya)* qui me permettent d'être en correspondance avec cette théophanie majestueuse *(tajallî jalâlî)*.

23
Inondé de larmes

(1) L'aube venant, ils arrêtèrent les montures
Dans la vallée de 'Aqîq.
Ils venaient de franchir
Maints défilés profonds.

(2) L'aurore était à peine levée
Que déjà ils distinguaient,
Au sommet d'une montagne,
Un repère qui brillait.

(3) Si l'aigle aspirait à l'atteindre
Il n'y parviendrait point.
Les œufs de l'anûq
Au-dessous de lui étaient déposés.

(4) Des ornements clinquants
S'y trouvaient, gravés.
Ses assises élevées
Ressemblaient à Al-'Aqûq.

(5) Ils tracèrent des lignes
Consignant ce message :

« Qui, d'un fol amant, aura pitié,
Lui, l'exilé, plein de passion ? »

(6) *Lui dont l'aspiration*
Surplombe l'étoile d'Arcturus,
Mais lui qu'on foule aux pieds,
Comme s'il était un brandon ;

(7) *Lui dont la demeure siège*
Dans cette constellation de l'Aigle
mais qui mourut dans les larmes
Comme meurt le submergé.

(8) *En cette résidence,*
Son amour l'a préservé
Des éphémères réalités,
Sans que personne compatisse.

(9) *Ô vous qui atteignez*
Les eaux du puits profond !
Ô vous qui demeurez
Dans la vallée de 'Aqîq !

(10) *Ô vous qui, de Tayba,*
Recherchez la visite !
Ô vous qui cheminez
Le long de cette voie !

(11) *Prêtez-nous attention,*
Car nous avons été spoliés,
Peu après la venue de l'aube
Et peu avant le soleil levant,

(12) Par une belle, candide et souple,
À l'haleine parfumée,
Dont l'odeur se dégage
Comme onction de musc.

(13) Sous l'ivresse, elle chancelle,
Pareille à la branche
Que les vents font ployer,
Comme de la soie grège.

(14) Sur la croupe énorme
Comme une dune de sable,
Elle est ballottée,
Telle la bosse de l'étalon.

(15) Aucun censeur ne me blâme
Pour la passion que j'ai pour elle,
Ni même mon loyal ami,
Pour la passion que j'ai pour elle.

(16) Si un censeur m'avait blâmé
Pour cette passion que j'ai pour elle,
Mes sanglots, pour lui,
Auraient été ma réponse.

(17) Mon désir est ma cavale,
Ma tristesse, ma livrée ;
Mon extase m'est boisson matinale,
Mes larmes, mon breuvage nocturne !

COMMENTAIRE

PRÉSENCE EN DIEU DU GNOSTIQUE PAR LE DÉTACHEMENT

(1 et 2) Les êtres, concernés par cette connaissance, voyagent à la fin de la nuit, dans leurs lieux ascensionnels *(ma'ârij)*. Ils se mettent en route pour réaliser leurs desseins en franchissant tout chemin distant, en eux-mêmes, en raison d'un voyage lointain auquel le Vrai les incite en les exhortant ainsi : « *Fuyez donc vers Dieu*... » (*Coran* 51/50). Il rabaisse quiconque diffère ce voyage en disant : « *Dis ! Si vos pères, vos fils, vos frères, vos épouses, vos alliés, les biens que vous avez acquis, le négoce dont vous craignez le déclin et les demeures dont vous êtes satisfaits vous sont plus aimés que Dieu et son Messager, ainsi qu'un combat dans Son chemin, attendez-vous alors à ce que Dieu vienne avec Son Ordre. Dieu ne guide point les partisans qui se dévoient* » (*Coran* 9/24).

Le petit matin *(bukra)* est mentionné pour l'activité qui en résulte. Ils font halte à l'aube, comme le fait le voyageur de nuit, pour un repos réparateur. On appelle ce repos : « sommeil de miel » *(nawma 'asaliyya)* pour la douceur qu'il procure. Ils font halte pour se reposer dans une autre voie de connaissance, celle de la sagesse inhérente aux Réalités divines, que Dieu a disposée dans la nuit de leurs habitacles *(hayâkil)*.

L'aube est la période séparant ces Réalités nocturnes corporelles des Réalités spirituelles lumineuses, symbolisant les hôtes du Plérôme suprême *(mala' a'lâ)*. Cette station où ils s'arrêtent, en faisant agenouiller les chameaux, porte le nom de : « halte » *(wuqûf)*. On ne parcourt point d'autres itinéraires pour obtenir d'autres profits. Aussi, Dieu fait dire à Son Prophète – sur lui la Grâce et la Paix de Dieu : « *Et dis ! Mon Seigneur, accorde-moi un surcroît de science* » (*Coran* 20/114). La halte des montures, qui sont un des symboles des aspirations *(himam)*, s'effectue dans la « Vallée de la Ravine » *(Wâdî al-'Aqîq)*, lieu de prise de sacralisation *(iḥrâm)* pour le Pèlerinage ou Quête *(ḥajj)* et la Visitation *('umra)*. Ce relais *(munâkh)* est le lieu de consécration, ou sanctuaire muḥammadien *(ḥurma muḥammadiyya)* qui constitue les « *mîqât* » ou « lieux de l'instantanéité » [où s'effectue la sacralisation en vue du Pèlerinage] pour les habitants de Médine avertis en mode allusif que leur démarche n'a pas de fin. En conséquence, reviennent-ils et leur retour représente un voyage qui leur permet de débusquer *(iqtinâç)* des sciences qu'ils ne purent obtenir lors de l'Ascension *('urûj)*, et aucune limite ne vient les arrêter, l'information qui les concerne à ce sujet étant donnée dans ce verset : « *Ô gens de Yathrib*[1] *! Aucun séjour n'est établi (muqâm) pour vous ! Retournez donc !* » (*Coran* 33/13). Les gens ou familiers de Yathrib sont les Muḥammadiens parmi les gnostiques, selon l'interprétation allusive, et non selon le contexte sacré *(naçç)*, ni le commentaire *(tafsîr)*, et nous ne nous méprenons pas sur cette interprétation !

Or, lorsqu'ils prennent ce repos, à l'aube naissante, ***l'aurore*** se lève, la sécurité *(amn)* arrive du monde du Commandement scrutateur *('âlam al-amr al-nâzhirî)* ; cependant, l'apparition d'un signe-repère *('alam)* qui résulte de cela est un indice *(dalîl)*, mais qui se trouve dans l'endroit où l'on retire un profit et où l'élévation se produit [et c'est ce qu'il faut entendre par le terme] :

1. Yathrib était le nom que portait Médine avant l'arrivée du Prophète dans cette ville, en 622 après Jésus-Christ.

« ***sommet de montagne*** » *(nîq)*. Ce signe ne se montre pas à moi dans le monde du Commandement tel qu'il est en soi, mais il brille pour moi comme un ***repère*** *('alam)*, ou preuve *(dalîl)* des réalités divines convenant à cette disposition subtile sans pareille *(ibdâ' laṭîf)*.

Au sommet d'une montagne, montagne qui est le symbole du corps, alors que le ***repère qui brille*** est celui de l'esprit qui apparaît de soi-même à cet être, dans le monde du Commandement, ce qui implique une connaissance plus parfaite.

(3) Le ***anûq*** est une sorte de grand corbeau ou vautour *(rakham)* [à corps et cou blanc et dont l'extrémité des ailes est noire].

On dit que ***Al-'Aqûq*** serait un château imposant situé au sommet d'une montagne élevée, ou encore autre chose !

L'expression : ***si l'aigle*** *(nasr)* ***aspirait à l'atteindre, il n'y parviendrait point*** fait allusion à l'Esprit du monde intermédiaire, ou isthmique *(rûḥ barzakhî)*, qui se situe plus près du Plérôme suprême qu'aucun des autres Esprits régisseurs *(arwâḥ mudabbira)*. Cet esprit, symbolisé par l'***aigle,*** ne peut alors se hisser jusqu'à ce repère ou signe (*'alam* – et non repaire) qui brille pour lui.

Aucun oiseau ne fait éclore ses œufs dans un endroit plus élevé et plus inaccessible que le ***'anûq,*** craignant pour ses œufs ; aussi les Arabes en font un symbole d'élévation et d'ascension. Les œufs rappellent la manière dont ces esprits isthmiques viennent à l'existence *(çifat al-nitâj)*.

(4) Ce ***repère*** est ainsi décrit : ***Des ornements clinquants s'y trouvent*** ; ils figurent la théophanie obtenue par prise de caractères normatifs divins *(al-tajallî bi-al-khuluq al-ilâhiyya)*. Le terme ***gravés*** suggère la permanence. ***Al-'Aqûq*** est mentionné à cause de l'ascension et de l'élévation de ce corbeau.

(5, 6 et 7) Le commentaire de ces vers est fait selon la langue des belles-lettres *(bi-lisân al-adab)*.

Si l'aspiration *(himma)* de cet amoureux fortement épris *('âshiq)* est d'ordre élevé, l'amour et son pouvoir qui s'emparent tous deux de lui engendrent l'humiliation, de sorte qu'***on le foule aux pieds***.

Avec beaucoup d'emphase, on décrit ***les larmes*** qui le font mourir par submersion avec ceux qui résident en cet endroit.

Ils tracèrent des lignes consignant ce message, d'une écriture divine *(kitâba ilâhiyya)*, celle précisée dans ce verset : « *Votre Seigneur a recueilli sur Son Âme ou Souffle animé l'Irradiance amoureuse* (kataba Rabbu-kum 'alâ Nafsi-Hi-r-Raḥma) » (*Coran* 6/54)[1] par vous *(bi-kum)*, dans la station de l'Irrésistibilité la plus inaccessible *(maqâm al-'izzat al-aḥmâ)*.

(5) Qui, d'un fol amant, aura pitié, de celui-là même qui a de l'inclination pour nous, par amour, et qui est un ***exilé,*** en référence à cette nouvelle prophétique : « Bonne nouvelle aux Émigrés de ma Matrie

---

1. Ce verset peut recevoir une traduction plus conventionnelle : « *Votre Seigneur s'est prescrit à Lui-même la Miséricorde.* »

Nous avons rendu le verbe *KaTaBa*, écrire, par recueillir pour tenir compte des acceptions suivantes de cette racine : coudre, suturer, lier, rassembler, nouer. Le Livre est ainsi un ensemble de signes constituant la chaîne et la trame du Cosmos et de l'Existence universelle.

(ṭûbâ li-ghurabâ' min Ummatî) ». L'émigration *(ghurba)*, qui est séparation du pays natal *(waṭan)*, résidence de l'être généré *(waṭan al-kawn)*, exprime l'existence de celui-ci pour son Seigneur ; alors que l'émigration est son exode *(nuzûḥ)* hors de lui vers son existence en soi, tout en se séparant de l'essence déterminée *('ayn)* nécessairement à cause de cette disposition. Nous avons fait allusion à ce sens, dans ces vers isolés :

Lorsque l'être exilé,
à mon regard, apparut,

Je soupirai vers les terres natales
comme le font les montures.

Lui, plein de passion, en quête de la rencontre du bien-aimé, par un débordement amoureux *(hayajân)*.

(6) Lui dont l'aspiration** (himma) **surplombe l'étoile d'Arcturus** (simâk)*, car son aspiration est au-delà de la génération *(kawn)*, c'est-à-dire qu'il ne s'attache pas à celle-ci ; mais malgré cela, ***il est foulé aux pieds, par l'humilité *(tawâḍu')* qui est nécessaire pour rechercher l'élévation, comme l'évoque le Prophète – sur lui la Grâce et la Paix de Dieu – en parlant de l'humilité qu'on doit avoir pour Dieu, puisque c'est pour Lui-même que Dieu l'a élevé.

***(7) Lui dont la demeure siège dans la constellation de l'Aigle** ('uqâb)*. Si sa situation *(maḥall)* devait, en la circonstance, être mise en rapport avec l'élévation, comme l'indique ici le symbolisme emprunté au monde des corps, alors le flot des connaissances d'ordre contemplatif, en matière d'amour, déborderait au point de recouvrir cette station très protégée, malgré son élévation, en entraînant celui qui s'y tient et en le soustrayant à sa propre contemplation, en cet endroit de présence. C'est ce qu'il faut comprendre ici par les deux termes : submersion et mort.

(8) La station de la limpidité *(maqâm al-çafâ')* l'a préservé des ***éphémères réalités*** *(ḥâdi<u>th</u>ât)*. L'adversité ou épreuve *(balâ')*, toutefois, le ramène de plus en plus près de la perfection exemplaire *(yaruddu 'alâ am<u>th</u>al fa-al-am<u>th</u>al)*.

Par l'expression : ***en cette résidence*** *(maqâm)*, il faut comprendre la station, que nous avons précédemment décrite, et par : ***sans que personne compatisse,*** l'absence de confident *(mu'nis)* en ce lieu, sauf un gnostique éprouvé *(mubtalî)* comme lui, afin qu'il s'occupe de lui pour le réjouir, ou pour qu'il patiente, en l'empêchant de s'intéresser à un autre, par compassion par exemple.

(9) Ô gens de la vie ! elle que les œuvres épanouissent, vie de la connaissance, selon ces paroles divines : « *Est-ce que celui qui était mort et que Nous avons fait revivre...* » (*Coran* 6/122). « *Nous avons fait de l'Eau toute chose vivante* » (*Coran* 21/30).

Ô vous qui atteignez les eaux du puits profond ! : ici il est dit réaliser un profit *(muktasib)* en raison de l'analogie avec le ***puits profond*** *(qalîb)* au forage duquel l'être humain consacre beaucoup d'efforts pour en extraire l'eau.

Les sédentaires ***de Wâdî al-'Aqîq*** – ou de la vallée de 'Aqîq – sont ceux qui se laissent pourvoir de la science relevant de cette inviolabilité *(ḥurma)* à laquelle les cœurs se consacrent pour le Vrai. Il est fait référence à la vallée *(wâdî)* pour deux raisons :

– la première, pour sa dépression, ou abaissement *(inkhifâḍ)* par humilité ;

– la seconde, pour le déferlement de l'eau, ou le déroulement de la vie liée à la science.

Nous disons seulement qu'il n'y a pas de lieux de l'instantanéité (*mîqât* = lieux où l'on se sacralise) pour ceux qui sont [déjà] en état de sacralité *(muḥimîn)* pour le Pèlerinage ou Quête et la Visite [à La Mekke].

(10) Ô vous qui, de Tayba, recherchez la visite ! c'est-à-dire ceux qui recherchent les stations [spirituelles] attachées à Yathrib *(maqâmât yathribiyya)* [cité évoquée plus haut] dont il a été question sous le nom de « ***Tayba*** », à cause de la racine « *ṭâba* » de ce mot qui signifie : « être agréable et de bonne odeur ; et à cause de [l'unique] expression coranique : « *ṭûbâ la-hum* », dans ce verset : « *Ceux qui portent la foi et accomplissent les œuvres intègres, à eux la béatitude paradisiaque et la beauté d'un Lieu de retour* » (*Coran* 13/29).

Vous recherchez la visite, il s'agit de celui qui est attiré vers ces stations, à cause de la connaissance qu'il possède de leur noble élévation par rapport aux autres, car cette connaissance est l'héritage le plus parfait *(mîrâth akmal).*

Ô vous qui cheminez : il s'agit des itinérants *(ahl al-sulûk)* de cette Voie *(ṭarîq)*, la voie qui requiert l'ascension *(çirâṭ mustaqîm)* [cf. *Coran* 1/5] que Dieu mentionne : « *Telle est Ma Voie qui requiert la rectitude ; suivez-la et ne suivez pas les sentiers* (subûl) *qui vous écartent de Sa Voie…* » (*Coran* 6/153)[1].

1. Le participe actif *mustaqîm*, construit sur un schème de dixième forme verbale, comporte le sens principal de solliciter, demander pour soi l'ascension ou la prise de position érigée, verticale.

Il est question ici de quatre sortes de caractères, ou normes *(khuluq)* en relation avec quatre stations [cf. *Coran* 7/16 et 55].

(11) Ne soyez pas absorbés par vos états spirituels qui vous affaiblissent et vous détournent de porter le regard sur notre état, afin que nous nous attachions à vous et que nous recherchions l'assistance selon la disposition qui nous est propre provoquée par votre aspiration et vos invocations. ***Car nous avons été spoliés*** : nous prenons de la peine sans pouvoir atteindre le but de celui qui réalise ce rang par lui-même à cause de sa valeur insigne.

Peu après la venue de l'aube, et peu avant le soleil levant, périodes de temps propices à l'Ascension opérée depuis la Descente divine jusqu'au ciel de ce monde pendant le dernier tiers de la nuit, jusqu'au moment de l'aurore [selon la nouvelle prophétique].

Laisser passer l'instant sans que nous ayons atteint le but espéré, voici en quoi consiste le malheur accablant ou spoliation *(razî'a)* !

(12) La spoliation, ou malheur accablant, arrive par la perte de ***la belle candide*** *(bayḍâ')* pendant ces périodes de temps engendrant l'équivoque *(shakk)*, cette candeur étant un attribut essentiel *(çifa dhâtiyya)* objet de désir.

Souple *(ghaydâ')* par sa valeur éminente et l'inclination qu'elle a pour nous. Telle est bien la Descente [divine] que nous venons de mentionner ; néanmoins, malgré cela, nous ne pouvons rien en appréhender, qu'il s'agisse de science, d'intelligence, d'aspiration et d'imagination.

À l'haleine parfumée, ou à la bonne odeur.

Cette qualité dépose sur nos cœurs un parfum suave ***dont l'odeur se dégage***. Si même nous ne témoignons pas de l'essence de cette fragrance délicieuse [c'est-à-dire de cette qualité essentielle], nous en obtiendrons ce que le musc nous procure : un parfum, même si nous ne pouvons pas attester son essence, car il dénote les traces divines laissées dans les cœurs des adorateurs, en dehors du fait que chacun d'eux ne parvient pas à humer ce qui embaume.

La diffusion suave est assimilée au ***musc,*** le plus odorant des parfums *(aṭyab aṭ-ṭîb)*, surtout lorsqu'il est pressé entre les doigts et qu'il dégage davantage son arôme, fragrance qui convient mieux à l'odorat humain, même s'il existe des odeurs plus agréables que celle-ci.

(13) Sous l'ivresse, elle chancelle, ce vacillement étant assimilé à la descente, ou halte *(nuzûl)*, ainsi que nous l'avons déjà mentionné.

L'ivresse *(sakrâ)* fait allusion à la station de la perplexité *(maqâm al-ḥayra)*, car l'ébriété est stupéfaction *(ḥayrân)*. Cette inclination vers nous n'est possible que pour autant qu'elle nous procure la compréhension progressive *(tafahhum)* de ce qui nous est apparenté, comme les histoires qui prêtent à rire mais procurent la joie, le sourire, et d'autres qualités analogues.

Pareille à la branche, rameau qui porte les fruits et qui s'incline pour qu'on en profite, ***que les vents font ployer*** sous l'effet des aspirations *(himam)* en quête de la bien-aimée (ou de la perplexité). Dieu a dit : « *Invoquez-Moi, Je vous exaucerai* » (*Coran* 40/60). Dans un ḥadîth saint, Dieu a précisé : « Celui qui s'approche de Moi d'un empan, Je M'approche de lui d'une coudée. » Ton approche d'un empan est moindre que Son approche de toi d'une coudée, chaque empan comportant une rétribution nouvelle qui vient accroître la Grâce divine et la Faveur, au-delà de tout comput.

Comme de la soie grège, soie écrue qui n'a jamais reçu de teinture et qui est demeurée dans sa condition première.

(14) Par le terme : ***croupe*** (*ridf* = ce qui vient derrière), il est fait allusion aux bienfaits, intelligibles ou non, dont Dieu a comblé Ses serviteurs.

Le mot ***énorme*** dans l'expression : ***sur la croupe énorme,*** signifie que quiconque médite sur ce thème le trouve considérable et s'en trouve effrayé devant les bienfaits insignes dont Dieu l'a gratifié, et pour lesquels le serviteur ne peut être suffisamment reconnaissant.

Cette ***croupe énorme*** ressemble à ***une dune de sable*** qui se forme par assemblage de grains, ceux-ci, en se rapprochant les uns des autres, s'amoncellent, chacun d'eux restant disjoint sans se mélanger, bien que se confondant sans qu'on s'en rende compte.

Des mutations semblables affectent les cœurs des gnostiques pour devenir, par métaphore, comme une bosse imposante de chameau *(sanâm al-jamal)*, élevée et adipeuse, formée entièrement de graisse qui est utilisée en permanence pour alimenter les torches lumineuses. Certaines de ces sciences sont de cet ordre quand elles affectent les cœurs qui se maintiennent par elles, elles qui les font hériter, à tout jamais, de la permanence, dans une félicité sans fin.

(15) À cause de la capacité exceptionnelle *(ittisâ')* de la belle (ou des sciences en question), la jalousie *(ghayra)* des serviteurs n'a pas de prise sur elle, elle qui est comme le soleil à l'égard de tous ; s'il advenait que les cœurs se prennent de passion pour elle, elle leur ferait perdre l'espoir d'atteindre sa réalité *(dhât)* en raison de son inaccessibilité *(nazâha)* et de son élévation au-delà de la station où elle apparaît et elle leur accorderait séparément ce qu'ils viseraient par un simple regard, du fait qu'elle peut être imaginée par chacun. Pour cette raison, la jalousie ne s'empare pas du bien-aimé ainsi épris. Dans le même ordre d'idées, l'orant s'entretient confidentiellement avec son Seigneur et chaque individu, dans sa vision, reste solitaire, conversant intimement, en son cœur, avec Lui, sans que jamais en résultent ni saturation, ni jalousie, ni blâme d'aucun censeur ou ami sincère.

(16) Si l'on pouvait imaginer quelqu'un me reprocher l'amour que j'ai pour elle, ***ma réponse*** serait de divulguer mes pleurs et mes gémissements, car l'état qui émane de moi est amour qui ne me permet pas d'entendre le reproche que tu adresses.

(17) Mon désir est ma cavale vers elle et il me fait faire halte auprès d'elle. Dieu le Vrai dit alors : « Où sont ceux qui s'empressent à Me désirer afin que Je les ramène purs en Ma Face et que pour eux Je retire le voile de Moi afin qu'ils Me voient. *À eux la béatitude paradisiaque (ṭûbâ la-hum)* et encore à eux ! Que ces êtres[1] suprêmes de contemplation *(manâzhir 'ulâ)* sont excellents dans la station la plus majestueuse et la dignité la plus proche ! »

Il est dit alors : ***Mon extase m'est boisson matinale…*** cause de ma vie. Ils obtiendront leur viatique matin et soir, comme les êtres voilés auront le Feu auquel ils seront exposés également matin et soir.

1. Cf. note 1, p. 74.

24
Près des ruines, arrête-toi

Un pauvre en Dieu me récita le vers isolé suivant :

Tous ceux qui, en ton bienfait, espéraient
De pluie furent inondés.
Envers moi seulement, ton éclair
N'a pas tenu sa promesse de pluie !

J'en fus émerveillé et je m'arrêtai à sa signification. J'ai alors composé des vers avec la même rime et j'y ai inclus ce vers pour sa perfection, tout en fournissant une réponse à ce frère – que Dieu lui fasse miséricorde !

(1) À La'la', arrête-toi,
Près des ruines des demeures,
Et pleure nos bien-aimés,
En ce lieu désertique.

(2) Près des tentes, arrête-toi,
Et appelle-la, émerveillé,
Avec bonté et douceur
Devant l'accablante épreuve.

(3) *J'en ai connu plus d'un comme moi*
Auprès de ton arbre, le bân,
Qui ont cueilli les fruits du verger
Et la rose du fertile jardin.

(4) *« Tous ceux qui, en ton bienfait, espéraient*
De pluie furent inondés.
Envers moi seulement, ton éclair
N'a pas tenu sa promesse de pluie ! »

(5) *Certes ! ajouta-t-elle alors,*
Cette rencontre intervint
Dans l'ombre de mes branches,
Près d'un lieu fertile,

(6) *Car mon éclair est parmi ceux*
Des souriantes bouches.
Ce jour, mon éclair est l'étincelle
De ces pierres tendres et polies.

(7) *Réprouve un temps*
Dont les aléas, pour nous,
Sont impossibles à déjouer.
Quel méfait de descendre à La'la' ?

(8) *Elle, je l'excusai,*
En écoutant ses propos.
Elle se plaint comme je me plains,
Le cœur étreint de douleur.

(9) Je lui demandai,
En voyant son campement,
Dans la trajectoire nocturne
Des quatre vents dispersants :

(10) « Leurs vents t'informent-ils
De l'endroit où ils font la sieste ? »
Certes ! répondit-elle,
Au lieu-dit Dhât al-Ajrâ',

(11) Là où les tentes blanches
Pour celui qu'elles abritent,
Irradient une lumière,
Émanant de ces soleils levants.

COMMENTAIRE

DIVERSITÉ DES THÉOPHANIES EN FONCTION DE LA DISPOSITION DES AMANTS

(1) Les ***ruines*** *(ṭulûl)* sont ici les traces *(athar)* laissées par les descentes des Noms divins sur les cœurs des gnostiques.

Elles sont effacées ou recouvertes de sables *(dâra-sât)*, c'est-à-dire d'aspects changeants *(mutaghayyira)* sous l'effet des circonstances qui permettent à l'aimée de passer d'un état à un autre, à cause de son ardeur amoureuse *(tawallu')*.

Et pleure nos bien-aimés qui sont les Noms divins, ***en ce lieu désertique*** *(balqa')*, endroit assimilé au cœur de l'amant disposé au dépouillement *(tajrîd)*. Ces lieux sont dépourvus *(ifrâgh)* d'habitants qui pourraient les vivifier. Or, ceux-ci représentent tout spécialement les suggestions divines et angéliques *(khawâṭir ilâhiyya wa malakiyya)*[1].

(2) Les tentes *(diyâr)* font allusion aux stations spirituelles *(maqâmât)*.

Appelle-la, émerveillé [ou surpris par elle, selon l'interprétation du pronom de rappel] à cause de l'absence d'un être qui y descend *(nâzil)* malgré la beauté *(ḥusn)* et la splendeur *(bahâ')* de ces lieux qu'il peut contempler.

Avec bonté et douceur devant l'accablante épreuve : il demande à descendre auprès d'elle en ces lieux avec bonté *(maqâm al-luṭf)*, dans la disposition même de celui qui est contraint d'y séjourner, tout attristé pour elle par le manque d'hôte. C'est alors qu'il s'adresse à elle en ces termes :

(3) Combien d'amants remplis de désirs ai-je contemplés, près de ton verger, qui cueillaient les fruits de ces connaissances qui relèvent de la fonction d'Immutabilité *(ma'ârif al-qayyûmiyya)*, c'est-à-dire par laquelle ils pourraient se caractériser *(takhalluq)*.

Nos compagnons sont en désaccord au sujet de cette caractérisation par la fonction d'Immutabilité. Quant à nous, nous soutenons qu'elle est possible, alors que Ibn Junayd[2] et ses disciples la refusent.

---

1. Selon une classification constante chez les maîtres du Soufisme, et chez Ibn 'Arabî en particulier, les suggestions sont de quatre ordres : seigneuriales ou divines, angéliques, psychiques et sataniques.

2. Abû 'Abd Allâh Ibn Junayd, originaire de Qabrafig près de Ronda, était un fervent défenseur de certaines thèses mu'tazilites. Cf. Claude Addas, *Ibn 'Arabî ou la quête du Soufre Rouge*, ouvrage cité, pp. 132 et 133.

Et la rose du fertile jardin évoque le rouge des joues et la station spirituelle de la pudeur *(maqâm al-ḥayâ')*.

Par ***fertile*** ou prolifère *(ayna')*, il faut entendre que les fruits ou conséquences de la vigilance *(murâqaba)* et de la contemplation *(mushâhada)* sont fraîchement cueillis et encore tendres. Il en est comme Dieu dit : « *Il ne leur vient aucun rappel nouveau de leur Enseigneur sans qu'ils l'écoutent en badinant* » (*Coran* 21/2), c'est-à-dire en nous-mêmes, devant le caractère récent du rappel, à l'instant où il descend, bien qu'il se trouve préexister, mais sans être en nous-mêmes.

Vient ensuite le vers mis en exergue à cette poésie et qui a été introduit dans celle-ci.

(4) Voici [en substance] ce qu'il signifie :

Chacun qui désire de toi quelque chose l'obtient, sauf moi-même, et cela par manque d'attention ou d'application *(li-'adam al-'inâya)*.

Il laisse sous-entendre aussi qu'il s'agit, dans son propre cas, d'une station sublime *(maqâm 'alî)* qu'il a obtenue, lui seul, en dehors d'autres de ses semblables, car l'***éclair*** est un lieu essentiel de contemplation *(mashhad dhâtî)*. S'il laisse échapper la pluie, les connaissances fructifiant dans le cœur du contemplant s'actualisent.

On avertit donc qu'il s'agit d'un lieu essentiel de contemplation qui se présente à travers le voile d'une forme apparentée *(ḥijâb mumaththal)*, tout comme l'Ange Gabriel – sur lui la paix – dont Dieu dit qu'« *il assuma pour elle [Marie] la forme d'un être d'apparence humaine harmonieux* » (*Coran* 19/17). En conséquence, Dieu donna une information à Marie sur Jésus à cause de cette forme assumée *(tamaththul)* [par Gabriel], tout comme la bien-aimée, et non moi-même, prend conscience du secours qui lui est offert par la pluie, en ce lieu de contemplation où brille l'éclair pour réaliser différentes sortes de connaissances.

Ton éclair n'a pas tenu sa promesse de pluie, car aucune science ne résulte de ce lieu essentiel de contemplation dans l'âme du contemplant, puisqu'il s'agit d'une théophanie *(tajallî)* se manifestant sans aucune forme substantielle *(ghayr çûrat mâddiyya)* susceptible d'être appréhendée par l'imagination *(khayâl)*, ni intelligée par l'intellect *('aql)*. En effet, ce type de théophanie ne relève pas des catégories du comment *(kayf)*, du nombre *(kamm)*, de l'état *(ḥâl)*, de l'attribution *(na't)* et de la qualification *(waçf)*.

Au contraire, dans la première station [celle où les réalités assument des formes analogues], elle est parfaitement adéquate à l'amant en spiration amoureuse *('âshiq)*, et dans la seconde station [qui est au-delà de toute forme apparentée], elle convient entièrement au gnostique *('ârif)*. C'est alors qu'on entreprend d'expliquer la première station qui concerne la théophanie s'appliquant seulement au voile de la similitude.

(5 et 6) Cette qualification, qui se présente à lui comme une théophanie, lui précise : « Tu as raison, cette conjonction *(multaqâ)* intervient avec les amants qui te ressemblent et te sont apparentés. »

Dans l'ombre de mes branches, c'est-à-dire à travers une irradiance amoureuse de mes inclinations synthétiques *(raḥmat 'awâṭifî)*, grâce à une science profitable abondante portant sur une station immanente *(fî maqâm tashbîh)*, bien que d'une pureté sainte *(qudsî)*, ***car mon éclair*** [ou illumination] se produit.

Lorsque la théophanie se produit dans mon cas, sous une forme apparentée, belle et totalisatrice, en étroite relation avec l'exultation *(ibtihâj)* et la joie matricielle ou primordiale *(surûr)*, sous l'effet patent des ***bouches souriantes*** *(mabâsim)* – à partir desquelles cette théophanie se présente – celle-ci [dont il est question] relève alors des Gloires permanentes attachées à cette forme qui t'est propre. Dans ce cas, la théophanie apparaît sous une forme figée minérale *(çûra jamâdiyya)*. En effet, le terme ***yarma'*** connote l'idée de pierre scintillante (*barâqa* = de la nature de l'éclair) qui ne fait pas habituellement l'objet d'une emprise amoureuse. C'est pourquoi il est dit que je me manifeste à toi[1] dans une station assujettie ni à l'amour séminal *(maḥabba)* ni à la spiration amoureuse *('ishq)* [qui nécessite un support et un attachement] puisque aucune forme n'apparaît [dans ce « lieu » théophanique].

(7) Dans l'expression ***Réprouve un temps*** *(zamân)*, le terme ***temps*** évoque les motions des sphères célestes *(ḥarakât falakiyya)* qui s'effectuent du fait de la séparation des amants.

On a une indication de ce déroulement cyclique temporel dans la parole de Dieu – exalté soit-Il – suivante : « *Parmi vous, certains arrivent à leur terme, et d'autres sont ramenés jusqu'au degré de la plus grande décrépitude due à l'âge... afin qu'ils ne sachent plus rien après avoir eu quelque science. Tu vois la terre devenir stérile, mais lorsque Nous faisons descendre l'eau sur elle, elle se laisse secouer, enfle et fait croître tout couple exultant de beauté* » (*Coran* 22/5). Telle est la décrépitude *(haram)* de l'être dans l'existence *(kâ'in)*, provenant du déroulement des moments successifs, « *afin qu'il ne sache plus rien après avoir eu quelque science* » (*Coran* 22/5).

1. Autre lecture possible : … qu'elle se manifeste à toi…

Dans le cas de la séparation des amoureux, les connaissances deviennent aimables à l'amant, alors que le changement continuel des phases [humaines] *(kurûr al-adwâr)* n'altère en rien les relations entre lui et elle [l'aimée]. Aucun méfait *(dhanb)* ne résulte donc pour lui de descendre en ce lieu, lui que « J'ai seulement créé après son aïeule » *(wa innamâ huwa-lladhî akhluqu-hu ba'du jaddati-hi)*.

(8) Ce vers fait allusion à cette tradition sainte que Dieu fait prononcer à Son Prophète – sur lui la Grâce et la Paix de Dieu : « Il y a un acte que J'hésite à faire, celui de saisir l'esprit de Mon serviteur porteur de la foi qui répugne à mourir. Or, Moi, Je répugne à lui causer du tort. Mais nécessairement il Me rencontrera. » Cela signifie que ce qui précède l'existence de la mort est la connaissance de l'existence de la Rencontre [par la mort naturelle ou initiatique] qui aura lieu nécessairement. Réalise donc bien ce à quoi nous faisons allusion ! Nous avons composé ces vers sur ce thème :

L'aimé aspirait tendrement à me voir,
Mais ma tendresse à son égard était plus forte.

Les âmes montent en passion, et lui rejette le Décret.
De gémir, je me plains, comme lui-même s'en plaint.

(9) Je lui demandai, en voyant son campement, lieu où les quatre vents de la passion *(ahwâ' arba'a)* le transpercent : vents du midi, du nord, de l'est et de l'ouest. Il est donc fait allusion aux vents passionnels qui viennent de devant eux, de derrière eux, de leur droite et de leur gauche. Il s'agit du monde ou domaine des souffles animés et des esprits *('âlam al-anfâs wa l-arwâḥ)* qui se répandent à partir de ces quatre directions émanant des Demeures des Noms divins.

(10 et 11) Ces souffles divins ***t'informent-ils*** de là ***où ils font la sieste,*** dans un lieu de contemplation ? Car le Prophète – sur lui la Grâce et la Paix de Dieu – a dit : « Vous verrez votre Enseigneur comme vous voyez le soleil dans sa pleine manifestation », qui est le moment de la sieste *(qaylûla)* [que l'on fait généralement au plus fort de la chaleur du jour, quand, à midi, le soleil est brûlant]. Cette allusion est renforcée par l'expression : ***au lieu-dit D͟hât al-Ajrâ'*** (ou le lieu de l'infiltration de l'eau dans le sol sablonneux), c'est-à-dire à cause de la suffocation qui se produit en ce lieu par la force irrésistible qui s'en dégage [celle de la violence du vent qui oblige le nomade à avaler le sable]. Il inspire la crainte de se laisser brûler, sous l'effet des Gloires des Lumières *(subuḥât al-anwâr)* dans les ***tentes blanches,*** symbole des voiles lumineux qui se posent sur les Gloires de la Face *(as-subuḥât al-wajhiyya)*[1]. Car les lumières de ces tentes n'émanent pas de ces Gloires, il s'agit seulement ***des soleils*** des connaissances qui entourent les horizons de leurs cœurs qui, de ce fait, sont illuminés et rendus blancs [par le reflet de la lumière].

1. Référence à un ḥadît͟h commenté à plusieurs reprises dans ce recueil. Cf. 7/2 – 15/7 – 18/6 – 25/6.

25
Dénuement ! Nostalgie !

(1) *Hélas mon cœur,*
Quel dénuement !
Exulte mon âme
Remplie d'allégresse !

(2) *Un feu de passion*
En mon cœur est brûlant.
En mon âme disparaît
Une pleine lune de ténèbres.

(3) *Ô musc ! Ô pleine lune !*
Ô rameau de sable agrégé !
Quelle efflorescence argentée !
Quelle lumière ! quel parfum !

(4) *Ô souriante bouche*
Dont j'aimais les perles !
Ô rosée de salive
Dont je savourais le miel argenté !

(5) *Ô lune dans le rose du crépuscule*
Colorant ta joue !
Sous l'effet de la timidité,
Tu luis en te voilant à nous.

(6) Le tourment serait apparu
Si de ton voile
Tu t'étais découverte.
Aussi tu restes cachée.

(7) Soleil du petit matin
Se levant dans le ciel incurvé.
Ô rameau de sable agrégé !
Planté dans un fertile verger.

(8) Par prudence, pour elle,
Je ne cessais de craindre,
Et j'arrosais la branche
Avec de l'eau tombée du ciel.

(9) Qu'elle vienne à paraître,
Pour mon œil elle est merveille.
Qu'elle vienne à disparaître,
De mon trépas elle est la cause.

(10) Depuis que la Beauté
A déposé sur sa tête
Un diadème de paillettes d'or,
Je tombai amoureux de l'or ouvragé.

(11) Si Iblîs avait pu voir
Sur Adam la lumière
Qui transparaissait du visage de l'aimée,
Il n'aurait pas montré de refus.

(12) Et si Idris de même
Avait pu voir ce que cette beauté
Avait dessiné sur ses joues,
Aucun caractère Il n'aurait tracé.

(13) Si enfin Bilqîs [la reine]
Avait pu voir la tente de cette beauté,
Ni le Trône ni le diaphane palais
N'auraient troublé son esprit.

(14) Ô sarḥa, arbre du vallon !
Ô bân, arbuste des fourrés !
Offrez-nous vos fragrances,
Portées par le zéphyr d'orient,

(15) Parfum musqué qui, pour nous,
A répandu son arôme
Émanant des fleurs du vallon,
Ou des fleurs des collines !

(16) Ô bân, arbre de la vallée,
Fais-nous voir une branche,
Ou encore des tiges semblables
À la souplesse de sa cambrure !

(17) Brise venue d'orient
Qui parle du temps de la jeunesse
Que l'on passe à Ḥâjir,
À Minâ ou encore à Qubâ,

(18) Ou bien vers les collines de sable,
Et dans le val sinueux, à l'enceinte sacrée
Ou à La'la', là où se trouvent
Les pâturages pour gazelles.

(19) Il n'est pas étonnant !
Non, pas étonnant
Qu'un Arabe d'amour se prenne
Pour une chaste bédouine !

(20) Et que, tout ému, il s'éteigne
Par le souvenir qu'il garde
De l'être bien-aimé,
Quand la tourterelle gémit.

COMMENTAIRE

LES DIFFÉRENTS ASPECTS DES THÉOPHANIES ASSUMÉES PAR LE CONTEMPLANT

(1) L'âme ou l'esprit *(khalad)* est l'endroit où se tient le Témoin du Réel, l'Immuable par Soi *(Shâhid al-Ḥaqq, al-Qâ'im bi-Hi)*.

Exulte mon âme devant la joie primordiale *(surûr)*[1] qu'elle ressent sous l'effet de sa contemplation.

Le deuxième vers expose ce point en le commentant.

Un feu de passion en mon cœur est brûlant par le fait de se laisser déraciner *(içṭilâm)*[2].

Par l'expression ***quel dénuement*** *(ḥarb)*, il se plaint de cela, par crainte que son âme se dégrade *(talaf)*

1. Ce terme est de même étymologie que *sirr*, centre secret. La racine *S R R* connote les sens suivants qui justifient notre traduction du vocable *surûr* : couper à l'enfant le cordon ombilical, blesser au nombril, réjouir, contenter, cacher un secret, origine, principe, la partie la plus centrale, intime d'une chose.

2. Ibn 'Arabî définit ce terme technique de cette façon dans ses *Içtilâḥât*, au chapitre 73 des *Futûḥât al-Makkiyya*, réponse 153 au questionnaire de M. Ḥakîm at-Tirmîdhî :

« Si tu demandes ce qu'est le déracinement, nous dirons : c'est le qualificatif *(na't)* exprimant la consternation faite de tristesse *(walah)* qui s'empare du cœur, de sorte qu'il demeure immobile sous l'emprise de cet événement, en garde contre la ruse [divine]. »

sous l'action de la corruption de cet habitacle *(haykal)* par la médiation duquel les sciences divines s'obtiennent, quand bien même la plupart des êtres recherchent le dépouillement *(tajarrud)*[1] du corps et l'attachement au monde incomposé où ils évoluent *(al-iltiḥâq bi-'âlami-hâ al-basîṭ)*. Pourtant, selon les réalisateurs du Vrai *(muḥaqqiqîn)*, les âmes cherchent seulement à se défaire de leur habitacle, par l'état [spirituel] *(ḥâl)* et par l'extinction *(fanâ')*, mais non pas pour supprimer *(infiçâl)* un lien de dépendance *('alâqa)*, les âmes trouvant un renchérissement *(mazîd)* par l'existence de ce support corporel qui représente pour elles un moyen de réalisation *(sabîl)*. Pour cette raison, il se plaint de la dépossession.

(2) En mon âme disparaît une pleine lune de ténèbres *(dujâ)*. Les ténèbres, ici, indiquent l'absence ou mystère *(ghayb)* qui est nuit, lieu du recouvrement *(sitr)*. Car la disparition ou mystère est recouvrement.

Le terme ***disparaît*** illustre la prépondérance de l'aspect du voilement sur celui du dévoilement ou « dé-couvrement » *(kashf)*, ou encore le fait de s'éteindre au monde sensible et d'apparaître à l'âme telle une ***pleine lune*** *(badr)* de totale lumière. Le Prophète – sur lui la Grâce et la Paix de Dieu – y fit allusion en ces termes : « Vous verrez votre Enseigneur comme vous voyez la lune la nuit de sa pléni-

---

1. Ibn 'Arabî utilise aussi le terme technique *tajrîd* pour exprimer la même notion qu'il définit ainsi, toujours au même chapitre des *Futûḥât* :

« Si tu demandes ce qu'est le dépouillement, nous dirons : c'est écarter le semblable *(siwâ)* et l'être généré *(kawn)* du cœur et du centre secret primordial *(sirr)* à cause de l'empire du relâchement. »

tude *(laylat al-badr)* », manière de décrire la perfection[1].

(3) La bien-aimée est appelée ***musc*** *(misk)* car elle symbolise les souffles de miséricorde *(anfâs raḥmâniyya yamaniyya*, ou souffles irradiants d'amour venant du Yémen) [en référence indirecte à la nouvelle prophétique suivante : « Je sens le souffle du Tout-Irradiant d'Amour venir du Yémen »], afin de révéler les sciences muḥammadiennes.

On l'a appelée ***pleine lune*** *(badr)* pour la plénitude ou perfection *(kamâl)* qui la caractérise, toute considération ou adhésion *(i'tiqâd)* divergente étant inadéquate à son sujet puisqu'elle ne peut lui être imputée. La connaissance valable que l'on doit en avoir nécessite transcendance *(tanzîh)* et sanctification *(taqdîs)*, qualificatifs qui ne s'accordent pas avec les éclipses ou disparitions *(kusûf)* et avec l'insuffisance ou incomplétude *(naqç)*, ces dernières dispositions affectant les pleines lunes [qui ne perdurent point]. Ce point de vue fait référence à chacun, témoin du Vrai en son cœur, dans la mesure où il en témoigne, conformément à sa preuve *(dalîl)*, sa conviction *(i'tiqâd)* ou son inspiration *(ilhâm)*. La réception de la lumière solaire que la lune réfléchit n'est pas de profit [spirituel] pour l'être, le témoin du Vrai présent dans le cœur du serviteur provenant [seulement] de la lumière divine essentielle.

Elle est encore appelée ***pleine lune*** du fait qu'elle

1. L'expression « la pleine lune de ténèbres » semblerait contradictoire, ici, si l'on perdait de vue que la lumière de la pleine lune en ce monde paraît obscurité comparée à la brillance et à la lumière que la lune revêtira dans l'Outremonde.

est un miroir *(mir'â)* pour quiconque se révèle à elle dans ce cas, et il est alors question aussi bien du Vrai qui se manifeste dans la création que de l'inverse[1].

Enfin, on l'appelle ***rameau de sable agrégé*** *(naqâ)*, ou branche arénacée [pour plusieurs raisons] :

– D'abord, à cause de l'attribut d'Immutabilité *(çifa qayyûmiyya)* représentant pour elle des qualifications immuables qui lui sont rapportées et qui sont décrites ici comme étant un entassement de sable fait d'un assemblage *(waçl)* [de grains]. Telle est la signification symbolique [de ce rameau de sable] qui évoque l'attribut d'Immutabilité ; il désigne aussi bien l'exaltation *('uluw)* et l'ampleur *(nashr)* qu'on trouve sur la Terre que les degrés hiérarchiques de l'Existence qu'il s'agit de dépasser.

– Il désigne encore les modifications que subit quelquefois cette dune de sable sous l'action incessante des vents, symbole des passions de l'âme *(ahwâ' nafsâniyya)* – par exemple, pendant les périodes de négligence – qui viennent s'opposer à ces sciences mises en relation [symbolique] avec le sable.

Il en est comme de celui qui sait pertinemment que Dieu est bien Celui qui ne cesse d'être Pourvoyeur *(Razzâq)*, et dont la science primordiale lui accorde ce qui convient à lui seul et pas à un autre. Les passions psychiques alors engendrent les suggestions naturelles *(khawâṭir ṭabî'iyya)* qui s'interposent entre toi et cette connaissance ; elles se mettent en mouvement au

1. Le symbolisme du miroir, sous son double aspect, a été amplement commenté par le Shaykh al-Akbar, en particulier dans son ouvrage *Fuçûç al-Ḥikam*, au premier chapitre consacré au prophète Adam, traduit par Titus Burckhardt sous le titre : *La Sagesse des Prophètes*, ouvrage cité.

moment du manque *(faqd)*, incitant à la recherche de ce dont tu es dépossédé.

Quelle efflorescence argentée ! C'est-à-dire les Noms divins, qui se trouvent rassemblés dans le cœur des adorateurs, recouvrent le rameau d'Immutabilité, de la même manière que les feuilles habillent les branches.

Quelle lumière ! Il s'agit de la pleine lune, selon la Parole de Dieu : « *Dieu est la Lumière des Cieux et de la Terre...* » (*Coran* 24/35).

Quel parfum ! C'est-à-dire le musc représentant les connaissances *(ma'ârif)* et les caractères normatifs divins *(akhlâq ilâhiyya)*, déjà mentionnés, que les souffles exhalent en faveur de cet adorateur qui s'en trouve ainsi qualifié.

(4) La première partie de ce vers fait allusion aux propos suivants du Prophète – sur lui la Grâce et la Paix de Dieu : « Dieu rit », au point qu'un bédouin dit : « Nous ne manquons pas de bien du fait qu'un Seigneur rit[1]. »

La souriante bouche est comparée aux perles ou bulles *(ḥabab)* qui apparaissent à la surface de l'eau, et fait référence au souffle odoriférant *(rîḥ)* et à l'eau, secret de la vie. Il s'agit des sciences d'irradiance amoureuse *('ulûm raḥmâniyya)* qui transparaissent dans la Vie divine au moment où les souffles se

---

1. Ce ḥadîth se trouve chez Ibn Ḥanbal IV-11 et 13. Le texte complet de cette nouvelle est le suivant : « Abû Razîn a rapporté : J'ai entendu le Prophète dire : Notre Seigneur rit du découragement de Ses serviteurs et de leur promptitude à passer d'un état à l'autre ! Je dis alors : Ô Messager de Dieu ! Le Seigneur rit donc ? – Certes, reprit-il. J'ajoutai : Nous ne sommes pas démunis de bien devant le fait qu'un Seigneur rit ! »

déchaînent *(hubûb al-anfâs)*, ainsi que Dieu le dit : « *Ou bien celui qui était mort et que Nous avons vivifié...* » (*Coran* 6/122), paroles qui concernent la science par rapport à l'ignorance. Dieu dit aussi [à ce propos] : « *Nous avons fait sortir toute chose vivante de l'Eau* » (*Coran* 21/30).

Le terme ***ruḍâb : salive,*** suggère la Parole face à face *(fahwâniyya*, litt. bouche à bouche)[1], l'entretien confidentiel *(munâjâ)*, la parole *(kalâm)*, la nouvelle *(ḥadîth)* et la conversation nocturne *(samar)*, mais d'après les sciences qui déposent la suavité *(ladhdha)* dans le cœur de celui qui les assume. Car toute science ne procure pas [nécessairement] la suavité. Ce ***miel*** onctueux et ***argenté*** est assimilé à la douceur *(ḥalâwa)* et à la blancheur, comme la lumière divine est comparée à la clarté de la lampe [cf. *Coran* 24/35], même si l'analogie *(munâsaba)* est loin d'être pleinement adéquate, mais la langue arabe permet de comprendre certaines choses avec des éléments simples par correspondances analogiques.

(5) La ***lune,*** exprimée ici par le terme *qamar*, indique qu'elle est dans une phase entre pleine lune *(badr)* et nouvelle lune *(hilâl)*. La lune ainsi qualifiée *(qamar)* est un endroit où l'on contemple des repré-

---

1. Ce terme technique, qui revient souvent dans l'œuvre du Maître, et spécialement dans ce traité, est ainsi défini au chapitre 73 des *Futûḥât* :

Si tu demandes ce qu'est la Parole face à face, nous dirons : C'est le propos *(khiṭâb)* du Vrai, survenant à l'improviste dans le Monde des réalités similaires *('âlam al-mithâl)*. [C'est en relation avec ce monde que le Prophète] a dit de l'*Iḥsân*, la parfaite conformité, ou le bel-agir : « C'est que tu adores Dieu comme si tu Le voyais, car si tu ne Le vois pas, Lui te voit. » C'est sous ce rapport que tu auras la science du Soi *(Huwa)*.

sentations formelles survenant dans le monde intermédiaire *(mashhad barzakhî mithâlî çuwarî)* que le domaine de l'Imaginal *(khayâl)* englobe.

Le ***crépuscule*** *(shafaq)* implique la couleur rouge sous ***l'effet de la timidité*** ou confusion *(khafar)* provoquée par la pudeur, ou vie pudique *(ḥayâ')* qui donne le rose aux joues. Or Dieu est Vivant-Pudique *(Ḥayy)*, ainsi que le Prophète – sur lui la Grâce et la Paix de Dieu – a pu dire. Le terme ***joues*** *(khudûd)* est employé ici puisqu'elles sont l'endroit saillant du visage où le rouge de la timidité se manifeste, à l'exclusion d'autres parties du corps.

L'expression ***Tu luis en te voilant*** fait allusion à cet élément de nouvelle prophétique : « … par des voiles divins lumineux et ténébreux ». Le vers qui suit va donner la signification que nous signalons ici.

(6) Cette clarté est annoncée par l'expression ***si tu t'étais découverte*** *(isfâr)*. Le ***tourment*** *('adhâb)* et le ***voile*** *(ḥijâb)* se réfèrent à la parole suivante du Prophète – sur lui la Grâce et la Paix de Dieu : « Certes, Dieu a 70 000 voiles de lumière et de ténèbres. S'Il les retirait, les Gloires de Sa Face brûleraient ce que Son Regard atteindrait. » Il s'agit d'un lieu de contemplation immense, d'une pureté inaccessible *(mashhad 'azhîm nazîh)* où ne subsistent nulle trace *(athar)*, nulle essence individuelle ou déterminée *('ayn)*, ni être généré *(kawn)*. Dieu ne se voile que par miséricorde pour nous, pour [sauvegarder] la survie *(baqâ')* de nos essences individualisées. La perdurance de l'essence déterminée de l'être généré est due à la manifestation de la Présence de Dieu et de Ses Noms excellents qui constituent la Beauté totalisatrice *(jamâl)*[1] de l'Univers. Si celle-ci disparaissait, aucune connaissance ne pourrait avoir lieu. C'est par les signes-symboles *(rusûm)* et les corps *(jusûm)* que les connaissances se répandent, que les compréhensions se diversifient et que le Nom *al-Ḥayyu-l-Qayyûm*, le Vivant-Immuable, se révèle. Gloire à Celui qui a propagé universellement Son Irradiance amoureuse sur Sa Création et Ses créatures, afin de témoigner de Sa Qualité *(çifa)* et de Son Être *('ayn)* !

(7) Soleil du petit matin exprime l'évidence de la théophanie *(wuḍûḥ al-tajallî)* au moment de la Vision *(ru'ya)*[2] ; et ***le ciel incurvé*** ou sphère *(falak)*, la forme sous laquelle cette théophanie se présente et qui se

1. Il existe une différence notable entre les deux termes *jamâl* et *ḥusn* que l'on traduit en général de la même façon par « beauté ».

Le premier terme vient de la racine *J M L* qui signifie principalement : réunir, totaliser, être beau. La beauté dont il est question, à travers les acceptions que comporte cette étymologie, implique que tous les aspects d'une réalité doivent répondre à la perfection des éléments qui la constituent, excluant ainsi toute insuffisance ou déficience qui ne réaliseraient pas effectivement les conditions de cette norme. Il s'agit donc d'une beauté normative formelle.

Le second terme, qui provient de la racine *Ḥ S N*, concerne la beauté en soi, le beau.

2. La vision est ainsi définie par Ibn 'Arabî, in *Futûḥât*, chap. 73 :

« Si tu demandes ce qu'est la Vision, nous dirons : c'est la contemplation *(mushâhada)* par la vue sensible *(baçar)*, non par la vue intérieure *(baçîra)* de quelque nature qu'elle soit.

« La contemplation est aussi vision mais du Témoin *(shâhid* = de même racine que *mushâhada)* – qui est Dieu – dans le cœur du contemplant, et qui nécessite des signes distinctifs. »

diversifie en fonction de la diversité des convictions *(mu'taqidât)* et des connaissances *(ma'ârif)* ; c'est la Présence de la mutabilité *(ḥaḍrat al-tabaddul)* et de l'évolution *(taḥawwul)* dans les formes. Cette capacité divine *(quwwa ilâhiyya)* et cette qualité seigneuriale *(çifa rabbâniyya)* font apparaître les caractéristiques *(a'lâm)* de ces formes aux familiers des Jardins paradisiaques *(ahl al-janân)* dans le Forum *(sûq)* du Jardin où nul négoce ne se pratique, tant vente qu'achat. Certains gnostiques, tels que Qaḍîb al-Bân[1] et d'autres, atteignirent cette station dans la forme sensible *(çûra ḥissiyya)*, alors que les dispositions spirituelles *(aḥwâl)* de la grande majorité des créatures permettent de l'atteindre dans la forme intérieure *(çûra bâṭina)*.

Par le ***lever du soleil,*** il faut entendre son apparition à l'œil [essentiel] du contemplant *('ayn al-mushâhid)*.

Rameau de sable agrégé, symbole de l'attribut d'Immutabilité *(çifa qayyûmiyya)*, dans ***un fertile verger*** ou jardin, celui des Noms divins, et non pas le fertile jardin des sciences *('ulûm)*. Il est planté *(nuçiba* ou préparé) pour indiquer la caractérisation *(takhalluq* = autonormalisation ou autocaractérisation) par cet attribut, contrairement à la position doctrinale soutenue par Ibn Junayd[2] et d'autres qui refusent cette autocaractérisation par l'attribut d'Immutabilité.

Nous sommes d'accord sur la possibilité de l'autoréalisation *(taḥaqquq)* [d'une manière générale], mais je rejette la compréhension *(idrâk)* de l'autocaractérisation par quelque chose qui resterait une impossibilité. En effet, se caractériser par quelque chose suppose la preuve ou indice *(dalîl)* qui permette une telle réa-

1. Sur Qaḍîb al-Bân, cf. Claude Addas, *Ibn 'Arabî ou la quête du Soufre Rouge*, p. 68, ouvrage cité.

2. Sur Ibn Junayd, voir poésie 24, vers 3 et Index.

lisation *(taḥaqquq)* par quelque chose. Or, ce qui ne se caractérise pas par quelque chose ne se réalisera jamais, car alors aucune expérience réelle *(dhawq)* ne saisira cette chose. Cependant, il nous est toujours possible d'avoir la connaissance d'un indice *('alâma)* ou d'une allusion *(ishâra)*, mais non d'avoir [spirituellement parlant] la science d'une expérience réelle *(dhawq)*, ou d'un état *(ḥâl)*.

Le terme ***planté*** *(nuçifa* = qu'on a planté) laisserait entendre qu'en ce lieu une marque *(athar)* a été placée, mais il n'en est pas ainsi.

Nous avons seulement élucidé ce point de vue sur ce thème en commentant le sens à donner à ce ***fertile verger*** ou jardin, alors qu'auparavant rien de la sorte n'avait été dévoilé. Dans ce cas, il s'agit d'une élévation, conformément à ce que Dieu dit : « *Aucun rappel nouveau de leur Seigneur ne leur vient...* » (*Coran* 21/2), c'est-à-dire en leur for intérieur, et non dans la réalité même *(lâ fî nafsi al-amr* = objectivement). De la même manière, une information peut nous être actuellement communiquée de la part du roi alors qu'il était possible que nous nous en entretenions depuis un mois, par exemple. Sa nouveauté *(ḥudûth)* existe maintenant pour nous mais pas [nécessairement] en soi.

(8) Du fait que sa conquête est inaccessible *('azîza al-manâl)*, [l'aimée ou l'Essence divine] n'est pas conditionnée par un être lui ressemblant. C'est pourquoi je crains que le voile que représente le semblable m'oriente vers des tendances psychiques *(iltifât gharaḍî nafsî)* ; en conséquence, je me prends à la contempler en chaque chose, et même avant chaque chose pour autant que celle-ci, dans sa permanence et avant même son existence, est inhérente à elle [l'aimée], et non pas pour autant que l'aimée est dépourvue d'un certain rapport d'analogie *(tashbîh)* avec ce qui la concerne.

Et ***la branche que j'arrose avec de l'eau tombée du ciel,*** c'est-à-dire la pluie, l'ondée suggérant ce par quoi la vie gnostique *(ḥaya 'irfânîyya)* se produit. Il s'agit d'une eau qui descend de plus haut, symbole de grâce *(minna)* et de faveur *(faḍl)*, et non d'acquisition *(kasb)* et d'effort appliqué *(ta'ammul)*.

Ce rameau est arrosé afin que l'eau, par son action, fasse fructifier les connaissances véhiculées par elle qui constitue leur nourriture *(qût)*.

(9) Qu'elle vienne à paraître, pour mon œil elle est merveille, le merveilleux ou étonnement *('ajab)* affecte l'amant car le vil perçoit en fonction de sa vilenie comme le noble de sa noblesse. Alors, cette compréhension est facile à obtenir chez celui qui considère cette parole divine prononcée par le Prophète : « … Je [il s'agit de Dieu] suis son ouïe et sa vue… » Il en résulte qu'un autre que Lui ne le perçoit pas, ni n'entend sa parole. Dieu dit : « *Ne soyez pas comme ceux qui disent : "Nous avons entendu", alors qu'ils n'entendent point* » (*Coran* 8/21).

Quand celui qui s'exprime de la sorte perd, pour cette raison, cette prise de conscience, il mentionne ce propos pouvant se rapporter à cette parole divine : « *Si tu es dans un doute au sujet de ce que Nous avons fait descendre jusqu'à toi, demande alors à ceux qui récitaient l'Écriture avant toi. La vérité venant de ton Enseigneur est venue. Ne sois donc pas d'entre ceux qui se laissent aller à la contestation* » (*Coran* 10/94).

Si [l'aimée] n'apparaît pas, l'étonnement ne survient point. ***Qu'elle vienne à disparaître, de mon trépas elle est la cause*** : ce vers attire l'attention sur la disposition à l'emprise amoureuse *(çifa 'ishqiyya)*, car l'amant meurt, par désir intense *(shawq)* [de l'être aimé], en l'absence [de celui-ci] *(faqd)*, ainsi que les amoureux l'expriment.

(10) Le terme **beauté** *(ḥusn)* décrit un lieu de contemplation essentiel *(mashhad 'aynî)* dans la station de la séparation *(maqâm farq)* en laquelle le serviteur se distingue du Seigneur. Il s'agit de la seconde séparation *(farq thânî)* que l'on recherche, station qui, chez les vrais réalisateurs gnostiques par Dieu, est supérieure à la station de l'Intégration [ou synthèse] en soi *('ayn al-jam')*[1]. Car la synthèse, en réalité, permet la discrimination *(tafriqa)* et, par conséquent, la multiplicité *(kathra)* qui ne se trouve pas dans l'essence *('ayn)*. Cette situation s'applique donc à ta

1. Jurjânî, dans ses *Définitions*, définit ainsi ces termes techniques :

« *La séparation initiale* *(farq awwal)* réside dans le fait que les créatures nous voilent Dieu le Vrai. C'est la persistance *(baqâ')* des marques ou surimpositions *(rusûm)* créaturelles avec les conditions qu'elles comportent.

« *La séparation seconde* *(farq thânî)*, c'est prendre conscience, par la présence contemplative *(shuhûd)*, que la créature se maintient par Dieu le Vrai. C'est la Vision directe *(ru'ya)* de l'Unitude *(waḥda)* dans la Multitude *(kathra)* et inversement, la vision directe de la Multitude dans l'Unitude, sans que l'un des deux aspects se trouve voilé par l'autre.

« *La distinction dans la synthèse* *(farq al-jam')* : c'est la propagation plurale ou réfraction infinie *(takaththur)* de l'Unique par Sa Manifestation *(zhuhûr)* dans les Degrés hiérarchiques *(marâtib)* qui font apparaître les Fonctions *(shu'ûn)* de l'Unité suprême *(aḥadiyya)*. Ces Fonctions, en réalité, sont de pures désignations *(i'tibârât maḥḍa)* sans autre réalité que celles que l'Unique fait apparaître par les formes que ces Fonctions impliquent.

« *La synthèse et la différenciation* ou *la totalisation et la distinction* *(al-jam' wa al-tafriqa)* :

synthèse par Lui lors de ta réalisation *(akhdh)* opérée à partir de toi.

Le ***diadème*** *(tâj)* est un ornement divin qui sort du domaine de l'Assise homogène *(maqâm al-istiwâ')* [de Dieu sur le Trône, cf. *Coran* 25/59] [car cette couronne s'appuie sur la tête, sommet de l'être].

L'or *(dhahab)* évoque un attribut de perfection *(çifa kamâl)* dans l'ensemble parfait des degrés des stations *(marâtib al-maqâmât)*. Car l'or implique la plénitude de l'équilibre *(kamâl al-i'tidâl)* et il est le métal le plus noble.

La séparation *(farq)* est ce qui est à toi, la synthèse est ce qui est nié de toi.

La différenciation est une acquisition du serviteur, obtenue par la constante application à la servitude adorative et par ce qui convient aux dispositions humaines.

La manifestation des réalités intelligibles, celle des choses subtiles et du comportement parfait, qui viennent de Dieu, constituent la synthèse.

Le serviteur est, sans aucun doute, concerné par ces deux prises de conscience. En effet, celui qui n'est pas dans une condition séparative n'est pas en état de servitude adorative, et celui qui n'est pas dans une disposition synthétique n'a pas de connaissance ou de gnose.

« La synthèse de la synthèse ou la totalisation de la conscience synthétique *(jam'al-jam')*. C'est la Station ultime, plus parfaite et plus sublime que celle atteinte par la conscience synthétique. La conscience totalisatrice implique la contemplation *(shuhûd)* des choses par Dieu et l'affranchissement de la force et de la capacité par Dieu seul. La totalisation de la conscience synthétique est la désintégration *(istihlâk)* de l'ensemble [de l'être déterminé] et l'extinction *(fanâ')* à tout autre que Dieu. C'est le Degré de l'Unité absolue *(martaba aḥahiyya)*. »

in Jurjânî, *Kitâb at-Ta'rîfât, Le Livre des Définitions*, traduction et lexiques par Maurice Gloton, avec avant-propos de Pierre Lory, ouvrage cité, définitions 1198, 1199, 1201, pp. 535 et 536.

Les paillettes d'or *(tibr)* sont mentionnées car elles n'ont pas encore été travaillées pour être purifiées par les mains des hommes. Cette expression ***paillettes d'or*** s'applique à notre cas d'une manière plus excellente, puisque la Manifestation de Dieu à nous par nous correspond à la réalité et non pas Sa Manifestation à nous par Lui. Un désir qui ne porte pas sur son objet est dénué de signification [tout comme l'Acte créateur divin sans créature pour le recevoir ne peut s'actualiser, ou comme l'emprise amoureuse *('ishq)* sans aucun être sur qui elle s'applique n'a pas lieu d'exister].

L'expression ***je tombai amoureux*** vient de la racine *'Sh Q*, être épris, être attaché, qui donne, par dérivation, le terme *'ashaqa*, le liseron [plante qui s'enroule autour d'un support et y adhère], à cause de la dépendance *('alâqa)* existant entre le serviteur et le Seigneur, Lui qui, à travers un lien subtil *(daqîqa)*, descend jusqu'au cœur du serviteur par la connaissance.

(11) Il est dit à ***Iblîs*** : *Prosterne-toi en faveur d'Adam* (li-*Adam* = ou pour, ou encore à cause d'Adam, mais non devant Adam) (cf. *Coran* 20/116). Or, dans ce vers, la préposition *li*, qui nécessite la flexion du cas indirect *(lâm al-khafḍ)* ou de la relation *(iḍâfa)*, n'est pas mentionnée [mais figure dans l'élément du verset précité]. La science disparut d'Iblîs à cause de la mention d'Adam [dans cette citation coranique]. S'il avait alors discerné la signification attachée à cette préposition *li* citée dans la parole divine *li-Adam*, « à cause d'Adam », il aurait vu la lumière dans la face de cette essence désirée *(dhât maṭlûba)*, lumière déposée au cœur des hommes parfaitement réalisés ou initiés *(rijâl)*, et son refus d'obtempérer à l'Ordre divin n'aurait pu se concevoir. Iblîs se déroba et, en conséquence, se targua d'importance en considérant que l'élément qui le constituait [le feu *(nâr)*, cf. *Coran* 7/12, 15/27 et 38/76] était plus élevé que la terre *(turâbî)* dont était fait Adam. Quand il vit la noblesse d'Adam, il se refusa à condescendre vers ce qui était de constitution plus vile *(akhass)* – la terre – et ne connut pas les Gloires des Noms divins et la Compréhension universelle *(iḥâṭa)* que Dieu avait dissimulées en lui pour lui[1].

(12) Le nom ***Idris***[2] vient de la racine *D R S* qui indique la science librement acquise *('ilm muktasab)*. La station qu'il occupe est également élevée [cf. *Coran* 19/56 et 57].

L'amant dit : Si le détenteur de la science spéculative divine ou théologie rationnelle *(al-'ilm al-nazharî al-ilâhî)* avait vu ce qui était marqué sur les tracés divins oculaires sous l'aspect qu'il recherchait, il n'aurait pas entrepris d'acquérir une science quelconque et il ne l'aurait pas davantage recueillie *(kataba)*. Car toute science est incluse dans cet immense lieu de contemplation oculaire.

(13) Bilqîs garde une étroite relation avec une réalité du monde intermédiaire ou isthmique *(ḥaqîqa bar-*

1. « *Or ton Enseigneur dit aux anges : "Je suis en train de créer d'argile un être de forme humaine. Quand Je l'aurai harmonieusement formé et que J'aurai insufflé en lui de Mon Esprit, tombez prosternés à cause de lui."*
Tous les anges alors se prosternèrent,
à l'exception d'Iblîs qui sollicita la grandeur et se tint parmi les enfouisseurs de la foi » (*Coran* 38/71 à 74).

2. Sur le Prophète Idris, voir références à l'Index des noms propres.

zakhiyya) [étant donné que Bilqîs, la reine de la tribu de Sabâ] fut engendrée d'un djinn *(jinn)* et d'une mère terrestre.

Sa ***tente*** *(rafrafa-hâ)* symbolise son degré hiérarchique *(martaba)*. Le pronom féminin ***hâ'*** affixé à ***rafraf*** se rapporte à cette réalité subtile *(nukta)* essentielle recherchée.

Ni le Trône *('arsh)* fait allusion à la position considérable de Bilqis, ***Trône*** qui est le lieu du secret primordial ou siège *(sarîr)* de son royaume.

Ni le diaphane palais de Salomon ***n'auraient troublé son esprit*** *(bâl)*, puisque ce palais se situe dans l'immensité de ce qu'elle voit dans l'élévation de son degré hiérarchique.

C'est cette réalité subtile du monde intermédiaire que l'itinérant spirituel *(sâlik)* contemple, au moment où elle se sépare de l'élément limoneux *(turâbiyya)* de celui-ci, afin qu'elle aille vers l'élément feu qui le constitue. Il en est ainsi lorsque s'opère la réunion de deux points extrêmes opposés de la circonférence [symbole des quatre éléments opposés deux à deux], et non selon l'ordre naturel *(tartîb ṭabî'î)* [lié à la génération des quatre éléments], qui ne permet pas de séparer l'élément terre [des trois autres éléments] eau, air et feu[1].

Le terme ***esprit*** *(bâl)* est orthographié, dans ce vers, ***bâ*** avec ellipse de la lettre ***l*** *(lâm)* [ce mot devant normalement s'écrire *bâl*]. Le retranchement de la lettre ***l*** tient compte d'un autre sens possible exprimé par la seule consonne ***b*** *(bâ')*. Il s'agit alors de la fonction hiérarchique propre à l'Intellect *(maqâm al-'aql)* qui est le deuxième degré hiérarchique procédant de

---

1. Allusion commentée du Maître à l'épisode coranique entre Salomon et la reine de Sabâ'. Cf *Coran* 27/22 à 44.

l'Existence universelle *(wujûd)*, comme la lettre ***b*** est la deuxième lettre de l'alphabet [avec valeur numérique arithmosophique traditionnelle deux].

C'est comme s'il disait : « Quand cette réalité du monde subtile intermédiaire est installée dans une fonction d'investiture *(maqâm al-tamlîk)* pour obtenir le degré de l'Intellect, qui est le degré ultime *(aqçâ)*, il est alors question de son Trône *('arsh)*, son état spirituel *(ḥâl)* étant symbolisé par son ***diaphane palais*** qui ne lui trouble pas l'esprit *(bâl)*. » Et comment n'en serait-il pas ainsi puisqu'elle garde un aspect formel subtil ?

(14) Par **vallon** *(wâdî)* il faut entendre le lieu où se propagent les connaissances dans le cœur des adorateurs en tant que tels.

Les fourrés représentent le maintien dans l'application soutenue *(maqâm al-mujâhada)* et le ***bân*** et le ***sarḥa du vallon*** la conséquence, pour ces êtres, de leur engagement dans cette ligne de conduite.

À eux deux, il dit alors : « ***Offrez-nous*** de vos bons parfums *(ṭîb)* nouveaux et frais avec le monde des souffles qui s'exhalent au moment de la Théophanie » ; et pour cette raison, il est fait allusion au ***zéphyr*** ou vent d'est, l'orient étant la direction où la lumière surgit.

(15) Le ***parfum musqué*** provient d'un animal *(ḥayawân)* [apparenté au chevrotin]. Cette bonne senteur émane de la station de la Vie *(maqâm al-ḥayâ)* [terme de même racine *Ḥ Y Y* que le mot animal] en répandant son arôme pour parfumer les gnostiques.

Émanant des fleurs du vallon ou des fleurs des collines, provenant de la station de la condescendance

(tanazzul) divine qui se révèle par le langage des Messagers dans les Écritures descendues.

Le ***vallon*** ou dépression *(iḥḍâm)* suggère l'héritage de l'humilité *(tawâḍu')* conféré aux gnostiques qui obtiennent alors les degrés sublimes. Il peut aussi signifier la station du voile de l'Inaccessibilité la plus protégée *(maqâm ḥijâb al-'izzat al-aḥmâ)* dans l'Océan de la Cécité absolue *(baḥr al-'amâ)* [dans une pure non-manifestation essentielle]. Cette signification résulte de l'emploi du terme ***hauteurs*** (*rubâ*, sing. *rabwa* = éminence, mamelon). Ce sens est corroboré par ce verset : « ... *ils auraient mangé de ce qui est au-dessus d'eux et de ce qui est au-dessous de leurs pieds...* » (*Coran* 5/66), cette dernière expression correspondant au terme dépression ou ***vallon*** *(iḥḍâm)* employé dans ce vers.

Le ***parfum musqué*** est mis en correspondance avec les fleurs *(azhâr)* aromatiques, les parfums étant les prémices des Théophanies *(awâ'il al-tajalliyât)* et les indices des connaissances savourées *(dalâ'il 'alâ ma'ârif dhawqiyya)* qui en résultent à l'image des grappes de fruits qui succèdent aux fleurs.

(16 et 17) Il est question, ici, de la propension de l'être généré *(mayl al-kawn)* à s'orienter vers le Vrai en disant : « Certes, l'attirance *(mayl)* que j'ai pour toi et le bienfait que tu m'accordes viennent de l'inclination *(mayl)* de la Présence du Vrai vers toi et le bienfait qu'elle confère et la manifestation de ses lumières te concernent. Car ton attirance vers elle est celle due au dénuement *(iftiqâr)* et à l'avantage acquis *(istifâda)*, alors que son attraction vers toi est celle due à la suffisance *(ghinâ')* et à l'obtention *(ifâda)*. » Or, il n'existe de relation qu'en cas de contraste *(naqîḍ)*.

La mention de la ***branche*** *(fanan)* est liée à la racine de ce vocable *F N N* qui a donné aussi le mot *fann*, pluriel *funûn*, classe, catégorie, espèce. Il s'agit ici des différentes sortes de connaissances. L'expression ***tiges*** longues *(quḍub)* comporte le sens de baguette, verge, arc *(qaḍîb)*. Il est alors question de connaissances savourées *(ma'ârif dhawqiyya)*.

Le terme ***cambrure*** *('aṭf*, pl. *a'ṭâf* = flanc, côté, courbure, penchant) signifie ici l'inclination ou sympathie divine *('aṭf ilâhî)* impliquée dans la miséricorde ou irradiance amoureuse *(raḥma)* englobante *(shâmila)* et universelle *(muṭlaqa)* qui embrasse toute chose [selon la nouvelle prophétique].

C'est à ce sujet qu'Iblîs argumenta avec Sahl 'Abd Allâh at-Tustarî[1] en lui disant : « Le conditionnement *(taqyîd)* est ta qualification, ô Sahl et non la Sienne ! » Car Dieu n'est pas concerné par la restriction puisqu'Il possède l'Amplitude absolue *(sa'a)*, mais Il répartit les différentes sources de boissons (*mashârib* = grâces) en fonction de Ses adorateurs. À certains, Il donne une mesure, et à d'autres une part différente. Rien ne vient conditionner le Vrai. Dieu s'exalte au-delà de cela d'une exaltation infinie (cf. *Coran* 17/43). Sa miséricorde s'étend à ceux qui Le craignent par une nécessité divine *(wujûb ilâhî)* à laquelle Il s'oblige Lui-même, et Sa miséricorde englobe, en mode de grâce *(mina)*

---

1. Sahl Ibn 'Abd Allâh Tustarî mourut en 283/896. Il fut le premier maître de Ḥallâj (Ḥusayn Ibn Mançûr). On lui est redevable de la célèbre définition du soufi : « Celui qui se trouve entre les mains de Dieu comme le cadavre entre les mains du laveur de morts. »

Sur ce célèbre soufi, cf. William C. Chittick, *Ibn al-'Arabî's Metaphysics of Imagination, The Sufi Path of Knowledge*, State University of New York Press 1989, p. 407, note 18.

et de faveur *(faḍl)*, aussi ceux qui ne Le craignent point, comme la crainte pieuse de ceux qui Le craignent provient aussi de la grâce et de la faveur. C'est pourquoi Sa miséricorde, en tant que telle, s'étend à toute chose.

Brise venue d'orient *(rîḥ çabân)*, zéphyr *(nasîm)* de l'esprit des connaissances en étroit rapport avec le dévoilement et la théophanie. Il argumente sur les cycles temporels de la jeunesse *(awân zamân al-sha-bâb)* au sujet de laquelle le Messager de Dieu – sur lui la Grâce et la Paix de Dieu – a fait allusion au moment de la descente de la pluie. Il se découvrit la tête pour recevoir l'ondée et dit : « Voici la nouvelle d'une pluie de début de printemps *(ḥadîth 'ahd)* qui parle de son Seigneur. » C'est pour cette raison qu'il est fait allusion à la brise d'un vent d'est *(çabâ)*, cette expression étant de même étymologie *Ç B W* que *çiba*, jeunesse, mot qui dérive [secondairement] de la racine *Ç B B*, verser, avoir un penchant amoureux, qui a donné *çababa*, vif épanchement amoureux, effusion ou penchant *(mayl)*. C'est comme si ce vent *(rîḥ)* annonçait les moments *(awân)* de l'épanchement sous l'action des tendances ou « lignes de force » divines *(a'ṭâf ilâhiyya)*.

Des informations de ce vent parviennent dans des stations variées dont font partie :

– La station de la sacralité inviolable *(maqâm al-ḥurma)*.

– La station de la différenciation *(tamyîz)* des choses les unes par rapport aux autres à cause de leurs réalités. C'est ce qui est sous-entendu par le terme *ḥâjir* qui est [par étymologie] un obstacle ou mur pierreux, une pétrification *(taḥjîr)*.

– La station du désir soumis à l'épreuve ou testé *(tamannî)* accompagnée de l'état de purification *(ṭahâra)* et de pureté surabondante *(zakâ)*. Le terme ***Minâ*** [cité près de La Mekke] connote ce sens.

– La station du repos *(râḥa)* et du dépouillement *(tajrîd)*, exprimée par le terme ***Qubâ*** [mosquée située près de Médine]. C'est à cause de cette signification que le Messager de Dieu – sur lui la Grâce et la Paix de Dieu – la visitait chaque samedi *(sabt)*. Or ce mot *sabt* veut dire repos et aussi le rasage des cheveux ; d'où la notion de station du dépouillement.

(18) Les ***collines de sable*** font référence au *ka<u>th</u>îb* [cette dune de sable blanc dans le Jardin paradisiaque], où survient la Vision *(ru'ya)* [béatifique du Seigneur].

Le val sinueux *(munḥanâ)* exprime tant la compassion divine *(<u>sh</u>afaqa ilâhiyya)* que l'attrait sympathique *('aṭf)* relevant de la miséricorde envers les créatures pour que l'être déterminé *('ayn)* perdure, lui qui est dans un domaine protégé, ou ***enceinte sacrée*** *(ḥimâ)*, au moment de son extériorisation, sans qu'il lui soit possible de contempler [Dieu] tant qu'il existe sous cet aspect généré *(kawn)*.

Ou à La'la', mirage scintillant *(la'la')*, expression qui vient de la racine *L' L'* signifiant briser, agiter, briller d'un mouvement oscillatoire, et qui dérive indirectement de *tawallu'*, ravissement amoureux, qui est une commotion d'amour *('i<u>sh</u>q)*, ***là où se trouvent les pâturages pour gazelles,*** elles qui symbolisent les possesseurs de la beauté en soi *(ḥusn)* et de la beauté totalisatrice parfaite *(jamâl)*. La conjonction « *ou* » *(aw)*, dans ***ou à La'la',*** exprime ici le lieu éminent des connaissances aux effluves parfumés *(maḥall al-a'râf al-ṭayyibat al-na<u>sh</u>r)*, car les gazelles *(<u>zh</u>ibâ')* produisent le musc dans une de leurs glandes : elles mangent de bonnes choses parfumées et sécrètent d'autres bonnes choses parfumées.

(19) Il est dit : Ne vous émerveillez point d'un être qui soupire après son origine *(açl)* et se prend d'amour ardent pour elle.

(20) La tourterelle *(qumriyya)* est le symbole de l'âme d'un gnostique tel que lui, lui qui exprime des réalités sublimes dont il est follement épris. Une personne sagace a fait allusion à cette tourterelle dans le vers suivant :

Une colombe (warqâ'), irrésistible, inaccessible,
fondit sur toi d'un lieu sublime.

Le gémissement de cette tourterelle *(ḥamâma)* s'exprime par le langage de l'intimité *(uns)* et de la beauté parfaite *(jamâl)*. L'amant s'éteint alors, troublé par la beauté de l'audition, au souvenir de l'être aimé.

26
Accueillant jardin

(1) Entre deux chemins pierreux, voici,
Au détour de la vallée, le lieu de la promesse.
Fais agenouiller nos montures,
Car c'est ici la source où l'on descend.

(2) Après elle, ne cherche pas
Et n'appelle pas,
Ô Ḥâjir ! ô Bâriq !
Ô Thahmad !

(3) Et folâtre comme le font
Des damoiselles aux seins bien formés.
Repais-toi comme se repaissent
Des gazelles qui facilement s'effarouchent,

(4) Dans un parterre fertile et vert,
Où l'insecte bruyamment bourdonne,
Le gai gazouillis des oiseaux
Lui répond ici en un chant d'allégresse.

(5) Doux sont les abords du jardin,
Et léger son zéphyr.

Le nuage étincelle,
La nuée, dans le ciel, gronde.

(6) Les gouttes de pluie tombent
Des fentes du nuage,
Comme se répandent les larmes
De l'amant séparé de l'aimée.

(7) De sa vigne bois le pur nectar,
Avec l'ivresse qu'il engendre
Et sois, en ce lieu, secoué d'émotion
Par l'harmonieuse mélopée du chantre,

(8) Ce pur breuvage qui transmit,
Dès l'époque d'Adam,
La tradition certaine
Du jardin de la discrète hospitalité.

(9) Vraiment ! les belles créatures
Sécrètent, de leur salive,
Ce nectar, pareil au musc,
Dont les vierges nous gratifient.

COMMENTAIRES

DES PARADIS ET DE LA BÉATITUDE ÉTERNELLE

(1) Le détour de la vallée *(muna'aṭaf al-wâdî)* étant une sinuosité de celle-ci, cette expression suggère les inclinations ou sollicitudes *('awâṭif)* divines. Cette sinuosité est mise en relation avec ***les deux chemins pierreux*** *(abraqayn)*. Nous avons déjà montré que l'éclair *(barq*, mot de même racine *B R Q* que *abra-*

qayn) est un lieu de contemplation essentiel *(mashhad dhâtî)* et sa brillance apparaît au Témoin essentiel *(shâhid dhâtî)* qui s'actualise dans l'âme du contemplant *(mushâhid)* au moment de la vision *(ru'ya)*.

Le lieu de la promesse *(maw'id)* est l'endroit où la promesse *(wa'd)* se contracte, ainsi que Dieu le dit : « *Dans des Jardins de félicité que le Tout-Irradiant-d'Amour a promis à Ses serviteurs dans l'occultation. Sa Promesse, certes, se trouve en un lieu d'accès* » (*Coran* 19/61). Ce jardin, qui est celui de l'exhaussement *(iqâma)* et que le Tout-Irradiant d'Amour a promis à Ses adorateurs, est un lieu de délicate douceur *(luṭf)*, lieu de la servitude adorative (*'ubûdiyya*) à laquelle est tout spécialement attaché le Mystère *(ghayb)*, ou encore l'endroit où siège la Foi *(îmân)*.

Abû Yazîd (al-Bisṭâmî) – que Dieu l'agrée – a pu en dire : « Vous, vous prenez votre science comme un mort d'un mort. Quant à nous, nous prenons notre science d'un Vivant qui ne meurt point, d'après l'information divine transmise par la bouche du Prophète ! » Par le terme « mystère » employé plus haut, il faut entendre cette disposition instantanée *(ḥâlat awân)* des âmes requise lors de la conclusion de l'Alliance *(mîthâq)*[1], dans le Monde du Commande-

1. Référence à *Coran* 7/172 : « Et quand ton Seigneur prit des reins des fils d'Adam leur postérité et qu'Il les fit témoigner à leur sujet : "Ne suis-Je point votre Seigneur ?" ils dirent : "Si ! Nous témoignons ! afin que vous ne disiez point, le Jour de la Résurrection : Certes, nous étions inattentifs à cela." »

Cet événement intemporel constitue l'Alliance primordiale. Ce témoignage essentiel de la Réalité du Seigneur et de Son Unicité est la référence même de l'Attestation islamique de l'Unicité divine, témoignage que chaque être humain est tenu de réaffirmer, à chaque instant, de manière toujours plus parfaite, dans une prise de conscience sans cesse plus totale de la Plénitude seigneuriale.

ment et de la Royauté céleste *('âlam al-amr wa al-malakût)*, là où se fait la promesse en toute vérité et sincérité, selon la signification intelligible.

L'expression ***fais agenouiller nos montures*** admet deux significations :

– S'il s'agit du Jardin de la sensibilité *(jannat al-ḥiss)* et du sensible *(maḥsûs)*, ***les montures*** représentent les habitacles *(hayâkil)* dépositaires des réalités subtiles humaines *(laṭâ'if insâniyya)*. ***La source où l'on descend*** symbolise alors la félicité délicieuse et permanente des âmes *(nufûs)* et des essences *(a'yân)* de ceux qui en sont gratifiés.

– S'il s'agit du Jardin des Principes intelligibles *(jannat al-ma'ânî)*, ***nos montures*** représentent les développements et enveloppements spiroïdaux des aspirations *(maṭâyâ al-himam)*. ***L'agenouillement*** indique que les aspirations n'outrepassent point les quêtes auxquelles elles s'attachent. ***La source où l'on descend*** est alors l'atteinte de leurs souhaits *(amniyya)* et constitue le secret principiel de la vie permanente, même si les êtres détiennent une réalité *(amr)* supérieure à cela qui échappe au ***lieu de la promesse*** par grâce et faveur divine excluant toute restriction et limitation.

(2) Selon la deuxième interprétation ci-dessus mentionnée, quand tu parviens à cette aiguade, ***à la source où l'on descend*** *(mawrid)*, ne recherche pas autre chose après cela. Le Prophète – sur lui la Grâce et la Paix de Dieu – a dit : « Au-delà de Dieu ne se trouvent nulle cible *(marmâ)* et nul achèvement *(muntahâ)*. Après la vérité, il n'y a que la séduction. »

Les trois termes ***al-Ḥâjir***, l'empêchement, ***al-Bâriq***, le foudroiement, ***al-Thahmad*** expriment tout particulièrement l'inaccessibilité *(man')* qui se présente au moment d'atteindre cette source où l'on s'abreuve.

Après elle n'appelle pas : l'appel connote l'éloignement, c'est comme si cela était contradictoire d'appeler l'inaccessible *(ḥâjir)*. Il en est de même, aussi bien de ***l'éclair foudroyant*** *(bâriq)* qui est un lieu de contemplation essentiel, que de ***Thahmad*** [qui est un lieu-dit situé en Arabie, d'où l'expression arabe *burqatu Thahmadi*], car l'éclair lui fait immédiatement suite et en est inséparable. C'est ainsi que ces deux mots indissociables sont utilisés par Tarafat Ibn al-'Abd dans le vers suivant :

(O) lieu-dit « Burqat Thahmad ! » – (ou de l'éclair de Thahmad)
La gazelle hante les campements ruinés[1].

Dans ce dernier vers, l'expression composée *Burqat Thahmad* ne comporte pas la marque *ya*, ô du vocatif.

[Pour en revenir au vers deux], le pronom ***hu*** suffixé à ***après elle*** se rapporte à l'arrivée *(wuçûl)* ; c'est comme si l'on disait : « Après l'arrivée » et non « après la source où l'on descend *(mawrid)* », car il n'y a plus rien après *(ba'diyya)*.

(3 et 4) Dans un parterre fertile et vert, le parterre ou jardin *(rawḍa)* symbolise la Présence divine qui englobe les Noms sanctifiants et les Attributs extrinsèques *(nu'ût)*.

La folâtrerie ou jeu *(la'b)* régit des dispositions variées qui font évoluer ce serviteur d'un Nom à un autre, sous l'effet de l'intimité *(uns)*, de la beauté totalisatrice *(jamâl)* et de l'expérience savourée *(dhawq)*.

---

1. Pour cette interprétation, voir le dictionnaire *Lisân al-'Arab al-Muḥîṭ*, d'Ibn Manzhûr, racine *TH H M D*.

Pour cette raison, il est dit : ***folâtre*** et ***repais-toi*** ; et la comparaison avec ***les damoiselles*** *(anâwis)* devient plus facile, comme nous l'avons mentionné.

Les ***seins bien formés*** *(nuhhad)*, ou développés, expriment l'endroit où se produit l'allaitement, et où s'obtient le lait de la distinction primordiale ou écoulement principiel *(laban fiṭra)* en rapport avec l'Unicité [divine] *(tawḥîdiyya)*, faveur que le Prophète – sur lui la Grâce et la Paix de Dieu – sollicitait [dans ses invocations]. L'accroissement [de science] en résulta pour lui, comme le Vrai – qu'Il soit exalté – le lui avait ordonné : [« *Et dis : Mon Enseigneur ! accorde-moi un surcroît de science* » (*Coran* 20/114)][1].

Les seins indiquent les canaux *(mayâzîb)* par où s'écoulent les sciences relatives à l'Unicité et à la Différenciation primordiale. La comparaison du goût ou expérience savourée *(dhawq)* avec « ***les gazelles qui***

---

1. Ibn 'Arabî fait allusion à un épisode bien connu du Voyage nocturne et de l'Ascension nocturne du Prophète. Alors qu'il fut conduit, par la monture surnommée Bouraq (l'Éclair), de La Mekke à Jérusalem, l'Archange Gabriel présenta au Prophète trois coupes contenant respectivement du lait, du vin et de l'eau. Après avoir reçu de l'Ange l'ordre de boire, il choisit la coupe pleine de lait qu'il but sauf un peu. Gabriel lui dit : « Tu as choisi la norme primordiale *(fiṭra)*. Si tu avais bu le vin, ta Matrie se serait fourvoyée ; si tu avais absorbé l'eau, personne de ta Matrie n'aurait été submergé ; mais si tu avais bu entièrement le lait, personne de ta Matrie ne serait entré dans le Feu ! » Je dis alors : « Ô mon frère ! Retourne à cette coupe ! » Il répondit : « Hélas, ô Muḥammad ! L'ordre est arrêté, le calame a séché sur ce qui doit être ! » Je dis alors : « Cela se trouve tracé dans l'Écriture ! » In Ibn 'Abbâs. Cf. citation note 89 de notre traduction de *L'Arbre du Monde*, d'Ibn 'Arabî, ouvrage cité, pp. 172-177.

paissent et facilement s'effarouchent » peut aussi être faite car ces animaux s'éloignent des autres créatures [par crainte d'elles].

Le ***parterre*** symbolise les endroits que les pieds ne profanent, les pâturages sont aromatisés, les fontaines limpides et claires : précisions qui font allusion à la science de la transcendance *(tanzîh)* et de la sanctification *(taqdîs)*. L'expression ***gazouillis*** ou bourdonnement *(ghinâ')* décrit la confidence intime (litt. bouche à bouche : *fahwâniyya*).

L'insecte *(dhubâb)* représente les esprits subtils, et l'expression ***qui répond en un chant d'allégresse*** illustre le maintien dans la jubilation primordiale *(sarûr)* et l'exultation *(ibtihâj)*.

Le gazouillis des oiseaux exprime, du point de vue des formes incluses dans cette disposition *(ḥaḍra)*, l'âme humaine, car elle possède une forme en tout état de présence *(ḥaḍra)*, en toute sphère [d'action] *(falak)* et en toute situation *(maqâm)*. C'est ce que voulait signifier 'AbdAllâh Ibn 'Abbâs – que Dieu l'agrée – dans l'interprétation qu'il donnait de cette question.

(5) Les principes qui impliquent élégance *(zharf)* et bonnes convenances *(adab)* sont subtils, et délicat le monde des souffles *('âlam al-anfâs)* qui en émane.

Le nuage étincelle, la nuée, dans le ciel, gronde se réfèrent à deux dispositions spirituelles : contemplation *(mushâhada)* et conversation *(khiṭâb)*. Et ton Seigneur vient dans l'ombre des nuées *(ghamâm)* (cf. *Coran* 2/210). Selon la nouvelle prophétique bien connue des docteurs, « Dieu se tient dans une Nuée épaisse *('amâ')* au-dessus de laquelle et au-dessous de laquelle il n'y a pas d'atmosphère *(hawâ')* ». Cette nouvelle comporte deux versions, une longue et une brève, et nous attestons qu'il faut prendre ce ḥadîth dans sa version longue et pas une autre[1].

(6) La descente des connaissances divines s'effectue à travers ***les fentes*** *(khulâl)* ***du nuage*** qui sont les portes de la théophanie et de ses canaux subtils *(daqâ'iq)* dans ce lieu où se situe la Nuée *(maqâm ghamâmî)*.

Les gouttes de pluie qui se répandent sont comparées ***aux larmes de l'amant*** : il s'agit de l'expression spontanée de l'amour et du désir qui affectent tout particulièrement l'amant à cause du caractère compénétrant *(maqâm al-khilla)*, de la transparence ou disponibilité *(içtifâ')* et de la libéralité extrême *(tabaddud)* de l'aimée. C'est dire que le statut *(ḥukm)* qui relève de l'acquisition *(kasb)* ne s'applique pas à elle, puisque ce cas échappe à toute évaluation *(fawq al-mawâzîd)* [litt. au-delà des balances]. Car Dieu a dit : « *Aucune chose n'est sans que ses trésors ne se trouvent chez Nous, et Nous ne la faisons descendre que selon une mesure assignée* (qadar ma'lûm) » (*Coran* 15/21). « *Il fait descendre, selon une mesure évaluée, ce qu'Il veut* » (*Coran* 42/27).

(7) Dieu dit : « *Et des fleuves d'un nectar délicieux pour les buveurs* » (*Coran* 47/15). Ce texte coranique se réfère aux significations et aux connaissances qui relèvent de la jubilation primordiale *(sarûr)*, de l'exultation *(ibtihâj)*, de la joie *(faraḥ)*, de la disparition des afflictions *(izâlat al-ghumûm)*, du dépouillement ou détachement *(tajrîd)* de la quantité, du comment, des habitacles ténébreux, ainsi que de l'éloignement de

1. Pour l'interprétation de ce ḥadîth, cf. notre traduction du *Traité de l'Amour* d'Ibn 'Arabî, pp. 87, 97 et 271, ouvrage cité.

l'attention prêtée aux êtres générés corporels et grossiers, toutes ces dispositions étant le but auquel aspirent les savants de Dieu les plus valeureux.

La boisson enivrante ou ***nectar*** *(khamr)* est, dans ce premier hémistiche, du jus de raisin non pressé qui n'a pas fermenté *(sulâfa)*, raisins que les pieds n'ont pas foulés et dont le pressoir *(mi'çâr)* n'a pas extrait le jus. Mais ce liquide provient de sa racine *(açl)* par la vertu de celle-ci, et se révèle dans sa source ou essence *('ayn)* pour sa source. Aussi ne témoigne-t-il que de lui-même *(dhâti-hâ)* et de sa racine *(açl)* dont il provient. Il symbolise des sciences seigneuriales *('ulûm rabbâniyya)* et des connaissances saintes et divines qui font hériter des réalités que nous venons de mentionner.

Le chantre *(gharid)* qui module cette ***mélopée en ce lieu*** est le locuteur *(nâṭiq)* qui profère l'invocation totalisatrice *(dhikr jâmi')* que la réalité subtile humaine entend en son essence et dont l'audition lui procure la délectation, surtout si elle véhicule des connaissances dont il s'entretient, tel ce discours *(khiṭâb)* qui s'adresse à cet individu dans cet état spirituel exprimé dans les deux vers suivants.

(8 et 9) Voici ce que prononce le locuteur, chantre de mélopée, au sujet de la caractéristique de ces sciences relevant du breuvage enivrant, de leur ordre hiérarchique *(martaba)* et de l'information réservée à leur racine ou origine, à celle de leur parfum et de leur antériorité *(qidam)* : ces sciences proviennent du ***jardin de la discrète hospitalité*** *(jannat al-ma'wâ)* (cf. *Coran* 32/19 et 53/15), de la Présence où les âmes des gnostiques font retraite pendant les temps propices à l'éducation spirituelle *(awân al-tarbiya)*.

Les belles créatures *(ḥisân)* font référence aux Noms excellents, ***la salive qu'elles sécrètent*** au lieu de la Parole *(kalâm)*, à la confidence bouche à bouche *(fahwâniyya)* et à l'intimité *(uns)* ; la ***virginité*** (*khurrad*, litt. les êtres vierges) à la station de la pudeur *(ḥayâ')* et de la garde attentive *(khafr)* : autant d'allusions précises à la contemplation préalablement indiquée par l'expression : ***les belles créatures*** qualifiées par la générosité extrême *(jûd)* et la faveur *(minna)*, et non pas par l'acquisition *(kasb)* ni la sollicitation ou revendication *(ṭalab)*.

Pareil au musc, car ce parfum réunit et l'odeur et le goût.

27
Que ma plainte est absurde !

(1) Ô temple primordial affranchi !
C'est pour vous qu'une lumière
En nos cœurs s'éleva
Pour qu'en vous elle pénètre.

(2) C'est à toi que je me plains
Des déserts que je franchis.
C'est en eux que je laissai
à flots couler mes larmes.

(3) Au crépuscule comme à l'aube,
De repos, je ne jouis !
Qu'au matin je parvienne,
Ou qu'au soir j'arrive.

(4) Les chamelles, les sabots
Meurtris par les sables,
Continuent leur marche de nuit,
En se balançant superbement.

(5) Ces bêtes de bât
Jusqu'à vous nous conduisent

Par le désir, attisées,
Sans l'espoir d'arriver jusqu'au but.

(6) Pour aller jusqu'à toi,
Elles franchissent vivement
Plaines et sables,
Sans geindre de fatigue.

(7) Des sabots, elles souffrent,
Sans plainte proférer.
Mais moi, de fatigue, je me doulois,
Quelle absurdité !

COMMENTAIRE

RÉALISATION SPIRITUELLE
ET PUISSANCE DE L'ÊTRE

(1) Ô temple primordial affranchi ! *(al-bayt al-'atîq al-qadîm)* représente le cœur du serviteur gnostique purifié, adonné à la crainte pieuse, qui embrasse la Réalité du Vrai[1] – Gloire à Lui.

L'expression ***s'éleva*** *(ta'âlâ)* signifie : une lumière brillante pour vous s'est élevée des cœurs et s'est manifestée sur la langue, les yeux, l'ouïe et les autres facultés corporelles, de sorte que, dans cette situation, le serviteur entend par Dieu, voit par Lui, parle par Lui, saisit par Lui, s'évertue par Lui et se meut par Lui [selon les termes d'un ḥadîth saint déjà commenté].

1. Référence implicite à un ḥadith que le Maître a déjà cité de nombreuses fois dans ce recueil.

Certes, le cœur est dans le corps comme le point au milieu du cercle ; le cercle est issu de ce point qui rayonne de part et d'autre en s'élevant. C'est pour cette raison que l'expression « ***s'élever*** » *(ta'âlâ)* a été employée ici : l'élévation *('uluw)* est recherchée depuis la source dont la lumière du cœur rayonne, pour atteindre les différents membres *(jawâriḥ)* qu'il gouverne selon leurs natures propres *(ḥaqâ'iq)*. On peut dire alors que c'est le Vrai qui s'élève ou rayonne depuis le cœur du serviteur jusqu'à son œil *('ayn)* dont Il est la vue *(baçar)*, jusqu'à son oreille dont Il est l'ouïe, jusqu'à son pied dont Il est la démarche.

Par cette propriété *(çifa)*, il [le serviteur] est alors substitué *(manâb)* au Vrai dans la création pour être Son représentant ou lieutenant *(khalîfa)* véritable, dans un lieu authentique *(çidq)*, afin de maintenir l'équilibre cosmique (*mîzân 'adl* = litt. balance d'équité) par pure grâce et faveur.

(2) La condition *(ḥâl)* de cet être [amoureux] dans sa démarche spirituelle *(sulûk)* et dans son voyage initiatique *(safar)* est décrite ici ; et les disciplines et efforts spirituels *(riyâḍât wa mujâhidât)* qu'il pratique pendant son cheminement *(ṭarîq)* sont illustrés par le terme « ***déserts*** » *(mafâwiz)*.

C'est en eux que je laissai à flots couler mes larmes fait référence au désir de rencontrer le bien-aimé *(maḥbûb)* et à la réalisation de l'objet de la quête *(zhafar bi al-maṭlûb)*.

(3) J'ai délaissé le ***repos*** *(râḥât)*, dit-il, et je me suis résolu à la fermeté *('azâ'im)* et à l'adversité *(shadâ'id)* afin d'atteindre le but *(maqçad)*. Les aspirations *(himam)* dépendent d'une protection considérable et intense ; la voie qui y conduit est d'une grande diffi-

culté dont la conséquence est l'adversité. On ne peut atteindre ce but proposé sans l'humilité *(ittiḍâ')*.

(4) Les aspirations *(himam)*, même si elles sont inaptes à réaliser ce but *(maṭlûb)* inaccessible, ne doivent pourtant pas se relâcher ; elles sont désorientées par les arguments d'ordre rationnel *(adilla 'aqliyya)* devant l'insuffisance de ceux-ci qui resteront tributaires des réalités que l'on cherche à atteindre. Il arrive fréquemment que certaines aspirations des gnostiques se relâchent, ceux-ci ne trouvant pas l'expérience spirituelle confirmée portant sur les Réalités divines, et s'arrêtent devant les difficultés rationnelles que soulèvent la nécessité *(wujûb)*, le possible *(jawâz)* ou l'impossible *(istiḥâla)*, la Réalité divine excluant une telle limitation *(taqyîd)*.

En effet, la raison peut trancher sur n'importe quelle considération qui relève d'une pure impossibilité rationnelle *(muḥâl 'aqlî)*, mais qui n'est pas invraisemblable selon la Référence divine *(nisba ilâhiyya)* dans la plupart des modalités *(aḥkâm)* de celle-ci. La raison peut donc comprendre cette Référence divine dans certains de ses aspects que Dieu fait entrevoir, comme elle peut tout aussi bien manquer de comprendre certains autres aspects sans avoir conscience de son incapacité.

C'est pour cela qu'il est dit qu'une telle disposition est, pour la raison, soit nécessaire, soit possible, soit absurde, et que cet exercice qui lui est propre reste seulement valable sous le rapport des preuves rationnelles, et non sous celui de la Référence divine *(nisba ilâhiyya)*.

(5) Les bêtes de bât ou ***montures*** *(rikâb)* désignent tout ce qui porte ou soutient des êtres humains, extérieurement ou intérieurement, car la démarche spirituelle *(sulûk)* s'adresse à tout être humain, aussi bien sous le rapport de l'action que sous celui de l'aspiration. Les montures portent donc tout être rempli d'un ardent désir *(mushtâq)* sans pourtant qu'elles s'attendent à arriver jusqu'au terme *(wiçâl)*. Ainsi porté, l'être humain dans sa réalité subtile *(laṭîfa insâniyya)* espérera arriver d'autant mieux au but qu'il sera rempli d'un ardent désir amoureux *(mushtâq)*, même si ces montures en tant que telles peuvent atteindre cette fin *(wuçûl)*, mais il s'agit alors du but pour lequel elles se sont engagées sur cette voie initiatique à cause de celui qu'elles conduisent et qui est la seule réalité subtile humaine *(laṭîfa insâniyya)*. Or ces montures n'ont pas connaissance de cela ; elles sont seulement assujetties, et par le statut de cet assujettissement *(taskhîr)*, elles se meuvent. Si le voile *(ghiṭâ')* se soulevait, les Réalités essentielles apparaîtraient à l'être de discernement *(dhû 'ayn)*, ainsi que nous l'avons déjà exprimé plus haut. Que la réussite soit aux familiers du dévoilement *(ahl al-kashf)* !

(6 et 7) Ces montures tant grossières que subtiles se laissent monter par cet être rempli d'ardents désirs, sans qu'elles ne manifestent aucun signe d'exténuation *(i'â')* ni de gémissement, alors que ma seule initiative consiste à ordonner, conduire et gérer la manière de gouverner *(al-nazhar bi-ḥukmi al-siyâsa)* afin de maîtriser cette constitution *(nasha'a)*, acquérir librement des connaissances et prétendre à l'amour. Il s'ensuit que je me plains de lassitude et de fatigue, et me voici sombrer dans l'absurde en raison de ma prétention !

28
Espoir et illusion

(1) Entre an-Naqâ et La‘la‘
Voici les gazelles de Dhât al-Ajrâ‘ :

(2) Elles paissent des plantes en quantité,
Sur le sable fertile, de broussailles, recouvert.

(3) Jamais des lunes nouvelles ne se levèrent
À l'horizon de ce promontoire,

(4) Sans que, par prudence,
J'aie désiré qu'elles ne se montrent.

(5) Jamais la zébrure de l'éclair
Ne jaillit de cette pierre,

(6) Sans que, par notre état,
J'aie souhaité qu'elle ne brille.

(7) Ô mes larmes, épanchez-vous !
Ô mes yeux, ne tarissez point !

(8) Ô mes soupirs, exaltez-vous !
Ô mon cœur, déchire-toi !

(9) Et toi, conducteur de chameaux,
Va lentement, car le feu brûle entre mes côtes.

(10) Taries sont mes larmes qui coulèrent,
Par crainte de la séparation.

(11) Aussi, quand vint le temps de l'éloignement,
Sur mes yeux, de larmes, tu ne vis.

(12) Lève le camp pour aller au val sinueux et sableux,
Où se trouvent leur lieu d'abondance et mon arène.

(13) C'est là que se tiennent ceux que j'aime,
Tout près des eaux de al-Ajrâ'.

(14) Appelle-les alors : « Qui donc pourra aider
Un jeune, délaissé, que l'amour a frappé ?

(15) Lui dont la peine, en ce lieu, l'a jeté,
En le privant des traces d'un pays déserté. »

(16) Ô lune ! sous d'épaisses ténèbres,
Prends de lui une chose, et à elle renonce,

(17) Offre-lui un regard
De derrière ce voile,

(18) Car le voilà bien incapable
De saisir la beauté redoutable,

(19) Ou bien, par des désirs, occupe-le,
Car il peut revivre, ou bien comprendre.

(20) Le voici comme mort
Entre an-Naqâ et La'la'.

(21) Triste et sans espoir, je succombais,
Comme si j'étais fixé en un lieu.

(22) Le zéphyr d'orient n'est pas loyal
Quand il apporte l'illusion.

(23) Le vent peut décevoir, lorsqu'il fait entendre
Ce que lui-même n'a pas perçu.

COMMENTAIRE

LA THÉOPHANIE EN SOI
ET DANS SES MODES DE RÉCEPTIVITÉ

(1) Entre an-Naqâ, ou la Dune *(kath̲îb)* de musc blanc où s'opère la Vision *(ru'ya)* [béatifique du Seigneur au Jardin paradisiaque, à l'instant de la Grande Résurrection] ***et La'la',*** l'enthousiasme amoureux qui en naît *(tawallu')*, il y a place pour des sortes de connaissances qui sont inhérentes aux stations et états de dépouillement *(tajrîd)*.

D̲h̲ât al-Ajrâ' signifie, selon l'étymologie, un endroit de terre sablonneuse *(jara'a)* [et aussi le fait d'avaler, de déglutir par petites gorgées]. Celui qui bénéficie de cette vision doit endurer ou assimiler des épreuves (*g̲h̲uçaç*, litt. bouchées qui s'arrêtent dans la gorge et gênent la respiration) considérables, sous l'effet du débordement amoureux *(haymân)* et par désir intense *(shawq)* de l'objet de connaissance *(ma'rûf)* constituant une preuve à ce sujet, puisque toute science *('ilm)* doit avoir un objet *(ma'lûm)* qui en dépend, même si celle-ci est elle-même son objet *('ayn)*, mais alors sous le seul rapport de ce qu'elle est et non sous celui d'une autre réalité.

(2) Ces connaissances sont comparées aux ***gazelles*** *(zhibâ')* qui ***paissent***. Elles reçoivent, par leur réalité, de la force de la part de celui près duquel elles se trouvent à cause de l'influence prépondérante qu'elles exercent sur lui.

Les broussailles *(khamar)* sont des arbustes touffus qui s'entrelacent les uns dans les autres : allusion tant au monde de la complexité ou de l'imbrication *(imtizâj)* qu'à l'interdépendance *(tadâkhul)* qui en provient.

Sur le sable fertile *(khamâ'il)* a une signification voisine du terme précédent *khamar*, ***broussailles,*** mais avec cette différence que ce terme implique une corrélation, c'est-à-dire qu'à chaque sorte de fruit cueilli correspond une main pour le cueillir, à l'exclusion d'autres mains qui ne sont pas destinées à saisir cette sorte de fruit.

La raison qui préside à cette disposition est la Largesse divine *(ittisâ' ilâhî)*, car rien dans l'Existence universelle *(wujûd)* ne se répète. En effet, la répétition entraînerait la limitation *(ḍîq)* [des possibilités divines]. Or les réalités ne permettent pas une telle limitation.

(3 et 4) Jamais des lunes nouvelles ne se levèrent, c'est-à-dire des théophanies *(tajalliyât)* dans des dispositions spirituelles comparables à la nouvelle lune *(hilâl)* qu'on observe ici pour chercher le témoignage ***à l'horizon de ce promontoire***. Il s'agit de cette Dune *(kat͟hîb)* que nous avons évoquée à propos du terme ***Naqâ*** [au vers 1].

Sans que, par prudence, j'aie désiré : par crainte que le contemplant s'éteigne *(fanâ' al-mus͟hâhid)* en lui-même, de sa propre initiative *(fî nafsi-hi 'an nafsi-hi)*, de sorte qu'il en résulterait que son essence déterminée *('ayn)* disparaîtrait, alors que le but *(g͟haraḍ)* est sa pérennité *(baqâ')* pour son âme par son Seigneur, et pour son Seigneur par son Seigneur, et non pas par son âme pour son âme, ni même pour son Seigneur par son âme.

Sous un autre aspect, il est certain qu'en matière de théophanie, il est impossible que Dieu se manifeste à quelqu'un tel qu'Il est en Lui-même, pour Lui-même. La théophanie ne se présente qu'à un moindre degré, en fonction de ce qui convient à celui à qui Dieu se manifeste. On pourrait craindre alors que la réalité qui se manifeste à lui existe comme elle est en soi, pour soi. S'il en était ainsi, la compréhension exhaustive *(iḥâṭa)* (de Dieu) en résulterait, ce qui est bien impossible, contrairement à l'affirmation de certains théologiens spéculatifs *(naz͟hzh͟âr)* au sujet de la connaissance que nous pourrions avoir du Dieu-Producteur *(Bârî)* – Gloire à Lui – à savoir que la connaissance que nous avons de Lui, celle que l'Ange Gabriel a de Lui et celle qu'Il a de Lui-même seraient équivalentes. Que cette opinion est éloignée de toute science authentique !

(5 et 6) Jamais la zébrure de l'éclair ne jaillit… indique une théophanie survenant dans le règne minéral *(tajallî jamâdî)* correspondant à une lumière qui se réfléchit *(nûr s͟ha's͟ha'ânî)*, de la même façon que la lumière du soleil se réfléchit sur cette pierre polie réverbérante et dont le lieu est la terre, comme l'endroit où se lève la lune nouvelle est le ciel. Il m'importe peu de vouloir que la théophanie se présente avec des caractéristiques supérieures ou inférieures, naturelles ou non *(ṭabî'î)*, pour la raison que nous venons d'exposer. C'est pourquoi il est précisé : ***sans que, par notre état, j'aie souhaité qu'elle ne brille,*** allusion à notre commentaire du vers quatre dans la seconde interprétation selon laquelle il estimerait [faussement] que la réalité « théophanique » *(amr)* est en soi telle qu'elle se manifeste à lui.

(7 et 8) Il s'agit ici du monde de la Descente et de l'Ascension *('âlam al-nuzûl wa al-çu'ûd)* comme on le trouve dans une tradition prophétique : « Les anges de la nuit et ceux du jour se succèdent en vous observant. » C'est l'aspiration *(himma)* qui monte de l'amoureux, comme ce sont les connaissances de pur don *(ma'ârif wahbiyya)* qui descendent à lui et par lesquelles les interventions *(mulqiyyât)* [divines] se produisent.

Ô mon cœur (litt. ***mon foie,*** *kabad*), ***déchire-toi !*** c'est-à-dire le trésor de subsistance, réalité relevant du domaine de l'Archange Michel *(ḥaqîqa mîkâ'îliyya)* [selon des données traditionnelles].

Il est dit au répartiteur des provendes : « Sustente chaque monde selon ses nécessités complexes *(mashâkil)*. » L'expression ***déchire-toi*** *(taçaddu')* connote le sens de se séparer, se diviser *(tafarruq)* en vertu du monde dont on tire sa nourriture, comme les orifices des vaisseaux sanguins qui irriguent le foie en y amenant le sang : « *Or douze sources jaillirent du rocher. Chaque humain connut alors où s'abreuver* » (*Coran* 2/60).

(9-10-11) L'interpellateur du Vrai qui convoque à Lui les aspirations *(himam)* s'exprime ainsi : Ne te hâte pas, car les feux de l'amour *(nîrân al-ḥubb)* ont calciné mon foie. Alors, dans l'état de la séparation, je demeure avec mon empressement pour obtenir la contemplation et la communication ou union *(ittiçâl)* en méditant sur la distinctivité ou séparabilité *(baynûna)* propre à cet état. Aussi, je pleure pour obtenir cette disposition avant qu'elle ne survienne, et si toutefois elle venait à se produire, l'œil ne trouverait pas de larmes pour se répandre au moment de la séparation. Il en est ainsi car cette humidité *(ruṭûbât)* s'épuise sous l'effet de ce feu et le paroxysme de son ardeur *(ḥarâra)* comme finissent par se tarir les larmes *('abarât)* abondantes qui s'écoulent par crainte de la séparation *(bayn)*.

(12) Ce vers fait allusion à la station de l'inclination ou sympathie *('aṭf)* illustrée par les deux vocables *liwâ*, sinueux ou courbe et *riqqa*, délicatesse.

L'ondulation *(liwâ)* se produit quand le sable se laisse façonner et est fin. Cette station leur procure l'abondance, et telle est ***mon arène*** ou lieu de ma mise à mort *(maçra'-î)*, car par la sympathie qu'ils éprouvent pour moi, je me résorbe et me consume, ou plutôt je meurs d'ébahissement *(dah<u>sh</u>)* et de perplexité *(ḥayra)* au moment où cette sympathie divine *('aṭf ilâhî)* s'exerce.

(13) C'est là que se tiennent ceux que j'aime dans la station de l'inclination *(maqâm al-liwâ)*, car la sympathie ou penchant *('aṭf)* vient d'eux, par eux et non par d'autres qu'eux.

Tout près des eaux de al-Ajrâ', car cette sympathie divine ne t'affecte qu'après avoir maîtrisé peu à peu les difficultés rencontrées dans les exercices et les luttes spirituelles *(tajrî‘ al-ghuçaç fi al-riyâḍât wa al-mujâhadât)*. Cette réalisation est étroitement apparentée à celle de l'existence de ces obstacles, et même plus, ceux-ci résultent de cette sympathie, de la bonté *(luṭf)*, de la douceur *(riqqa)* et de la tendresse *(ḥanân)*.

(14) Appelle-les alors, c'est-à-dire les amoureux : ***qui donc pourra aider un jeune*** (*fata* = jeune noble, terme apparenté à la *futuwwa* ou chevalerie, noblesse spirituelle, cf. Index) ***que l'amour a frappé ?*** brûlé de désir, ***délaissé,*** écarté de la contemplation, orienté vers son essence, ainsi qu'il est relaté dans la Vision [béatifique] au Jardin paradisiaque, quand le Vrai s'y manifeste à Ses adorateurs et qu'ils Le voient alors qu'ils se tiennent sur la Dune *(kathîb)* dans le Jardin du Séjour éternel *(janna ‘adn)* [cf. *Coran* 61/12]. Dieu dit : « Faites-les revenir à leurs châteaux *(quçûr)* ».

(15) Lui dont la peine, ou les états de tristesse, ***en ce lieu, l'a jeté, en le privant des traces*** *(rasm)* ou persistance de l'impression ou influence *(baqiyat al-athar)* par la dépossession *(tajrîd)*, pendant son itinéraire spirituel *(sulûk)*, et par sa perplexité *(ḥayra)* pendant l'obtention des connaissances, ***d'un pays déserté*** ou délabré *(kharâb)*.

Cette perplexité est provoquée par l'influence *(athar)* qui perdure en lui et dont la disparition est impossible, car si elle disparaissait, disparaîtrait aussi son être déterminé *(‘ayn)*.

Cette contrée est dévastée du fait des traces que laisse en lui la pratique des exercices et des efforts spirituels, les connaissances et les théophanies, sous l'action des principes *(aḥkâm)* qui éliminent de lui tout ce qui ne convient pas à la manifestation de celles-ci sur lui. En conséquence, il se trouve endommagé sous leurs effets et non en soi, car ce délabrement est le résultat de la Réalité essentielle *(ḥaqîqa)*.

(16-17-18) Sous d'épaisses ténèbres (*dujâ* ou obscurité de la nuit), allusion à la forme sous laquelle la théophanie se présente telle une lune, car les ténèbres sont l'ombre de la terre, cette ombre qui est une forme naturelle.

Prends de lui une chose, indéterminée, signifiant ce pour quoi tu as de l'affinité ; ***et renonce,*** c'est-à-dire laisse ce pour quoi tu n'en as pas, à cause d'une autre théophanie.

Il en est ici comme de l'analyse qui peut être faite [de certaines modalités] du Voyage nocturne *(isrâ')* [du Prophète ou de tout autre spirituel], à savoir que ce voyageur laisse *(tark)* [ou sélectionne, pendant son ascension], dans chaque monde, ce qui lui convient pour que la réalité subtile seigneuriale insufflée [en lui] *(laṭîfa rabbâniyya manfûkha)* y demeure, de sorte qu'il subsiste en Dieu, par Dieu, selon ce que Dieu veut. Ensuite, il réintègre [au moment de sa redescente] cette réalité subtile seigneuriale jusqu'au trône et au royaume de celle-ci de telle sorte qu'elle se dissocie de chacun des mondes en question pour y recueillir ce qu'elle y avait laissé afin de redescendre vers la terre [nanti de ce qui lui convient]. Le royaume de cette réalité subtile seigneuriale s'ordonne alors et son trône se dresse ; son assise s'établit harmonieusement sur ce trône en l'organisant.

Offre-lui *(zawwidî-hi)*, c'est-à-dire donne-lui par l'aspect de la lune ***un regard,*** c'est-à-dire une présence. L'expression *zâd* [de même racine que *zawwidî*], qui signifie également « viatique », est employée à cause du voyage qui s'effectue grâce à elle et à sa suite.

De derrière ce voile : c'est-à-dire dispose pour lui un signe *('alâma)* par lequel il reconnaîtra que cet aspect théophanique qui lui est accordé possède un voile lui masquant la Réalité essentielle même afin qu'il connaisse ce qu'il voit et qui il voit. Car l'être possible ou contingent *(mumkin)*, précisons-le, est bien incapable de saisir la Beauté préexistante. Aussi la considère-t-il comme ***redoutable,*** effrayante *(mahâb)* et il en craint l'impétuosité.

(19 et 20) Ou bien, par des désirs, occupe-le, c'est-à-dire promets-lui [verbe au féminin] un rendez-vous excellent, propice à son objectif. En conséquence, il vivifie son âme de cette façon et comprend ce qu'on lui dit, s'obligeant ainsi aux convenances *(âdâb)* et à la bienséance.

Les désirs *(munâ)* permettent aux âmes d'être vivifiées[1] tout spécialement lorsqu'elles sont loyales et libérales souverainement. Le voici donc comme ***mort entre an-Naqâ*** ou la dignité suprême *(makâna zulfa)* sur la Dune blanche [paradisiaque] et ***La'la'*** ou l'enthousiasme amoureux *(wulû')* pour l'aimé et l'attachement à lui, car lui [l'amant] est le support de la contemplation de l'être aimé.

(21) Triste et sans espoir, je succombais, à cause de l'attachement conscient à une réalité essentielle désirée ; ***triste*** aussi pour ce qui m'a échappé de ce qui me convenait pendant le temps de mon ignorance. Quiconque, en conséquence, désire ce qui ne peut

1. Nous lisons le verbe *H Y W*, vivre, à la quatrième forme verbale passive.

l'être perd son instant et l'état spirituel témoigne contre lui du fait même de son ignorance.

Comme si j'étais fixé en un lieu signifie : comme si je n'étais pas retenu là où je me fixe, devant le changement de l'état dans lequel je me trouve, car là il n'y a ni lieu, ni quantité, ni qualité, mais une pure transcendance *(tanzîh mujarrad)*.

(22) Le zéphyr ou vent frais *(rîḥ)* concerne le monde des Souffles *('âlam al-anfâs)* qui ont trait aux êtres générés *(kawâ'în)* et qui transmettent les parfums suaves ou les paroles. Il s'agit ici du zéphyr qui provient de l'est *(çabâ)*, lieu où le soleil se lève.

Les informations *(akhbâr)* transmises par les théophanies ***ne sont pas loyales*** lorsqu'elles présentent, à travers les souffles, les formes de l'assimilation ou de l'analogie *(çuwar al-tashbîh)* puisque Dieu n'est comparable à rien et que rien ne Lui est comparable. C'est comme si les théophanies étaient des énonciations qui présentent la réalité d'une manière différente de ce qu'elle est. C'est pourquoi elle est considérée comme apportant l'***illusion*** ou tromperie *(khadî'a)* et c'est de cette manière que la Loi révélée en parle, comme dans ce verset : « *Aucune chose n'est comme Lui* » (*Coran* 42/11). Le Prophète – sur lui la Grâce et la Paix de Dieu – a dit à Sawdâ', l'esclave noire (qui était muette) : « Où est Allâh ? », et elle montra le ciel. Il fit alors d'Allâh le thème de son sermon, comme si ce sermon s'adressait à celui que le Prophète aurait questionné à propos des réalités spatialisables *(mutaḥayyizât)* car celles-ci admettent la relation de lieu.

Le Prophète dit alors en parlant au maître de cette esclave : « Affranchis-la car elle porte la foi *(mu'mina)* ». Il ne mit pas à la charge des membres de sa Communauté (*umma* = matrie) plus que la mesure de leur compréhension. Il considéra sa réponse comme un acte de foi, mais il ne dit pas d'elle qu'elle était savante, car Dieu – Gloire à Lui – n'est pas sujet à la spatialité. La réponse que fit l'esclave : « dans le ciel », comportait la spatialité ; or la foi *(îmân)* permet cette réponse et est cause de félicité, car Dieu a établi la Loi pour [cultiver] les vertus *(khuluq)* et la foi *(îmân)*, et avec la foi on se passe de la science alors que la science ne se passe pas de la foi.

(23) Ce vers parle du vent qui souffle sur un disque qui vibre en émettant comme des sons de timbales perceptibles aux oreilles humaines, alors qu'il est bien évident que ni timbale ni tambour ne sont frappés. Or le vent ne transmet pas réellement la vibration de ceux-ci, ces bruits étant seulement dus à son déplacement intense *(inzi'âj)* et aux mouvements de l'air *(hubûb)* sur des surfaces réceptives *(amakin mujawwafa)*. En réalité, le vent produit ces bruits que seules les oreilles de l'auditeur perçoivent. On peut conclure que le son qui paraît être celui du tambour, dans cet exemple, ne provient pas de cet instrument. C'est une erreur que seul fait celui qui estime que le son est comme ceci ou comme cela. Toutes les méprises que le sens auditif peut faire ne doivent pas être, en réalité, rapportées à celui-ci, mais la méprise est chez celui qui émet un jugement qui, lui, est d'un autre ordre que la perception.

29
Arabe et Persane

(1) Par mon père ! les branches
S'inclinent souplement.
Tendrement elles se penchent
Sur les joues, comme cheveux défaits.

(2) Leurs longues chevelures souples
Sont coiffées de nattes
Qui ondoient flexibles,
Entrelacées, serpentantes.

(3) Elles traînent à terre avec aisance,
Comme les franges des robes.
Elles revêtent de beauté,
Telle une parure de soie ouvragée.

(4) Elles sont avares de leurs attraits
En se gardant chastement.
Elles accordent généreusement
Biens héréditaires ou récemment acquis.

(5) Avec grâce, elles charment
Par leurs sourires et leur riante bouche ;

Lorsqu'elles embrassent, leurs lèvres gourmandes
Exhalent de suaves parfums.

(6) *Élégantes, pieds et mains nus,*
Les seins bien formés,
Arrondis et gonflés,
Elles offrent de beaux présents.

(7) *Aux cours de leurs entretiens,*
Elles captivent de leurs charmes
Merveilleux et étonnants
Les oreilles et les âmes.

(8) *Sous un voile de pudeur,*
Leurs beautés elles dérobent.
Par elles, elles séduisent le cœur
Du craintif qui se garde.

(9) *Elles laissent à découvert*
Les perles de leur bouche.
De leur nectar, elles guérissent
Chétif et moribond.

(10) *De leurs yeux,*
Des flèches elles décochent
Sur un cœur habile
Aux joutes et aux combats.

(11) *De leurs seins, elles font poindre*
Des nouvelles lunes
Qui ne subissent point d'éclipse
Quand elles sont à leur plein.

(12) De leurs larmes, elles font naître
Des nuages de pluie,
Elles laissent échapper des soupirs
Pareils au fracas du tonnerre.

(13) Mes deux compagnons ! que mon sang soit la rançon
De celle qui, efflanquée par la faim,
Vient me donner à profusion
Assistance et bienfaits.

(14) En tout, mettant de l'ordre,
Elle est notre harmonie,
Aussi bien Arabe que Persane.
Elle sait divertir le gnostique.

(15) Où que son regard se pose,
Elle tire sur toi ses glaives avec douceur.
Les perles de sa bouche te font voir
Un reflet éclatant qui ravit.

(16) Ô mes deux compagnons ! faites halte
Sous l'égide de l'enceinte sacrée de Ḥâjir.
Ô mes deux compagnons !
Arrêtez-vous ! Arrêtez-vous !

(17) Afin que je demande
Où courent leurs chameaux fauves.
Me voici précipité en des lieux
Épuisants et périlleux,

(18) Lieux repérés, lieux oubliés,
Avec une chamelle vive
Qui se plaint de sabots usés,
De vastes plaines et de déserts.

(19) Cette chamelle aux flancs ployés,
Dont la course rapide
Oblitéra la force
Et la bosse graisseuse.

(20) Avec elle, je fis halte
Sur le sol sablonneux de Ḥâjir.
Je vis alors à al-U<u>th</u>ayl[1]
Des chamelles suivies de leurs petits,

(21) Une lune pour lui redoutable
Les précédait
Et par prudence,
Contre moi, je le serrai.

(22) Une lune se présenta
Pendant les tournées rituelles.
Je ne tournais pas autour d'une autre qu'elle
Pendant qu'elle tournait autour de moi.

(23) Elle effaça ses traces
Avec la traîne de sa robe rayée.
Tu serais perplexe, même si tu étais un guide,
Habile à discerner les signes.

---

1. *Al-U<u>th</u>ayl* est un nom de lieu, construit à la forme diminutive, dont l'étymologie signifie : racine, origine, principe. Cette étymologie *'<u>TH</u> L* est étroitement apparentée, par le sens et l'euphonie, à celle-ci : *'Ç L.*

COMMENTAIRE

LES DEGRÉS DE CONNAISSANCE DES GNOSTIQUES

(1 et 2) Par mon père ! fait allusion à l'Intellect premier *('aql awwal)* et ***les branches*** représentent les attributs extrinsèques *(nu'ût)* qui apportent les connaissances divines aux gnostiques par le biais de la Sollicitude divine *('aṭf ilâhî)* pour [réaliser] l'orientation sainte *('aṭf muqaddas)*. C'est ainsi que Dieu dit : « *Dans un Jardin sublime dont la cueillette des fruits est facilitée* [litt. approchée] » (*Coran* 69/23).

Tendrement elles se penchent sur les joues, qualificatif de la face *(çifa wajhiyya)*, ***comme cheveux défaits*** : degré divin qui procure, dans les cœurs, piqûre *(ladgh)* et brûlure *(ḥaraqa)*, provoquant le déracinement *(içṭilâm)* du serviteur vis-à-vis de son âme, par altération amoureuse *(haymân)* et spiration d'amour *('ishq)*. Ces qualificatifs désignent les réalités entraînant torpeur *(mukhaddirât)* et amoindrissement *(maqçûrât)*. La métaphore est utilisée ici du fait que cela est une réalité pour celles à qui il fait allusion à cet égard.

L'expression ***longues chevelures souples*** *(mursilât)* est un participe actif *(ism fâ'il)*, et le vocable ***nattes*** *(ghadâ'ir*, sing. *ghadîra)* est un nom à sens passif *(ism maf'ûl)*.

L'expression ***leurs longues chevelures souples*** indique les sciences cachées *('ulûm khafiyya)* et les secrets primordiaux *(asrâr)* potentiels, à l'aide d'allusions lointaines, en raison de l'innocence transcendante *(nazâha)* de ces êtres.

Le terme ***nattes*** est employé pour désigner les différentes composantes *(taqâsîm)* de ces connaissances, en fonction de leurs rangs qui sont multiples.

L'expression ***qui ondoient flexibles, entrelacées, serpentantes*** indique que, même si ces réalités sont difficiles d'accès du fait de leur pureté *(nazâha)* quand nous les désirons pour nous-mêmes, elles sont faciles à obtenir à cause de leur sollicitude *(karâm)*, de leur compassion *('aṭf)*, de leur accessibilité *(nuzûl)* envers nous par pure générosité *(jûd)* et irradiance amoureuse *(raḥma)*. Dieu en parle ainsi : « *Nous lui avons donné une irradiance amoureuse provenant de chez Nous, et Nous lui avons enseigné une science de Notre part* » (*Coran* 18/65). Il n'est pas mentionné d'agir en vue d'obtenir quelque chose de cet ordre, mais tout cela a été posé pour exprimer gratitude *(imtinân)* et faveur *(faḍl)*.

Le terme ***entrelacées*** *(ma'âqid)* connote la compénétration *(tadâkhul)* des attributs des créatures dans ceux du Vrai, et le lien *(in'iqâd)* existant entre les deux sortes d'attributs, ainsi qu'il appert de nouvelles prophétiques, mais ces attributs, en elles, représentent Celui qui leur prête assistance, à elles à qui Dieu a dessillé les yeux en ôtant le voile de la cécité et a facilité cette connaissance par dévoilement divin, même si ce qui s'en réalise à partir de cela réside en elles et qu'elles l'aient reconnu.

(3) Ces connaissances s'imposent au gnostique à partir du degré des prototypes formels ou formes similaires *(ḥaḍrat al-mithâl)* [du monde subtil intermédiaire de l'Imaginal], comme l'enseignant est représenté [dans la faculté imaginative] sous forme de lait. Aussi sont-elles décrites sous la forme que la théophanie emprunte de cette façon.

Elles font traîner les ***franges*** de leur ***robe*** avec orgueil, fierté et infatuation à cause de l'élévation de leur rang et de leur dignité.

Par ***parure de soie ouvragée*** *(maṭârif)*, il faut entendre les vêtements travaillés à l'aiguille.

Elles sont vêtues de parures variées, ornées et belles, qui conviennent aux nuances de leur face et de leurs états affectifs *(muta'alliqât)*.

(4) Elles sont avares de leurs attraits en se gardant chastement, en référence à cette tradition : « Ne donnez la sagesse qu'à ceux qui en sont dignes pour éviter qu'on en mésuse. » En effet, la sagesse ne mérite pas de se trouver chez celui qui ne reconnaît pas sa valeur étant donné qu'elle implique des sciences contemplatives et non des sciences spéculatives et démonstratives *('ulûm mushâhada lâ 'ulûm nazhar wa istidalâl)*, la contemplation n'étant pas conférée à chacun.

Elles accordent généreusement biens héréditaires ou récemment acquis. Il en est ainsi du fait que faire preuve de sagesse est bien difficile à la plupart des intellectuels *('uqalâ')* et à tous ceux qui conditionnent l'obtention des sciences à une approche spéculative exigeant une réflexion saine et une application démonstrative. Leur facilité *(hiba)*, qui provient de derrière le voile sanctissime, est une connaissance assortie de preuves réflexives sûres et de démonstrations, particulièrement chez les gens de cette catégorie. Leur connaissance est donc obtenue de cette manière à la mesure de ce que leur spéculation leur confère, et qui constitue leur facilité ou don *(hiba)*.

Les deux termes ***héréditaires*** *(matâlid)* et ***récemment acquis*** *(maṭârif)* signifient, en conséquence, le bien préexistant *(qadîm)* et nouveau *(muḥdath)*. Par préexistant ou antérieur, il faut entendre que cette notion s'applique à celui qui possède la connaissance d'une certaine chose dont la preuve de l'existence résulte d'une autre personne ; celui qui tarde à mettre en œuvre une telle science y trouve un avantage. Le terme « nouveau » s'applique à celui que Dieu a gratifié d'une certaine science par pure faveur ; une preuve évidente résulte pour lui de l'exercice de sa saine réflexion sans qu'elle soit acquise d'un autre dans le fondement même de son établissement. C'est ainsi qu'il faut interpréter ces deux termes[1].

(5) Elles sont décrites par la beauté du sourire au moment où sourire et rire se produisent, allusion au bouche à bouche (*fahwâniyya* ou contemplation face à face) et à sa réalisation en lui [le gnostique amoureux] sous l'effet de l'intimité *(uns)*, de la beauté totalisatrice *(jamâl)* et de l'affection fidèle *(mawadda)*, ainsi que Dieu le Réel le suggère à Muḥammad – sur lui la Grâce et la Paix de Dieu – quand l'Ange Gabriel – sur lui la Paix – se présenta sous la forme de Daḥya (al-Kalbî), l'être le plus beau de son temps. Il fut indiqué au Prophète : « Entre moi et toi, il n'y a que la forme de la Beauté totalisante *(jamâl)* », quand il assuma pour lui la forme humaine *(ta'nîs)* et qu'il l'informa *(ta'rîf)* de ce qu'il devait lui transmettre.

La beauté de Daḥya était telle que lorsqu'il passait à Médine, la femme enceinte ne le voyait sans qu'elle dépose sa charge en temps voulu devant la majesté de sa beauté, éteinte en lui *(fanâ')* en état de renoncement *(inkhilâ')*[2].

1. Sur ce point doctrinal, cf. *Le Traité de l'Amour*, pp. 244 et 245, ouvrage cité.

2. Les nouvelles prophétiques qui font intervenir ce personnage célèbre en relation avec l'Ange Gabriel et le Prophète lui-même sont nombreuses. On les trouve dans Bukhârî, *Tafsîr*, 31/2, *îmân*, 37 ; Muslim, *îmân*, 1, etc.

Lorsqu'elles embrassent *(muqabbal)*, ***leurs lèvres gourmandes exhalent de suaves parfums,*** en raison de l'empressement *(qubûl)* qu'elles montrent à l'aimé au moment de l'entretien. Les ***lèvres gourmandes*** *(marâshif)* signifient encore : ce qui est aspiré d'elles au moment de la contemplation. Pourtant, la contemplation *(mushâhada)* et l'entretien *(khiṭâb)* ne peuvent coexister selon nous, car la réalité de l'une exclut celle de l'autre, et pour cette raison, jamais elles n'arriveront à se réunir.

(6) Élégantes, pieds et mains nus : allusion aux sciences acquises par le sens du toucher *(ḥâssat al-lams)*, dans le monde de la similitude formelle *(ḥaḍrat al-mithâl)* et de l'imaginal *(takhayyul)* au moment où la théophanie principielle *(tajallî ma'nawî)* l'envahit.

Les seins bien formés, arrondis et gonflés, dont la poitrine devient comme un mamelon *(ka'b)*, forme la plus belle que présente la jeune fille et qui désigne le lieu porteur des connaissances qui se manifestent à l'aimé pour qu'il observe la manière dont il assume les connaissances divines qui sont incluses en lui afin que celles qui le concernent soient réalisées au moment de l'éducation ou développement *(tarbiya)* que Dieu lui assure auprès de Lui. C'est de cette manière qu'il faut comprendre cela. Il s'agit d'un lieu de témoignage ou de contemplation *(mashhad)* précieux dans lequel on considère le propos divin suivant : « *Je ne les ai pas pris à témoin de la création des Cieux et de la Terre, ni de la création de leurs âmes* » (*Coran* 18/51), ce qui est une façon d'exprimer la dépendance de la capacité d'évaluer *(qudra)* à son objet *(maqdûr)* au moment de l'acte existentiateur *(îjâd)*. L'opposition à ce point de vue est bien connue de nous, et ce commentaire n'est pas assez développé pour satisfaire ceux qui s'efforcent de le contester[1].

Elles offrent de beaux présents, c'est-à-dire qu'elles offrent la connaissance, et rien d'autre, qu'elles prodiguent pour tenter d'établir les arguments permettant d'acquérir les sciences.

(7) Elles ravissent les intelligences des êtres au moment où elles font parvenir à leur entendement les propos étonnants et les paroles excellentes qu'elles leur font entendre. Ainsi, elles ne leur laissent rien écouter de ce qu'ils pourraient entendre après cela d'un être généré en tant qu'ils sont eux-mêmes des êtres générés ; mais du fait qu'elles sont en eux, ils comprennent les propos des êtres générés. Il en est de même de ce qui est rapporté au sujet de la proximité que confèrent les œuvres surérogatoires à celui que le Vrai aime, de sorte qu'Il devient l'ouïe, la vue, la langue, la main de Son serviteur. La tradition qui relate cette disposition est bien connue et se trouve dans le recueil de Bukhârî.

Le terme ***âmes*** ou subtilités *(laṭâ'if,* sing. *laṭîfa)* désigne l'âme de celui qui entend *(nafs al-sâmî').* Dans la terminologie des soufis *(qawm)* qui traite de la réalité subtile humaine *(laṭîfa insâniyya)*, ce terme représente le centre secret primordial *(sirr)* par lequel l'humain se trouve être un être humain.

(8) Sous un voile de pudeur, leurs beautés elles dérobent, allusion aux voiles qui s'interposent entre toi et ces sciences. Les théophanies et la pudeur *(ḥayâ')* sont en étroite relation avec ces sciences. Il

1. Pour cette position doctrinale, cf. notre traduction de Fakhr ad-Dîn ar-Râzî, *Traité sur les Noms divins*, introduction.

n'est question ici que d'une pudeur provenant de Dieu qui n'ose pas par pudeur *(yastaḥyî)* se manifester aux cœurs préoccupés d'un autre que Lui dans la plupart de leurs états et préoccupés de Lui seulement dans certains d'entre eux. De tels êtres se trouvent dans la même condition que les porteurs de foi dont Dieu dit : « *D'autres se sont fait reconnaître par leurs transgressions. Ils associent un comportement intègre à un autre défectueux...* » (*Coran* 9/102). Pour cette raison, la pudeur est mise ici en relation avec le voile *(sitr)*.

Ces ***beautés,*** quand elles paraissent au cœur de celui qui se garde craintif, le ravissent à lui-même et le rendent éperdu d'amour pour elles, comme il appert aussi de cette tradition divine au sujet de l'excellence divine : « ... Le cœur de Mon serviteur porteur de foi et qui se garde M'enveloppe. » Il faut donc que le cœur soit purifié et réponde à ces dispositions. Quand il réalise cette amplitude ou enveloppement *(sa'a)*, il obtient la contemplation *(shuhûd)* de ces beautés *(maḥâsin)*.

(9) De la présence du face-à-face (*ḥaḍra fahwâniyya* = bouche à bouche), elles laissent paraître les joyaux *(jawâ'ir)* des sciences sublimes *('ulûm kibriyâ'iyya)*. [Incidemment], la ***perle*** *(lu'lu')* est un gros joyau, le corail *(marjân)* étant, lui, plus petit.

De leur nectar ou salive, ***elles guérissent*** : lorsque ces connaissances lui arrivent, les causes entraînant l'ignorance, l'équivoque et les doutes disparaissent.

(10) De leurs yeux, elles décochent, c'est-à-dire la pénétration sublime *(mulâḥazha 'uluwiyya)* qui provient de ces sciences.

Des flèches : elles atteignent le cœur de celui sur qui elles tirent, et elles visent juste car elles ne peuvent manquer la cible.

Sur un cœur habile aux joutes *(ḥurûb)* ***et aux combats*** *(mu*t*h*â*qif)* : elles l'éprouvent en mettant la confusion *(iltibâs)* dans les regards dans le monde de l'assimilation formelle *(ḥaḍra al-tam*t*h*î*l)*.

Ce point de vue [symbolique] est corroboré par ce verset : « *Et Son Trône se trouvait sur l'Eau* » (*Coran* 11/7) qui est repris dans l'anecdote suivante : Un homme vint trouver le Prophète – sur lui la Grâce et la Paix de Dieu – et lui dit : « Ô Messager de Dieu ! J'ai vu hier Dieu le Réel – exalté soit-Il – sur Son Trône. » Le Prophète lui demanda : « Et où se trouvait Son Trône ? » – « Sur la mer. » – « C'était le Trône d'Iblîs le Séducteur ! » s'exclama-t-il.

Considère bien quelle sorte de connaissance est transmise par Iblîs. Il a seulement paru évident à cet homme que ce Trône était sur l'eau pour qu'il se méprenne *(yalbas)* à son sujet et qu'il soit convaincu qu'il s'agissait de son Seigneur. Aussi entendit-il d'Iblîs ce que ce dernier avait projeté sur lui afin de le détourner de la foi. Pour cette raison, les cœurs des gnostiques sont décrits comme étant éprouvés par les ***combats*** *(*t*h*i*qâf)* et dans l'expectative pour se prémunir de cette confusion *(iltibâs)*. De même, l'équivoque se glisse chez les spéculatifs en les introduisant dans l'ordre des preuves *(çûrat al-adilla)* alors qu'il ne s'agit pas de preuves.

(11) Les seins ou cœurs *(juyûb)* font allusion aux voiles et aux revêtements *(malâbis)* qui sont des caractéristiques extrinsèques d'ordre sublime et saint.

Les nouvelles lunes *(ahilla)* symbolisent la manifestation qu'on espère se produire à l'horizon *(tajallî ufuqî maṭlûb)*.

Il est dit que les ***nouvelles lunes ne subissent point d'éclipse,*** ce qui veut dire que la passion naturelle ne demeure pas dans l'âme pour y exercer son emprise qui la voilerait alors aux lieux suprêmes de contemplations *(manâzhir 'ulâ)*. En effet, l'opacité (*zhill* = litt. ombre) de la terre est à l'origine de l'éclipse de la nouvelle lune *(kusûf al-hilâl)* selon l'ordre qui régit l'univers *(tartîb nash'at al-'âlam)* ; et même si l'origine de l'éclipse reste la manifestation divine, il n'empêche que la lune se soumet humblement de sorte que cette humilité apparaît sur elle. Cette disposition est nommée éclipse.

Dans un ḥadîth que an-Nasâ'î mentionne dans son recueil, on trouve ce nom d'éclipse. On questionna le Messager de Dieu – sur lui la Grâce et la Paix de Dieu – sur l'éclipse et il fit cette réponse : « Dieu ne se manifeste pas à une chose sans qu'elle se soumette à Lui. » En conséquence, il attira l'attention sur le principe *(ma'nâ)* affectant la lune et le soleil au moment même où cette cause permet qu'ils se maintiennent tous deux au milieu des sphères célestes selon la mesure que Dieu leur assigne, conformément à cette parole divine : « *Nous avons assigné à la lune des demeures jusqu'à ce qu'elle devienne comme branche de palmier vieillie* » (*Coran* 36/39). L'enseignement contenu dans cette tradition prophétique n'est pas incompatible avec celui exposé par les savants en cette discipline sur les causes *(asbâb)* de ce phénomène cosmique.

(12) Ce vers, dans sa totalité, suggère les traces que les belles laissent chez celui qui se trouve sous leur sujétion, follement épris et amoureux d'elles au point que cela devient son état.

(13 et 14) Ce gnostique précise que ces connaissances, dont la caractéristique est de me rendre éperdument épris d'elles, concerne une connaissance unique subtile propre aux réalités du monde intermédiaire *(laṭîfa barzakhiyya)*, et pour cette raison il est dit : ***celle qui, efflanquée par la faim***.

La réalisation de cette connaissance se produit selon une connaissance essentielle par mon essence *(dhât)* pour mon Seigneur et pour mon essence ; elle me relie à moi et par mon Seigneur. Mon ***tout*** s'harmonise alors avec l'harmonie ***(Nizhâm)***[1] qui se dégage d'elle, elle qui est arabe près de moi, par rapport à moi, et étrangère ou persane *('ajmâ')* dans ce qu'elle me fait connaître de mon Seigneur. En effet, la connaissance divine est globale ou synthétique *(ijmâliyya)* qui ne tolère de distinction *(tafçîl)* que par comparaison *(tashbîh)*, comparaison qui est ici bien impossible à réaliser, de même que l'analyse *(tafçîl)*. De la même façon, si la comparaison ne peut avoir lieu, l'analyse non plus. De plus, l'analyse sans fondement entraîne l'impossibilité de la synthèse *(ijmâl)*. La synthèse est mentionnée seulement pour indiquer l'ampleur totalisatrice *(tawsi'a)* à travers le propos *(khiṭâb)* pour aider la compréhension de l'auditeur, puisque les expressions techniques restreignent l'intelligibilité *(tafhîm)* de ce qui ne peut être saisi que par expérience savourée *(dhawq)* et contemplation *(mushâhada)*.

Elle sait divertir le gnostique, en le détournant de sa propre connaissance et de lui-même par la contemplation qui l'affecte, car la science qu'on a d'une chose et la contemplation de celle-ci ne peuvent coexister.

1. Le Maître établit, ici, un rapport implicite avec Nizhâm, l'héroïne et bien-aimée dont il est question dans le prologue et dans la plupart des poésies et des commentaires.

(15) Cette réalité essentielle *(ḥaqîqa)* apparaît en toi en laissant en toi des traces comme le font les austérités *(çawârim)* dans le corps qui sont les marques de l'effort spirituel *(mujâhada)* et des difficultés *(mashâqq)*.

Les perles de sa bouche te font voir un reflet éclatant qui ravit, en te gratifiant d'un lieu de contemplation *(mashhad)* essentiel dans un état de beauté totalisatrice *(jamâl)* et d'intimité *(uns)*, mais en t'arrachant à toi-même sans te laisser avec toi-même.

(16) Ô mes deux compagnons, en s'adressant à son intelligence et à sa foi, en utilisant ici la forme du duel : ***faites halte sous l'égide,*** ou aspects de protection *(ḥimâ)*, voile de la puissance irrésistible la plus inaccessible, ***de Ḥâjir,*** endroit de l'empêchement *(taḥjîr)* hors de l'atteinte des êtres générés. En conséquence, le tout reste hors de sa portée.

Arrêtez-vous ! car en ce lieu on trouve la limite des sciences des docteurs *('âlimîn)* et le terme de la connaissance des gnostiques *('ârifîn)*.

(17) Par ***chameaux fauves*** *('îs)* il faut entendre les aspirations *(himam)* qui attirent et développent les sciences et les dispositions subtiles humaines, car par elles le but visé est atteint. Ainsi s'exprime le gnostique : les aspirations permettent l'arrivée au but *(wuçûl)*.

Me voici précipité : je m'engage dans les abîmes *(ghamarât)* et je m'expose dans les déserts périlleux *(mahâlik)* qui font hériter de situations dommageables et ruineuses. Certaines de ces situations sont bien connues de nous comme étant des lieux de détérioration, notre amour toutefois nous prédisposant à les affronter en toute connaissance ; car connaissance et amour te donnent la bravoure *(shajâ'a)* en héritage sans aucun doute ni incertitude. D'autres situations de cet ordre nous sont inconnues jusqu'au moment où nous les réalisons pour nous y abîmer. C'est dire alors que je me donne par amour pour elles, que je les connaisse ou non. Il n'est donc pas question de réfléchir sur les conséquences qu'elles comportent car il n'y a pas de bien dans un amour que la raison dirige !

(18 et 19) Avec une chamelle vive, symbole de l'énergie déterminée qui se dégage de lui pour une chose précise pour laquelle il est tout épris d'amour.

Qui se plaint de sabots usés, mis à nu, allusion à ce qu'elle obtient dans la vallée sainte [où Moïse vit le buisson ardent brûler]. À elle, on dit : « *Ôte tes sandales car tu es dans la vallée sainte de Ṭuwâ* » (cf. *Coran* 20/12). Elle est de type muḥammadien et elle se plaint de ses pieds nus *(ḥafâ)* à cause de la correspondance que la sandale *(na'l)* garde avec la pureté rituelle *(ṭahâra)*.

La vallée, les plaines étendues et les déserts représentent des états de transcendance *(ḥâlât al-tanzîh)* en rapport avec Dieu le Réel et le détachement *(tajrîd)*.

La caractéristique de cette monture est d'avoir les ***flancs ployés*** et lui exige d'elle d'avoir plus d'intensité dans sa course et de dépenser plus d'énergie *(anhaḍ)* ; aussi demande-t-elle de l'aide !

Cette course rapide ***oblitère*** ou annihile sa marche en lui ôtant la force, car cette aspiration qui est la sienne possède des aspects nombreux dont elle dépend. En s'attachant à cette Unicité *(waḥdâniyya)*, elle se départit de ses propres forces qui lui venaient de son attachement à la multiplicité. C'est comme si les énergies s'affaiblissaient à l'instar du chameau lorsque sa bosse, signe de graisse et de force, vient à disparaître.

(20) Je parviens à un état qui me permet de discerner les choses et de bien les distinguer, mais elles m'empêchent aussi de considérer autre chose que ce qu'elles me dévoilent.

Je vis alors à al-U<u>th</u>ayl des chamelles suivies de leurs petits, c'est-à-dire des sciences originelles *('ulûm açliyya)* qui en engendrent d'autres pour celui par lequel celles-ci se réalisent. ***Suivies de leurs petits*** : il est question des chamelles énormes qui ont des petits à leur suite *(atbâ')*.

(21) Une lune précédait ces ***chamelles suivies de leurs petits,*** il s'agit d'un état contemplatif *(ḥâla <u>sh</u>u-hûdiyya)* survenant sous forme lunaire dans une disposition de vénération *(maqâm ijlâl)* et de crainte révérencielle *(hayba)*.

Contre moi, je le serrai (litt. je repliai mes côtes = *<u>sh</u>arâsif* sur lui), c'est-à-dire l'extrémité des côtes à l'endroit où elles ont la forme d'un arc. C'est pour cette raison qu'il est dit : ***je les repliai sur lui, et par prudence*** afin qu'il ne s'écarte pas de moi et que je ne le perde pas. Ainsi, tu te penches près de l'être que tu aimes lorsqu'il arrive près de toi. Quand le cœur devient le lieu de l'amplitude seigneuriale *(sa'a rabbâniyya)* et l'attribut extrinsèque du Vrai *(na't al-Ḥaqq)* – Gloire à Lui – et que Lui [se trouve] dans le cœur de Ses serviteurs adorateurs selon l'aspect qui convient à cette possibilité *(qadr)* sans comparaison, ni restriction, ni modalité, ni conditionnement, la théophanie qui se présente à lui est alors comparée à la ***lune***.

Une lune les précédait, ou les conduisait, selon la parole suivante : « *Il n'y a pas d'être animé se déplaçant sur terre sans qu'Il le prenne par son toupet* » (*Coran* 11/56).

(22) Une lune se présenta pendant les tournées rituelles : la lune représente ici un attribut enveloppant (*çifa iḥâṭiyya* = litt. attribut d'encerclement) comme s'Il était l'enveloppement ou l'encerclement de celui qui tourne autour du Temple (la Ka'ba à La Mekke) pendant qu'il effectue ses tournées autour de moi à partir de celui-ci, et à partir de moi autour de lui, en relation étroite avec mon intention, et non pas en relation avec ce qu'il est en soi *(huwiyya)*.

(23) Elle effaça ses traces avec la traîne de sa robe rayée. Il s'agit de ces preuves *(adilla*, sing. *dalîl)* que l'être élabore comme argument ou ***guide*** *(dalîl)* au sujet de Dieu, preuves qu'il rend caduques par cette parole divine : « *Aucune chose n'est comme Lui* » (*Coran* 42/11), et par celle-ci : « *Gloire à ton Seigneur, le Seigneur de l'Irrésistibilité au-delà de ce qu'ils attribuent* » (*Coran* 37/180). Dieu maintient le savant dans une condition d'ignorance, d'impuissance et de perplexité afin que les gnostiques sachent ce que Dieu demande qu'ils connaissent de Lui et ce qu'il n'est pas possible qu'ils en connaissent. Ils agissent alors selon les convenances sans outrepasser leurs possibilités *(maqâdîr)*. Il en est en cela comme de ce que rapporte la tradition bien connue au sujet d'un juif qui demanda au Prophète comment il était possible à Dieu de mettre la terre sur un Doigt et les

Cieux sur un Doigt le Jour de la Résurrection. Le Prophète – sur lui la Grâce et la Paix de Dieu – récita ce verset [en guise de réponse] : « *Et ils n'ont pas évalué Dieu selon Sa vraie Valeur* (qadr). » (*Coran* 6/91 – 22/74 et 39/67)[1].

---

1. 'Abd Allâh Mas'ûd rapporte qu'un rabbin de la communauté juive vint [trouver le Prophète] et dit : « Lorsque le Jour de la Résurrection se présentera, Allâh placera les Cieux sur un Doigt, l'Eau et le Limon sur un Doigt et les Créatures sur un Doigt. Il les agitera en disant : "Je suis le Souverain ! *(malik)* ! Je suis le Souverain !" » Je vis alors le Prophète rire franchement, étonné de ce propos et l'approuvant. Le Prophète se mit à réciter ce verset : « *Et ils n'ont pas évalué Allâh selon Sa vraie Valeur, alors que la Terre entière est Sa Saisie, au Jour de la Résurrection, et les Cieux sont pliés dans Sa Droite. Gloire omniprésente à Lui ! Il est d'une élévation sans commune mesure avec ce qu'ils associent !* » (*Coran* 39/67), in Bukhârî, *Tawḥîd* 36.

Il existe plusieurs variantes de ce ḥadîth. Cf. Bukhârî, *Tawḥîd*, 19 et 26 ; Muslim, *Munâfiq*, 19 et 21. Voir aussi El-Bokhârî, *Les Traditions islamiques*, traduites par O. Houdas, tome IV, pp. 629 ss., Paris, 1977.

30
Peu importe pourvu qu'elle soit là

(1) À Naqâ, dans les bosquets de tamaris,
S'ébat un essaim de perdrix.
Dans ce voisinage,
La beauté a dressé une tente.

(2) Des chameaux et des gazelles
Paissent à proximité,
En plein cœur des déserts
De Iḍam.

(3) Ô mes deux intimes !
Faites halte, et laissez parler
Les vestiges d'une demeure
Dévastée après leur depart.

(4) Soupirez pour le cœur d'un jeune
Qui se sépara d'elle
Le jour où ils s'éloignèrent.
Pleurez et lamentez-vous !

(5) Ce lieu fera peut-être connaître
Là où ils voulaient aller :

Est-ce aux sables de l'enceinte sacrée,
Ou bien dans la contrée de Qubâ ?

(6) *Pour le départ, ils sellèrent leurs chameaux*
Sans que je remarque ce qu'ils faisaient.
Était-ce par distraction,
Ou sous l'effet d'un regard défaillant ?

(7) *Ni ceci ni cela,*
En réalité, n'existait.
Seul un amour éperdu
Alors triomphait.

(8) *Ô aspirations qui se sont dissipées,*
Et dispersées à leur poursuite !
Vous leur demandez
La puissance du Royaume de Sabâ !

(9) *Parmi les vents que j'ai appelés*
Lequel s'est-il propagé ?
Est-ce toi, vent du nord ?
Toi, vent du sud ? ou toi, vent de l'est ?

(10) *Détenez-vous une nouvelle*
De ce qui nous préoccupe ?
Nous avons profondément ressenti
La peine de leur éloignement.

(11) *Le zéphyr d'est vint apporter*
De leurs nouvelles
Provenant de plantes odoriférantes
Dont le parfum émane de fleurs des collines :

(12) « Que celui que le mal d'amour
A rendu malade
Par les nouvelles de l'amour
Se laisse divertir ! »

(13) Et le vent d'orient reprit :
« Ô septentrion ! transmets
Le même propos que j'ai rapporté,
Ou un plus merveilleux encore ! »

(14) « Puis toi, vent du sud !
Raconte la même nouvelle
Que j'ai relatée,
Ou plus agréable encore ! »

(15) Et le septentrion de répondre :
« Un soulagement se trouve en moi
Que partage le vent du sud[1]
Ou plutôt celui du sud-est ! »

(16) Tout mal, dans leurs passions,
En bien se transforme.
Et même mon tourment
Devient suave par leur agrément.

(17) Alors auprès de quoi, contre quoi
Et pour quoi te lamentes-tu

1. Nous lisons *janûb* = vent du sud, et non pas *sham'al* ou *shamâl* = vent du nord, à cause du contexte logique d'une part, et du commentaire du Maître (cf. p. 314) d'autre part, bien que l'ensemble des manuscrits à notre disposition porte la lecture *sham'al* ou *shamâl*.

D'une intense tristesse ?
Et gémis-tu de douleur ?

(18) Quand vint la promesse qu'ils vous firent,
La claret que tu vis
Ne fut qu'un éclair trompeur,
Que n'accompagna pas la pluie.

(19) Le nuage incrusta,
Sur la frange de la nuit,
Une broderie parsemée d'or,
Née de la lumière de l'éclair.

(20) Ses larmes se répandirent
Sur la surface de ses joues,
Et avivèrent alors
L'intensité de la brûlure.

(21) Une rose se forma,
Émergeant des larmes.
Un narcisse déversa
Une ondée merveilleuse.

(22) Quand tu désiras la cueillir,
Elle déroula ses tresses,
De chaque côté de ses tempes,
Comme la queue du scorpion !

(23) Quand elle se met à sourire,
Le soleil se lève, scintillant.
Ô Seigneur ! Combien sont brillantes
Les perles fraîches de sa bouche.

(24) Quand elle défait sa chevelure,
La nuit apparaît,
Noire et dense,
Opaque, impénétrable.

(25) Quand elle salive,
Les abeilles se disputent.
Seigneur ! Quoi de plus doux
Que la fraîcheur de sa bouche.

(26) Quand elle s'incline,
C'est la souplesse de la branche.
Quand un regard elle décoche,
C'est le tranchant du glaive.

(27) Ô descendant d'Arabe,
De pur lignage,
Comme tu chuchotes avec amour
Sur les dunes de Ḥâjir !

(28) Je suis entièrement arabe !
Aussi je suis épris
De radieuses beautés,
Et passionné de pure race noble.

(29) Peu nous importe
Que l'amour se trouve
À l'orient ou au couchant,
Pourvu qu'elle y soit.

(30) Chaque fois que je dis : « N'est-ce pas ? »
Ils répondent : « N'est-ce pas quoi ? »

Lorsque je demande : « Est-ce que ? »
Ils répliquent : « Il refuse ! »

(31) Quand ils s'élèvent sur le plateau du Nejd,
Ou descendent dans la plaine de Tihâma,
Je traverse de périlleux déserts,
Et j'active le désir.

(32) Voici mon cœur :
Le Sâmirî de l'instant.
Chaque fois qu'il voit les traces,
Il recherche les objets d'or.

(33) Et lorsqu'ils s'élèvent à l'orient,
Ou qu'à l'occident ils disparaissent,
Mon cœur est Dhû-l-Qarnayn
Qui, motive, suit les traces.

(34) Ô combien avec désir,
Nous avons sollicité l'union !
Ô combien avec crainte,
Nous avons redouté la separation !

(35) Ô fils de Zawrâ' !
Voici une lune
Qui, auprès de vous, luit
Et qui, en moi, disparaît.

(36) Par Dieu ! D'elle provient ma colère,
Oui ! ma colère !
Combien derrière elle je crie :
Hélas !

(37) Comme mon âme s'afflige !
Combien gémit-elle pour un jeune homme
Qui vient à disparaître
Quand roucoule la colombe.

COMMENTAIRE

CONTEMPLATION DIRECTE OU PAR REFLET

(1) Des connaissances, dont les fruits sont la véracité *(çidq)*, surviennent lors de la Vision à la Dune blanche *(ru'yat al-Ka<u>th</u>îb al-abyaḍ)*[1] [au Jour de la Résurrection], et cette véracité est symbolisée par ***les perdrix*** *(qaṭâ)*. L'expression suivante est utilisée [comme proverbe] : « Plus véridique que les perdrix » *(açdaq min al-qaṭâ)* !

La beauté a dressé, ou s'est revêtue des traces *(â<u>th</u>âr)* de la contemplation. En réalité, il s'agit ici de la présence contemplative *(ḥaḍrat al-mu<u>sh</u>âhada)*.

(2) En plein cœur des déserts, en magnifiant les stations du détachement *(tajrîd)* et de l'esseulement ou singularisation *(tafrîd)*, ***de Iḍam,*** endroit *(mawḍi')* qui produit l'humilité *(tawâḍu')* et la transcendance *(tanzîh)*. C'est par cette disposition décrite par le terme « endroit » (*mawḍi'*, terme de même racine que « humilité ») que s'obtiennent :

– soit des connaissances auxquelles les âmes s'habituent à cause des fruits *(natâ'ij)* qu'elles en retirent, c'est ce qu'il faut entendre par l'expression ***chameaux***

---

1. Pour la signification de cette expression, voir références à l'index.

(na'am, terme de même racine que le mot « agréable ») ;

– soit des connaissances auxquelles les âmes ne s'habituent pas, âmes qui sont alors errantes ou qui s'effarouchent comme des gazelles *(zhibâ)*, bien qu'elles se laissent conduire jusqu'à Lui par la vertu *(ḥukm)* de la Providence divine *('inâya ilâhiyya)*.

Ces deux dispositions d'âmes résultent de connaissances librement acquises *(muktasabân)* en rapport avec la station du détachement et de l'esseulement.

(3 et 4) Ô mes deux intimes *(khalîlay-ya)*, l'intelligence *('aql)* et la foi *(îmân)* de [l'amant]. Il leur est dit : ***Laissez*** (tous deux) ***parler,*** dans une des haltes *(mawqif*, pl. *mawâqif)* divines, les **vestiges** *(athar)* des demeures où descendent les amoureux *(manâzil al-aḥbâb)* après qu'ils les ont quittées *(raḥîl)* pour s'éloigner de cette ***demeure dévastée après leur départ***. Car les cœurs, lorsqu'ils se séparent de leurs familiers, s'orientent vers la Présence de Dieu le Réel qui est aimée d'eux, l'âme se trouve alors décrite par la dévastation *(kharâb)* due à l'absence d'habitant. L'un de ces personnages a chanté cet état dans les vers suivants :

Mon cœur a péri là où je le cherche.
Je ne vois pas mon corps être une patrie pour lui.

Ma tristesse survint après votre éloignement ;
Ma joie devient tristesse après votre départ.

Les thèmes de cette poésie se trouvent, pour la plupart, réunis par les poètes, dans des chapitres décrivant l'amour courtois *(nasab)* et la passion amoureuse *(hawâ)*.

(5) Ce lieu fera peut-être connaître, peut-être est une expression de réserve et d'éventualité,

Là où ils voulaient aller, où ils se proposaient de s'orienter vers le cœur.

Est-ce aux sables *(jar'â')*, station de l'assimilation ou maîtrise des difficultés *(tajarru' al-ghuçaç)* sous l'effet des douleurs engendrées par ce qui a échappé *(âlâm al-fawt)*, et des affres de la séparation *(âlâm al-firâq)*.

L'enceinte sacrée *(ḥimâ)* est le lieu dont l'entrée est inviolable et où l'on recueille les sciences qui y sont renfermées, à cause de sa pureté sans commune mesure *(nazâha)* excluant tout attachement au monde généré.

Ou bien dans la contrée de Qubâ, Qubâ, lieu de bien-être spirituel *(râḥa)* que le Prophète – sur lui la Grâce et la Paix de Dieu – visitait tous les samedis *(sabt)* pour le repos qu'il procure, car ce jour est lié au repos *(sabt)* par la signification sémantique attachée au vocable *sabt*.

(6) Pour le départ, ils sellèrent leurs chameaux : ces animaux symbolisent les aspirations *(himam)* que les cœurs prennent comme monture sans qu'aucune science à ce sujet provienne de moi et sans que je sache s'il s'agit d'une ***distraction*** *(sahw)* de ma part, ou que ***mon regard défaillant*** soit incapable de pénétrer cela sans qu'il s'agisse d'une distraction *(sahw)*.

(7) Je ne suis pas distrait, et mon ***regard*** n'est pas ***défaillant,*** mais la préoccupation de l'amour que j'ai pour Lui me Le voilait, ainsi qu'il est rapporté longuement de Majnûn b. 'Ajir quand Layla vint à lui. Il lui cria : « Éloigne-toi de moi ! car l'amour que j'ai pour toi me préoccupe au point de t'exclure ! »

(8 et 9) La dispersion *(tafarruq)* des gens du ***Royaume de Sabâ*** est bien connue et narrée dans le Coran : « *Nous les anéantîmes entièrement* » (*Coran* 34/19). [De la même manière], mes aspirations se différencient en stations et états de présence comme la dispersion des gens de Sabâ recherchant les choses aimables désirées qui les divisèrent.

Ce qu'il n'a pas trouvé, il le cherche en demandant quel vent a soufflé de leur part. Il s'agit du monde des souffles *(anfâs)* pour que ce vent soulage *(tunaffisu)* l'amant d'une certaine anxiété qu'il ressentait, par une exhalaison *(râ'iḥa)* grâce à laquelle les souffles communiquent à celui qui les sent le parfum agréablement musqué dégagé par ces êtres.

(10) Le terme ***peine*** *(naçab)* est synonyme de lassitude *(ta'ab)* et le vocable ***éloignement*** *(nawâ)* signifie aussi séparation ou abandon *(firâq)*.

Il se met à demander quelle réponse le vent *(rîḥ)* peut donner à son appel et à la question qu'il lui pose.

(11 et 12) Le vent de la théophanie ***vint apporter*** une nouvelle à l'agréable odeur dont le parfum répandu informe que ***celui que le mal d'amour a rendu malade*** n'est distrait que par les propos *(ḥadîth)* tenus au sujet de l'être aimé, par ceux qui émanent de lui et ceux qu'on rapporte de lui, ainsi qu'il est dit :

On a rapporté qu'il parlait de moi.
Comme sont aimables les propos tenus sur l'aimé !

(13 à 16) Le vent d'est dit au vent du nord et du sud : « Donnez-lui tous deux les mêmes nouvelles que je lui ai données, et même de plus merveilleuses et de plus suaves » ; il se peut alors qu'il trouve un délassement *(râḥa)*. Ici, le vent d'ouest *(dubûr)* n'a pas été mentionné, car l'amant ne tourne jamais le dos *(yastadribu* = mot de même racine que *dubûr)* à son bien-aimé, par convenance et emprise d'amour *('ishq)*.

L'amant ne se comporte avec l'aimé que selon trois modalités :

1 – Soit face à face *(muwâjaha)*, illustré par le terme « vent d'est » *(çabâ)* qui implique également l'agrément face à face *(qubûl)*.

2 – Soit de côté (*junûb* ou du sud), et il s'agit alors de la droite *(yamîn)*.

3 – Soit du nord *(shimâl)* qui vient du côté du cœur.

1 – Le vent d'orient lui apporte la science de « Dieu créa Adam selon Sa Forme » [d'après les termes du ḥadîth].

2 – Le vent du sud lui accorde la science propre aux Compagnons de la Droite [cf. *Coran* 56/90]. Ce vent auquel est lié la Paix *(salâm)* [cf. *Coran* 56/91] représente la Puissance divine *(quwwa ilâhiyya)*.

3 – Le vent du nord lui confère la réalité même des rapprochés *('ayn al-muqarrabîn')* [selon la même sourate]. Il s'agit de la station de la Proximité « située » entre Prophétie *(nubuwwa)* et Véridicité *(çiddîqiyya)*, apanage des Singuliers *(afrâd)* et de al-Khiḍr[1] qui est un des leurs. Le Coran en porte témoignage [surtout dans les sourates 18 et 56]. Il s'agit d'une station rare et précieuse *(maqâm 'azîz)* qui n'affecte pas chacun des familiers de notre voie *(ahl ṭarîqati-nâ)*. Abû Ḥâmid (al-Ghazâlî)[2] – que Dieu lui fasse miséricorde

1. Sur al-Khidr et les *Afrâd* (sing. *fard*), cf. Michel Chodkiewicz, *Le Sceau des saints*, ouvrage cité.

2. Al-Ghazâlî a traité cette question dans son *Iḥyâ 'Ulûm ad-Dîn*, Le Caire, sans date ; cf. notamment III, p. 99.

– se refusa d'admettre la possibilité de cette station car il n'y a pas pénétré, ni ne l'a connue. Il s'imagina dès lors que quiconque dépasse le rang des Véridiques *(çiddîqîn)* parmi les Amis proches *(awliyâ')* [de Dieu] atteint la Prophétie et fait preuve d'un manque de convenance. Mais il n'en est pas comme Abû Ḥâmid le pense. Certes, cette station, sur laquelle nous avons attiré l'attention, se trouve entre Véridicité et Prophétie. C'est cette station que le Prophète a signalée à propos du véridique le plus important [Abû Bakr][1] par le secret *(sirr)* qui s'imposa dans sa poitrine *(çadr)* et qui exprime la science des Rapprochés dans le cœur du gnostique.

Un soulagement *(faraj)* ***se trouve en moi*** : un soulagement que lui fait connaître le ***vent du sud*** *(janûb)*, ou plus exactement ***un vent du sud-est*** *(azyab)* selon le langage d'un état angélique *(lugha al-malakiyya)* utilisé pour qualifier les gens prospères ou de bon augure *(ahl al-yumm)*.

On pourrait alors se demander : « Et qu'est-ce donc que le soulagement ? » (*faraj*, mot qui provient d'une racine signifiant principalement ouvrir, fendre) ; on répondrait : « C'est seulement le suave tourment *('adhâb)* qui tombe à l'improviste sur les amants en l'absence d'harmonie *(mulâ'ama)* dans leurs propres tendances *(aghrâḍ)*. » Quand l'amant s'éteint à sa propre intention *(gharaḍ)* et qu'il se trouve conforme à ce que l'Aimé veut de lui et par lui, toute chose, du fait de sa passion amoureuse *(hawâ)*, devient bénéfique *(ḥasan)*, car il s'agit d'une tendance qui se trouve

1. Sur le cas d'Abû Bakr et de sa qualification de *çiddîq*, véridique, cf. Ibn 'Arabî, *La Profession de Foi*, introduction, traduction et commentaire par Roger Deladrière, Paris, Éditions orientales, 1978, pp. 169 ss.

chez son bien-aimé dans sa propre volonté. C'est ainsi que l'on précise que tout ce que fait l'aimé est aimable.

La ***douceur*** *('adhb)* du ***tourment*** *('adhâb)*[1] ***qui provient d'eux dans leur agrément*** est chez l'amant plus suave que miel. Lorsque ce comportement est obtenu de cette façon, et que l'amant se trouve véridique dans cette station, il ne doute plus de ce qu'il ressent, comme il n'éprouve pas davantage de tristesse, et ne se plaint pas de lassitude ; car sa volonté est celle-là même de son bien-aimé, agréant alors tout ce qu'il veut. Or quiconque est en accord avec ce qu'on désire de lui est satisfait *(masrûr)*.

(17 et 18) Alors auprès de quoi *(ilâ mâ)*, ***contre quoi*** *('alâ mâ)* ***et pour quoi*** *(li-mâ)*. C'est ainsi que

1. Le Maître tient compte ici des significations apparemment contradictoires des deux termes en question qui proviennent de la même racine *'DH B* signifiant d'une part : contenir et empêcher d'approcher, ne pas pouvoir manger à cause de la soif éprouvée, punir, châtier, corriger, et d'autre part : être d'un goût agréable, avoir de l'eau douce.

Selon la perspective doctrinale d'Ibn 'Arabî et d'autres maîtres du Soufisme, le châtiment subi dans les états posthumes de l'être humain correspond aux tendances de l'âme non unifiée ni purifiée qui appellent tout à la fois une rétribution correspondante dans un monde en affinité avec sa qualité et des conditions d'existence qui lui conviennent. Il s'agit donc de la deuxième signification de la racine en question. Son châtiment réside dans le fait qu'elle est privée de la Vision béatifique du Seigneur et confinée dans un domaine formel dont elle n'a pu ou su se dégager sur terre.

Cette position doctrinale mise en évidence par le symbolisme propre à la langue arabe n'est pas sans rappeler les implications de la perspective hindoue sur le karma. Cf., également, René Guénon, *L'Homme et son devenir selon le Védanta*, Paris, Éditions traditionnelles, 1984.

la particule ***mâ*** apparaît ici [avec la voyelle ***â*** longue] comme elle se présente dans son orthographe normale. Mais elle peut prendre aussi la forme allégée ***ma*** (sans voyelle longue).

Quand la promesse qu'ils firent se réalisa, elle fut comme l'éclair qui n'est pas suivi de pluie : c'est l'éclair que n'accompagne ni tonnerre ni ondée, qui ne produit rien à l'instar du vent stérile.

La promesse, ici, illustre un lieu de contemplation essentiel *(mashhad dhâtî)* qui est, de ce fait, assimilé à l'***éclair que n'accompagna pas la pluie,*** car le lieu de contemplation essentiel ne produit rien dans le cœur du serviteur puisqu'il ne consolide rien, ni ne donne aucune acquisition, à la seule exception de la contemplation dont il bénéficie au moment où se produisent les fulgurations *(khafaqât)* de l'éclair. Cette contemplation est trop sublime pour être conditionnée par une réalité créée, à la différence de la théophanie qui survient dans une des formes du monde de l'assimilation formelle ou similitude *('âlam al-tamaththul)*. Le visionnaire *(râ'î)* s'empare de la forme qui se manifeste à lui en l'interprétant – ainsi qu'on le trouve exprimé dans une tradition prophétique[1] – comme pour maintes choses qui ne revêtent pas de formes sensibles pour lui.

(19 et 20) Le nuage incrusta, sur la frange de la nuit, une broderie *(raqama)* : allusion à cette parole divine : « *Que spéculent-ils sinon que Dieu vienne à eux dans les ombres de la Nuée* » (*Coran* 2/210). Il faut entendre par ***nuage*** *(ghaym)* l'endroit de la disparition (*maghîb*, de la racine *GH Y B*), car la lettre

1. On trouve de nombreux ḥadîths qui relèvent de cette question, cf. Bukhârî, *îmân*, 14/2 ; *'ilm*, 14/1, etc.

B (bâ') peut se substituer à la lettre *M (mîm)* comme dans le cas des deux racines suivantes *L Z M* et *L Z B* [qui signifient, toutes deux, s'attacher].

Le terme ***raqama,*** ici utilisé, signifie tout à la fois marquer et broder un tissu. Dans cette occurrence, il prend le sens de pénétrer, perforer *(nufûdh)* et implique alors un argument *(dalâla)* au sujet de Dieu – Gloire à Lui – selon deux aspects, comme pour le monde de la Présence attestée *('âlam al-shahâda)* et le monde de la Présence inattestée ou mystérieuse *('âlam al-ghayb)*. Il en est ici comme ce que l'on trouve dans la tradition prophétique selon laquelle « les hôtes du Plérôme suprême *(al-Mala' al-a'lâ)* Le désirent comme vous-mêmes Le désirez ».

Certes, la broderie *(ṭirâz)* concerne l'art d'agrémenter l'habit de marques dessinées.

L'éclair signifie un indice essential *(dalâla dhâtiyya)*.

La ***broderie*** est ***parsemée d'or*** *(mudhahhab)*, car l'or rehausse ce qui est brodé et ouvragé.

La broderie incrustée sur la frange *(rudn)*, ou la manche *(kumm)*, endroit où se présente la main *(yad)* avec laquelle le Contrat divin *(bay'a ilâhiyya)* se conclut [cf. *Coran* 48/10]. Le signe *(dalâla)* a été mis dans le vêtement *(thawb)* [allusion à un vers de Ḥallâj][1] pour montrer que Dieu se manifeste sous la forme de celui qui se pare *(lâbis)*, car [selon une tradition remontant au Prophète] le cœur du serviteur porteur de foi, qui se laisse garder et est continent, Le contient. Dieu n'a-t-Il pas dit, par la bouche de Son Prophète : « … Je suis son ouïe et sa vue… » C'est

1. In *Dîwân*, texte arabe et traduction française par Louis Massignon, Paris 1931, rééd., Le Seuil, 1992.

pour cette raison qu'a été mentionné l'endroit de la marque distinctive *(mawḍi' al-'alâma)*.

Le but recherché est une reconnaissance de témoignage essentiel *(ishhâd dhâtî)* à travers le voile que constituent les êtres générés, afin que le serviteur bien-aimé adorant Dieu *('abd ilâhî maḥbûb)* réalise de cette manière que « Dieu a créé Adam selon Sa Forme » [selon une nouvelle prophétique] ou d'après une autre recension, « selon la Forme du Tout-Irradiant d'Amour *(Raḥmân)*[1] ».

Ses larmes se répandirent, c'est-à-dire les connaissances contemplatives *(ma'ârif shuhûdiyya)* que le nuage déverse dans les parterres des cœurs divins *(qulûb ilâhiyya)*.

Et avivèrent alors l'intensité de la brûlure : les larmes donnent en héritage, aux cœurs, le déracinement *(içṭilâm)*, la vénération *(hayba)* et la magnificence *('azhama)*.

(21) Les connaissances que procure ce déracinement brûlent sans rien faire croître alors que, dans ce vers, il s'agit de végétation qui se développe. Les yeux sont comparés au ***narcisse*** *(narjis)*.

La vision *(ru'ya)* confère une science provenant des choses les plus merveilleuses, vision décrite ici par l'expression ***qui déverse une ondée merveilleuse,*** car ni ce qui est vu *(mar'ay)*, ni une science obtenue par les âmes à partir de ce qui est vu, et que l'âme appréhende, ne peut être conservé ici dès que cessent les

1. La première recension se trouve dans plusieurs grands recueils de ḥadîths, cf. Ibn Ḥanbal, II, 244, 251, 319 ; Bukhârî, *isti'dhân* 1.

La seconde recension ne se trouve pas dans la *Concordance et indices de la tradition musulmane*, Leyde, E.J. Brill, 1936.

conditions de la vision, puisque ce qui est vu n'est pas conditionné et ne se maintient pas dans le monde du conditionnement. Or tout être, sauf Dieu le Réel, conditionne l'Essence étant donné qu'il rattache son existence *(wujûd)* à celle de son Créateur, car si Lui n'était, il ne serait point.

(22) Quand tu désiras en tirer profit pour actualiser un caractère (ou manière d'être) *(çifa)* qui anoblit l'âme, un attribut essentiel *(çifa wajhiyya)* qui la caractérise, et dont les gloires te brûlèrent, t'en empêcha et tu ne pus jamais y parvenir.

(23) Les sciences qui relèvent du Pôle[1] (*'ulûm quṭbiyya* = les sciences polaires ou principielles), autour desquelles gravitent les sciences de l'univers *('ulûm al-'âlam)*, se manifestent lorsqu'une connivence (*qubûl* ou acceptation) semblable à celle illustrée par l'expression ***quand elle se met à sourire*** se produit sous l'effet de cette disposition.

La salive claire *(rîq)* sur ses dents bien rangées *(asnân)* est une expression qui fait allusion à l'éclat *(barîq)* des ***perles*** ou graines gracieuses de sa bouche *(ḥabab)*.

(24) Les sciences qui ont trait au Mystère *('ulûm ghaybiyya)* se manifestent en fonction des âmes des gnostiques lorsque cette manière d'être essentielle laisse tomber les voiles des intuitions *(ḥujûb al-shu'ûr)* qui concernent les réalités cachées et subtiles, car les

1. Ibn 'Arabî a consacré un de ses écrits sur ce thème. Cf. *Kitâb al-manzil al-Quṭb wa maqâmu-hu wa ḥâlu-hu*, Hiderabad 1938. Cf. aussi Michel Chodkiewicz, *Le Sceau des saints*, ouvrage cité.

intuitions qui portent sur certaines réalités n'impliquent pas qu'on en ait la science effective.

(25) Le gnostique ne constate pas une réalisation divine en son âme tant qu'il n'a pas atteint le degré que le Législateur a mis en évidence [dans cette nouvelle prophétique sainte] : « … Je (Dieu) suis son ouïe et sa vue… » Sa parole alors devient pure vérité et inspiration *(waḥy)* totale. Aussi Dieu dit : « *Ton Seigneur a inspiré aux abeilles* (naḥl) *: Prenez des demeures dans les montagnes, les arbres et les treillages que les êtres humains font* » (*Coran* 16/68).

Quand les cœurs des aspirants *(murîdîn)* sont dans la situation *(maqâm)* de ces insectes – en l'occurrence ***les abeilles*** – et que ce gnostique parle, ces cœurs reçoivent de Lui les connaissances, comme les abeilles reçoivent l'inspiration de chez Dieu. Il s'agit d'une inspiration, d'une allégresse *(surûr)*, d'une beauté parfaite *(jamâl)* et d'une intimité *(uns)*, car le miel est le nectar de la récolte *('adhb al-janâ)* et il fait fructifier la douceur.

(26) Quand elle s'incline, c'est la souplesse de la branche, inclination qui est celle de la branche porteuse de fruits et qui s'abaisse pour qu'on les cueille, par pure assistance ou inflexion divine. Pourtant, le scion ne se balance que par les vents qui représentent ici les aspirations *(himam)*. Et quand l'aspiration du gnostique dépend d'un Ordre divin provenant directement du Vrai, elle fait pencher vers lui ce qu'elle affectionne, de sorte que Dieu comble son désir.

(27 et 28) Comme tu chuchotes avec amour, sur la Dune blanche *(kathîb abyaḍ)* qui est connue chez les Initiés comme une station privée ou défendue *(mamnû')* [paradisiaque], de sorte que personne ne peut y faire prévaloir le comportement parfait *(iḥsân)*[1] : c'est la contemplation et l'étonnement *(baht)*.

Et pourquoi ne t'es-tu pas préoccupé d'être disponible à ce que la station à cette Dune te procure en excluant toute intrusion de comportement parfait ? La réponse est : « Le comportement parfait que je recherche provient des conséquences de l'Ordre divin originel *(amr açlî)*[2] dont nous sommes issus. »

Je suis entièrement arabe *('arabî)* et ***je suis épris*** des belles ***de pure race noble*** *('urub)*, en raison de la même affinité de langage et d'origine *(açliyya)* ; et on ne désapprouve pas celui qui tend vers ce que son origine, sa réalité et son état lui confèrent.

(29) Je ne suis conditionné ni par les stations ni par les degrés *(marâtib)*, mais seulement par elle, et là où

1. La définition de l'*Iḥsân* a été donnée dans un célèbre ḥadîth où l'Ange Gabriel vient trouver le Prophète pour lui enseigner la Religion. In Bukhârî, *îmân*, XXXVII, 1, d'après 'Umar ibn al-Khaṭṭâb.

Selon cette nouvelle prophétique, l'*Iḥsân* ou comportement parfait consiste « à adorer Dieu comme si tu Le voyais, car si tu ne Le vois pas, Lui te voit ». La restriction du Maître s'impose puisque ce comportement parfait relève de l'effort particulier de l'adorateur pour se conformer à une injonction divine, alors que la Vision que celui-ci a de son Seigneur à la Dune blanche se produit dans une pure contemplation directe et immédiate et dans une présence parfaite.

Ibn 'Arabî a développé ce thème au chapitre 460 des *Futûḥât al-Makkiyya*.

2. Cf. *Coran* 2/117, 3/47, 19/35, 40/68.

« *L'Innovateur des Cieux et de la Terre. Et lorsqu'Il décrète un ordre (amr), Il lui dit seulement : "Sois !" de sorte qu'il est* », *Coran* 2/117.

elle se manifeste à moi, je suis présent là où elle est puisqu'elle est l'objet de mon désir. De plus, elle vient vers moi seulement comme elle l'entend et non comme je le voudrais, car la science qu'elle possède et l'ordre [qui la détermine] ne sont pas les miens. Aussi peu importe où mon émotion enstatique *(wajd-î)* me conduit.

(30) Le pronom personnel, dans l'expression ***ils répliquent*** ou encore dans ***ils répondent,*** concerne ceux qui exercent une influence sur les réalités intermédiaires *(wasâ'iṭ)* et le voile *(ḥijâb)*.

Chaque fois que je dis : N'est-ce pas ? ne considèrent-ils pas mon cas auprès d'elle ? Il se peut que j'obtienne d'elle la sollicitude dont bénéficient les extatiques *(wâjidîn)* comme moi. ***Ils répondent : N'est-ce pas quoi ?*** Ne regardes-tu pas comment nos faces s'orientent vers toi, cachées d'elle ? Même si elles sont des causes secondes *(asbâb)* qui ont été établies afin d'obtenir les buts recherchés, ces causes ne représentent pas pour nous une aide *('inâya)* qui rendrait nécessaire ce qu'elles nous suggèrent. Car les causes occasionnelles n'ont pas pour objectif d'être de simples causes en soi qui s'imposent en raison de ceux qui les utilisent, mais elles sont plutôt établies comme tests *(ikhtibâr)*, épreuves *(balâ')* et examens minutieux *(tamḥîç)* pour vous. Et si vous vous arrêtez à elles, vous n'obtenez d'elles que ce pour quoi elles sont faites, en vous laissant voilés. Et si vous vous affranchissez de nous [les causes secondes] pour viser Celui qui nous a donné notre fonction, vous avez certes bien réalisé le but recherché *(maṭlûb)*.

Lorsque je demande : Est-ce que ceux qui sont arrivés au but désiré *(maṭlûb)* et à l'union *(ittiçâl)* disent : celui qui le désire par nous ***refuse*** vraiment d'arriver à Lui. Mais celui qui l'a désiré par Lui est arrivé à Lui ?

C'est ainsi que le gnostique [Junayd][1] a pu dire : « J'ai connu Dieu par Dieu », alors que le théologien scolastique affirme : « J'ai connu Dieu par Ses créatures. » Il prend pour argument ce qui n'a pas de correspondance avec Lui. Aussi celui qui connaît Dieu par Dieu Le connaît vraiment, alors que celui qui connaît Dieu par Ses créatures connaît ce qu'elles confèrent et rien d'autre.

(31 et 32) Lorsque mon cœur parcourt la Voie et qu'il est dans la station de la connaissance par les esprits sublimes ; lorsqu'il scrute les connaissances que les Réalités essentielles des esprits sublimes comportent ; lorsqu'il désire en tirer parti et qu'il sait que ces esprits ne foulent pas un endroit sans le vivifier par cette foulée, car ils sont de purs esprits, et que là où ils apparaissent, ils font bénéficier de la vie celui qui se trouve sur leur sillage ; lorsque mon cœur donc est dans cette disposition, il dit alors : « J'ai suivi leurs traces pour m'élever ou pour descendre ! »

Quand ils s'élèvent sur le plateau du Nejd, c'est-à-dire quand ils apparaissent dans des corps animés appropriés *(ajsâd mumaththala)* dans le monde de la similitude *('âlam al-tamthîl)*, à l'instar de la forme de Daḥya (al-Kalbî) qu'empruntait l'Ange Gabriel[2].

---

1. Sur Junayd, cf. *Enseignement spirituel, Traités, lettres, oraisons et sentences*, traduits de l'arabe et présentés par Roger Deladrière, Paris, Sindbad, 1983.

2. Sur ce compagnon du Prophète, célèbre par sa beauté, et qui servait parfois de « support » à l'Ange Gabriel pour transmettre la Révélation, consulter une des nombreuses biographies du Prophète de l'Islam.

Ou descendent dans la plaine de Tihâma, à l'exemple des esprits des prophètes qui se manifestent dans des corps faits de terre *(ajsâm tarâbiyya)*, et non des corps animés du monde intermédiaire *(jasadiyya barzakhiyya)*.

De quelque manière qu'ils se manifestent, que je les connaisse et que je suive leurs traces, j'en prélève et j'en façonne ce que as-Samîrî fit lorsqu'il saisit ce qui se trouvait dans les traces de Gabriel[1]. Une aspiration *(himma)* se trouve alors en moi que je réanime et par laquelle je vivifie celui sur lequel ma sollicitude se pose, celui dont la croissance *(nash'a)* est équilibrée et la constitution harmonieuse *(khilqa)*. Tout cela se produit par éducation *(tarbiya)* et démarche spirituelle *(sulûk)*, quand le réceptacle est prédisposé à recevoir la surabondance *(fayaḍân)* de l'Esprit, réceptacle dans lequel j'insuffle ce qu'il m'a été réservé de réaliser de cette trace par laquelle il est vivifié et demeure sous ma protection.

Cette aptitude est l'une de celles qui intéressent celui qui a le pouvoir de gérer *(taçrîf)* et qui pourtant y a renoncé, ou encore qui le montre, s'il le veut, et le délaisse par sauvegarde *(taslîm)* et bienséance *(adab)*.

À ce sujet, on demanda à Abû as-Su'ûd[2] : « As-tu reçu le pouvoir d'agir *(taçarruf)* [sur les créatures] ? »

---

1. As-Samîrî est un personnage mentionné dans le Coran, sourate *ṬâHâ*, versets 85 à 98, en relation avec la confection du Veau d'or, alors que Moïse venait de recevoir la Révélation sur le mont Sinaï.

Consulter aussi : Ibn 'Arabî, *Fuçûç al-Ḥikam*, chapitre consacré à Jésus, pp. 121 ss, traduction et notes par Titus Burckhardt sous le titre *La Sagesse des Prophètes*, ouvrage cité.

2. Sur ce personnage, cf. Michel Chodkiewicz, *Le Sceau des saints*, ouvrage cité.

– « Certes, répondit-il, mais nous y avons renoncé par décence *(tazharruf)* ! » Il voulait dire que la concurrence [avec Dieu] n'était pas le but recherché, mais que l'Ordre relève de Dieu, antérieurement et postérieurement (cf. *Coran* 30/4).

Me préoccuper de ma servitude adorative *('ubûdiyya)* est plus primordial pour moi que de me montrer avec la parure d'honneur dont Dieu m'a investi *(khil'ati-Hi)* et qui appartient à celui pour lequel elle est nécessaire et non à moi. Quiconque s'en tient aux principes fondamentaux *(uçûl)* possède une connaissance plus parfaite que celui qui est recouvert par ces parures d'honneur divines *(khila' ilâhiyya)*.

Dans le même ordre d'idées, Abû Yazîd [al-Bisṭâmî][1] a dit : « Ce n'est pas moi qu'ils touchent mais la parure *(ḥilya)* dont mon Seigneur m'a investi. Comment alors leur refuserais-je cela [de la toucher], alors qu'elle appartient à un Autre que moi ! » Celui qui regarde la robe d'investiture dont Dieu le Réel a revêtu la Pierre noire [posée sur la Ka'ba], et qui connaît la pierre, connaît également ce que nous voulons signifier ainsi ! Telle était la station de Abû Yazîd et de notre maître Abû Madyan[2] – que Dieu leur fasse miséricorde !

(33) Lorsque ces esprits que nous venons de mentionner sont dans la station de l'attribution *(ḥaml)* des Lumières et des Secrets, illustrée par les expres-

1. Sur Abû Yazîd al-Bistâmî, cf. *Encyclopédie de l'Islam*, nouvelle édition, Paris, 1960.

2. Sur Abû Madyan, cf. *Encyclopédie de l'Islam*, ouvrage cité. Cf. également *Muhyiddin Ibn 'Arabi, A Commemorative Volume, Abu Madyan and Ibn 'Arabi*, de Claude Addas, pp. 163 à 180, Oxford, 1993.

sions « orient » et « occident », mon cœur est comme celui de ***Dhû-l-Qarnayn*** [le Possesseur des deux cornes ou Alexandre le Grand, dit-on] (cf. *Coran* 18/83 à 98), c'est-à-dire le Possesseur des deux Attributs ; je m'attache alors aux causes occasionnelles qui me permettent d'obtenir ce que ces esprits possèdent.

(34) Ô combien nous avons sollicité : combien nous avons demandé la domination *(tamakkun)* des états afin de les maîtriser de manière à ce que nous ne craignions pas la séparation et que nous ne rompions pas ce lien.

(35) Il est question des détenteurs de l'obliquité ou de la sollicitude *(açḥâb al-mayl)* qui se trouvent dans la Présence ou degré du Pôle *(quṭb)* et pénètrent dans sa sphère *(dâ'ira)*[1].

Voici une lune, allusion à une théophanie essentielle dans cette station, ***qui luit auprès de vous*** par l'existence de l'Imâm ou préposé *(imâm)* qui est le Pôle[1].

Et qui, en moi, disparaît, c'est-à-dire une signification qui se manifeste à vous à travers l'Imâm qui est mon intérieur *(bâṭin-î)* et mon secret. Cet être se place lui-même parmi les Singuliers *(afrâd)*[1].

Ô fils de Zawrâ' !, un des noms donnés à Bagdad, car cette ville est la Demeure de l'Imâm apparent *(maskan al-imâm al-zhâhir)*, Maître du Temps *(çâḥib al-zamân)* dans le monde de la Présence attestée, afin

1. Sur ce sujet, se reporter à notre note concernant le vers 23.

Le nom de ***Zawrâ'*** donné à la cité de Bagdad vient d'une racine signifiant principalement : visiter.

que celui qui écoute *(sâmi')* comprenne ce que le narrateur *(qâ'il)* veut.

(36) Par Dieu ! D'elle provient ma colère, oui ! ma colère ! pour ce qu'il me fait endurer de son impétuosité.

Derrière elle bien qu'elle soit en lui, indiquant l'absence d'intégration *(iḥâṭa)* et le fait qu'elle demeure avec lui en vue d'un accroissement [de connaissance] ainsi que Dieu le dit : « *Et dis, mon Enseigneur, donne-moi un accroissement de science !* » (*Coran* 20/114).

(37) Hélas ! pour celui qui se trouve dans la station des Jeunes nobles *(fityân*, pluriel de *fatâ)*.

Quand il entend, des esprits intermédiaires, la révélation qu'ils transmettent et qui leur est accordée pendant leur défaillance, lors du tintement perçu comme le bruit de la chaîne sur la roche – et il s'agit alors d'une allusion synthétique – ce cœur s'évanouit, comme disparaît le domaine de ces esprits au moment de l'audition [de ce tintement]. Pour cette raison, le Prophète – sur lui la Grâce et la Paix de Dieu – a précisé que [cette forme que prenait la Révélation] était pour lui la plus pénible, et qu'il s'éteignait à son âme, c'est-à-dire à sa sensibilité. Il se faisait envelopper jusqu'à ce que cet état le quitte après avoir réalisé ce qui venait de se présenter à lui. L'Héritier [des prophètes] *(wârith)* a une part à cela[1].

---

1. Cf. Bukhârî, *waḥy*, 1 ; ou encore, El-Bokhârî, *Les Traditions islamiques*, traduites par O. Houdas et W. Marçais, tome I, p. 1, Paris, 1977.

31
On aime à parler d'elle

(1) Un éclair, dans le ciel,
À Dhât al-Aḍâ a brillé,
Sa lumière zébrant
L'atmosphère environnante.

(2) Le tonnerre, de sa confidence,
Bruyamment retentit
Et les nuages de pluie
Déversèrent l'eau en abondance.

(3) Sans être écoutés, ils se criaient :
« Faites agenouiller les chameaux ! »
Je m'exclamai alors, sous l'effet de l'amour :
Ô conducteur !

(4) Ici même, descendez
Et installez-vous !
Me voici tendrement épris
De celle qui demeure auprès de vous.

(5) Le cœur secret de l'affligé
Soupire après elle,

À la taille mince, au corps flexible,
Dont la délicatesse est subtile.

(6) Les gens en assemblée
Exhalent des parfums
Quand d'elle ils font mention.
C'est d'elle que parlent les langues.

(7) Si alors le lieu où elle s'assoit
Devait être vallée profonde,
Et l'endroit où elle trône
Montagne escarpée,

(8) Le fond de la vallée
Serait une altière montagne,
Sur laquelle celui qui la toise
Ne pourrait arriver.

(9) Tout endroit dévasté
Par elle est rendu prospère.
Et par elle le mirage
Devient pluie abondante.

(10) Chaque prairie, par elle,
Fleurit avec éclat
Et tout breuvage
Par elle devient cristallin.

(11) Ma nuit s'illumine
À la vue de son visage.
Mon jour s'obscurcit
Caché sous sa chevelure.

(12) Lorsque le « Germinateur »
Lança les flèches qu'elle détenait,
La graine du cœur
Fut fendue par des yeux,

(13) Par des yeux accoutumés
À scruter les entrailles.
Celui qui la prend pour cible
Ne peut manquer son but.

(14) Dans le désert aride du pays,
Ni chouette,
Ni tourterelle,
Ni corbeau croassant

(15) Ne sont de plus mauvais augure
Que l'énorme chameau
Qu'ils sellèrent pour porter
Cette beauté sans pareille,

(16) Et abandonner à Dhât al-Aḍâ
Un amoureux annihilé
Qui reste sincère
Dans son amour pour eux.

COMMENTAIRE

DE LA CONNAISSANCE AUTHENTIQUE

(1) Un lieu de contemplation essentielle « luit » pour moi ***à Dhât al-Aḍâ*** situé dans la dépression de Tihâma : on veut exprimer ainsi l'élévation *(ruf'a)* qui

« rayonne » pour moi en ce lieu dans la station de l'humilité *(tawâḍu')*. Car Dieu élève quiconque fait preuve d'humilité envers Lui. La « lumière » de l'élévation apparaît aux gnostiques à travers l'humilité qui est la station de la servitude adorative *(maqâm al-'ubûdiyya)* et pour cette raison il est dit : ***zébrant l'atmosphère environnante,*** à cause de ce qui est inclus en lui.

(2) Dans ce vers, il s'adresse à elle pour l'enseigner *(ta'lîm)* et l'instruire *(tafhîm)* ; elle en acquiert des sciences décrites par l'expression ***l'eau en abondance*** à la mesure de ce que requiert la conscience contemplative *(shuhûd)*.

(3 et 4) Du fait que les sciences *('ulûm)* ne sont pas recherchées pour elles-mêmes mais pour leurs applications, l'empressement du savant est provoqué par ce qui en résulte et non pas par la science elle-même. Telle est la signification de l'expression : ***de celle qui demeure auprès de vous***. Il s'agit donc de sciences qui trouvent à s'appliquer, et le sens de ce passage prend alors cette signification : c'est par vous que j'accède à Lui.

Ils se criaient : « Faites agenouiller les chameaux », c'est-à-dire établissez-vous ici, auprès de celui qui vous désire et qui est fortement épris de vous, car ce n'est pas n'importe quel cœur qui désire ces sciences, celui-ci pouvant être considéré comme un conseiller pour elles. Autrement dit, descendez là où s'installe celui qui vous aime et qui se réjouit de votre arrivée *(qudûm)*. Soyez donc heureux de votre sort et séjournez paisiblement, ou encore restez auprès de Lui !

Ne remarques-tu pas que celui qui détient des sciences qui comportent des applications et néglige de les mettre en œuvre voit sa science se retourner contre lui et voudrait alors qu'elle ne fût pas en lui. En effet, la vivification de cette science nécessite sa pratique. C'est comme si alors elle se trouvait chez quelqu'un qui n'en est pas digne.

Cette signification apparaît dans cette tradition prophétique : « Ne confiez pas la sagesse *(ḥikma)* à quelqu'un qui n'est pas apte à la recevoir car il pourrait l'utiliser d'une manière inique *(zhulm).* » L'iniquité est alors mise en rapport avec celui qui fait une chose sans être habilité à la faire, celle-ci devenant, de ce fait, cause d'iniquité.

(5 et 6) Il résulte de cette science [dont on vient de parler] une caractéristique ou disposition *(çifa)* qui, en se présentant dans le monde de la similitude formelle *('âlam al-tamaththul)*, tend à équilibrer la créature en attirant celui qui l'aime comme la fraîcheur de la beauté auprès de laquelle l'intime des cœurs *(af'ida,* sing. *fu'âd)* soupire, cœurs sur lesquels paraît le feu du déchirement ou déracinement *(nâr al-içṭilâm).*

Chaque fois qu'elle est mentionnée dans une assemblée, celle-ci diffuse la mention qui est faite d'elle grâce au parfum agréable qui s'en dégage. Toute langue s'éprend d'elle et trouve de l'apaisement à parler d'elle. C'est comme s'il s'agissait d'une caractéristique ou d'un principe *(çifa)* qui revêt un mode d'expression *('ibâra)*, la cause en étant que cette expression apparaît dans le monde de la similitude formelle en étant conditionnée par cette caractéristique *(na't).* Mais l'auditeur avisé a conscience de ce qui s'exprime à travers cette caractéristique, comme il connaît la réalité de la science ainsi que l'aptitude originelle à réaliser l'Unicité *(fiṭra tawḥîdiyya)* [divine] qui sont ainsi suggérées.

(7 et 8) À cause de la sublimité du rang de l'aimée, tous ceux dont elle s'occupe s'élèvent à son contact. C'est dire que toute science te conduit à ses applications. Pour cette raison, la science relative à l'Essence divine *(dhât ilâhiyya)* n'est jamais possible puisque la science ne peut te mener à l'Essence devant Son inaccessibilité *('izza)*. L'Essence divine te communique seulement ce que tu es apte à recevoir en fonction de la science que tu as d'Elle. Réalise bien cela !

Et si le lieu où elle s'assoit était un lieu abaissé ***et l'endroit où elle trône*** un lieu élevé, le lieu abaissé serait où elle est, comme la montagne escarpée, où elle n'est pas. Or celui qui défie la montagne ne peut l'atteindre à cause de son élévation. Et qu'en serait-il s'il était possible qu'elle s'installe dans un cœur dont l'élévation serait du même ordre que celle de la montagne escarpée ? Et où prendraient fin pour lui l'élévation *(rif'a)* et le rang *(sha'n)* ? On envisage alors l'élévation en dignité *(makâna)* ainsi que Dieu le dit à propos de la position *(makân)* d'Idris [dans la hiérarchie planétaire traditionnelle][1] : « *Et Nous l'élevâmes à une position sublime* » (*Coran* 19/57).

(9 et 10) ***Tout*** cœur est ***dévasté*** par les distractions et autres attitudes similaires, selon sa manière de considérer les créatures lorsqu'elles prennent possession de lui ou qu'elles se présentent à lui pour l'envahir, alors que toutes les sciences lui ont été données

---

1. Sur Idris et la hiérarchie planétaire que le Maître mentionne à plusieurs reprises dans ce recueil, cf. index correspondant.

[originellement], ainsi qu'on le trouve dans la tradition prophétique du « coup » *(ḍarba)* par lequel le Prophète – sur lui la Grâce et la Paix de Dieu – connaissait la science des Premiers et des Derniers *('ilm al-awwalîn wa al-âkhirîn)*.

Et par elle le mirage *(sarâb)* ***devient pluie abondante,*** quand tu vas vers le mirage en t'imaginant que c'est de l'eau *(mâ')* – et cette attitude *(çifa)* est bien la tienne – tu le ressens alors comme si c'était l'eau que tu as désirée et comme tu l'as considéré [le mirage]. Car l'eau n'est pas recherchée pour elle-même mais bien pour ce qu'elle procure. Et si le mirage t'accorde ce que l'eau t'octroie du fait de l'existence [en toi] de cette attitude *(li-wujûdi hadhihi al-çifa)*, tu trouves l'eau objet de ta recherche, ainsi que Dieu le précise : « *Et il trouva Dieu auprès de lui* » (*Coran* 24/39), c'est-à-dire du mirage, au moment même où il trouva qu'il n'existait pas (cf. *Coran* idem).

La prairie ou jardin *(riyâḍ)* est mise en rapport avec les fleurs qui procurent la délectation des yeux et de l'odorat, ces deux perceptions étant plus subtiles que celle que donne le goût pour les aliments. La raison en est qu'elles portent une influence dans le champ d'action des souffles et de la conscience contemplative *('âlam al-anfâs wa al-shuhûd)*.

Et tout breuvage *(sharâb)* ***par elle devient cristallin*** (*râ'iq* dont une acception veut dire « commencement »), car tout goût *(dhawq)* se présente à toi au début de la théophanie *(mabâdî al-tajallî)*. Ce breuvage pur, limpide et doux est décrit comme du cristal pour cette raison.

(11) Sous sa chevelure, j'obtiens par elle la science du Mystère, ***et de son visage,*** celle de la Présence attestée. La nuit de mon habitacle naturel s'illumine de sa lumière, et le monde de ma présence attestée devient œil par la présence *(wujûd)* de l'aimée au moment du regard. C'est dire qu'il entre en mon pouvoir de me manifester sous une forme différente, comme celui qui possède la science du Mystère, à l'instar de al-Khiḍr et de certains saints tel que Qaḍîb al-Bân[1].

(12) Lorsque le Germinateur (*fâliq* ou Fendeur) – Gloire à Lui – ***lança les flèches qu'elle détenait, la graine du cœur fut fendue par des yeux,*** allusion subtile à cette parole coranique : « *C'est Dieu qui fend la graine* (fâliq al-ḥabb) *et le noyau* » (*Coran* 6/95), « *le Fissureur* (fâliq) *de l'aube* » (*Coran* 6/96) dans la semence amoureuse, ou graine d'amour du cœur *(ḥabbat al-qalb)*[2], au moment où Il la fend sous l'action des sciences et des théophanies.

(13) Des yeux* :** signifient les lieux sublimes de contemplation *(manâzhir 'uluwiyya)* qui sont ***accoutumés à atteindre les cœurs, et c'est à cause de ces lieux que ce cœur s'éprend amoureusement d'elle et s'y attache. Elle projette donc les sciences et les dons, qui sont en elle, sur les cœurs et les atteint sans les manquer. Le subtil rayon *(raqîqa)* qui relie les cœurs à ces lieux de contemplation est ininterrompu, comme la ligne continue de la fumée s'échappant de la mèche du flambeau.

---

1. Pour ces personnages mentionnés à plusieurs reprises par Ibn 'Arabî, cf. index correspondant.

2. Pour la relation étroite entre les notions de graine *(ḥabba)* et d'amour *(ḥabb* ou *ḥubb)*, cf. notre traduction d'Ibn 'Arabî, *Le Traité de l'Amour*, ouvrage cité.

(14 à 16) Rien n'est plus négatif ou ***de plus mauvais augure*** qu'un état s'interposant entre toi et cette qualité ou caractéristique divine par l'existence de laquelle les cœurs sont vivifiés, car cet état, en s'emparant du cœur, le domine. Le secret seigneurial que ce lieu de contemplation essentiel fait briller pour lui est délaissé *(ṭarîḥ)* et non identifié *(mu'ayyan)* pour lui, aussi longtemps qu'il brille *(lâḥa)* pour lui malgré la sincérité de son orientation vers lui. Cet aspect négatif ou néfaste *(s͟ha'm)* d'un tel état est illustré par l'expression ***énorme chameau*** (*bâd͟hil* ou très généreux) ***porteur*** de cette caractéristique aimable attendu qu'il vient s'interposer entre eux quand il fait halte.

32
Le temps de la jeunesse

(1) Les propos que nous avons tenus
Entre al-Ḥadîtha et al-Karkh
Évoquent pour nous
Le temps de la jeunesse et de la fleur de l'âge.

(2) Combien peu pour moi
Ont compté ces cinquante années :
Après de longues méditations,
Me voici comme le petit de l'oiseau.

(3) Cela me rappelle la protection
De Sal' et de Ḥâjir ;
Cela me rappelle l'état de la jeunesse
Et la fleur de l'âge ;

(4) Ou encore la course des montures
Qui vont par monts et par vaux,
Pour que le feu les éclaire
Quand je frotte le bois de 'afâr sur celui de markh.

COMMENTAIRE

L'ASPIRATION EXCLUSIVE
À LA CONNAISSANCE DE DIEU

(1 et 2) Après avoir atteint la condition de l'avènement du Rappel *(dhikr)* exprimant la Descente divine *(tanzîl ilâhî)*, on me remémore la condition de l'itinéraire spirituel *(sulûk)* dans la station de la calcination ou résorption des voiles *(iḥtirâq al-ḥujub)*, voiles qui disparaissent de moi et que les actes soulèvent grâce à ce que les réalités essentielles et les aspirations confèrent sans que j'en aie eu conscience *(ru'ya)*. Elles me ramènent à travailler à l'endroit où se trouve le voile à partir de l'état dans lequel je suis actuellement par rapport à l'application au dévoilement *(kashf)*, en éliminant *(isqâṭ)* la conscience de la connaissance acquise (*ru'ya al-ru'ya* = litt. la vision de la vision), et encore mieux, en la supprimant.

Par ***cinquante*** pèlerinages ou ***années*** *(ḥijja)*, il faut entendre le temps déjà vécu par cet habitacle corporel *(haykal)* [c'est-à-dire le shaykh lui-même] à l'époque où ce propos est tenu[1].

(3 et 4) Cela me rappelle la protection *(aknâf)* ***de Sal' et de Ḥâjir,*** ou considération pleinement consciente *(istishrâf)* de mon évolution *(madd)* depuis la première des manifestations de l'Héritage muḥammadien.

---

1. Cette indication d'Ibn 'Arabî et celle qu'il mentionne à la poésie 36/2 permettent de dater avec précision la rédaction de cet ouvrage du Maître, ainsi que nous l'avons relaté dans notre introduction.

Cela me rappelle l'état de la jeunesse *(shabîba)* ***et la fleur de l'âge*** *(sharkh)*, c'est-à-dire le temps du commencement *(awân al-bidâya)* ; ***ou encore la course des montures*** qui sont les aspirations d'ordre élevé ou non. Les premières, élevées, sont connues, quant aux secondes, cette nouvelle y fait allusion : « Si vous laissiez en suspens une corde, elle “arriverait” sur Dieu. »

Quand je frotte le bois de 'afâr sur celui de markh pour que le feu les éclaire : il s'agit de réalités qui ne résultent pas de causes secondes *(asbâb)* cachées qui pourraient masquer la manifestation de la réalité *(amr)* telle qu'elle est en elle-même.

Dans ces vers, c'est comme s'il voulait se reprocher d'avoir eu de telles suggestions subites *(khâtir)* portant sur l'emprise qu'il a sur les choses *(tamakkun)*, sur sa propre capacité, sur l'élévation de sa condition *(maqâm)* et sur la permanence *(istimâda)* de son dévoilement intuitif *(kashf)* [qui sont pour lui comme autant de causes secondes].

33
Entretien avec l'oiseau

(1) Je m'entretiens avec chaque oiseau
Modulant, invisible,
Des notes mélancoliques
Sur les branches d'un bosquet touffu.

(2) C'est son fidèle ami
Qu'il pleure, sans larmes,
Quant à moi, des larmes de tristesse
Se répandent de mes paupières.

(3) Je lui confiai alors :
Mes paupières m'ont permis
De laisser couler des larmes
Qui trahissent mes sentiments.

(4) « Aurais-tu donc connaissance
De qui je suis épris ?
Et font-ils la sieste
Sous l'ombrage des branches ? »

COMMENTAIRE

CONNAISSANCE SUPRASENSIBLE ET SENSIBLE PAR DIEU

(1) Je m'entretiens avec chaque entité subtile de nature spirituelle qui se manifeste sous une forme du monde intermédiaire *(barzakhiyya)*, sur une ***branche*** solide d'un des jardins des connaissances divines, sous l'effet d'une réalité qui m'est intimement apparentée. Ce chant ***mélancolique*** est le signe d'une tristesse causée par les occasions manquées au moment où mes semblables réussissent.

(2) C'est son fidèle ami qu'il pleure, sans larmes, car les pleurs des esprits se font sans larmes, alors que moi, je pleure en répandant des larmes à cause de l'existence de cet habitacle corporel qui me les fait produire. Pourtant, je partage, avec ces esprits, de pleurer sans larmes en raison des Réalités essentielles de nature spirituelle qui me concernent. Mais j'ai en plus d'eux le pouvoir de répandre des pleurs naturels, disposition qui n'entre pas dans leur constitution. Pour cette raison, ma nostalgie *(wajd)* est double. Ce qui est en moi est alors supérieur à ce qui est en eux. Tout se passe comme s'il conversait avec les esprits séparés du monde de la Nature *('âlam al-ṭabî'a)* après qu'ils se sont unis à elle, et qu'ils n'obtiennent rien de notre condition temporelle du fait qu'ils s'occupent à s'approprier leurs propres passions.

(3 et 4) Je lui confiai alors, par mes larmes, selon le langage de mon état, ce que je supportais : ***Aurais-tu donc connaissance de qui je suis épris,*** car tu te trouves dans la station du dévoilement à cause de ta séparation d'avec le monde des ténèbres dans lequel je me trouve emprisonné jusqu'au terme fixé ? Y aurait-il pour eux [ces esprits ou ceux qui font la sieste] une manifestation sous des ombres produites par les éléments naturels *(nash'ât ṭabî'iyya)* de telle sorte que je les rechercherais en celles-ci ? Dans cette perspective, Dieu dit : « *Et c'est pour Dieu que se prosternent, bon gré mal gré, ceux qui se trouvent dans les Cieux et dans le Globe terrestre, ainsi que leur ombre, au début et à l'extrémité de la journée* » (*Coran* 13/15). Dieu leur fait prendre conscience de la prosternation *(sujûd)* qui ne s'effectue qu'accompagnée de la présence contemplative *(shuhûd)* et de la connaissance, et seulement à cette condition, surtout quand il arrive à certains de dire : « Je suis le Vrai *(ana-l-Ḥaqq)* » [comme Ḥallâj], et quand le Vrai Lui-même s'exprime de cette façon : « … par Moi il entend et par Moi il voit… ». Informe-moi donc si la réalité est bien conforme à la question que je te pose ; je considérerai alors comment je soulèverai le voile de ma vue et comment je prendrai conscience de ce qui est en moi !

34
Lions face aux yeux noirs

(1) *Près du mont, sur la dune de Zarûd,*
Sous les coups d'œil dérobés,
De belles au corps svelte,
Des princes chasseurs et des lions

(2) *Demeurent tombés à terre,*
Bien que nourris de mêlées guerrières.
Que sont donc les lions
Face à ses yeux noirs ?

(3) *Leurs œillades furtives*
Les frappèrent par surprise.
Qu'ils sont beaux ces coups d'œil
Lancés par les filles des princes !

COMMENTAIRE

NOBLESSE DES AMANTS CONTEMPLANT LES RÉALITÉS SUBLIMES ET PRINCIPIELLES

Des lions *(usûd)* à cause de leur force et de la noblesse de leur origine *(açl)* symbolisent les cœurs qui possèdent initiative *(iqdâm)* et courage *(jarâ'ât)*. La noblesse de cette origine se décèle au moment même où ces lieux sublimes de contemplation *(manâzhir 'ulâ)* se manifestent à eux au degré le plus avancé *(makâna zulfâ)*, là où se trouve le lieu le plus propice *(maḥall azhâ)*.

Ils restent ***tombés à terre,*** anéantis, éperdus d'amour en ces lieux. ***Leurs œillades*** sublimes ***les frappèrent par surprise. Qu'ils sont beaux ces coups d'œil,*** car ils sont de nature sainte et proviennent des attributs sublimes, purs et sans commune mesure avec ceux qui les regardent, dignes d'un roi généreux, ainsi que Dieu dit : « *Ceux qui se laissent garder pieusement sont dans des jardins et des fleuves, sur un siège de véridicité, auprès d'un Roi-Possesseur Omni-Déterminant* (malîk muqtadir) » (*Coran* 54/54 et 55).

35
Trois pleines lunes

(1) Trois pleines lunes,
Nimbées de beauté,
Parurent près d'at-Tan'îm
Gardant leur face voilée.

(2) Puis, elles se découvrirent,
Illuminant, tels des soleils.
Elles invoquaient Dieu à haute voix,
Pendant la visite des lieux saints.

(3) Avec précaution, elles approchèrent,
Aussi délicatement que les faisans
Revêtus d'un manteau
Élégamment rayé.

COMMENTAIRE

EFFETS DE TROIS NOMS DIVINS SUR LES CŒURS

Elles parurent, procédant de la Présence seigneuriale, royale et divine, comme trois Noms saints, en sollicitant l'apparition des influences qu'ils exercent *(âthâr)*, manifestation par laquelle leur bonheur *(na'îm)* transparaît. Allusion y est faite par le terme ***tan'îm*** (mot de même racine *N' M* que *na'îm*, félicité, béatitude, bienfait).

Elles parurent gardant leur face voilée en raison de leurs lumières afin que celui qui n'a pas la capacité de les contempler ne les perçoive pas quand elles se présentent car il périrait.

Quand elles désirent visiter le cœur prédisposé à les recevoir, elles se découvrent la face, en manifestant leurs lumières et en proclamant leur consécration à Dieu *(labbayna)*, élevant la voix pour Lui selon la dignité qui Lui revient.

Pendant la visite des lieux saints, elles approchent en désirant ce cœur généreux afin de l'anoblir par leur visite[1].

Revêtus d'un manteau élégamment rayé : les voici parés des Noms [divins] apparentés ; ces êtres sont alors comme les Gardiens sacrés *(sadana)* de ces Noms. Dans le même ordre d'idées, il est dit de Dieu qu'Il n'est pas volontaire *(murîd)* sans être savant *('alîm)*, ni savant sans être vivant *(ḥayy)*. Qu'Il soit vivant l'emporte toutefois sur le fait qu'Il soit savant et volontaire. Il en est de même de toute chose dont l'existence dépend de celle d'une autre, celle qui a l'ascendant sur une autre exerçant son influence sur celle dont l'existence en dépend[2].

---

1. Il s'agit ici d'un symbolisme lié au rituel du Pèlerinage *(ḥajj)* dans le territoire sacré de La Mekke et de ses environs. Pour une description détaillée de ce cinquième Pilier de l'Islam, cf. notre traduction de Al-Ghazâlî, *Les Secrets du Jeûne et du Pèlerinage*, ouvrage cité.

2. Ibn 'Arabî a traité de cette interdépendance des Noms divins et de leur « hiérarchisation » dans plusieurs de ses ouvrages. Cf. en particulier : *Muhyiddin Ibn 'Arabi, A Commemorative Volume, The Book of The Description of The Encompassing Circles (Inshâ' ad-dawâ'ir)*, traduit de l'arabe par Paul B. Fenton et Maurice Gloton, Oxford 1993 ; nlle éd. : *Le Livre de la production des cercles*, Éditions de l'Éclat, Paris, 1996.

36
Terre de lumière

(1) Ô terre élevée du Nejd !
Tu es vraiment une terre bénie !
Le nuage chargé de pluie
Déverse sur toi averse sur averse.

(2) Que celui qui t'a fait vivre cinquante années
Te garde encore en vie,
Encore et toujours,
Toujours et encore !

(3) Pour le rejoindre, j'ai franchi
Des déserts vastes et arides,
Sur l'énorme chamelle
Et sur le chameau âgé,

(4) Jusqu'au moment où l'éclair
Vers al-Ghaḍâ[1] *parut,*

---

1. Il existe deux lectures de ce vers. Nous avons retenu ici celle de Nicholson, compte tenu du commentaire. Par ailleurs, l'édition Dâr as-Salâm donne : « Jusqu'au moment où l'éclair parut, vers l'enceinte protégée *(ḥimâ)*. »

Et que sa venue de nuit
Accrut mon extase.

COMMENTAIRE

PÉRIPLE INITIATIQUE DU MONDE TÉNÉBREUX JUSQU'À LA LUMIÈRE

(1) Ô terre élevée du Nejd : c'est-à-dire la nature complexe de l'intellect et les ***nuages*** des connaissances qui inondent l'aimé en lui accordant science après science.

(2) Cinquante années : vie de cet être complexe pendant ce laps de temps[1].

Te garde encore en vie. Il s'agit de la vivification *(taḥiyya)* qui est la salutation de paix que le Vrai lui accorde maintes et maintes fois par les bienfaits des dons.

(3) Pour le rejoindre, j'ai franchi : allusion à la présence, ***des déserts vastes et arides*** : ascèse psychique *(riyâḍa nafsiyya)* et efforts corporels intenses *(mujâhada badaniyya)*.

Sur l'énorme chamelle : la Loi *(sharî'a)*, ***et sur le chameau âgé*** : l'intellect pratique *('aql mujarrab)*.

(4) L'éclair : le but recherché ***vers al-Ghaḍâ*** [ghaḍâ étant un arbre très combustible apparenté au tamaris] : l'illumination éblouissante qui constitue le voile de l'Inaccessibilité [divine] la plus protégée *('izza aḥmâ)* [de la même racine que *ḥimâ* = enceinte protégée].

1. Il s'agit d'Ibn 'Arabî lui-même. Cf. introduction et 32/2.

Sa venue de nuit *(masrâ)* à cause de son aide au monde créé *(kawn)*, car le voyage ne s'accomplit que de nuit, et le monde créé est nuit.

37
Cœur brisé

(1) Ô mes deux amis !
Arrêtez-vous à l'enceinte sacrée.
Recherchez le plateau du Najd
Et les repères du chemin.

(2) Approchez-vous de l'eau,
Près des dunes où les tentes sont plantées.
Venez cherchez l'ombrage
Sous les arbres, le Ḍâl et le Salam.

(3) Et quand tous deux vous arriverez
À la vallée de Minâ,
Installez votre tente
À côté de celui près duquel est mon cœur.

(4) Transmettez de ma part
Les vœux d'amour
Ou les salutations de paix
À tous ceux qui descendent en ce lieu.

(5) Tous deux prêtez l'oreille
À ce qu'ils vont vous répondre,

Montrez comment celui,
Dont le cœur est brisé,

(6) *Souffre des transports de l'amour*
Et publiquement le montre,
Demande des nouvelles
Et pose des questions.

COMMENTAIRE

PERPLEXITÉ ET PAIX QUI AFFECTENT LES AMANTS

(1) Les deux amis concernent l'intellect *('aql)* et la foi *(îmân)*. Tous deux se mettent sous la protection divine quand le voile de l'Inaccessibilité la plus totale se présente. C'est alors qu'ils désirent tous deux une connaissance d'ordre élevé *(ma'rifa najdiyya)*, c'est-à-dire des sciences conférées par la grâce *('ulûm wahbiyya)*.

Les repères du chemin *('alam)* font allusion à une connaissance de l'ordre de l'argumentation *(dalîl)* afin que ce [gnostique] allie ce qui est hors de l'atteinte de l'intellect et ce qui lui est accessible, de sorte qu'il se trouve parmi ceux qui ont reçu les [Paroles] synthétiques *(jawâmi')* [conformément à un ḥadîth notoire].

(2) Approchez-vous de l'eau, qui est celle de la source de la vie éternelle, ***près des dunes où les tentes sont plantées,*** en présence de la sollicitude divine *(bi-ḥaḍrat al-'aṭf al-ilâhî)*.

Venez cherchez l'ombrage pour trouver le repos à l'ombre de « la prise de conscience de l'incapacité à comprendre la compréhension » [pour paraphraser l'expression célèbre de Abû Bakr]. Il s'agit de la station de la perplexité symbolisée par ***l'arbre*** appelé ***Ḍâl***[1], alors que ***l'arbre*** nommé ***Salam***[1] fait allusion à la sécurité ou sauvegarde *(salâma)* contre un quelconque conditionnement et la limitation qu'il implique *(iḥâṭa)*. Or la quête *(amr)* est trop inaccessible, trop sublime, pour être conditionnée par ou pour quelque chose, ou encore pour être circonscrite.

(3) Et quand tous deux vous arriverez au lieu où sont rassemblés les cailloux jetés contre les stèles *(jamarât)* [à Minâ au cours du Pèlerinage], ou encore au lieu où les êtres se regroupent *(maqâm al-jamâ'ât)*, allusion aux endroits où résident les êtres du Plérome suprême *(malâ' a'lâ)* qui manifestent leurs influences *(â<u>th</u>âr)* selon leur rang et la conscience qu'ils ont de l'ensemble *(ijtimâ'ât)* des Noms [divins], ainsi que nous l'avons déjà explicité dans certains de nos ouvrages à propos de leurs interventions *(muḥâḍaratihim)*.

Installez votre tente à côté de celui près duquel est mon cœur, c'est-à-dire assistez *(mujâlasa)* à ces assemblées sublimes et spirituelles *(ma'nawiyya)* auxquelles celui qui transmet la Loi a fait allusion de la part de son Seigneur – Béni et exalté soit-Il : « Si Mon serviteur Me mentionne dans une assemblée *(malâ')*, Je le mentionne dans une assemblée meilleure que la sienne… » C'est ce que nous entendons par assemblées *(jamâ'ât)*. Or le terme *jamra* (pl. *jamarât*) signi-

1. Sur cette sentence, voir poésie 38/1.
L'arbre appelé *Ḍâl* suggère l'égarement ou la perplexité par son étymologie apparentée à la racine *Ḍ L L*. Pour la même raison, l'arbre appelé *Salam* est mis en correspondance avec la racine *S L M*.

fie sémantiquement stèle et rassemblement qui est aussi la signification de *jamâ'a*, au singulier comme au pluriel ; et l'endroit où stèles et rassemblements sont situés est le lieu appelé ***Minâ***. La présence qui y réside étant le siège de la Proximité *(qurba)* divine, cet endroit est le lieu où se trouvent les offrandes sacrificielles qui sollicitent le rapprochement *(qarâbîn*, sing. *qurbân)*, le jour de la Quête suprême *(al-Ḥajj al-Akbar)* [le dixième jour de Dhou-l-Ḥijja, pendant lequel les victimes sacrificielles sont immolées à Minâ][1].

(4) Transmettez de ma part les vœux *(taḥiyyât* = vivification) ***d'amour.***

Il demande à son intelligence *('aql)* ainsi qu'à sa foi *(îmân)* d'arriver jusqu'à la pente abrupte *(khayf)* [nom également donné à la mosquée située sur le territoire de Minâ].

De la même manière, transmettez de ma part, aux assemblées saintes, les salutations de l'amant, car il désire atteindre leurs degrés, si toutefois la Providence divine l'a prévu pour lui.

Ou les salutations de paix, c'est-à-dire ne transmettez de ma part des vœux [d'amour] que si vous avez conscience qu'ils puissent être agréés par ceux à qui vous les transmettez. Sinon saluez-[les] seulement tous deux sans me mentionner.

(5) Tous deux prêtez l'oreille à la réponse qu'ils vont vous faire.

Et montrez comment : informez-les de ce que vous

1. Ibn 'Arabî joue sur l'étymologie : *Q R B* commune aux deux mots *qurba* et *qarâbîn*, racine qui exprime l'idée de rapprochement, de proximité.

savez tous deux de mon état et de mon cœur brisé *(danaf)* à cause d'eux et de la subtilité et de la délicatesse de l'amour dont je souffre notoirement afin que celui qui irradie d'amour les écoute et intercède pour cela. Il se peut qu'en matière de science, l'acquisition s'obtienne plus facilement par l'intercession *(shafâ'a)*, et fasse naître ainsi l'espoir de ce serviteur.

(6) Il demande des nouvelles et pose des questions au sujet du remède *(dawâ')* à la rigueur de l'amour qui l'affecte et qui lui interdit d'atteindre l'objet de ses désirs, malgré l'amour qui se développe en lui intérieurement et extérieurement.

38
Terres d'élection

(1) Le pays de Dieu qui m'est le plus cher,
Après ceux de Ṭayba[1] *et de La Mekke,*
Après le Temple le plus lointain,
Est la ville de Baghdân[1].

(2) Et comment n'aimerais-je point la Paix,
Alors qu'en ce lieu
J'ai un Imâm qui me guide
Dans la religion, la raison et la foi.

(3) C'est en ce lieu que demeure
Une fille de Perse,
Aux allusions subtiles,
Aux œillades langoureuses.

(4) Elle salue et vivifie
Celui qu'elle a tué de ses œillades.
Elle apporte le meilleur
Avec beauté et bel-agir.

---

1. Ṭayba est un des noms donnés à Médine et Baghdân un de ceux donnés à Bagdad. Le Temple le plus lointain est considéré par la Tradition comme étant celui situé à Jérusalem.

COMMENTAIRE

FONCTION DU PÔLE, AXE DU MONDE

(1) La terre que je préfère :

– Après la cité en laquelle on ne peut séjourner *(muqâm)* et qui s'appelle Yat͟hrib [ancien nom de Médine][1], cité à partir de laquelle le retour s'effectue à cause de l'incapacité radicale à obtenir la réalisation de la connaissance de l'Excellence la plus inaccessible, ainsi que l'a exprimé le véridique le plus grand [Abû Bakr] : « L'incapacité à saisir la saisie est saisie *(al-'ajz 'an dark al-idrâk ; idrâk)* ! » Aussi, ne voyait-il aucune chose sans voir Allâh avant elle.

– Après la cité du Temple divin *(bayt ilâhî)* [ou La Mekke] vers lequel on s'oriente de tout côté [en particulier pour la prière rituelle gestuelle] et qui est le cœur parfait qui contient le Vrai.

– Après la cité la plus éloignée [Jérusalem, la ville sainte] où est la station de la sanctification *(taqdîs)* et de la transcendance *(tanzîh)*.

Cette terre que je préfère après toutes ces contrées est celle de l'Imâm-Représentant ou Lieutenant *(imâma k͟halîfa)* qui a la précellence sur tout le genre humain *(anâm kâffa)* : il a le degré hiérarchique du

---

1. Référence au verset suivant : « *Lorsque certains gyrovagues* (ṭâ'ifatun) *dirent : "Ô familiers de Yat͟hrib, pour vous, aucun lieu où l'on séjourne. Retournez donc !" Une fraction d'entre eux demandèrent l'écoute attentive du Prophète en disant : "Assurément, nos demeures sont vulnérables", alors qu'elles n'étaient pas vulnérables : ils ne voulaient qu'un échappement* » (*Coran* 33/13).

Notre traduction tient compte du commentaire du Maître. C'est une manière parfaitement régulière de lire ce verset.

Pôle *(martabat al-Quṭb)*[1]. Cette prérogative est due à la perfection de la manifestation de la forme de la Présence divine qui est en lui, étant donné qu'il conditionne *(taqyîd)* les choses d'ordre divin *(awâmir ilâhiyya)* en déliant *(basṭ)* et liant *(qabḍ)*, par la vie et la mort, par l'ordre *(amr)* et l'interdiction *(nahy)*.

(2) Et comment n'aimerais-je point la Paix ? c'est-à-dire la cité de la Paix *(Madînat as-Salâm)*, car « *Dieu convie à la Demeure de la Paix* » (cf. *Coran* 10/25) et c'est Lui le Guide vers cette Demeure. La Paix est un des Noms de Dieu – Exalté soit-Il – et ***la religion, la raison et la foi*** en dépendent.

Et comment ne l'aimerais-je point ? alors que par ce Nom je possède toutes les dispositions, et sans aucun doute les trois qui viennent d'être nommées qui ont la primauté *(taqaddum)*, car on ne peut arriver à un but *(wuçûl)* sans démarche *(sulûk)*, ou alors ce ne serait pas l'atteinte d'un but.

(3) Cette Présence, rattachée au Pôle et à l'Imâm, est celle de la décision *(taçrîf)* et de la gestion *(tadbîr)*. C'est par cette présence que se manifeste la zone d'influence *('âlam)* de l'Enregistrement *(tadwîn)*, du Tracement *(tasṭîr)*, de l'Aliénation *(tamlîk)* et de l'Assujettissement *(taskhîr)*[2].

C'est en ce lieu que demeure une fille de Perse, endroit dans lequel se trouve une sagesse étrangère

1. Sur le Pôle et sa fonction, voir les références dans l'index. Le Maître traite de cette fonction à plusieurs reprises dans ce recueil.

2. Ces différents termes techniques, de traduction et d'interprétation difficiles, font allusion aux différents aspects de la fonction du Pôle.

(ḥikma 'ajamiyya) en rapport avec Moïse, Jésus et Abraham, et avec tout ce qui se rattache à une fonction prophétique étrangère[1].

Aux allusions subtiles, ou à l'insinuation délicate.

Aux œillades langoureuses, au regard *(manẕhar)* amoureux, plein de tendresse, de délicatesse et de compassion. Celui qui est épris d'elle espère arriver par elle au but qu'il se propose grâce à la sympathie qu'elle ressent pour lui.

(4) Elle salue, en communiquant la paix et ***vivifie,*** par sa salutation de paix, celui dont elle cause la mort, au moment où elle le regarde en lui lançant ses coups d'œil provoquant la crainte révérencielle et la majesté.

Elle apporte le meilleur *(ḥusnâ)* ***avec beauté*** *(ḥusn)* ***et bel-agir*** *(iḥsân)*, comme le Prophète – sur lui la Grâce et la Paix de Dieu – répondit à Gabriel [qui lui demandait en quoi consistait le bel-agir] : « Le bel-agir consiste en ce que tu adores Dieu comme si tu *(ka-anna-ka)* Le voyais…[2] » – il s'agit d'une station et d'un autre bel-agir de moindre degré – « … et si tu

---

Aucune de ces expressions ne figure dans le lexique de Su'âd al-Ḥakîm, consacré à l'analyse des termes techniques employés par Ibn 'Arabî. Su'âd al-Ḥakîm, *al-Mu'jam aç-Çûfî*, Beyrouth, 1981.

1. Pour ces différentes typologies prophétiques et les relations que l'héroïne de ce recueil – Niẕhâm – garde avec elles, cf. classement par thèmes en annexe et introduction.

2. Éléments d'un long ḥadîṯh, déjà cités par l'auteur.

L'*Iḥsân* de moindre degré concerne celui du serviteur qui doit s'efforcer d'adorer Dieu comme *(ka-anna)* s'il Le voyait alors que Dieu, Lui, voit l'adorateur et donc pour Lui l'analogie ou comparaison ne peut en aucune manière s'appliquer.

ne Le vois pas, certes Lui te voit ! » C'est à cette considération que fait allusion ici cette expression : ***elle apporte le meilleur avec beauté***. Quant au vocable ***bel-agir,*** il concerne les subtilités des connaissances et les témoignages de ces perles précieuses *(farâ'id)* que cette théophanie gracieuse *(tajallî imtinânî)* procure, à toi et aux détenteurs des secrets et des joyaux des sciences.

39
Soleil dans la nuit

(1) Que n'aurais-je fait pour conquérir
De radieuses beautés pudiques et aimables
Qui se jouaient de moi,
Là où l'on baise l'angle [de la Ka'ba] et la pierre !

(2) Quand tu t'égarais à les poursuivre,
De guide tu n'aurais su trouver
Que par la senteur exhalée,
Trace de leurs effluves parfumées.

(3) Pour moi, une nuit sans lune
N'a jamais été obscure
Car, évoquant leur souvenir,
À sa clarté, de nuit je voyageais.

(4) Quand, parmi leurs montures,
Je me trouvais la nuit
Elle m'apparaissait alors
Comme le soleil au point du jour.

(5) De mes propos galants
Je courtisais l'une d'elles

Qui, parmi ses semblables,
Est une belle sans pareille.

(6) Si de sa face, elle écarte le voile,
Elle laisse pour toi paraître une lumière,
Pareille au soleil levant,
Qui brille d'un inaltérable éclat.

(7) Son teint lumineux évoque le soleil
Et sa longue chevelure, la nuit.
Soleil et nuit réunis :
Quelle image insolite !

(8) Près d'elle, la nuit,
Nous voilà dans la clarté du jour,
Et en plein midi,
Dans la nuit de sa chevelure.

COMMENTAIRE

LA RÉUNION DES CONTRAIRES CHEZ LES CONTEMPLATIFS

(1) Au moment où je conclus le Pacte divin d'allégeance *(mubâya'a ilâhiyya)* [cf. *Coran* 48/10], des sciences se manifestent à moi sous une forme substantielle *(mutajassada)* dans le monde de la similitude *('âlam al-tamaththul)*, comme de ***radieuses beautés*** *(ḥisân)* qui prennent consistance d'elles-mêmes, en vertu de leurs caractères distinctifs, mais sous le rapport de la foi, et non sous celui de la raison. C'est pourquoi elles sont dites ***pudiques***.

(2) ***De guide tu n'aurais su trouver,*** c'est-à-dire tu ne trouves pas de guide lorsque tu les recherches, sauf par l'influence bénéfique qu'elles laissent dans le cœur des gnostiques porteurs de ces sciences. Certes, les significations principielles *(ma'ânî)*, lorsqu'elles s'emparent d'une chose, lui imposent leur marque ou norme *(ḥukm)*. Ceux qui sont en quête de ces sciences sont alors qualifiés par l'errance *(tîh)* qui relève de la perplexité causée par la sublimité et l'inaccessible atteinte de ces sciences.

(3) ***Pour moi, une nuit sans lune n'a jamais été obscure*** c'est-à-dire je n'ai jamais eu de nuit de nescience *(jahâla)*.

Évoquant leur souvenir, car cette démarche spirituelle *(sulûk)* a illuminé la nuit de ma nescience.

Pour moi, une nuit sans lune n'a jamais été obscure, c'est-à-dire n'a pas été la nuit de la perplexité et de l'errance. Car le souvenir que j'évoque d'eux est la cause de la cessation de ces deux dispositions – perplexité et errance – en raison de l'intérêt que je leur montre qui porte sur les aspects réels d'une chose telle qu'elle est en soi.

(4) ***Quand je me trouvais la nuit,*** accompagné de ces sciences, aucune nescience ni perplexité ne se présentèrent à moi. Ma perplexité est alors comme le ***soleil*** qui met en évidence sciences et connaissances.

Au point du jour : période qui apporte un bien-être *(râḥa)*, car le soleil du midi *(zhahîra)* ne permet pas de marcher tant est intense sa chaleur. Aussi cette période de l'aube est désirable !

(5) Je suis fortement épris de ces connaissances par une connaissance unique, sublime, essentielle, prove-

nant de la station de la contemplation qui n'a nul pareil ni analogue, ainsi que Dieu le dit : « *Aucune chose n'est semblable à Lui* » (*Coran* 42/11).

L'expression ***je courtisais l'une d'elles*** indique que l'amour est un attribut intrinsèque *(çifa lâzima)* pour moi ; et ***sans pareille*** *(wâḥida)* fait allusion à la réalisation même de l'Unicité *(tawḥîd)*.

(6) Lorsque les voiles qui s'interposent entre elle et toi se dissipent, des Gloires omniprésentes *(subuḥât)* t'apparaissent, comme le soleil en clarté qu'aucun nuage ne masque. Il en est comme le Prophète – sur lui la Grâce et la Paix de Dieu – a dit : « [Au Jour de la Résurrection], vous verrez votre Seigneur comme le soleil au zénith sans nuage au-dessous de lui. »

(7) Son teint lumineux évoque le soleil et sa longue chevelure, la nuit : il s'agit ici des sciences propres au discernement intuitif *('ulûm al-shu'ûr)* ou sciences du symbole *('ulûm al-ramz)* et de l'hermétisme *(ikhfâ')* comme l'expriment les propos symboliques *(aḥâdîth al-tashbîh)* et d'autres.

Soleil et nuit réunis : quelle image *(çuwar)* ***insolite*** ; la synthèse ou réunion de deux contraires *(al-jam' bayna al-ḍiddayn)* ne peut se concevoir rationnellement parlant : la concevoir relève donc de l'étrangeté. C'est ainsi que Abû Sa'îd al-Kharrâz[1], quand on lui eut demandé : « Par quoi as-tu connu ton Seigneur ? », répondit : « Par le fait qu'Il puisse réunir les deux contraires ! » Dieu ne dit-Il pas : « *Lui, le Premier et l'Ultime, l'Extérieur et l'Intérieur* » (*Coran* 57/3), sous un seul aspect [simultanément] et

1. Pour ce personnage, cf. index.

non sous deux aspects différents, ainsi que l'énonce [dans ce dernier cas] la personne qui use de réflexion en se fiant à sa raison discrétionnaire *('aqli-hi al-mutaḥakkim)* au sujet de la Vérité, à l'aide de ses arguments. Loin s'en faut ! Que serait alors la Fonction divine *(ulûhiyya)* par rapport aux créatures *(kawn)*, et que serait l'adventice *(muḥdath)* par rapport à la Présence de l'Essence ! Comment celui qui relève de l'analogie pourrait-il atteindre Celui qui n'en dépend point ? La raison ne s'attache qu'à des réalités du même ordre alors que le Vrai n'a pas réellement de semblable. L'existence de deux Essences ou de deux Dieux est bien absurde, car Il n'est ni comparable à une chose, ni conditionné par elle, et on ne peut trancher à Son sujet à l'aide d'une chose ! Plus même ! On n'établit des rapports entre les choses que dans la mesure où l'être contingent et limité reste tributaire de la raison pour les comprendre, qu'il s'agisse du soleil ou d'autres réalités. La raison ne saurait Le connaître, car comment serait-Il appréhendé par quelque chose que Lui-même a créé démuni, indigent et nécessiteux ? Dieu s'est infiniment exalté au-delà de la compréhension des êtres intelligents. « *Gloire à ton Seigneur, le Seigneur de l'Inaccessibilité au-delà de ce qu'ils associent* » (*Coran* 37/180). « *Aucune chose n'est semblable à Lui, alors qu'Il est l'Oyant et le Voyant* » (*Coran* 42/11).

(8) Son Essence *('ayn)* est témoignage *(shahâda)* et celui-ci est essence dans la chose en soi quand c'est Lui qu'on envisage et non ta raison, ni ton mode de relation *(iḍâfa)*, ni ta constitution *(nasab)*. Celui qui se détache [du monde] fait alors allusion à quelque chose de cette nature quand il dit : Quel que soit le Nom [divin] que tu considères, il est désigné par l'ensemble de tous les Noms. La raison en est la reconnaissance de l'Unicité *(tawḥîd)* de l'Essence et l'absence d'analogie avec l'être généré. Il s'agit, en l'espèce, d'un lieu contemplatif précieux qui n'est offert qu'au plus cher des adorateurs de Dieu attachés à Son Unicité par Lui, eux qui ne se considèrent eux-mêmes que par Son Essence. L'évanescence de leur être dans le Sien unificateur est pour Lui et non pour eux. Alors, par ce lieu de réintégration *(maṯhâba)*, tu prendras conscience de ce que je soutiens ici. Les intelligences ne doivent donc pas rechercher ce dont l'accès leur est impossible !

40
Beauté sans pareille

(1) Entre Adhri‘ât et Buçrâ,
Une jeune fille de quatorze printemps
Comme une pleine lune
Se leva pour moi.

(2) Au-delà du temps qui passe,
En majesté, elle s’exalta.
Elle a transcendé la durée,
Par la gloire et la grandeur.

(3) Chaque pleine lune,
En atteignant sa perfection,
Entraîne par là même son déclin,
Pour parachever le mois.

(4) Celle-ci fait exception,
Elle qui reste immobile
Parmi les signes du zodiaque.
Elle est unique, sans avoir de double.

(5) C’est un vase qui recueille
Parfums mélangés et bonne odeur.

C'est un jardin où poussent
Gazon tendre et brillantes fleurs.

(6) *En toi la beauté*
Atteint l'extrême limite.
Dans l'immensité du possible,
À toi nulle autre pareille !

COMMENTAIRE

PERFECTION DE DIEU L'UNIQUE ET DE SON MONDE INCOMPARABLE

(1 et 2) Après la comparaison avec ***la pleine lune*** [quatorzième jour du mois lunaire] qui représente l'Âme parfaite *(nafs kâmila)*, ***le temps*** *(zamân)* est alors évoqué afin d'exprimer son rapport avec le décompte des mois (lunaires).

Le lieu ***(entre A<u>dh</u>ri'ât et Buçrâ)*** est indiqué pour marquer le territoire le plus éloigné où se rendit le Prophète – sur lui la Grâce et la Paix de Dieu – en Syrie *(<u>Sh</u>âm)*. C'est en cette contrée que des signes se montrèrent à lui, selon une nouvelle prophétique rapportée par Buḥayrâ[1].

L'attribut de perfection est mis en rapport avec elle [la jeune fille de quatorze printemps], et pour cette raison le nombre le plus parfait lui est affecté, car du Quatre procède le Dix (1 + 2 + 3 + 4 = 10)[2]. Elle

1. Consulter, à ce sujet, Martin Lings, *Le Prophète Muḥammad*, pp. 40 et ss., trad. de J.-L. Michon, Paris, Le Seuil, 1983.

2. Ce symbolisme arithmosophique n'est pas sans rappeler la *Tétractys* de Pythagore.

transcende alors la limitation propre au temps du fait qu'elle ne peut pas être localisée *(taḥyîz)* [n'étant affectée ni par l'espace ni par la durée].

(3 et 4) La comparaison avec la nouvelle lune n'est pas valable sous tous rapports : nous avons seulement en vue ici la qualité de perfection *(kâmal)*, et son existence est l'endroit où s'effectue la théophanie qui a besoin de la forme pour se manifester.

La pleine lune *(badr)* est le reflet du soleil[1].

Chaque pleine lune, en atteignant sa perfection, réintègre [son point de départ] en décroissant, afin de faire apparaître le mois selon l'ordre cosmique. Or, il n'en est pas ainsi ici puisqu'il s'agit d'une perfection qui n'admet pas de ***déclin*** *(naqç)* à cause de son absence de limitation, comme l'âme parfaite qui n'est pas sujette au mouvement, sans pourtant interrompre le cycle cosmique *(masâḥa)*.

Elle est unique (*witr* = impair), ***sans avoir de double***[2] puisqu'elle détient la station de l'Unicité *(waḥdâniyya)* à laquelle personne ne peut accéder par manque de commune mesure *(li-'adam jinsiyya)* avec elle en raison de la sublimité de Son Rang et de Sa Perfection.

(5) Du fait qu'elle est le réceptacle des connaissances et des souffles d'irradiance amoureuse, elle est

---

1. L'âme parfaite dont il a été question au vers 1 est symbolisée par la pleine lune, alors que l'Intellect premier – ou l'Esprit – est représenté par le soleil.

2. Allusion aux deux phases principales de la lune, croissance et décroissance. L'Aimée, ou l'Essence divine, est alors comparée à une pleine lune qui ne peut subir ni déclin ni accroissement.

comparée ***au vase*** *(ḥuqqa)* ***qui recueille parfums mélangés*** *('abîr)* ***et bonne odeur***. De même, elle reçoit les différentes sortes de sciences.

La ***bonne odeur*** ou la fragrance *(nas͟hr)* qui s'exhale se réfère à l'enseignement *(ta'lîm)* et au profit *(ifâda)* dont bénéficient ceux qui sont moins avancés qu'elle. Pour cette raison, elle est aussi comparée au ***jardin*** qui contient les ***fleurs*** et les fruits, symboles adéquats des sciences, connaissances, états, secrets et stations.

(6) Ce vers fait référence à l'expression suivante employée par Abû Ḥâmid (al-G͟hazâlî) : « Il n'existe pas dans la Possibilité universelle *(imkân)* de monde plus excellent *(abda')*, car s'il pouvait exister et que Dieu l'ait retenu, Il aurait fait preuve d'avarice, attribut contraire à la [Sa] générosité débordante, et d'impuissance incompatible avec la [Sa] capacité d'évaluer *(qudra)*[1]. »

Cette sentence, parfaitement adéquate, ne peut convenablement être interprétée ni commentée dans cet ouvrage, mais nous l'avons fait dans le *Traité de la Connaissance*[2].

---

1. Sur cette parole célèbre de Al-G͟hazâlî, cf. index, et Ibn 'Arabî, *Ins͟hâ' ad-Dawâ'ir*, traduit et annoté par Paul B. Fenton et Maurice Gloton, pp. 13 à 43, in *Muhyiddin Ibn 'Arabî, A Commemorative Volume*, ouvrage cité.

2. Il peut s'agir ici d'un des traités identifiés par Osman Yahia dans son *Histoire et classification de l'œuvre d'Ibn 'Arabî*, tome II, pp. 367 à 369, sous rubriques 424 à 430a, Damas, 1964.

41
Traces de lumière

(1) Dieu prenait soin d'un oiseau,
Perché sur l'arbre appelé Bân,
Qui avec lucidité me racontait
Une nouvelle authentique :

(2) Celle des êtres aimés
Qui, solidement,
Harnachaient leurs montures,
Puis à l'aube s'en allaient lentement.

(3) Je m'en allai donc,
Et dans mon cœur, à cause d'eux,
Un brasier ardent s'alluma,
En raison de leur éloignement.

(4) De les rejoindre, je m'efforçais,
Dans l'obscurité d'une nuit profonde.
De loin, je les appelai,
Puis je suivis la trace de leurs pas.

(5) Je n'ai pas de guide
Pour repérer leurs traces,
Excepté le souffle parfumé,
Émanant de leur amour.

(6) Elles soulevèrent le voile ;
La nuit opaque s'illumina,
Et les montures avançaient alors,
À la clarté de la lune.

(7) Je laissai couler mes larmes,
En avant des chameaux.
Et les conducteurs s'exclamèrent :
Quand un tel fleuve a-t-il pu couler ?

(8) Ils furent incapables
De traverser ses flots.
Alors je leur confiai :
Mes larmes coulèrent abondamment.

(9) Comme le fracas du tonnerre,
À la lueur des éclairs,
Comme la course des nuages
qui laissent tomber la pluie,

(10) Les cœurs se mettent à battre,
Devant l'éclat des dents,
Et les larmes se répandent,
Pour les caravaniers qui s'enfuient.

(11) Ô toi qui ressembles,
Par la svelte stature,
À la tige souple,
Toute fraîche de verdure !

(12) Si l'image proposée
Était inversée,

Elle deviendrait
Perception bien fondée :

(13) La souplesse de la branche
Est comme celle du corps ;
La rose du jardin,
Comme le rose des joues !

COMMENTAIRE

DE LA SUBORDINATION DU MONDE À DIEU

(1 et 2) Il invoquait en faveur du Prophète – sur lui la Grâce et la Paix de Dieu – lui, l'oiseau sur ***l'arbre appelé Bân,*** arbre qui se réfère à sa constitution *(nasha'a)*, et ***l'oiseau*** à sa réalité subtile *(laṭîfa)*, au moment où il parlait de la Descente du Vrai – que Sa Majesté soit proclamée – vers le ciel le plus proche (ou de notre monde) jusqu'au lever de l'aube[1].

Les cœurs possèdent des instants avec Dieu – exalté soit-Il – et d'autres avec eux-mêmes, la part qui leur est réservée étant en correspondance avec le temps de la Descente et la manifestation du Vrai à travers la nuit des habitacles naturels *(hayâkil al-ṭabî'a)*.

Son ***aube*** est la période pendant laquelle les théophanies *(tajalliyât ilâhiyya)* s'écoulent grâce à la science préservée et thésaurisée.

L'***aube,*** exprimant la tranquillité *(rawâḥ)*, est faite d'un mélange de luminosité et d'obscurité, ainsi que de majesté, au moment de cette Descente. Cela est

1. Pour le texte complet de ce ḥadîth, cf. Bukhârî, *Da'awât* 2.

envisagé dans le monde intermédiaire *('âlam al-barzakh)* sous l'effet de la Fonction divine qui reste telle qu'elle est en elle-même, en transcendance, en sainteté, en immensité et en majesté, au moment de cette Descente jusqu'au monde de la gaieté, du rire, de la joie, de l'étonnement, du repos, de la ruse et de bien d'autres choses encore que suggère le terme « ***aube*** » *(saḥar)*, dont un des sens de la racine est : fascination, charme.

(3 et 4) Ce gnostique s'exprime ainsi : ***Je m'en allai donc*** ayant un feu ardent dans mon cœur quand leurs montures s'éloignèrent de moi. Ce feu ardent pénètre l'intime des cœurs rayonnants *(af'ida)* [cf. *Coran* 104/7].

De les rejoindre, je m'efforçais, en élevant mon aspiration par le voyage de nuit pour atteindre le lieu de l'équilibre parfait *(maḥall al-istiwâ)* vers lequel le voyage *(riḥla)* s'effectue ainsi que l'action, en vertu de la connaissance que l'instant confère par l'état.

Puis je suivis la trace de leurs pas par la caractérisation des caractères divins *(al-takhalluq bi-l-akhlâq al-ilâhiyya)* et la qualification par les noms « serviteuriaux » *(asmâ' 'abdâniyya)* et seigneuriaux *(rabbâniyya)* selon l'instant et l'état.

(5) Je n'ai pas de guide pendant mon voyage *(sayr-î)* derrière eux, sauf le ***souffle*** *(nafas)* ***de leur amour*** pour moi que je trouve sur mon chemin *(ṭarîq)* et qui est une aide *('inâya)* pour moi. Dieu dit : « ... *Il les aime et ils L'aiment...* » (*Coran* 5/54). Dans ce vers, il est seulement mentionné l'amour qu'il a pour Eux et non pas celui qu'Ils ont pour lui [« il » = le gnostique, et « eux » = les caractères divins].

Parfumé *('aṭir)* sous-entend la bonne odeur de l'exhalaison. Cela tient lieu de ***guide*** *(dalîl)* dans les déserts périlleux, endroits où on ne trouve pas de repères ; on essaie seulement de sentir l'odeur attachée aux lieux *(taribbat al-amâkin)*. C'est ainsi que le poète a chanté :

En avançant dans la nuit profonde
Je me repérais aux indices de la route.

(6) Ce vers fait allusion à la parole divine suivante : « *L'intercession chez Lui ne profitera qu'à celui en faveur de qui Il le permettra au point qu'ils diront, quand la frayeur se sera dissipée de leurs cœurs : "Qu'a voulu dire notre Seigneur !" D'autres répondront alors : "La vérité !" [Et Lui est le Sublime, le Grand]* » (*Coran* 34/23).

(7) Les chameaux *(rikâb)* et leurs ***conducteurs*** font référence aux anges mentionnés dans ce verset : « *Qu'attendent-ils sinon que Dieu vienne à eux dans une ombre faite des nuées et des anges… !* » (*Coran* 2/210).

(8) Ils furent incapables de traverser ses flots, car ce sont des ***larmes*** de tristesse causées par l'éloignement *(bayn)* et la séparation *(mufâraqa)*. Cette expérience *(dhawq)* ne peut être ressentie chez les êtres du Plérome suprême à cause de l'absence pour eux de séparation (*ḥijâb* = écran, voile). Pour cette raison, leur réalité essentielle ne les destine pas à la traversée *('ubûr)* de cette station *(maqâm)*, traversée qui est suggérée ici par le terme ***larmes*** *(dumû')*.

(9 et 10) Le fracas du tonnerre *(ru'ûd)* désigne la confidence de l'écho retentissant *(munâjat al-çalçala)* et ***les éclairs*** *(burûq)* les endroits où s'effectuent les contemplations essentielles *(ma<u>sh</u>âhid <u>dh</u>atiyya)*.

Les nuages sont les formes sous lesquelles la théophanie apparaît, et les averses de pluie *(maṭar)* la descente des sciences et des connaissances.

Le sens à donner à ces expressions résulte de l'utilisation de procédés analogiques *(mafhûm min bâb al-ta<u>sh</u>bîh)* et de figures de style propres à la versification *(çî<u>gh</u>at al-na<u>zh</u>m)*.

(11 à 13) Lorsque apparaît, dans certaines nouvelles prophétiques impliquant l'analogie *(ta<u>sh</u>bîh)*, la comparaison du Vrai aux créatures, comme cela est mentionné ici, les êtres humains sont amenés à Le comparer [à eux]. Or, selon moi, il n'en est pas ainsi.

En effet, cette manière de s'exprimer est seulement l'indication que cela est ainsi par rapport à la créature, ce mode d'expression, revenant au Vrai, n'est pas laissé à la discrétion des êtres créés. Si celui qui, interprétant ce symbolisme, le considérait d'une manière inverse et subordonnait la créature à la transcendance *(tanzîh)* de Dieu, cela serait préférable du fait que les éléments entrant dans la comparaison sont rapportés aux réalités divines *(ḥaqâ'iq ilâhiyya)* comme nous le faisons nous-mêmes ici.

De ce fait, nous avons comparé ***la souplesse*** *(lîn)* ***de la branche*** à celle ***du corps*** ou stature *(qâma)* du bien-aimé parfaitement beau, ainsi que ***la rose du jardin*** au ***rose des joues***. Nous avons établi le principe ou origine *(açl)* et nous en avons fait dépendre la réalité analogue comme lui étant d'un ordre inférieur, car l'inférieur est subordonné au supérieur, afin qu'on le louange sous une forme ou sous une autre, et non l'inverse.

La gaieté appartient réellement à Dieu ainsi que le rire, par exemple [comme il est mentionné dans certaines nouvelles prophétiques]. C'est alors qu'Il nous attribue [ce comportement] selon des significations *(ma'ânî)* qui dépendent du Principe qui est préexistant *(qidam)*. La comparaison s'établit avec le principe *(açl)*, car nécessairement il ramène la chose à lui. Cela existe lorsqu'il permet *(tanazzul)* l'assimilation *(tamaththul)*.

Quand cette disposition est due à la correspondance *(yunâsibu)* qui existe avec les réalités *(ḥaqâ'iq)* telles qu'elles sont en elles-mêmes, il n'y a ni comparaison *(tashbîh)* ni assimilation *(tamthîl)*, chaque réalité étant alors comme elle est en soi, sans confusion possible *(ikhtilâṭ)*[1].

1. Cette démonstration parfaite du Maître fait bien ressortir la subordination unilatérale du symbole à la Réalité symbolisée ; celui-ci, pour remplir sa fonction adéquate de comparaison et de support spirituel auprès du croyant, doit être proposé par la Révélation, selon des règles de Sagesse universelle.

René Guénon a bien mis en évidence cet aspect fondamental de la Doctrine universelle, dans son œuvre immense et unique. Cf. en particulier *Introduction générale à l'étude des doctrines hindoues*, Paris, 1964, pp. 107-113 ; *L'Homme et son devenir selon le Védânta*, ouvrage cité, p. 26 ; etc.

42
Elle, l'unique !

(1) Ô êtres doués d'intelligence !
Ô êtres doués de sagesse !
J'ai follement aimé
Ce qui est entre soleil et antilope.

(2) Oublier Suhâ, l'obscure petite étoile,
N'est pas vraiment un oubli.
Mais oublier le brillant soleil
Est un oubli, sans aucun doute !

(3) Marche avec lui,
Jusqu'à son enclos,
À cause de son troupeau ;
Car les cadeaux incitent à la louange !

(4) Certes, elle est de la lignée
Des jeunes Arabes nobles,
Bien que descendant
Vraiment des filles de Perse.

(5) La beauté, pour elle, a disposé
De précieuses perles bien ordonnées :
Des dents d'une blancheur éclatante
Comme fragments d'ivoire.

(6) Elle qui a relevé son voile
Dans l'embarras m'a jeté.
Beauté et splendeur émanant d'elle,
Dès ce moment, m'ont effrayé.

(7) Par ces deux qualités,
Me voici mourir deux fois.
C'est ainsi que le Coran
L'a déjà indiqué.

(8) Je me demandai pourquoi,
De son voile relevé, je m'effrayai,
Le rendez-vous des adversaires
Étant le lever du soleil !

(9) Je me fis alors cette réponse :
Je suis dans un domaine protégé,
Sous un voile noir qui me cache.
Laisse-le donc tomber devant eux !

(10) Ce poème, qui est mien,
Ne possède pas de rime.
Mon but, à travers lui,
Est uniquement la lettre Hâ'.

(11) Et à cause d'elle,
Mon désir est le pronom Hâ'.
Je n'étais pas passionné de négoce,
Sauf à échanger « elle » contre « elle »[1] *!*

---

1. Il s'agit ici d'un jeu de mots propre à la langue arabe : le premier « elle » peut correspondre à la lettre *Hâ'*, ici finale de chaque vers ; le second « elle » correspond au pronom féminin singulier « elle ».

COMMENTAIRE

DES CARACTÉRISTIQUES DES ÊTRES AIMÉS PAR DIEU

(1) Entre soleil et antilope, par analogie avec cet élément de verset coranique : « *Dieu est Celui qui a créé sept cieux et autant de terres. Le Commandement se fait descendre entre eux* » (*Coran* 65/12). Et c'est entre eux que survient le fol amour *(haymân)* de ce gnostique.

Le ***soleil*** (*mahât*^{in} *= shams*) et ***l'antilope*** (*mahâ = baqar al-waḥsh,* petite vache du désert) correspondent respectivement à un aspect céleste et à un autre terrestre, et c'est entre les deux que le fol amour envahit ce gnostique. C'est ainsi que nous interprétons le début du verset cité plus haut : « *Dieu est Celui qui a créé sept cieux et autant de terres...* » et ensuite sa partie terminale : « *Le Commandement se fait descendre entre eux.* »

(2) Oublier Suhâ[1]***, l'obscure petite étoile, n'est pas vraiment un oubli*** **:** celui de qui les réalités secrètes ont disparu ne les a pas atteintes, et alors on ne dit pas de lui qu'il les a oubliées, mais qu'elles ont été inaccessibles pour lui, et donc qu'il n'a pu les atteindre, comme les perceptions *(mashâhid)* de l'éclair essentiel.

L'oubli affecte seulement celui qui n'atteint pas les réalités évidentes dont il est détourné à cause d'autres réalités qu'il préfère. Il est semblable à celui qui ne voit pas le soleil tout en marchant dans sa

1. Suhâ est le nom d'une petite étoile très obscure qui se trouve dans la constellation de la Petite Ourse.

lumière. C'est pour cette raison qu'on le qualifie d'oublieux.

(3) En mentionnant ***l'antilope,*** il mentionne aussi ***l'enclos*** qui fait également partie de l'élément « terre » *(al-'âlam al-turâbî al-arḍî).*

Marche avec lui, jusqu'à son enclos, c'est-à-dire son âme, ***à cause de son troupeau*** : à cause des bien-aimés qui sont comparés au troupeau.

Par « son âme », il veut dire ton âme qui leur présente une offrande sacrificielle et un don, car lorsque tu te comportes ainsi, ils t'aiment et te louangent. Ainsi, on a pu dire :

Les offrandes sacrificielles sont présentées
Et moi, j'offre mon souffle et mon sang.

À ce sujet, nous ajouterons encore les vers suivants :

Il substitua une âme pécheresse
Aux offrandes sacrificielles (qurbân).

Une créature qui s'est abreuvée aux sources
Peut-elle se rapprocher ? (taqarrub).

On raconte qu'un pauvre, se trouvant un jour à Minâ, vit les gens [les pèlerins] préparer leurs victimes sacrificielles. Démuni, il l'était, ne possédant rien de ce monde. Il s'écria alors : « Ô Seigneur ! Tu leur as donné de quoi se rapprocher de Toi, alors que moi, Ton serviteur indigent, je n'ai rien d'autre que mon âme ! Fais-la, en ce jour, victime sacrificielle jusqu'à Toi ; accepte-la de moi et ne refuse pas mon offrande que je Te présente ainsi, car Tu es infiniment généreux et libéral ! » Sur-le-champ, il mourut debout.

(4) Tout ce vers fait référence aux connaissances de type muḥammadien *(ma'ârif muḥammadiyya)* même si originellement elles sont étrangères *(a'jamiyya)*. Car Dieu, quand Il mentionne les prophètes dans le Coran, dit à Muḥammad – sur lui la Grâce et la Paix de Dieu : « *Voilà ceux que Dieu a dirigés. À leur direction conforme-toi...* » (*Coran* 6/90). En effet, l'idiome non arabe *('ujma)* est d'origine plus ancienne que l'arabe [coranique], et les mots et expressions étrangers lui sont antérieurs. Aussi est-elle décrite comme étant de souche perse *(furs)*.

(5) Certes la contemplation qu'elle a face à face *(fahwâniyya)* est un état d'emprise amoureuse *(ma'shûqa)* qui dégage une lumière intense au moment même où elle se manifeste pour sa conversation intime *(munâja)*.

Ici ***les fragments d'ivoire*** ou de cristal *(mahâ)* sont des pierres blanches et diaphanes auxquelles sont comparées ***les dents blanches*** à cause de leur belle nature.

(6) Quand une femme retire le voile de son visage devant quelqu'un sans raison, l'Arabe sait que cela signifie pour lui le mal qu'elle dissimule, il reste sur ses gardes et est vigilant. Le poète chante :

Le voile qu'elle retira d'elle,
Au matin, me jeta dans le trouble.

La réalité subtile *(nukta)* qui s'éprend de la Sublimité splendide remarque que celui qui la conteste reste au plan de la similitude *(fî ḥaḍra al-tamaththul)*. Car il ne lui correspond pas point par point *(mîzân bi-l-mîzân)*. Elle sait bien qu'il veut qu'elle lui donne le change en cela afin qu'il s'éprenne de cette forme, de sorte qu'il se trouve écarté de ce qu'il croit être son bonheur.

Elle est jalouse de lui pour deux raisons :

– par compassion pour lui afin qu'il ne reste pas dans l'ignorance qui le rendrait malheureux ;

– et également parce que son influence s'interrompt lorsqu'elle le quitte avec son accord. Car la connaissance qu'on a d'une chose s'oppose à l'ignorance qu'on aurait de celle-ci et lui est donc contraire. Elle retire donc le voile de sa face pour se faire reconnaître et pour qu'il soit davantage sous l'emprise d'amour. Pour cette raison, il est dit : ***beauté*** *(jamâl)* et ***splendeur*** *(bahâ)*.

(7) Me voici mourir deux fois **:** la première fois aux autres *(aghyâr)*, et la seconde fois à l'âme *(nafs)*, de sorte que l'amant reste avec elle, l'aimée, par elle et non par lui. La mention qu'en fait le ***Coran*** *(Qur'ân)* se trouve dans cette parole divine : « *Ils diront : "Notre Seigneur ! Tu nous as fait mourir deux fois et Tu nous as redonné la vie deux fois..."* » (*Coran* 40/11).

(8 et 9) Le rendez-vous des adversaires *(maw'id al-aqwâm)* est, dit-elle, ***le lever du soleil*** *(ishrâq al-mahâ)*, c'est-à-dire son apparition. Elle attire l'attention sur le fait que les ennemis *('aduw)* mentionnés disposent vis-à-vis de lui d'une forme ressemblant à la bien-aimée afin de le rendre apte à recevoir la manifestation de l'essence de cette bien-aimée. Ils fixent donc cette forme pour lui. C'est ce qui est suggéré par son propos : ***le lever du soleil,*** c'est-à-dire la manifestation de son essence pour lui selon le désir qu'il a de la posséder. Il lui demande donc : « Que veulent-ils de moi car moi je suis dans un ***domaine protégé,*** sous ta protection ; aussi tu me caches sous les tentes *(surâdiqât)* de ton Mystère *(ghayb)* de sorte qu'ils ne peuvent m'atteindre. C'est ainsi que Dieu précise à l'égard de Son Messager – sur lui la Grâce et la Paix de Dieu : « *[Dieu a la science du Mystère et Il ne communique Son Mystère à personne sauf à celui qu'Il agrée comme Messager]. Il met alors des observateurs sur son chemin, devant lui et derrière lui* » (*Coran* 72/26 et 27). De la sorte, aucune ambiguïté ne subsiste pour lui sur ce qu'il reçoit *(ilqâ')*. Tel est le sens du vers suivant que j'ai composé :

De nuit, les Anges (amlâk = *Dominations*),
descendirent sur mon cœur.

Autour de lui, ils traçaient un cercle,
comme celui de l'Étoile polaire (quṭb).

(10 et 11) Nous n'avons de liens qu'avec elle, et nous n'avons de dépendance au monde généré *(kawn)* qu'à cause d'elle, à condition qu'elle se manifeste en lui en raison d'une certaine affinité *(munâsaba)*, ainsi que l'exprime le vers suivant :

En raison de l'amour que je lui porte,
j'aime les Noirs (sûdân)

Au point que par l'amour que j'éprouve pour elle,
j'aime les plus noirs des chiens !
(sûd al-kilâb)

De la même manière, nous disons de notre compagnon abyssin Ḥabashî dont le nom est Badr [de son nom complet : 'Abd Allâh Badr al-Ḥabashî[1]] :

1. Pour ce fidèle compagnon d'Ibn 'Arabî, cf. Claude Addas, ouvrage cité.

Pour l'amour que j'ai pour toi,
j'aime tous les Abyssins (*ḥubshân*),

À cause de ton nom (Badr),
je suis épris de la pleine lune (al-badr)
brillante !

Ce poème, qui est mien, ne possède pas de rime, car, chez la plupart des spécialistes en poésie *(qaçîda)*, la rime *(qâfiya)* est constituée de la dernière syllabe plus la lettre qui la précède, ce qui n'est pas le cas dans cette poésie, la rime comprenant seulement « ***Hâ'*** ». C'est en vertu de cette règle que nous faisons cette précision : ***elle ne possède pas de rime,*** car on aurait pu soutenir le contraire !

43
Impatience excusée !

(1) Pas un jour je n'oublie
Mon passage à Wâna,
Et mon propos aux chameliers
Qui voyagent et font halte.

(2) Arrêtez-vous une heure auprès de nous
Pour nous réconforter en ce lieu,
Car je jure par ceux que j'aime
Que je cherche à me délasser.

(3) S'ils se mettent en route,
Sous d'heureux auspices, ils voyagent.
S'ils s'arrêtent pour l'étape,
Ils descendent en un lieu d'abondance.

(4) C'est au défilé de la vallée de Qanâ
Qu'alors je les ai rencontrés.
C'est entre Naqâ et Mushallal
Que je fis leur connaissance.

(5) Ils s'intéressaient aux pâturages
Où se trouvaient les chameaux,

Sans prêter attention
Au cœur d'un amant égaré.

(6) Ô conducteur de chameaux !
Traite avec prévenance un jeune noble
Que tu vois, au moment de l'adieu,
Briser la coloquinte.

(7) Il croise les mains
Sur sa poitrine,
Pour apaiser son cœur
Qui prend son essor quand grince le baldaquin.

(8) Patience ! disent-ils.
Mais la douleur n'est pas patiente !
Quelle ruse alors inventer,
Car la patience m'a quitté !

(9) Si j'avais été patient et sage,
Mon âme n'aurait pu se contenir.
Comment donc le ferait-elle,
Alors que patience je ne possède !

COMMENTAIRE

DE LA FRÉQUENTATION DES ÊTRES SPIRITUELS

(1) Pas un jour je n'oublie ma halte *(wuqûf-î)* à la station de l'insuffisance *(maqâm al-taqçîr)*, et de la reconnaissance de l'incapacité *(al-i'tirâf bi-l-quçûr)* à magnifier comme il convient la Majesté de la Présence divine.

Et mon propos aux chameliers concerne les êtres bons *(abrâr)*, les rapprochés, ***qui voyagent et font halte,*** recherchant la satisfaction du Bien-aimé. Le passage ou descente délibérée *(tanazzul)* s'effectue à la « station » de la Halte *(waqfa)* pour repartir après avoir obtenu ce pour quoi ils s'étaient arrêtés.

(2) Arrêtez-vous une heure auprès de nous pour nous réconforter en ce lieu : pour regarder les bienheureux *(su'adâ')*, familiers de la Sollicitude *(ahl al-'inâya)* [divine] et de l'émotion extatique *(wajd)*, car moi, je cherche à me reposer *(ta'allul)*.

Car je cherche à me délasser : je me délasse par la mention que je fais d'eux grâce au désir ardent que j'éprouve pour eux.

La particule ***wa*** (ou ***w*** = par) dans l'expression : ***je jure par ceux que j'aime,*** est celle que l'on emploie habituellement pour le serment, le jurement ou pour s'exclamer. Ici cela signifie qu'il les prend à témoin par considération pour eux de sorte que cette mention est incluse dans cette forme de serment. De plus, il s'agit du délassement produit en les mentionnant et de l'estime à leur égard, car ***je jure*** par la réalité ***de ceux que j'aime que je me délasse*** en les mentionnant.

L'heure, ici, est une appréciation du temps que dure leur repos pendant leur séjour, même s'il devait durer une année.

(3) S'ils se mettent en route, sous d'heureux auspices, ils voyagent, c'est-à-dire qu'ils se trouvent à l'aise dans une période heureuse.

S'ils s'arrêtent pour l'étape, je m'évertue à les servir.

(4) L'expression ***sha'b*** signifie le chemin dans la montagne. Dieu dit : « *Il a placé les montagnes comme des piquets* (awtâd, sing. watd) » (*Coran* 78/7), les *awtâd* [représentant une catégorie d'initiés] au nombre de quatre, en fonction dans le monde.

Je les ai rencontrés alors qu'ils apparaissaient en cet endroit *(mutabarrizîn)*.

De la vallée de Qanâ, ou d'une dépression de bon augure, car ils sont de type muḥammadien, réalisant l'Unicité [divine] *(muḥammadiyyûn, muwaḥḥidûn)*.

C'est entre Naqâ et Mushallal [ou ***mushalshal*** selon une autre lecture], ***Mushallal*** étant une eau *(mâ')* qui coule à Fadîk [près de Khaybar, non loin de Médine], là où se trouvait Manât [l'idole].

Je fis leur connaissance, au moment de la vision des réalités médianes et des causes secondes *(ru'yat al-wasâ'iṭ wa-l-asbâb)*, en référence à ce verset : « *À Dieu, le Culte pur. Ceux qui prennent des préposés-proches* (awliyâ') *en deçà de Lui [disent] : "Nous ne les servons que pour qu'ils nous rapprochent de Dieu davantage"* » (*Coran* 39/3).

(5) Ils s'intéressaient aux pâturages où se trouvaient les chameaux, c'est-à-dire aux sollicitations et aux intentions de leurs aspirations spirituelles. Ils les scrutèrent selon la prise de conscience *(wijdân)* qu'elles provoquent mais ***sans prêter attention au cœur*** de celui qui se tourne vers eux, désemparé, tout éperdu d'amour pour eux.

(6) Il est question, dans ce vers, de celui qui appelle les gens vers le Vrai et les invite à la Demeure de la Paix (cf. *Coran* 10/25).

Les chameaux représentent les aspirations.

Traite avec prévenance un jeune noble *(fatâ)* qui se qualifie par la noblesse de caractère *(futuwwa)*[1] afin qu'il [***le conducteur de chameaux*** = celui qui appelle les gens vers le Vrai] observe les convenances à son égard et qu'il ait de la sollicitude pour lui, en attirant son attention sur la station de la noblesse de caractère, pour qu'il se comporte en conformité avec elle, de la même manière que le suggère le dire suivant du Prophète – sur lui la Grâce et la Paix de Dieu : « Dieu ne pourrait vous interdire l'usure *(ribâ)* alors qu'Il la prendrait de vous[2]. » En effet, une telle attitude [de la part de Dieu] favorise l'obtention de toutes les nobles vertus *(makârim al-akhlâq)* qu'Il demande de pratiquer.

Ensuite, au moment de la séparation, le jeune homme est décrit, à cause de son visage défait, comme celui qui ***brise la coloquinte*** – [fruit qui ouvert fait

1. La *Futuwwa* concerne la noblesse de caractère, ou plus exactement, l'ordre chevaleresque fondé à La Mekke plusieurs siècles avant la naissance du Prophète et auquel il avait été affilié. Voir à ce sujet : Muhammad Hamidullah, *Le Prophète de l'Islam, sa vie, son œuvre*, tome I, pp. 60 et suivantes, Paris, 1979.

2. Cette nouvelle prophétique qu'Ibn 'Arabî qualifie par ailleurs de « sûre » *(çaḥîḥ)*, in *Futûḥât* II, 241, ne se trouve pas dans *Les Concordances et indices de la tradition musulmane* de Wensink A.J., Mensing J.P. et Brugman, Leyde, E.J. Brill, 1936-1969.

Le Maître précise cet aspect doctrinal in *Futûhât* I, 285, de cette façon : « … Dieu ne se décrit Lui-même par une qualité que pour nous inviter à nous en parer. Telle est la signification de la caractérisation par Ses Caractères ou Normes, par l'imitation et par le fait de suivre l'imâm [pendant la prière canonique, par exemple] ; car c'est Dieu l'Imâm (le Préposé), alors que ceux qui se conforment à Lui sont les créatures… »

pleurer abondamment] –, ainsi que l'a chanté le poète Imru'al-Qays :

Comme à l'aube de la séparation
le jour où ils levèrent le camp,

Veillant lors des séances de nuit,
je brisai la coloquinte.

(7) Il croise les mains sur sa poitrine, en forme de croix *(çalîb)*, pour indiquer la succession des états d'âme ; il pose la main gauche sur le côté droit et la main droite sur le côté gauche, pour apaiser les palpitations de son cœur dues à la douleur qu'il éprouve à cause de la séparation d'un être de même espèce. Il la contient pendant un certain temps pour éviter d'être affecté par eux.

Pour apaiser son cœur qui prend son essor quand grince le baldaquin, le grincement étant un bruit qui ne se produit que pendant la marche. Son cœur prend, dès lors, son essor en voyageant derrière eux, comme le faucon attaché par une patte sur son perchoir et qui prend son envol par désir de s'élancer dans l'immensité des couches atmosphériques ; cette attache le retient près de son perchoir. Il en est de même du lien qui maintient l'aspect subtil de cet amant pour qu'il gère cet habitacle corporel, attache comparable au perchoir du faucon, et qui le retient tant que Dieu l'ordonne.

(8 et 9) Lorsque les Rapprochés et les Purs constatèrent le désir ardent que j'avais pour eux et mon emprisonnement dans les ténèbres du monde des corps animés *(ajsad)*, ils m'incitèrent à la patience compte tenu de ce que j'ai obtenu jusqu'à l'arrivée de mon heure.

Alors je leur répondis : ***Mais la douleur n'est pas patiente !*** En vérité, si la tristesse avait pu ne pas m'atteindre, ni m'affecter, j'aurais patienté. Or la tristesse ne patiente pas. Et comment alors aurais-je pris patience loin d'eux ? car la patience m'a fait défaut sans qu'il y eût chez moi un artifice *(ḥîla)* pour que je l'obtienne, et puisque je demeure sous le régime autoritaire de l'émotion enstatique *(wajd)*. Si alors la patience s'était trouvée en moi et qu'elle m'ait gouverné, je n'aurais pu, malgré tout, être patient. C'est que le désir de la Présence divine est essentiel chez le gnostique alors que la patience, chez lui, est accidentelle. Et comment l'accidentel pourrait-il s'opposer à l'essentiel ? C'est pourquoi je ne pouvais patienter, et comment donc l'aurais-je pu alors qu'en réalité, dans cette perspective, la patience me fait défaut ? ***Et comment donc le ferait-elle, alors que patience je ne possède !*** En conséquence, nul blâme ne peut être jeté sur celui qui se trouve dans une telle disposition.

44
Elle, l'inaccessible

(1) La pleine lune se lève
Dans la sombre nuit des cheveux.
La rose arrose
Le blanc narcisse.

(2) C'est une jeune fille souple
Par qui les beautés sont troublées.
Sa lumière éclatante
Surpasse celle de la lune.

(3) Elle est plus éblouissante
Que clarté de soleil,
Et d'une forme
À toute autre incomparable.

(4) La voûte de la lumière
Demeure sous ses talons.
Son diadème
Est au-delà des sphères.

(5) Si la forme de la jeune fille
Pénètre dans la conscience,

L'imagination l'altère.
Et qu'en est-il avec la vue ?

(6) Jeu subtil,
Sa seule mention la fait disparaître.
Elle est insaisissable,
Hors de portée du regard.

(7) La décrire serait l'expliciter.
Mais elle est si sublime…
Tout qualificatif
Implique une restriction !

(8) Et s'il tenait vraiment
À lui donner une forme,
Il ne cesserait d'en revenir
Aux traces qu'elle laisse.

(9) Si celui qui la recherche
Faisait reposer les montures,
Il ne pourrait calmer
La chevauchée des pensées.

(10) Elle procure le repos
À qui brûle d'amour pour elle,
Le ravissant alors
Au-delà de l'humaine condition,

(11) Car elle demeure inquiète
Que son essence limpide
Ne se mélange à la fange
Souillant l'eau du bassin.

COMMENTAIRE

INCOMPARABILITÉ DIVINE ET THÉOPHANIE REÇUE

(1 et 2) La pleine lune symbolise la théophanie *(tajallî)* ainsi qu'il est rapporté dans une nouvelle prophétique. ***La sombre nuit*** *(dujâ)* représente le Non-manifesté ou Mystère *(ghayb)*.

Le terme ***cheveux*** *(sha'ar)* est de même racine que le terme « prise de conscience intuitive » *(shu'ûr)* qui relève de la science cachée.

C'est comme si l'on disait : l'évident *(jalî)* apparaît dans le caché *(khafî)* ainsi que le caché dans l'évident, ou bien : le Réel se trouve *(wujûd)* dans la créature et la créature dans le Réel.

La rose, c'est-à-dire le fard des joues, ***arrose le blanc narcisse*** *(narjis al-ḥawar)*, ou l'œil [essentiel] *('ayn)* à cause des larmes qu'il laisse échapper. Il se présente sur le fard des joues et est alors assimilé au verger que l'eau du ciel arrose. Les Arabes comparent les yeux au narcisse blanc dont la partie centrale est jaune. Cela revient à dire que le lieu de contemplation essentielle, tout comme le Nom totalisateur [Allâh], arrose le parterre des Noms divins, qui s'orientent vers Lui et sur lesquels Il exerce *(muhaymin)* Son autorité.

Une jeune fille souple : allusion à l'attribut totalisateur illustré par le terme ***pleine lune***.

Par qui les beautés sont troublées, c'est-à-dire les Noms divins qui dépendent du Nom totalisateur [qui est *Allâh*].

Sa lumière éclatante surpasse celle de la lune. La comparaison de la jeune fille avec la lune est appropriée pour faciliter la compréhension *(afhâm*, sing. *fahm)* sans toutefois correspondre à la réalité *(taḥqîq)*.

(3) ***Elle*** est d'une lumière plus magnifique que celle ***du soleil,*** pour autant que cette comparaison est possible.

Et d'une forme à toute autre incomparable, conformément à ce verset : « *Aucune chose n'est comme Lui* » (*Coran* 42/11). Le terme ***forme*** *(çûra)* est employé ici par référence aux traditions prophétiques[1]. Mais qu'en est-il donc de cette connaissance essentielle à laquelle nous avons fait allusion ? Arrive-t-elle à l'adorateur sous le rapport de la contemplation et du dévoilement ?

(4) Celui qui désire connaître le sens de ce vers doit reconnaître la signification du verset : « *Le Tout-Irradiant d'Amour sur le Trône établit Son Assise harmonieuse* » (*Coran* 20/5). Il doit aussi connaître cette nouvelle prophétique : « Où était Allâh avant qu'Il ne crée le Trône *('arsh)* ? Il était dans une Nuée au-dessus et au-dessous de laquelle il n'y avait pas d'atmosphère[2]. »

Ce verset et cette nouvelle prophétique donnent les significations les plus exactes contenues dans ce vers.

(5) Dans ce vers, la relation qui existe entre ***l'altération*** (*jurḥ* = blessure) et la forme de cette jeune fille,

---

1. Par exemple : « J'ai vu mon Seigneur sous la forme d'un jeune homme imberbe, portant une tunique d'or, une couronne en or sur la tête et aux pieds des sandales dorées. » Ce ḥadîth, rapporté par Ikrima, n'est pas considéré comme authentique par certains compilateurs.

Cf. poésies XV, 3 et LIX, 10.

2. Cette nouvelle prophétique est recensée dans plusieurs recueils, cf. Ibn Ḥanbal, *musnad* IV, 11.

au moment où elle pénètre dans le champ de la conscience *(ḍamîr)*, est la représentation *(taçwîr)* que l'estimative *(wahm)* élabore sous un aspect des plus rares ; cela constitue vraiment une blessure ou ***altération*** dans l'estimative.

L'estimative est une faculté plus subtile que la perception sensible, mais la forme de la jeune fille est au-delà de la perception la plus subtile.

Et qu'en est-il avec la vue ? qui est de nature plus grossière. C'est pour cette raison qu'on exprime dans les professions de foi *('aqâ'id)* : Dieu est sans commune mesure avec tout ce qui survient dans ton centre secret *(sirr)*, avec tout ce qui envahit ta poitrine *(çadr)*, avec tout ce qu'appréhende ton estimative.

(6) Jeu subtil, dans la mesure où les cœurs s'épanouissent avec elle au moment où elle descend vers eux, en correspondance avec leur orientation et non avec ce qu'ils sont en eux-mêmes.

Sa seule mention la fait disparaître : lorsqu'on la nomme, cette mention ne l'atteint pas, n'ayant pas de correspondance avec sa subtilité et sa signification intrinsèque.

Elle est insaisissable, c'est dire qu'elle est imperceptible, hors d'atteinte de la démarche de la raison, ne pouvant pas être perçue par les pensées.

(7 à 9) Elle ne peut être devinée ni par les qualificatifs *(nu'ût)*, ni par les noms qui essaient de l'atteindre, car ***tout qualificatif implique une restriction,*** donc aucune ne peut lui convenir. Si l'imagination *(khayâl)* vient avec ses modalités *(takyîf)* afin de la déterminer, elle n'y parvient pas et revient bredouille. Et lorsque les aspirations, qui sont les mon-

tures des gnostiques, se fatiguent à la rechercher, ils s'immobilisent devant leur incapacité en ce domaine, car elle ne peut être atteinte par des efforts appliqués *(sa'âyât)*. Les intellectuels *('uqalâ')* qui prétendent que Dieu peut être connu par l'argumentation *(dalîl)* ne sauraient calmer la cavalcade *(maṭiyya)* de leurs réflexions pour obtenir la science par ce moyen, ignorants qu'ils sont de ce que procure la station suprême *(maqâm a'lâ)*.

(10) Elle ravit ***au-delà de l'humaine condition,*** jusqu'à la station du transfert *(taḥawwul)* dans les formes, celui qui s'attache à elle par spiration amoureuse *('ishq)*, par amour originel *(maḥabba)* et par caractérisation *(takhalluq)*. Celui-ci devient un esprit immatériel et est destiné à la station divine à travers la mutation *(tabaddul)* et le transfert dans les formes qui auront lieu dans la Demeure Ultime. Ceci dépasse le domaine de la condition naturelle de l'humanité[1].

---

1. « Au Jour de la Résurrection, Dieu se présentera aux serviteurs sous une forme qu'ils ne Lui reconnaîtront pas. Dieu dira : "Je suis votre Seigneur !" Ils répondront : "Nous cherchons refuge auprès de Dieu selon notre condition habituelle jusqu'à ce que notre Seigneur vienne à nous ! Certes, entre Lui et nous il existe un signe dans la conscience par lequel nous reconnaîtrons notre Seigneur lorsqu'Il viendra à nous !" Alors Dieu viendra à eux sous la forme qu'ils reconnaissaient et ils diront : "C'est bien Toi notre Seigneur !" C'est alors qu'ils Le suivront. » In Muslim, *îmân*, 302.

Cf. également Ibn 'Arabî, *Fuçûç al-Ḥikam*, traduction anglaise de R. W. J. Austin, sous le titre : *The Bezels of Wisdom*, chapitre XII consacré au prophète Shu'ayb, pp. 145 à 155, ouvrage cité.

(11) Car elle demeure inquiète (*ghayra* = jalousie) ***que son essence limpide ne se mélange*** **:** que la pureté de sa spiritualité *(khulûç rûḥâniyyati-hâ)* ne se ternisse à cause de l'impureté liée à la nature et à ses ténèbres impliquées dans le monde des corps.

45
Où sont donc les bien-aimés ?

(1) Où sont donc nos bien-aimés ?
Dites par Dieu, où sont-ils donc ?

(2) Me feras-tu voir leur essence
Comme j'ai vu leur apparence ?

(3) Ô comme je les ai désirés, oui combien !
Ô comme j'ai demandé de me rapprocher d'eux,

(4) En étant loin d'eux, rassuré,
Et, parmi eux, sans sécurité,

(5) Espérant que mon bonheur se trouve
Entre leur éloignement et leur proximité,

(6) Afin que mon œil se réjouisse de les voir,
Et que je ne dise plus : Où sont-ils ?

COMMENTAIRE

CONNAISSANCE DU NOM *ALLÂH* ET CE QU'IL IMPLIQUE DANS LE CŒUR DU GNOSTIQUE

(1) Par ***nos bien-aimés,*** il faut comprendre les esprits supérieurs selon la localisation (*ayniyya* = la relation au lieu) qui leur convient. Car la localisation des réalités non spatialisables *(ghayr al-mutaḥayyizât)* est comme celle à propos de laquelle le Prophète – sur lui la Grâce et la Paix de Dieu – interrogea Sawdâ' la muette[1].

Il se met à jurer par Allâh qui est le Nom totalisateur *(ism jâmi')* à propos de ceux qui sont questionnés sur les bien-aimés : ***Où sont-ils donc ?*** Ils répondent : ils sont dans le cœur de leurs bien-aimés.

(2) Comme j'ai vu leur apparence *(ṭayf)*, ou leur manifestation dans le monde de la similitude *(tamath-thul)* et des formes, ***me feras-tu voir leur essence*** *('ayn)* ou leur réalité essentielle *(ḥaqîqa) dans le monde subtil ('âlam al-luṭf)* et dans celui des significations principielles non matérialisées *(ma'ânî min ghayr tajassum)* ?

(3) Comme je les ai désirés pour que je puisse faire leur conquête afin de m'introduire dans leur assemblée *(antazhiru fî silkihim)* en m'affranchissant de ce que je suis.

Ô comme j'ai demandé de me rapprocher d'eux *(bayn)* ou de me joindre à eux *(waçl)* ; car ici le terme ***bayn*** signifie *waçl*, union, jonction, liaison. Dieu dit à

1. Sur ce ḥadîth, cf. poésie XXVIII, vers 22.

ce sujet : « *Votre lien s'est bien rompu* (laqad taqatta'a baynu-kum[1]) » (*Coran* 6/94).

(4) En étant loin d'eux *(bayn)*, il s'agit de leur éloignement *(bu'd)*, car ***bayn*** a ici cette signification. Il fait partie des mots dont la racine peut avoir des sens opposés *(aḍdâd)* [*bayn* = union ou éloignement].

Et parmi eux, c'est-à-dire par le fait d'être entre eux *(bayniyya)*, ***sans sécurité,*** par crainte que, lorsqu'il se trouve parmi eux, il ne soit brûlé par leurs lumières à cause de sa faiblesse et de leur force.

(5 et 6) Espérant que la Providence divine *('inâya ilâhiyya)* ait prévu pour moi, dans la prééternité *(qidam)*, de s'interposer entre l'éloignement et la proximité, que je les rejoigne et que, de la sorte, je réalise le but recherché, ***afin que mon œil se réjouisse*** de les contempler et que ***je ne dise plus,*** après cela : ***Où sont-ils ?*** à cause de ma présence auprès d'eux et de leur présence auprès de moi.

---

1. Nous traduisons ce verset en fonction de la démonstration du Maître. Certains commentateurs, comme Fakhr ad-Dîn ar-Râzî, et de nombreuses traductions, donnent le sens de « entre » pour le vocable *bayn*, avec vocalisation *a (bayna)* qui est ainsi une préposition. La traduction est alors : *« Il y a donc rupture entre vous. »* Dans la lecture, possible et admise comme traditionnelle, d'Ibn 'Arabî, *bayn* est considéré comme un nom sujet avec vocalisation *u (baynu)*. Kasimirski traduit ainsi cet élément de verset : *« ... les liens qui vous unissaient sont rompus. »*

46
Elle est là où je suis

(1) *Entre les entrailles et les grands yeux,*
S'établit le combat de la passion.
Le cœur, en cette guerre,
Est en plein désarroi.

(2) *Ses lèvres d'un rouge foncé*
Sont de miel quand on l'embrasse.
Le témoignage que laissent les abeilles
Est le miel blanc qu'elles sécrètent.

(3) *Beau est le galbe de sa jambe !*
Ténèbres sur une lune.
Sur ses joues, la lueur du crépuscule.
C'est un rameau sur les dunes.

(4) *Belle, parée de bijoux,*
Elle ne dédaigne pas les ornements.
Son sourire découvre de jolies dents
Tels des grêlons frais et blancs.

(5) *Elle se dérobe, sérieuse,*
Et se plaît à faire, de l'amour, un jeu.

Entre sérieux et jeu,
Intervient le trépas.

(6) Jamais la nuit ne s'évanouit,
Sans que le souffle frais de l'aube
Ne vienne lui succéder ;
Fait depuis longtemps connu !

(7) Jamais de légers vents d'est ne passent
Sur de luxuriants jardins,
Peuplés de jeunes filles bien formées,
Vierges et avenantes,

(8) Sans qu'ils ne fassent osciller
Et ne répandent l'arôme
Des fleurs et des tiges,
Qui s'épanouissent en ces lieux.

(9) Je demandai de leurs nouvelles,
Au vent léger d'orient
Qui me répondit : « Dans quel but
Veux-tu être informé ?

(10) J'ai laissé les pèlerins tout près
À al-Abraqayn,
À Bakr al-'Imâd,
Et à Bakr al-'Amîm,

(11) Sur aucune terre, ils ne se fixent. »
Aussi j'ai demandé au vent :
« Où est donc leur lieu de refuge
Alors que la cavale du désir est dans leur quête ? »

(12) Peu importe ! C'est impossible !
Ils n'ont de valeur qu'en ma pensée.
La pleine lune se trouve là où je suis.
Alors, demeure vigilant !

(13) Son lever n'est-il pas pour moi un rêve ?
Son coucher ne se réalise-t-il pas en mon cœur ?
Tiré des branches du bân et du gharab,
Le mauvais augure vient de cesser.

(14) Au milieu de nos campements,
Le corbeau ne croasse point.
Il ne provoque nulle déchirure
Dans l'harmonie de l'ambiance.

COMMENTAIRE

DES NOMS DIVINS REÇUS DANS LE CŒUR DU GNOSTIQUE

(1) Entre d'une part le monde des [quatre] éléments *('âlam al-akhlâṭ)* et [leurs] interactions *(tadâkhul)* et d'autre part les Lieux suprêmes de contemplation *(manâzhir 'ulâ)*, intervient ***le combat de la passion*** *(ḥarb hawâ)* du fait que ce monde a besoin de ces derniers et subit leur emprise d'amour, puisqu'il ne peut survivre qu'en les contemplant. Aucun voile n'empêche le cœur des gnostiques d'atteindre ces Lieux suprêmes de contemplation sauf celui de ce monde naturel *('âlam ṭabî'î)*. Ces Lieux suprêmes de contemplation sont tout disposés à accueillir le cœur des gnostiques alors que le monde naturel l'empêche de les atteindre. C'est pourquoi le conflit *(muḥâbara)* ne cesse d'avoir lieu entre eux. Ainsi, ***le cœur*** se trouve dans le combat et la violence à cause de son dénuement *(faqd)* et du manque de correspondance entre son existence [naturelle] et celle de son émotion amoureuse *(wujûd wajd-hi)*.

(2) Ses lèvres d'un rouge foncé font allusion à une sagesse sublime provenant de ces Lieux de contemplation.

Le qualificatif rouge-brun des lèvres indique les réalités secrètes *(umûr ghaybiyya)*, agréables au goût, déposées sur elles.

Le témoignage que laissent les abeilles *(naḥl)* est mentionné car elles font partie d'une espèce qui possède l'expérience (*dhawq* = goût) de l'inspiration *(waḥy)*, objet du désir des cœurs (cf. *Coran* 16/68).

Le terme ***ḍarab*** prend le sens de miel blanc *('asal abyaḍ)*. Le miel est donné comme preuve *(dalîl)* de l'inspiration que l'abeille affirme avoir reçue et qui est conforme à ce qu'elle sécrète.

(3) Le galbe de sa jambe, c'est-à-dire la rondeur de sa jambe ou sa partie la plus saillante, ou encore la plus importante *('azhîma)*, par analogie avec cette parole divine : « *Le jour où l'on dévoilera une jambe* » (*Coran* 68/42), c'est-à-dire une chose terrible *(fazhî')*. C'est pourquoi elle est qualifiée par l'importance *('azhama)*.

Ténèbres sur une lune, c'est-à-dire mystère après une contemplation.

Sur ses joues, la lueur du crépuscule indique la station de la pudeur *(maqâm al-ḥayâ')*.

Rameau sur les dunes, image pour décrire la fonction de permanence du renouvellement *(qayyû-*

miyya)[1] apparaissant à travers l'abondance *(kuthub* = litt. dunes) des théophanies.

(4) Belle, elle détient la station de la Beauté-totalisatrice *(jamâl)* qui vient du Nom divin Le Beau-totalisateur *(jamîl)* [en référence au ḥadîth : « Dieu est beau-totalement et Il aime la Beauté-totalisatrice »]. ***Parée de bijoux*** ou ornée des Noms divins, ***elle ne dédaigne pas les ornements,*** car la femme qui dédaigne les parures *(ghâniya)* et que personne ne demande est la femme mariée [ce qui n'est pas son cas] : « *Aucun être humain ou subtil ne les [les ḥouris] a touchées avant eux* » (*Coran* 55/56 et 74)[2].

Son sourire découvre de jolies dents tels des grêlons **:** elle montre de la bienveillance pour rafraîchir les cœurs *(akbâd* = litt. les foies) de l'ardeur du désir amoureux *(lahab al-shawq).*

Blancs **:** la blancheur étant l'action de la salive sur les dents, ce qui signifie la transparence du lieu de contemplation *(çâfiyat al-mashhad).*

Et frais, allusion à la suavité de ce lieu de contemplation et de sa beauté.

---

1. Le terme technique « *qayyûmiyya* », qui dérive du Nom divin *Al-Qayyûm* : l'Immuable par Soi, provient de la racine *Q W M* qui signifie se mettre debout et rester immobile ; il qualifie Dieu dans Sa fonction d'immutabilité, de Moteur immobile qui met en mouvement toutes les réalités de l'Existence universelle et les renouvelle incessamment. Notre traduction originale tient compte de cette signification et de la démonstration du Maître.

2. Dans ces versets coraniques et ceux qui les entourent, il s'agit d'entités féminines qui pratiquent le bien et qui sont belles, conjointes des hôtes des Jardins paradisiaques. Les ḥouris *(ḥûr)*, êtres aux grands yeux, intenses dans le noir comme dans le blanc, représentent l'aspect féminin de l'Androgyne paradisiaque, si toutefois on peut encore parler de sexe pour les habitants du Paradis.

(5) Elle se dérobe, sérieuse du fait qu'elle se trouve inaccessible, au-delà de toute atteinte. C'est ce qu'il faut entendre par le terme *çadd*, se détourner. Du fait que son inaccessibilité est bien effective, on a employé le vocable ***sérieux*** *(jidd)* et non pas léger *(hazl)*.

Elle se plaît à faire, de l'amour, un jeu, c'est-à-dire qu'elle introduit l'amour dans le cœur des amoureux et le fait dépendre d'elle, puisqu'elle sait que ce qui leur arrive provient d'elle ; aussi elle consent à en faire un jeu.

Entre sérieux et jeu, intervient le trépas : cela signifie que l'amant succombe et endure les souffrances entre ces deux attitudes.

(6 à 8) Nulle chose ne peut comporter un aspect intérieur sans impliquer un aspect extérieur lui correspondant et inversement, sans exception, d'autant plus que Dieu le Réel – Gloire à Lui – se nomme depuis toujours *(azal)* l'Extérieur-Intérieur *(zhâhir-Bâṭin)* et qu'Il ne comporte ni origine *(nisab)* ni relation *(iḍâfa)* selon le point de vue rationnel en matière de transcendance *(tanzîl)*. Il convient seulement de préciser qu'il s'agit d'une réalité essentielle *(amr dhâtî)* qui est le but même recherché, décrit par l'aspect convenable, et qui se reconnaît de soi-même.

Jamais de légers vents *(riyâḥ)* ***d'est ne passent*** : il s'agit des esprits des théophanies *(arwâḥ al-tajalliyât)* sur les jardins des cœurs contenant les sagesses subtiles et les connaissances d'ordre sensible résultant de la station de la Pudeur et de la Beauté totalisatrice ; ***sans qu'ils ne fassent osciller*** ou sans infléchir la tendance à l'immutabilité *('aṭf al-qayyûmiyya)* envers ceux qui prennent en charge les êtres générés *(al-qâ'imîn bi-l-akwân)*.

Et ne répandent l'arôme, ou sans qu'ils fassent parvenir aux cœurs à l'écoute *(asmâ' al-qulûb)* les subtilités des sagesses qui sont en eux, à travers la propagation de leurs souffles.

Des fleurs qui s'épanouissent **:** la diffusion des connaissances, **et des tiges** : la graduation de l'Immutabilité *(marâtib al-qayyûmiyya)*, conformément à cette parole divine : « *Qu'en est-il de Celui qui se tient immuable* (qâ'im) *sur toute âme selon ce qu'elle a acquis...* » (*Coran* 13/33).

(9 et 10) Je demandai aux esprits ou souffles spirituels *(arwâḥ)* qui président au lever du soleil qu'ils m'indiquent où se trouvent les campements des bien-aimés puisqu'il est dit au vers huit : ***et ne répandent l'arôme***. Ils répondirent : « Quel besoin as-tu de cela ? » Et la réponse fut éludée ! Alors ce vent dit : « ***Je les ai laissés à al-Abraqayn*** » [mot construit au duel], deux lieux de contemplation *(mashhadayn)* de l'Essence sous le double rapport du Contemplant *(Shâhid)* et du Contemplé *(Mashhûd)*. En tant que contemplant, il résulte une trace de connaissance dans le cœur, et en tant que contemplé, le cœur ne ressent aucun effet qui pourrait le raffermir au moment du retour *(rujû')* [à la conscience normale]. Mais cette trace de connaissance cesse après la disparition de la théophanie.

À Bakr al-'Imâd et à Bakr al-'Amîm **:** qui sont les buts visés, lieux situés en terre du Ḥijâz. Les pèlerins ou quêteurs *(ḥujj)*[1] font référence à la constance de leur dessein.

---

1. La racine de ce terme suggère l'intention et le moyen pour arriver au but fixé. Le Pèlerinage, en Islam, est donc principalement la Quête de/et à la Maison d'Allâh *(bayt Allâh)*. Pour un développement de ce thème, cf. l'introduction à notre traduction : Al-Ghazâlî, *Les Secrets du Jeûne et du Pèlerinage*, ouvrage cité.

Le terme ***tout près,*** ou à proximité, fait allusion à un propos du Prophète – sur lui la Grâce et la Paix de Dieu – au sujet de la pluie qui tombait et sous laquelle il se mit délibérément de sorte qu'il fut mouillé et précisa : « C'est une nouvelle qui vient de la connaissance de son Seigneur » *(inna-hu ḥadîth*[un] *'ahida bi-Rabbihi)*[1].

(11) Sur aucune terre ils ne se fixent, c'est-à-dire qu'ils ne s'établissent pas dans un état, ce qui est une allusion à l'établissement ou maîtrise *(tamakkun)* dans la station de la nuance ou changement *(maqâm al-talwîn* = coloration)[2] qui est la plus élevée selon les Réalisateurs du Vrai *(muḥaqqiqîn)*.

Où est donc leur lieu de refuge *(mafarr)*, car il n'y a pas de stabilité *('adam al-thubût)* pour eux dans un état, de sorte qu'ils sont incapables de renoncer à la quête et moi aussi.

La cavale du désir provient de moi dans le fait de les rechercher tant que je poursuis ce but et eux le leur car, pour nous, la persistance *(dawâm)* est permanente comme le désir *(shawq)* et la poursuite (*ṭalab* signifiant aussi recherche), peu importe qu'ils se fixent ou non à une station.

---

1. In Muslim, *Istiqsâ'* 13 ; Abû Dâwûd, *Adab* 105.

2. Ibn 'Arabî définit ainsi le terme *talwîn* : « Si tu demandes ce qu'est la nuance ou coloration, nous dirons : C'est la mutation graduelle ou transfert *(tanaqqul)* du serviteur dans ses états spirituels. Pour la plupart, il présuppose une station spirituelle imparfaite, mais selon nous, il évoque la plus parfaite des stations, car il est le lieu de la similitude *(tashbîh)* que l'être humain se propose de réaliser… », in *Futûḥât al-Makkiyya*, chapitre 73, réponse 153 au questionnaire de M. Ḥakîm at-Tirmîdhî, tome II, pp. 128 à 134.

(12) La signification de ce vers fait référence à cette nouvelle que le Prophète – sur lui la Grâce et la Paix de Dieu – tenait de son Seigneur : « Ni Ma terre ni Mon ciel ne Me contiennent, mais le cœur de Mon serviteur porteur de foi Me contient » ; car le cœur est le « lieu » de la connaissance par Dieu où se manifeste pleinement la théophanie.

(13) Son lever n'est-il pas pour moi un rêve (*wahm* ou imagination) : il s'agit du moment où elle se manifeste à travers les formes du monde de la similitude.

Son coucher ne se réalise-t-il pas en mon cœur, c'est-à-dire la capacité du cœur [à contenir son Seigneur] qui, selon la nouvelle prophétique citée plus haut, est la connaissance par Dieu.

Tiré des branches du bân et du gharab, le mauvais augure vient de cesser. L'arbre nommé ***gharab*** présage un mauvais augure lorsqu'il est mis en contact avec l'arbre appelé ***bân,*** car le mot ***bân*** évoque la séparation *(bayn)* et le vocable *gharab* l'exil *(ghurba)*.

Un poète s'est exprimé ainsi sur ce thème :

Les augures ont prédit
la séparation de Salmâ

À l'aide de deux branches,
l'une du gharab et l'autre du bân.

Par celle du bân, ces présages
ont enlevé (bânat) *ma sécurité* (salîma)

Et par celle du gharab, ils ont provoqué
un exil (ightirâb) *lointain.*

(14) Ce vers suggère que les êtres humains tirent mauvais augure du croassement du corbeau *(ghurâb)* et prétendent qu'il annonce la séparation [selon l'étymologie de son nom] et la perturbation de l'harmonie de l'union *(shaml)*. Ici, ceci est impensable ! Car celui que j'aime est dans mon cœur et il n'y a en lui nulle déchirure qui motive la séparation, c'est-à-dire qu'il ne reste pour lui aucune influence qui puisse provoquer la rupture de l'union *(tafrîq al-shaml)*. Car les Réalités essentielles impliquent qu'aucun voile ne puisse apparaître après la venue de la théophanie et que rien ne puisse alors effacer ce qui est inscrit dans le cœur.

47
Éloignement

(1) Ô colombe perchée sur le bân
À Dhât al-Ghaḍâ !
Accablé est-il par l'importance
Du fardeau que tu lui fais porter.

(2) Qui donc pourrait endurer
Les épreuves de l'Amour ?
Qui donc pourrait boire
L'amertume du Destin ?

(3) Je dis dans mon émotion
Et ma violente passion :
Ah ! si celui qui m'a rendu malade
Avait pu me soigner !

(4) De la demeure,
Il franchit le seuil,
Moqueur, furtif,
Se dérobant, s'éloignant.

(5) Qu'il se voile
Ne m'a pas blessé !
Son éloignement
Seul m'a chagriné !

COMMENTAIRE

INDISPOSITION DE L'AMOUREUX PROVOQUÉE PAR SON MANQUE DE DISCERNEMENT

(1) Il parle ici de la sagesse irréprochable *(ḥikma munazzaha)*, ***à Dhât al-Ghaḍâ***[1], produite grâce aux états engendrés par les efforts spirituels *(aḥwâl al-mujâhadât)* et les exercices ascétiques *(riyaḍât)*, qui sont suggérés par le terme ***Ghaḍâ.***

Il est accablé par l'importance du fardeau que tu lui fais porter, en référence à ce verset où le dépôt confié *(amâna)* est mentionné : « *Nous avons, certes, présenté le Dépôt confié, aux Cieux et à la Terre ainsi qu'aux Montagnes ; ils refusèrent de le porter et en éprouvèrent de la crainte. L'être humain s'en chargea et se trouva très injuste* (zhalûm)[2] *et très ignorant* » (*Coran* 33/72). Tel est aussi le sens de ce vers :

Il se rit de Jumân
qui voyageait sous la pleine lune.

Le temps, pour lui, s'est rétréci,
mais mon cœur l'engloba !

(2) Qui donc pourrait endurer les épreuves *(shajw)* ou les affres *(âlâm)* ***de l'Amour ? Qui donc pourrait***

---

1. Ou rempli de tamaris ; la racine *GH Ḍ W* connote les sens suivants : être sombre, être en bon état, intègre, être excellent, riche.

2. La racine *ZH L M* comporte deux acceptions principales : être injuste, être obscur. Il s'agit d'une opposition à la lumière de la Guidance divine.

boire l'amertume des réalités que Dieu décrète et qui ne concordent ni avec le naturel de l'âme *(ṭabî'at an-nafs)* ni avec une connaissance parfaite qui pourrait empêcher cette amertume, comme le médicament amer cache la vertu qu'il infuse chez celui qui le boit afin qu'elle produise son effet salutaire.

(3) Je dis dans mon émotion *(wajd)*, c'est-à-dire dans ma tristesse *(ḥuzn)*, ***et ma violente passion*** *(law'a)*, c'est-à-dire dans ma passion brûlante *(ḥurqat al-hawâ)* : ***Ah ! si celui qui*** a été la cause de ma maladie s'était engagé à me soigner *(tamrîḍ)* et à me gouverner afin que je sois guéri et que ma préoccupation de Lui m'éloigne de ma maladie par Sa contemplation.

(4) De la demeure, il franchit le seuil fait allusion aux suggestions divines *(khawâṭir ilâhiyya)* qui lui traversent la conscience de la part du Vrai, sans consistance *(ḥulûl)* ni permanence *(iqâma)* ; ce sont plutôt des éclairs *(burûq)* qui brillent.

Moqueur, comme dans le verset « *Dieu se moque d'eux* » (*Coran* 2/15). Il s'agit de dispositions nécessairement dans le cœur et qui confèrent cette attitude moqueuse bien connue des Initiés.

Furtif ou se cachant dans le Mystère ou non-attestation *(ghayb)*.

Se dérobant ou en se voilant la tête, allusion aux voiles ; ***s'éloignant*** en attirant l'attention sur cette manière de faire qui me le cache.

(5) Je ne refuse pas les voiles, car nécessairement Il se trouve parmi eux, mais le seul préjudice que je ressens réside dans l'éloignement. C'est pourquoi je sais que j'ai en moi une disposition qui détermine cet éloignement, mais je ne sais pas en quoi elle consiste,

de sorte que je ne peux la faire cesser, sauf si Dieu attire mon attention sur elle et m'accorde de la connaître, car alors je m'efforcerai de la faire disparaître avec Son approbation.

48
Apparition évanescente

(1) Ô conducteur de chameaux fauves !
Bifurque à Sal‘,
Et arrête-toi près de l'arbre, le bân
Au lieu-dit al-Mudarraj.

(2) Appelle-les en sollicitant
Bienveillance et bonté :
Ô mes princes, auprès de vous,
Existe-t-il une consolation ?

(3) Au lieu-dit Râma,
Entre Naqâ et Ḥâjir,
Se trouve une jeune fille,
Isolée dans un baldaquin.

(4) Ô délicate beauté,
Dont le halo lumineux
Brille comme un flambeau
Pour le voyageur nocturne.

(5) Perle cachée
Sous la conque luisante

De sa chevelure noire
Comme la coquille du sabaj[1].

(6) Perle dont le pêcheur
Est la réflexion.
Elle ne se détache pas
Dans l'abîme de cet océan.

(7) Celui qui la contemple
La voit comme une gazelle des dunes,
En raison de la forme de son cou
Et de l'élégance de son allure.

(8) Comme le soleil du matin,
Dans le signe du Bélier,
Elle traverse le Zodiaque,
Jusqu'à son apogée.

(9) Qu'elle retire son voile,
Ou se découvre le visage,
Elle fait pâlir les lumières
De l'aube la plus éclatante.

(10) Entre l'enceinte sacrée et Râma
Je l'ai ainsi appelée :
« Qui veillera sur un jeune noble
Qui descendit à Sal' en espérant ?

(11) Qui veillera sur un jeune noble
Égaré dans un immense désert,

1. Le *sabaj* est un petit coquillage d'un noir très intense.

Consterné, la raison troublée,
Et accablé de tristesse ?

(12) *Qui veillera sur un jeune noble*
Par les larmes submergé ?
Une liqueur l'a enivré,
Filtrant des interstices des dents.

(13) *Qui veillera sur un jeune noble*
Aux profonds soupirs brûlants ?
Le bel intervalle des sourcils,
L'a rendu esclave de l'amour. »

(14) *Les mains de la passion*
Jouèrent avec son cœur.
Aussi, en cela, aucun péché
Ne lui est imputé.

COMMENTAIRE

DES ÉTAPES DANS L'AMOUR ET LA GNOSE

(1) Ô conducteur de chameaux **:** il s'agit de celui qui conduit vers le Vrai les aspirations qui cherchent à Le connaître et à Le contempler.

À Sal' **:** lieu où s'effectue la sacralisation près de Yat͟hrib *(maqâm al-iḥrâm al-yat͟hribî)* [ancienne appellation de Médine].

Bifurque, ou dirige-toi ***et arrête-toi vers l'arbre, le bân*** **:** signifie qu'Il se révèle à moi dans la station de l'Immutabilité *(maqâm al-qayyûmiyya)* et de l'Inclination *('aṭf)* à ***al-Mudarraj*** [lieu où on arrive par degré], graduellement *(tadrîj)*, pour la raison que cela ne se présente pas à moi en une fois, car je succomberais, mais état après état et station après station, par crainte de la stupéfaction *(dahsh)* et de la perplexité *(ḥayra)*.

(2) Appelle-les, ou appelle les Noms divins, par le langage de la bienveillance *(isti'ṭâf)* et de la bonté *(istilṭâf)*.

Auprès de vous, existe-t-il une consolation ? *(faraj)*, c'est-à-dire un remède *(shifâ')* à ce qui m'affecte dans la passion que j'éprouve à son égard [ou à l'égard des Noms divins].

(3) Au lieu-dit Râma : une des Demeures *(manzil,* pl. *manâzil)* du dépouillement *(tajrîd)* et de la singularisation *(tafrîd)*.

Entre Naqâ et Ḥâjir (litt. plateau élevé, digue), entre la Dune blanche *(kathîb abyaḍ)* et le voile le plus protégé posé sur les cœurs.

Une jeune fille *(jâriya)*, c'est-à-dire une connaissance essentielle unitaire *(ma'rifa dhâtiyya aḥadiyya)*.

Isolée : retirée, ***dans un baldaquin*** *(hawdaj)*, allusion à cette connaissance qui se trouve dans le cœur des gnostiques, cœur qui est pour elle comme le baldaquin. Le véhicule du cœur est comme le chameau qui se trouve sous la litière. Ensuite cette connaissance essentielle va être décrite.

(4 et 5) Ô délicate beauté signifie : comme elle est douce !

Le halo lumineux indique qu'elle se manifeste au milieu d'une lumière.

Brille pour le voyageur nocturne, c'est-à-dire pour les familiers des connaissances et des itinéraires nocturnes *(isrâ'ât)*.

Comme un flambeau *(sirâj)* afin qu'il se laisse guider par elles [les connaissances] pendant cette ascension *(mi'râj)*.

Perle *(lu'lu'a)*, c'est-à-dire noblesse ***cachée*** *(sharîfa maknûna)*, ou dissimulée ***sous la conque luisante de sa chevelure*** *(sha'ar)*, sous le voile du mystère dont on a conscience *(mash'ûr bi-hi)*, et pour cette raison, le fait de la désirer *(ṭalab)* est valable, car ce dont on n'a pas conscience ne peut être valablement désiré et l'aspiration *(himma)* ne peut s'y appliquer.

(6 et 7) La réflexion *(fikr)* pénètre dans l'abîme *(lujja)* de l'océan afin de chercher à extraire cette perle qui ne peut se retirer par la réflexion, celle-ci ne cessant jamais de s'enfoncer. Ceux qui l'utilisent sont les familiers des cogitations qui cherchent à obtenir l'objet de leur quête par la méthode discursive *(nazhar)* et l'argumentation *(istidlâl)*. Comme leur recherche est incohérente et leur aspiration mal orientée ! Car Dieu ne se révèle que grâce à la seule sollicitude *('inâya)* et grâce à un centre intime *(sirr)* à l'abri des réflexions ; et celle-ci ne s'obtient pas par des efforts individuels *(sa'ayât)*, mais bien par des aides divines *('inâyât ilâhiyya)*. Lorsqu'elle se présente par sa manifestation dans le domaine de la similitude *(ḥaḍrat al-tamaththul)* ***il la voit comme une gazelle des dunes,*** à cause des égards qu'elle a pour lui, sur la Dune blanche [où a lieu la Vision béatifique du Seigneur], et aussi à cause de l'élégance des propos et des discours qu'elle tient, suggérée ici par le terme ***allure*** *(ghanaj)*.

(8) Comme le soleil du matin, dans le signe du Bélier[1] *(ḥamal)*, qui représente l'élévation de sa demeure sublime, ce qui signifie sa manifestation dans la station de l'Irrésistibilité *('izza)* et de la Magnificence *(kibriyâ')*.

Elle traverse le Zodiaque jusqu'à son apogée, allusion à l'accroissement *(ziyâda)*, à l'immensité, à la magnificence et à l'Irrésistibilité que le contemplant *(nâzhir)* ressent en lui-même tant que la contemplation *(nazhar)* perdure.

(9) Qu'elle retire, c'est-à-dire qu'elle soulève les voiles et qu'elle montre son ***visage*** **:** toute lumière disparaît alors devant la sienne.

(10 et 11) Je l'ai ainsi appelée pendant le temps *(waqf)* où le voile se pose entre celui de l'irrésistibilité la plus inaccessible *('izza aḥmâ)* et les demeures de la Singularisation *(tafrîd)* : « ***Qui veillera sur un jeune noble*** » *(fatâ)*, terme lié à la noblesse chevaleresque *(futuwwa)*[2], ***qui descendit à Sal',*** une des demeures de l'Inviolabilité divine *(ḥurma ilâhiyya)* à laquelle son espérance s'attachait.

Qui veillera sur un jeune noble, égaré, c'est-à-dire désorienté sous l'effet de son irrésistibilité et de sa magnificence.

Dans un immense désert ou lieu inhospitalier, c'est-à-dire dans un état de retranchement.

---

1. Pour le symbolisme et la signification attachés à ces termes d'astrologie traditionnelle, cf. Titus Burckhardt, *Clé spirituelle de l'astrologie musulmane d'après Muhyî ad-Dîn Ibn 'Arabî*, Arche, Milan, 1983.

2. Sur la notion de *Futuwwa*, cf. index-glossaire.

Consterné : perplexe, ***la raison troublée*** par l'ivresse [d'amour], ***accablé de tristesse,*** affligé à cause de ce qui lui a échappé.

(12) Qui veillera sur un jeune noble, nouvelle allusion à la noblesse chevaleresque *(futuwwa)* en référence à ce verset : « *Nous avons entendu un jeune homme noble* (fatâ) *qui les (divinités) mentionnait, et qu'on appelle Abraham* » (*Coran* 21/60).

Par les larmes, submergé, cela se réfère à la connaissance obtenue par la contemplation qui, pour cette raison, est mise en correspondance avec les larmes. ***Submergé*** car celui qui atteint cet océan de gnose se noie en reconnaissant que cette mer est pour lui sans rivage.

Une liqueur l'a enivré, comme dans l'expression coranique « *délectation pour les buveurs* » (*Coran* 47/15). Il s'agit de toute science qui confère exultation *(ibtihâj)* et jubilation primordiale *(surûr)* provenant de la science de la Perfection, lorsqu'elle se présente à la réalité subtile de l'être humain.

Les interstices des dents *(falaj)* signifient l'écartement des dents et représentent les degrés dans la connaissance.

(13) Qui veillera sur un jeune noble aux profonds soupirs brûlants, expression suggérant que le déracinement *(içtilâm)* est destructif *(muḥriq)*.

Rendu esclave [de l'amour] ou asservi.

L'***intervalle des sourcils*** est leur séparation et symbolise la distance qui sépare les deux Vizirs *(wazîrayn)* Imâms *(imâmayn)*, allusion à la station du Pôle *(quṭb)*[1].

1. Pour ces notions de hiérarchie sacrée et de fonctions initiatiques déjà évoquées, cf. index-glossaire.

(14) Les mains de la passion jouèrent avec son cœur, cela signifie qu'il est sous la tutelle *(taçrîf)* et l'autorité *(ḥukm)* de la passion.

Aussi, en cela, aucun péché ne lui est imputé, dans ce qu'il désire, selon ce qui se présente à lui dans sa passion, et ce sur quoi est fondée la première suggestion *(k̲h̲âṭir awwal)*.

Aucun péché, c'est-à-dire culpabilité *(junâḥ)* ou faute *(it̲h̲m)*.

49
Désemparé

(1) Qui plaidera pour moi auprès de celle
Dont les doigts sont teintés ?
Qui plaidera pour moi auprès de celle
Dont la langue est de miel ?

(2) Elle est parmi les femmes bien formées,
Celles qui, de voiles, sont protégées.
Des femmes pleines de grâce,
Vierges préservées et d'une grande beauté !

(3) Pleines lunes parfaites
Au-dessus des branches.
Elles se trouvent protégées
De toute imperfection.

(4) Dans le jardin
De la demeure de mon corps,
Se trouve une colombe,
Perchée sur une branche du bân,

(5) Mourant de désir,
Se consumant d'amour,

Car ce qui l'a frappé
M'a également atteint.

(6) *Elle pleure un ami,*
Elle blâme un temps
Qui lui a lancé sciemment
Les flèches qu'il m'a lancées.

(7) *Séparé d'un proche,*
Étranger à sa demeure.
Ô mon temps
Contre mon temps !

(8) *Qui plaidera pour moi auprès de celui*
Que mon tourment satisfait ?
D'aide, je ne trouve
Dans ce qu'il approuve.

COMMENTAIRE

RÉALISATION SPIRITUELLE ESSENTIELLE OU PROGRESSIVE

(1) Celle dont les doigts sont teintés, expression suggérant que la puissance prééternelle *(qudra qadîma)* se dissimule sous la puissance adventice *(qudra muḥdatha)*, selon les positions doctrinales des théologiens scolastiques *(ahl al-nazhar)* qui divergent en cette matière.

Qui plaidera pour moi auprès de celle, c'est-à-dire qui me viendra en aide au moyen de la réalisation d'une science, [mais] qu'ils enseignent mal, afin que je découvre la vérité qu'elle comporte, à savoir s'il y a une explication satisfaisante ou non en elle. Quant à moi, je refuse ce point de vue, ainsi que certains de nos compagnons alors que les mu'tazilites y adhèrent[1], bien que des soufis de tendance a<u>sh</u>'arite ne prennent pas position[2].

Qui plaidera pour moi auprès de celle dont la langue est de miel, ou dont les propos sont suaves *(ṭayyib)*.

(2) Elle est parmi les femmes bien formées, c'est-à-dire parmi celles qui sont le support de ses sciences.

Celles qui, de voiles, sont protégées, c'est-à-dire celles [ou les connaissances][3] qui sont préservées par les voiles et le rideau.

---

1. On peut articuler cette phrase d'une autre manière : Quant à moi, je refuse ce point de vue, alors que certains de nos compagnons et les mu'tazilites…

2. Ibn 'Arabî suggère indirectement sa position doctrinale sur ce sujet, qu'il a déjà abordée plusieurs fois dans le commentaire de ce recueil à propos des causes secondes ou occasionnelles *(asbâb)*.

La prise de conscience, par le croyant véritable et visionnaire, que Dieu est l'Auteur direct de tous les actes, n'abolit pas la perception des moyens dont Il se sert pour réaliser Son Plan d'ensemble et particulier. Le risque est de ne voir que les causes secondes et non pas l'Agent par Lequel toute chose agit et est agie pour réaliser ce Plan divin. L'association *(<u>sh</u>irk)* de divinités au Dieu unique, sous une forme patente ou cachée, est liée à ce problème majeur en Islam et en Doctrine universelle. Le commentaire entier de ce poème est étroitement lié à ce thème.

3. L'ambivalence du pronom de rappel permet deux traductions possibles. Dans son prologue, Ibn 'Arabî a exprimé cette possibilité de principe puisque la Bien-Aimée symbolise tout à la fois l'Essence divine, les Attributs divins et la Manifestation universelle divine considérée dans son ensemble et dans les différents degrés et aspects qu'elle assume.

Des femmes pleines de grâce, vierges préservées et d'une grande beauté **:** pleines de délicatesse, ou encore de pudeur *(ḥayâ')* et de beauté *(jamâl).*

(3 et 4) Elles possèdent la station de la perfection *(kamâl)* et de la plénitude *(tamâm)* que ni insuffisance ni faute *(jaram)* ne peuvent atteindre.

Dans le jardin *(rawḍa)* signifie qu'elles sont dans un jardin séparé d'autres jardins du fait de l'isolement *(infirâd)* dû à leur qualité intrinsèque.

En ce ***jardin se trouve une colombe*** *(ḥamâma)* gracieuse, spirituelle et prophétique se manifestant à travers l'attribut d'Immutabilité *(qayyûmiyya)* qui transcende toute association *(ishtirâk).* Or, certains de nos compagnons soutiennent qu'on ne peut se caractériser par l'attribut d'Immutabilité[1].

(5 à 7) Elle est dans la station du ***désir*** ardent *(shawq)* et de l'emprise ***amoureuse*** *('ishq).* Ses caractéristiques sont la liquéfaction ou dilution *(dhawbân)* et le trépas *(mawt).* Il est fait ici une référence [indirecte] à ces deux versets : « *Dis ! Si vous aimez Dieu, conformez-vous à moi* [il s'agit du Prophète], *alors Dieu vous aime* » (*Coran* 3/31) ; « *Il les aime et ils L'aiment* » (*Coran* 5/54).

Par ***ami*** ou familier *(ilf)*, il faut entendre la forme totalisatrice *(çûra jâmi'a)*[2]. C'est parce que les formes proviennent du monde de la similitude *('âlam al-tama-*

---

1. Il doit s'agir, entre autres, de Ibn Junayd. Cf. index.

2. Le terme *ilf*, ami, familier, vient de la racine *'L F* qui signifie tout à la fois : s'apprivoiser, fréquenter, joindre, s'assembler. Le nom de la lettre *alif*, première de l'alphabet arabe, de valeur numérique et arithmosophique 1 est apparenté à cette racine, ainsi que *alf*, qui veut dire : mille.

ththul) qu'elles sont aussi conditionnées par le temps *(zamâl)* en ce monde.

Le ***blâme*** *(dhamm)* est ici rattaché au temps *(zamâl)* et les ***flèches*** le visent et l'atteignent à coup sûr car il est leur cible apparente.

Séparé d'un proche : il s'agit du gnostique qui reconnaît en lui-même l'existence des voiles qui lui occultent son Seigneur après avoir été par son Seigneur pour son Seigneur.

Il est devenu ***étranger à sa*** [propre] ***demeure,*** celle de sa condition naturelle *(ṭâbi'a)* lorsqu'il revient à elle.

Ô mon temps contre mon temps ! : il a perdu alors la conscience du temps pendant lequel s'effectue [habituellement] la différenciation *(bayn)* qui porte sur le temps au cours duquel se réalise l'économie naturelle ou normale *(intizhâm al-shaml)*.

(8) Qui plaidera pour moi auprès de celui que mon tourment satisfait : qui plaidera pour moi au moment de son arrivée après qu'il se fut séparé, car la séparation inconditionnelle ou essentielle *(firâq al-iṭlâq)* est plus fondamentale que la séparation initiale *(firâq awwal)*[1] étant donné qu'il s'agit d'une séparation provenant d'une connaissance acquise par expérience *(khubr)*.

D'aide, je ne trouve dans ce qu'il approuve : la connaissance préalable d'une chose quelle qu'elle soit s'oppose à l'arrivée d'une autre chose *(sabq^u al-'ilm^i bi-amr^in mâ, yamna'u min wuqû'i ghayrihi)* ; cette

---

Ici, le Maître fait intervenir l'ensemble de ce symbolisme universel que la langue sacrée de l'Islam, l'arabe révélé, fait bien ressortir et véhicule.

1. Voir poésie 25/10, note 1.

assertion relève d'une porte importante qu'il faut fermer à clé et rendre inaccessible car cela pourrait être source de perdition, sauf pour le gnostique confirmé *('ârif mutamakkin)*.

50
Venin fatal

(1) Ô la perfide !
Qui inocula son venin,
Par ses tresses de vipères,
À celui qui cherchait son chemin.

(2) *Après l'avoir piqué*[1],
Par l'ondulation de sa douceur,
Elle le fit fondre
Et l'abandonna, malade, sur la couche.

(3) Elle lance des flèches de son regard
Émanant de son arc sourcilier.
Et de quelque côté que tu arrives,
Tu es mortellement blessé !

---

1. Le terme piqué par un serpent *(salîm)* veut dire aussi sain et sauf, indemne.

COMMENTAIRE

L'AMOUR BLESSE À MORT L'AMANT

***(1) Ô la perfide !... son chemin* :** ce vers fait allusion à une manière d'être accablante qui consiste à laisser avec les diverses sciences du Mystère qu'elle possède et qui découlent de la Présence de la crainte révérencielle et de la Majesté *(ḥaḍrat al-hayba wa al-jalâl)* celui qui, piqué (*la<u>dh</u>î'* = mordu, brûlé) par l'amour qu'il ressent pour elle, désire la rejoindre.

***(2) Par l'ondulation de sa douceur* :** par un tendre regard, lancé du côté droit, qui le fit fondre, comme si elle le tuait à nouveau de derrière ses tresses.

Elle l'abandonna, malade, sur la couche, la couche *(firâ<u>sh</u>)* étant, pour lui, un lit de repos naturel qui représente le corps *(jism)*.

(3) Elle lance les flèches de son regard émanant de son arc sourcilier signifie qu'il est encore tué par ce qu'il atteint provenant des Lieux suprêmes de contemplation *(manâ<u>z</u>hir 'ulâ)* au moment où celle-ci se présente avec ou sans intermédiaire.

De quelque côté que tu arrives, tu es mortellement blessé *(qatîl)* : elle exerce son influence sur toi de quelque direction que tu l'abordes, de côté ou devant, c'est-à-dire en vis-à-vis, ou en restant derrière pour remarquer ce qui est devant, ou retournant de côté, ses larges tresses *(ḍafâ'ir)* derrière. Toutes ces directions sont pour l'amant autant de portes meurtrières qui ne lui laissent aucun répit.

51
Amour réciproque

(1) C'est à Dhât al-Aḍâ',
À al-Ma'zamân et à Bâriq,
À Dhû Salam et à al-Abraqân,
Que, pour le voyageur de nuit,

(2) Fulgurent des éclairs de sabres
Qui éclatent de riantes bouches,
Parfumées comme des poches de musc,
Dont on ne peut humer la senteur.

(3) S'ils s'engagent à combattre,
Ils tirent le sabre de leurs œillades.
S'ils se montrent conciliants,
Ils dénouent les nœuds des difficultés.

(4) Ils obtiennent alors, et nous aussi,
Deux délectations équivalentes :
Possession de l'aimé,
Possession de l'amant.

COMMENTAIRE

LES ATTRIBUTS ANTINOMIQUES ET LE POUVOIR DE DÉLIER ET DE GÉRER

(1 et 2) Ce premier vers représente :

– la lumière – [allusion à ***Dhât al-Adâ***],

– la contrainte que l'âme ressent entre les deux mondes – [allusion à ***Al-Ma'zamân***],

– la présence de la théophanie essentielle provenant de deux aspects – [allusion à ***Al-Abraqân***],

– et la Paix – [allusion à ***Dhû Salam***][1] – pour les familiers des degrés ascensionnels *(ahl al-ma'ârij)* parmi les entités spirituelles.

Fulgurent des éclairs de sabres qui éclatent de riantes bouches : il s'agit d'un artifice d'importance *(makr 'azhîm)* qui se manifeste à travers une grâce discrète, cachée par un bienfait qu'on trouve agréable *(ma'shûqa)*.

Parfumées comme des poches de musc, c'est-à-dire des lieux de présence si parfumés que les senteurs *(mashâmm)* qu'ils dégagent sont sans commune mesure avec les odeurs que l'on peut percevoir.

(3) S'ils s'engagent à combattre, ou encore, s'ils entrent en conflit, attitude suggérée par ces versets : « *C'est ainsi que Dieu a mis une empreinte naturelle sur tout cœur orgueilleux réducteur* » (*Coran* 40/35).

---

1. Le Maître commente les noms de lieu contenus dans ce premier vers sans toutefois les reprendre dans cette explication. Chacun de ceux-ci comporte, par son étymologie, la signification ici développée.

Le terme *salam* provient de la racine *S L M* qui a donné, par ailleurs, le nom *sullam*, échelle, moyen d'arriver.

« *Goûte !* [il s'agit du transgresseur qui connaît le tourment du Feu], *toi* [qui te prétendais] *être l'irrésistible, le noble* » (*Coran* 44/49). Le Prophète – sur lui la Grâce et la Paix de Dieu – invoquait ainsi son Seigneur : « Je cherche refuge auprès de Toi contre Toi ! »

Ils tirent le sabre de leurs œillades, allusion à la contrainte *(qahr)* et à la puissance *('azhama).*

S'ils se montrent conciliants, c'est-à-dire sans s'opposer, ***ils dénouent les nœuds des difficultés*** en obtenant le pouvoir de délier *(infisâkh)* ce qui peut l'être.

(4) Ils obtiennent alors, et nous aussi, deux délectations équivalentes selon ce qui est rapporté dans certaines traditions sur l'incitation au désir *(ishtiyâq)* de la proximité [de Dieu] la plus inaccessible pour celui qui en est digne.

Équivalentes sous le rapport de la forme *(maqâm al-çûra)* selon laquelle Dieu a créé l'Humain.

Possession de l'aimé *(ma'shûq)*, ***possession de l'amant*** *('âshiq)*, chacun exerçant sur l'autre une certaine influence *(taçarruf)* selon leurs affinités et leurs états.

52
Espoir et crainte

(1) Je suis content d'apprécier à Raḍwâ
Un jardin et une halte,
Car en ce lieu est un pâturage
Dans lequel coule une eau limpide.

(2) Il se peut que ceux que j'aime
Aient connaissance de sa fertilité,
Ils le choisiront alors
Pour le séjour et l'étape.

(3) Notre cœur, à eux, est attaché,
Quand il écoute attentivement
Le chamelier qui pousse son troupeau
Au rythme grave de ses mélopées.

(4) S'ils s'appellent les uns les autres,
Pour le départ et franchir le désert,
C'est de derrière leurs montures,
Que tu l'entends crier sa peine.

(5) Si vers az-Zawrâ' ils se dirigent,
C'est devant eux qu'il se tiendra.

S'ils s'acheminent vers Jar'â',
C'est en ce lieu qu'il descendra.

(6) L'oiseau ne se fixe
Que là où ils se trouvent et campent,
Car c'est sur leur lieu de vie,
Que demeurent ses poussins.

(7) Ma crainte et celle que j'ai pour elle
Se livrent un combat,
Et contre sa rivale,
Aucune ne peut se désister.

(8) Lorsque ses gloires
Eurent ravi ma vue,
Le bruit de mes sanglots
Vinrent à l'assourdir.

COMMENTAIRE

L'ORIENTATION ESSENTIELLE DE L'ASPIRATION

(1) Le terme ***Raḍwâ*** [litt. lieu de la satisfaction, endroit montagneux près de Médine] se réfère à la station de la satisfaction *(riḍâ)* et le ***jardin*** décrit différentes sortes de sciences.

Une halte, là où s'agenouille le chameau qui symbolise les aspirations *(himam)*. ***Car en ce lieu est un pâturage,*** subsistance des esprits, ***dans lequel coule une eau limpide,*** netteté ou pureté des conditions de subsistance *(çafâ' al-'aysh)*.

(2) Il se peut que ceux que j'aime, qui représentent les formes extérieures *(ashkâl)* que l'amant revêt, ***aient connaissance de sa fertilité,*** c'est-à-dire que la fertilité de ce lieu sublime transporte les aspirations.

Ils le choisiront alors pour le séjour, c'est-à-dire pour leurs aspirations, ***et l'étape,*** pour y déposer leurs bagages afin d'y trouver un délassement à cause de la fatigue du voyage principiel *(safar ma'nawî)* ; car les réalités intimes *(asrâr)* [de l'être] peuvent perdre de leur vigueur, surtout lorsque leurs activités *(ḥarakât)* s'exercent par le biais de l'argumentation *(fî ṭarîq al-istidlâl)*.

(3, 4 et 5) Les formes extérieures que revêt l'amant sont les réalités qui le font progresser jusqu'au but qu'il s'est proposé, car son cœur s'est attaché *(mu'allaq)* à elles et l'attachement *(ta'alluq)* aux secrets ou réalités intimes *(asrâr)* est effectif pour lui.

Pour le départ *(riḥla)* suggère que ces formes extérieures l'abandonnent pendant la période où il est négligent, et aussi qu'il revient à ses tendances naturelles (*ḥuzhûzh* = les composantes de sa destinée).

Notre cœur, à eux, est attaché quand il écoute attentivement le chamelier qui pousse son troupeau au rythme grave de ses mélopées ; il en est ainsi lorsque l'amant écoute avec attention *(açâkha)* l'appel de celui qui les convie vers Dieu le Vrai.

S'ils s'appellent les uns les autres pour le départ, le caravanier ou voyageur *(raḥîl)* les sollicite les uns les autres, en référence à cette parole divine : « *Assistez-vous les uns les autres dans la vertu et la crainte protectrice* » (*Coran* 5/2).

Et franchir le désert, en recherchant le succès *(fawz)* dans les stations du dépouillement *(tajrîd)*.

Tu l'entends, c'est-à-dire tu entends son cœur, ***derrière leurs montures*** : derrière les aspirations et les cœurs voyageant hors de leur corps, ***crier sa peine*** : des pleurs exaltés.

Et si à az-Zawrâ', ils se dirigent, c'est vers l'excellence du Pôle[1] *(ḥaḍrat al-Quṭb)*. Le terme ***Zawrâ'*** – [nom donné à Bagdad à cause du Tigre qui forme un coude en traversant cette cité] – connote l'idée d'inclination *(mayl)* – [car la racine *Z W R* qui forme le mot ***Zawrâ'*** comporte cette acception] – vers l'excellence de la Vérité instituée *(ḥaqq mas͟hrû')*.

C'est devant eux qu'il se tiendra, par son aspiration et son cœur, et non par son acte, car il est incapable d'exercer une action sur eux, l'incapable ne pouvant présenter que des tendances ou appétences *(tamannî)*.

S'ils s'acheminent vers al-Jar'â', berceau familier des efforts intenses *(mawṭin al-mujâhadât)* [spirituels] et dissolution (*tajrî'*, litt. déglutition, de même racine que ***Jar'â',*** terre sablonneuse) des afflictions nouées *(g͟huçaç)*, car il s'agit d'une démarche initiatique *(sulûk)* effectuée à partir d'un voile ou surimposition *(ḥijâb)*.

C'est en ce lieu qu'il descendra pour y séjourner sans le quitter, étant donné qu'il ne peut supporter de tels efforts pénibles *(mas͟hâqq)*.

Par l'expression ***en ce lieu*** (*t͟hamma*, litt. là), il est question de ***al-Jar'â',*** car c'est là qu'il s'installera dans les lieux propices (*mawâṭin*, litt. les terres natales) aux efforts spirituels pénibles dans l'espoir d'arriver au but visé.

1. Pour les questions qui touchent à la fonction du Pôle, voir index sous rubrique *Quṭb*.

(6) Les aspirations ne tendent que vers les « endroits » familiers *(mawâṭin)* qui leur correspondent par leur nature originelle ou fondamentale *(ḥukm al-açl)*. Le gnostique aspire sans cesse à la réalisation en soi *(taḥaqquq)* par dévoilement sous l'action des Noms divins.

(7 et 8) Ma crainte et celle que j'ai pour elle, car dans mon cœur, je possède deux craintes : une à cause de moi, et une autre à cause d'elle ; or les deux sont des dispositions liées nécessairement l'une à l'autre, sans que l'un des partenaires qui en est affecté s'enquière de l'autre.

La crainte qui m'est propre concerne ma vue *(baçar)* de peur que ses gloires *(subuḥât)* [à elle] détruisent sa lumière au moment de la théophanie [cf. *Coran* 7/143] par ***ses gloires*** *(subuḥât)* [à elle].

La crainte qui m'assaille à cause d'elle consiste en la perception auditive *(sam')* qu'elle possède afin que cette audition ne soit pas couverte par le bruit des larmes que je verse sur elle.

L'objet du désir *(maṭlûb)* se présente à lui, ici, sous une forme subtile intermédiaire *(çûra barzakhiyya)* dans le monde imaginal *('âlam al-mithâl)*. Il rapporte donc à ce plan les réalités qu'il met en relation avec les formes ; et lorsque celles-ci descendent sur elle [l'aimée], il doit [lui l'amant] les faire descendre en leur donnant une forme d'expression *('ibâra)*. C'est d'une manière semblable que les prophéties *(nubuwwât)* se présentent sous forme de paroles *(kalâm)*. La tradition prophétique suivante illustre parfaitement ce cas : « Dieu n'écoute rien autant qu'Il écoute un prophète qui psalmodie le Coran. »

53
Union des deux

(1) Quand pour l'adieu, nous nous sommes rencontrés,
Tu aurais pensé que nous étions
Comme une lettre redoublée,
Au moment de l'union et de l'étreinte.

(2) Même si nous sommes constitués
D'une double nature,
Les regards ne voient
Qu'un être unifié.

(3) Cela est seulement dû
À mon dépérissement et à sa lumière.
Et si je n'avais gémi ma plainte,
Elle n'aurait pas remarqué ma présence !

COMMENTAIRE

FONCTION NÉCESSAIRE DU CORPS ET DE L'ÂME DANS LA RÉALISATION SPIRITUELLE

(1 et 2) La lettre redoublée *(ḥarf mu<u>sh</u>addad)* constitue deux lettres [identiques], l'une étant insérée dans l'autre.

Quand l'âme ou souffle animé *(nafs)* se sépare du corps, elle gémit de cette condition.

Et même si nous sommes bien deux par la signification *(ma'nâ)* [étant composé de corps et d'âme], l'œil ne voit qu'une seule forme *(<u>sh</u>a<u>kh</u>ç wâḥid)*.

La raison de l'attachement amoureux de l'âme pour le corps est due aux connaissances *(ma'ârif)* qu'elle n'obtient que par son emprisonnement en lui et par l'exercice qu'elle en fait dans le service d'institution divine qui lui est prescrit. Le vers suivant de Ḥallâj y fait allusion :

Je suis celui que j'aime, et celui que j'aime, c'est moi !

Pour l'adieu est ici mentionné avec cette allusion à la distinction entre ce qui convient à lui et qui ne convient pas à son aimé *(maḥbûb)*. Il fait siennes les dispositions respectives de chacun.

(3) Cela est seulement dû à mon dépérissement *(nuḥûl-î)* provenant du domaine subtil *('âlam al-luṭf)*, et ***à sa lumière*** dont l'intensité fait que sa vue *(baçar)* se trouve privée de sa faculté de perception *(idrâk)*, et moi de ma faculté subtile *(laṭâfa)*.

Et si je n'avais gémi ma plainte, elle n'aurait pas remarqué ma présence : cette expression doit s'interpréter comme le fait al-Mutanabbî :

Si je ne t'avais adressé la parole, tu ne m'aurais pas vu.

Un autre poète a dit :

Désirez le corps quand il gémit.

54
Apprivoisé

(1) « Les soleils, dirent-ils,
Sont dans la Demeure de la Céleste Sphère ! »
Pourtant, la mansion du soleil
N'est-elle pas la voûte céleste ?

(2) Quand un Trône s'érige,
Reposant sur son assise,
Il ne reste plus
Qu'à installer le roi.

(3) C'est au moment où le cœur
De son ignorance se dégage,
Que la descente de l'Ange
Peut alors s'opérer.

(4) Il s'est emparé de moi,
Comme je me suis emparé de lui.
Ainsi de son compagnon
Chacun a pris possession.

(5) Combien il paraît évident
Que je suis sa possession.

Et je le possède aussi
Quand il me dit : « Viens donc ! »

(6) Ô conducteur de chameaux fauves !
Déroute-toi pour t'arrêter près de nous,
Et avec ta monture, ne dépasse pas
La Demeure de la Céleste Sphère.

(7) Tout près de al-Musannâ,
Sur le rivage, une demeure
T'a rendu malade,
Sans t'en donner la raison.

(8) Ah si le maître de la passion
Avait posé sur toi
L'amour qui sur moi
Avait été déposé !

(9) Car ni Zarûd, ni Ḥâjir,
Ni même Salam
N'est un campement
Qui t'a fait dépérir.

(10) La brûlante passion
M'a fait rechercher l'ombre
Du nuage de l'union,
Mais il ne t'a pas ombragé.

(11) La vigueur de sa puissance
A provoqué ta soumission.
Ah si, comme il t'a abaissé,
Il s'était abaissé devant toi !

(12) Ah ! si par fierté, il avait refusé
D'user de bonnes manières !
Et qu'à ton égard,
Il se soit montré complaisant !

COMMENTAIRE

L'ÊTRE HUMAIN RÉALISÉ, LIEUTENANT DE DIEU

(1) Ils dirent que les lumières divines sont dans ***la Demeure de la Céleste Sphère*** *(dâr al-falak)*, celle du cœur, à cause de sa rotondité *(istidâr)*. Il est ainsi fait allusion à ce ḥadîth : « … Le cœur de Mon serviteur porteur de la foi Me contient. »

(2) Ce vers fait référence aux versets suivants qui connotent un même sens : « *Et quand Je l'aurai (l'Humain) harmonieusement formé* (sawwaytu-hu) *et que J'aurai insufflé en lui de Mon Esprit* » (*Coran* 15/29). « *Le Tout-Irradiant d'Amour, sur le Trône s'installe harmonieusement* » (*Coran* 20/5). « *Celui qui t'a créé, puis t'a formé harmonieusement et t'a équilibré* » (*Coran* 82/7). Car le royaume *(mulk)* exige un roi *(malik)* qui est destiné à le gérer et par lequel il exerce sa fonction souveraine.

(3) C'est au moment où le cœur, de son ignorance *(jahl)*, ***se dégage*** *(khalaça)* dans la station du pur détachement *(ikhlâç)*, ***que la descente de l'Ange peut alors s'opérer,*** descente des entités spirituelles *(rûḥâniyyât)* sublimes qui a lieu pour lui. Il s'agit de la notion de libération ou détachement délibéré *(takhalluç)* de l'ignorance afin que la science puisse s'établir dans le cœur.

(4) Il s'est emparé de moi étant donné que je suis « formaté » (*muqayyad* = conditionné) par Lui, ***comme je me suis emparé de lui*** pour autant que les Noms [divins] ne se manifestent que dans ce qui peut les recevoir *(mumkin)*. Dans cette même perspective, on pourrait ajouter qu'il existe ici un rapport avec Sa Forme[1] selon l'autorité d'une tradition prophétique. Cette position doctrinale est commentée au vers suivant (le cinquième).

(5) Combien il paraît évident que je suis sa possession : il s'agit encore du conditionnement que nous avons mentionné plus haut.

Et je le possède aussi quand il me dit : « Viens donc ! » (*hayta la-ka*, cf. *Coran* 12/23), afin que les Noms [divins] se manifestent, alors que si je ne me les étais pas appropriés, ils n'auraient fait apparaître aucun effet puisque dans la Préexistence *(qidam)* et chez le Préexistant *(qadîm)*, aucune possibilité n'est effective.

(6 et 7) Ô toi qui suscites les énergies ou aspirations *(himam)*, ***déroute-toi pour t'arrêter près de nous,*** en direction de ***la Demeure de la Céleste Sphère*** *(dâr al-falak)* qui est le cœur, temple de la théophanie et de l'amplitude *(si'a)* divine.

La Demeure de la Céleste Sphère *(Dâr al-Falak)*, qui se trouve à Bagdad, est une fondation *(mawqûfa)*

---

1. Il doit s'agir ici du ḥadîth déjà cité de nombreuses fois par le Maître : « Dieu créa Adam selon Sa Forme. » Cf. poésies 9/2 – 18/3 – 30/13, par exemple.

pour les femmes vouées au service divin *(muta'abbi-dât)* : elle est située sur les bords du Tigre *(Dajla)* près du lieu-dit ***al-Musannâ,*** là où se tient l'Imâm – que Dieu l'agrée !

T'a rendu malade, car cette proximité *(qurb)* t'a fait hériter de l'affection de la passion amoureuse *('illat al-hawâ).*

Sur le rivage, ou le fleuve de la vie et de la véridicité *(çidq).* Le terme *Dajla,* Tigre, fait partie des racines à sens antinomique *(muqâbalat al-ḍidd)* ; il prend ici une signification favorable, comme le vocable *salîm* qui prend le double sens de « indemne » et de « piqué par un serpent ». Ainsi le mot *dajla* provient d'une racine *D J L* qui connote deux sens contraires : mensonge *(kidhb)* et loyauté *(çidq).*

Et avec ta monture, ne dépasse pas la Demeure de la Céleste Sphère : cela pour écarter l'œil du spectateur par son refus de l'endommager [à cause de sa vulnérabilité due à la Présence divine].

Tout près de al-Musannâ [lieu qui signifie élevé, sublime et lumineux], station du Pôle, Demeure du Lieutenant[1] *(dâr al-khalîfa)* [de Dieu sur terre, cf. *Coran* 2/30].

Sans t'en donner la raison, c'est comme si l'on disait : Il t'a rendu malade et il ne t'a pas soigné.

(8) Il dit à celui qui le critique : ***Ah ! si*** la douleur de la passion avait été sur moi et que le poids de l'amour ***sur moi avait été déposé,*** Dieu aurait déposé sur toi le poids de cet amour d'une autre manière !

---

1. Pour la fonction et la demeure du Pôle, cf. index sous le vocable *quṭb.*

(9) Il est dit, dans ce vers, qu'aucune réalité contingente *(mumkin)* ni qu'aucun lieu *(maqâm)* ne peut le faire dépérir. Il faut comprendre que son amour pour un lieu de contemplation essentielle *(mashhad dhâtî)* est entièrement pur et saint et qu'il transcende tout conditionnement dû au lieu.

(10) À cause de la chaleur de la ***passion*** amoureuse qui t'a saisi, tu t'es mis à ***rechercher*** le ***nuage de l'union*** qui t'ombrageait afin de trouver bien-être et repos. Or tu n'as pas pu y parvenir car tu es voilé. Si on t'avait dévoilé qu'Il est proche de toi et qu'Il est ton ouïe et ta vue, la réalité n'aurait pas été comme je viens de l'exposer.

(11 et 12) La vigueur *('izz)* ***de sa puissance a provoqué ta soumission*** : Il s'est manifesté à toi dans l'Irrésistibilité *('izza)*. En conséquence, te voilà abaissé devant une situation et non devant Lui, car tu Le connaissais déjà et Il ne s'est pas manifesté à toi. C'est dire que l'état de cet abaissement était comme ce qui s'était manifesté à toi au moment de Son épiphanie *(tajallî)* devant toi dans l'Irrésistibilité. Or cela peut être une récusation *(ṭa'n)* de ta connaissance.

Ah si, comme il t'a abaissé ! ou encore il t'a procuré la soumission *(dhill)*. Ah ! s'Il avait pu descendre jusqu'à toi avec bienveillance *(luṭf)* et intimité *(uns)* !

Ah ! si par fierté (ou dignité = *'izza*) ***il avait refusé*** cette descente ou condescendance *(tanazzul)* ! Ah ! s'Il t'avait fait séjourner dans la station de la familiarité *(idlâl)* afin que ton âme s'épanouisse et que ton centre secret *(sirr)* se détende, sans qu'Il te maintienne dans cette station où tu te trouves !

55
Désir insatisfait

(1) Je suis absent et le désir alors
Fait s'éteindre mon âme.
La rencontre ne me guérit pas,
Car il persiste dans l'absence et la présence !

(2) Sa rencontre produit en moi
Ce que je n'avais point imaginé.
La guérison est un mal nouveau
Qui provient de l'extase.

(3) Car moi, je vois un être,
Dont la beauté s'accroît,
Éclatante et superbe,
À chacune de nos rencontres.

(4) On n'échappe pas à une extase
Qui se trouve en affinité
Avec la beauté s'intensifiant
Jusqu'à l'harmonie (nizhâm) parfaite.

COMMENTAIRE

MANIFESTATION TOUJOURS NOUVELLE DES THÉOPHANIES

Durant l'absence *(ghayba)*, le ***désir*** amoureux *(shawq)*[1] le consume et durant ***la rencontre*** *(liqâ')* l'incitation au désir *(ishtiyâq)* le consume également ; il ne cesse alors d'être tourmenté. Et pendant les affres de l'absence, il espère obtenir la guérison par la rencontre. Or lorsque la rencontre a lieu, son extase amoureuse *(wajd)*[2] s'accroît. Il en est ainsi puisque les théophanies ne se répètent pas, et qu'il est transféré d'une condition sublime *('alî)* à une autre qui l'est davantage *(a'lâ)*, de sorte que la seconde est plus élevée que la première chez le visionnaire *(râ'î)*. Mais nécessairement il en résulte un effet qui augmente en lui son attachement et son amour pour l'aimé, et qui

1. Les deux termes *shawq* et *ishtiyâq* de même racine *SH W Q* sont souvent traduits de la même façon : désir ardent, désir amoureux intense, amour. Le premier est un nom verbal de première forme : le fait de désirer intensément ; le second un nom verbal de huitième forme qui comporte un sens actif avec nuance passive : le fait de se laisser désirer, ou le fait d'être incité au désir. L'interprétation d'Ibn 'Arabî tient compte de ces nuances de formes verbales. Cf. poésie 20/11.

2. Le terme *wajd* est ainsi défini par Jurjânî :

« Le *wajd* – émotion enstatique, ravissement, acte de se trouver par nostalgie, saisie théopathique – c'est ce que le cœur rencontre soudainement et qui survient sans application *(takalluf)* ni exercice *(taçannu')*. Ce terme, dit-on, désigne les éclairs *(burûq)* illuminants qui perdent rapidement leur intensité. »

La racine de ce terme *W J D* connote les acceptions suivantes : trouver, retrouver ce qu'on avait perdu, sentir ou percevoir les priétés d'une chose, être épris, amoureux, être en peine, avoir de la nostalgie. Elle a donné le vocable *wujûd*, souvent utilisé par le Maître

démultiplie son amour, et par là même, son désir qui intensifie son tourment.

Le vocable ***être*** ou individu *(shakhç)* est employé ici pour désigner l'événement qui survient.

---

dans des acceptions diverses qui tiennent compte des significations attachées à l'étymologie de cette racine, mais aussi aux usages philosophiques et intellectuels qui en ont été faits au cours de l'histoire de la pensée islamique. En dehors de ses implications philosophiques, ce terme est ainsi défini par Jurjânî :

« *Al-wujûd* – enstase, extase, le fait de se trouver par attraction ou nostalgie – c'est la perte éprouvée par le serviteur par désir de se déprendre des qualifications humaines, et le fait qu'il ait trouvé Dieu le Réel par nostalgie, car il ne subsiste plus rien des caractéristiques humaines à l'instant de la manifestation de l'Autorité de la Réalité essentielle. »

Tel est le sens du propos tenu par Abû al-Ḥusayn an-Nûrî : « Je suis depuis vingt ans entre le *wajd* et le *faqd*, la perte ou l'absence. Lorsque j'ai eu trouvé par nostalgie *(wajadtu)*, j'ai perdu mon cœur par désir *(faqadtu qalb-î)*. »

Tel est aussi le sens de cette parole de al-Junayd : « La science au sujet de la réalisation de l'Unicité divine *(tawḥîd)*, c'est se séparer pour le Trouver *(wujûd)* ; et trouver l'Unicité divine *(wujûd al-tawḥîd)*, c'est se séparer en vue de Sa science. » Cf. *Le Livre des Définitions*, ouvrage cité, définitions n°s 1798 et 1799, p. 434.

Pour les différentes utilisations de ces termes par Ibn 'Arabî dans ces commentaires, cf. lexique. Voir aussi in *Muhyiddin Ibn 'Arabî, A Commemorative volume*, ouvrage cité, notre traduction conjointe avec Paul B. Fenton du traité d'Ibn 'Arabî : *Inshâ' al-Dawâ'ir*, pp. 12 à 43, où le Maître définit le terme *wujûd*.

56
Le Prince du château

(1) Le château où résident les nobles,
Issus de Bagdad,
N'est pas le palais fortifié
Édifié par Shaddâd,

(2) C'est comme une couronne au-dessus des jardins.
Il est comme une vierge
Qu'on aurait dévoilée
Dans la chambre très parfumée.

(3) Le souffle joue avec les branches,
Et les fait se courber,
Comme si elles se retournaient
Pour se rencontrer.

(4) C'est comme si le Tigre
Était un collier autour de son cou,
Et l'époux notre maître,
L'Imâm et le Guide.

(5) Il est secoureur et secouru,
Il est le meilleur lieutenant
Qui, lors du combat, ne chevauche point
Le coursier rapide et robuste.

(6) Que Dieu le comble de grâce,
Tant que la colombe au col bariolé
Auprès de lui roucoule,
Sur la branche qui se ploie ;

(7) Et aussi tant que brillent
Les éclairs de bouches riantes
Et que, pour elles, de mes yeux,
Coulent de matinales pluies ;

(8) De ces bouches de vierges pudiques,
Comme le soleil qui laisse paraître
des lumières devenant évidentes,
Quand le nuage se dissipe.

COMMENTAIRE

ASPIRATION DES GNOSTIQUES
À L'EXCELLENCE DU PÔLE

(1) Le château où résident les nobles issus de Bagdad : ici, il est fait allusion à la présence particulière liée à la fonction du Pôle *(ḥaḍrat al-Quṭb)* et désirée par les êtres qui aspirent *(açḥâb al-himam)* aux stations spirituelles afin de les obtenir, car cette présence est celle de la faculté d'agir en toute autonomie *(taçarruf)*, de l'aspiration à la Lieutenance *(istikhlâf)* et de l'autorité discrétionnaire *(taḥakkum)* en mode extérieur et intérieur.

Ce n'est pas le palais édifié par Shaddâd[1], car il ne s'agit pas ici du royaume de ce monde *(mamlaka dunyuwiyya)* dont le roi *(mâlik)* ne discerne pas ce qu'on veut de lui, et ne sait pas reconnaître son ennemi de son ami ; ce roi qui redoute que le désordre envahisse son royaume et qui a besoin des conseils et des délibérations des sages *('uqalâ')* pour le gérer sans le désorganiser.

(2) La couronne *(tâj)* fait allusion à la possession *(mulk)*, ***au-dessus des jardins,*** c'est-à-dire des

1. Le nom de Shaddâd est mentionné dans les commentaires traditionnels de la sourate 89 *al-Fajr* au verset 7 : « Irama possédant des colonnes. »

Fakhr ad-Dîn ar-Râzî, dans son grand commentaire du Coran, précise, entre autres interprétations, que la ville de Irama ou Irâm aurait été le nom d'une cité située dans la partie de l'Arabie habitée par les 'Adites. 'Ad, l'ancêtre qui a donné le nom à cette population, aurait eu deux fils, Shaddâd et Shadîd, dont le premier devenu roi entreprit de faire édifier une cité d'une fabuleuse richesse. Le prophète arabe Hûd, mentionné plusieurs fois dans le Coran, avertit en vain Shaddâd de se montrer modeste et de craindre Dieu. Une tempête de sable s'éleva alors qui engloutit la cité.

Cf. également *Le Coran, traduction nouvelle et commentaires*, par le cheikh Si Boubakeur Hamza, Paris, 1972, sourate 89/7.

Par ailleurs, dans sa traduction anglaise, Nicholson utilise une autre lecture de ce vers qu'il traduit ainsi : « *(My goal is) the corniced of Baghdâd, not the corniced palace of Sindâd.* » On peut remarquer que Sindâd, dans cette version, remplace Shaddâd, Sindâd étant un palais situé dans la cité de Ḥîra dans l'Iraq actuel. Voir *Encyclopédie de l'Islam*, nouvelle édition, article Ḥîra.

connaissances qui se trouvent en ces lieux. C'est comme si ce royaume ou possession était une ***vierge dévoilée*** dans un jardin agréablement parfumé, de sorte que les âmes en sont éprises. Aussi peut-on dire que rien n'est meilleur que ce royaume et ces connaissances *('ilm)*.

(3) Les aspirations s'éprennent de l'Immutabilité divine *(qayyûmiyya ilâhiyya)*. C'est pourquoi Dieu les attire à Lui, par pure générosité et bienfait, comme si ces deux qualités agissaient dans le même but, lorsque les êtres discernent que l'attachement amoureux de ces aspirations n'est pas frustré et qu'elles sont attirées, quelle que soit leur nature, vers l'Immutabilité divine.

(4) C'est comme si le Tigre *(dijla)* ***était un collier autour de son cou*** : c'est comme si la station de la Vie avait autour de son « cou » gracieux *(jîd)* un collier *(silk)* [le Tigre].

Il ne regarde rien sans lui donner la vie. C'est la vie de la science, de la sensibilité ou de l'action.

L'époux est notre maître : puisque la propriété *(mamlaka)* [de ce lieu] est décrite comme on décrit une femme *(nisâ')*, il devient donc nécessaire qu'il y ait un époux *(ba'l)*[1].

L'Imâm et le Guide : l'Imâm représente le Secours *(Ghawth)*, le Pôle du Monde *(Quṭb al-'âlam)* qui est son axe de rotation *(madâr)*. Dans sa main est la saine gestion *(maçlaḥa)*. On le nomme ***le Guide*** *(hâdî)* à

1. Le vocable *ba'l* s'applique aussi bien au mari qu'à la femme ; ils constituent les deux éléments indissociables de l'Androgyne primordial dont la reconstitution est un des buts du mariage. La même remarque pourrait être faite avec le terme *zawj*, couple, paire. Cf. *Coran* 4/1.

cause de la fonction de Lieutenance *(takhalluf)* [divine] dont il est investi[1].

(5) ***Il est secoureur*** *(nâçir)* sous le rapport de l'aspiration spirituelle *(himma)* et **secouru** *(mançûr)* sous celui de l'Assistance divine *('inâya ilâhiyya)*.

Qui, lors du combat, ne chevauche point le coursier rapide et robuste, car sa descente s'effectue au-delà de cette monture naturelle *(markab ṭabî'î)*, et il s'en sépare à l'instant où il se fixe sur sa réalité essentielle *(ḥaqîqa)* sous le rapport de sa relation avec son Seigneur. C'est sous cet aspect qu'il se caractérise par la noblesse *(sharaf)* qui est en lui.

(6) ***Que Dieu le comble de grâce*** : la demande de grâce *(çalâ)* est destinée à cet Imâm, même s'il est d'un degré plus élevé que celui qui fait cette demande. C'est ainsi que Dieu nous a ordonné de faire l'action unifiante de grâce *(çalâ)* sur Muḥammad – sur lui la Grâce et la Paix de Dieu – et de demander pour lui l'influence de l'intercession *(wasîla)*, bien qu'il soit d'un degré plus élevé que nous auprès de son Seigneur, même s'il n'y a pas d'adéquation véritable *(munâsaba)* en matière de prééminence *(rif'a)*.

Tant que la colombe auprès de lui roucoule : tant que l'âme se souvient de lui, ***au col bariolé,*** c'est-à-dire emprisonnée dans le monde de la Nature, ***sur la branche qui se ploie,*** allusion à ce corps qui est pour nous, au regard de l'âme, comme la branche pour l'oiseau gazouillant sur elle.

---

1. Pour les fonctions du Pôle et du Secours, cf. *Le Sceau des saints*, ouvrage cité.

(7) Et aussi tant que brillent les éclairs : tant que luisent les lumières de la contemplation face à face *(anwâr al-mushâhadat al-fahwâniyya)* procédant de l'excellence de l'Inaccessible *('Azîz)*. C'est pourquoi mon œil en pleure de joie et que mes larmes ***coulent*** sous l'effet de la joie et du contentement. Car les larmes *(dumû')* peuvent couler par contentement sans chagrin *(bakâ')*, celui-ci ne survenant que sous l'effet de la tristesse *(ḥuzn)*.

(8) De ces bouches de vierges pudiques : d'états spirituels qui proviennent de la pudeur *(ḥayâ')*, ***comme le soleil qui laisse paraître des lumières devenant évidentes quand le nuage se dissipe,*** quand il paraît après la disparition du nuage porteur de pluie *(ghawth)* qui purifie l'atmosphère des poussières. La lumière devient alors plus pure et plus claire. C'est pourquoi leur lumière est semblable à cette lumière, bien que ce qui est ressemblant soit d'un moindre degré.

Certes, Dieu propose en parabole la niche et la lampe,
Comme d'infimes symboles pour décrire Sa Lumière !

57
Va-t-elle réaliser sa promesse ?

(1) Ô souffle léger du vent !
Va dire aux antilopes du Nejd
Que je remplis l'engagement
Dont elles ont connaissance.

(2) Et dis à la jeune fille noble de la tribu
Que notre rendez-vous est à l'enceinte sacrée,
À l'aurore du jour du samedi,
Sur les collines du Nejd,

(3) Sur le promontoire rouge,
Tout près des monticules,
À la droite des ruisselets,
Et vers le repère solitaire.

(4) Si ce qu'elle dit est vrai,
Et qu'elle ressent pour moi
L'obsédant désir
Que je ressens pour elle,

(5) Alors, dans la touffeur du midi,
Sous sa tente, en secret,
Nous nous rencontrerons,
Pour accomplir complètement la promesse.

(6) Nous nous révélerons la passion
Que, l'un pour l'autre, nous éprouvons,
Ainsi que l'âpreté de l'épreuve,
Et les douleurs de l'extase.

(7) Est-ce fantasmes incohérents,
Ou bien rêves prémonitoires,
Ou encore propos de tous les jours,
Dans lesquels mon bonheur repose ?

(8) Il se peut que celui qui stimule les désirs
Les réalise vraiment ;
Leurs jardins alors m'offriraient
La cueillette des roses.

COMMENTAIRE

LE LIEN TÉNU NÉCESSAIRE
À LA DESCENTE DES THÉOPHANIES

(1) Ô souffle léger du vent : il est ici question du rayon subtil spirituel *(raqîqa rûḥâniyya)* que les gnostiques prennent comme médiateur *(safîr)* entre eux et ce qu'ils désirent.

Va dire aux antilopes *(mahâ)* ***du Nejd,*** qui représentent les souffles spirituels *(arwâḥ)* sublimes, ***que je remplis l'engagement*** *('ahd)* qui me les a fait quitter au moment où je me suis séparé d'eux pour m'enfermer dans cet habitacle naturel *(haykal ṭabî'î)*.

(2) Dis à la jeune fille noble *(fatâ')* ***de la tribu*** *(ḥayy)* : il s'agit de l'un de ces esprits avec qui il est particulièrement en affinité, ***que le lieu de notre rendez-vous*** *(maw'id)* ***est à l'enceinte sacrée*** *(ḥimâ)*, c'est-à-dire là où se trouve le voile de l'Inaccessibilité dans un des lieux de contemplation, ou encore, à l'instant où je ne pourrai plus user *(tadbîr)* de ce corps dont je serai séparé par la mort.

À l'aurore, aux premiers moments de la théophanie, du jour du repos (*yawm al-sabt* = samedi), car c'est le jour de détente *(râḥa)* et de disponibilité *(farâgh)*, loin des créatures, selon la tradition.

Sur les collines du Nejd ou de la station élevée.

(3) Sur le promontoire rouge qui représente la station de la Beauté totalisatrice *(jamâl)*, car ceux qui classent les couleurs disent que le rouge est la couleur la plus belle.

Tout près des monticules *(ḍawâ)*, symbole de l'élévation dans les degrés.

À droite des ruisselets, allusion aux endroits familiers qui procurent le contentement *(mawṭin al-surûr)*.

Et vers le repère solitaire *('alam fard)*, où se trouve la présence de la Singularité *(fardâniyya)* [divine] qui est « d'un degré moindre » que la fonction de l'Unité *(dûna al-aḥadiyya)* [divine].

(4 et 5) Cette réalité spirituelle *(ḥaqîqa rûḥâniyya)*, qui dans ce monde lui correspond, est l'attention qu'elle a pour lui.

Si ce qu'elle dit est vrai, dans le fait que tu nous recherches *(ṭalab)*, alors en toi le désir ardent *(shawq)* que tu as pour nous est le même que nous éprouvons pour toi au moment où se produit l'équilibre parfait *(istiwâ')* qui est une absence d'attraction *('adam al-mayl)*, moment comparable à celui où le soleil atteint le zénith, en sorte que son rapport à toute chose est équilibré *(sawâ')*, comme le point [central] par rapport à la circonférence.

Sa tente est la station dans laquelle je me tiens, car je l'accueille chez moi si elle m'accueille chez elle, selon l'état qui prévaut dans l'instant *(waqt)*.

En secret fait allusion à la station de la discrétion *(maqâm al-katn)* avec une sorte d'osmose *(iltiḥâm)* au moment de la rencontre *(ijtimâ')*.

Pour accomplir complètement la promesse *(wa'd)* résultant de l'affinité et de l'état, dispositions plus authentiques que la promesse toute verbale.

(6) Nous nous révélerons tout ce qui est en lui et dont il a besoin, et ***l'âpreté de l'épreuve*** ici mentionnée, car Dieu teste ainsi Ses serviteurs, conformément à ce verset : « *Celui qui a créé la mort et la vie afin d'éprouver lequel d'entre vous agit de la meilleure manière* » (*Coran* 67/2).

(7) Est-ce fantasmes incohérents *(aḍghâth aḥlâm)* ? Il est dit à propos de cette réunion : compte tenu de mon emprisonnement dans cet habitacle enténébré, il ne me viendrait pas à l'idée de me représenter ce que je désire ; ce qu'il faudrait, [d'après moi] c'est se séparer du lien *(inqiṭâ' al-'alâqa)* [entre corps grossier et réalité spirituelle] de n'importe quelle manière. [Cependant], la rupture du corps *(jism)* et de l'entité animée *(jasad)*[1], dans le cas de cet esprit parcellaire

1. Ibn 'Arabî fait une différence entre les deux termes techniques *jism* et *jasad*. Voici comment il définit ce dernier, dans *Futûḥât*, chap. 73, déjà cité :

« Si tu demandes ce qu'est l'entité incorporée ou l'enveloppe corporelle animée, nous dirons : c'est tout esprit ou principe intelligible *(ma'nâ)* qui apparaît sous forme d'un corps lumineux *(jism nûrî)* ou élémentaire *('unçurî)* au point qu'un autre peut le constater. »

(rûḥ zuj'î), est impossible, car le corps en constitue le fondement *(açl)* et l'esprit parcellaire se manifeste à travers lui, ses facultés résidant en lui au contraire de ce qui se passe pour les êtres du Plérôme suprême *(mala' a'lâ)*.

Ou bien rêves prémonitoires *(bushrâ manâma)* ? est-ce une révélation prophétique ? ***ou encore propos de tous les jours*** *(nuṭq zamân)* ? c'est-à-dire propos quelconque *(qâl)* ? tout cela à cause de l'irrésistibilité de cette union ; ce qui revient à dire que la réalisation de cela est impossible. Car cela – mais Dieu est plus savant – est seulement le langage de tous les jours par lequel on s'exprime, ou bien rêves prémonitoires *(mubashshira)*, ou encore ***fantasmes incohérents*** qui n'ont pas de réalité intrinsèque.

(8) L'expression ***la'alla*** qui signifie : peut-être que, en espérant que, il se peut que, est un terme qui suggère la coïncidence avec le Destin *(qadar)*.

Leurs jardins alors m'offriraient la cueillette des roses, allusion au résultat de l'expérience *(dhawq)* qui se produit en lui et qu'on interprète comme une cueillette *(janâ)*.

58
Désire le bon chemin !

(1) Voyons ! Y a-t-il un chemin
Vers les belles damoiselles au teint éclatant ?
Y a-t-il pour moi un guide
Pour me montrer leurs traces ?

(2) Y a-t-il pour moi un lieu où camper
Sous les tentes dressées dans le creux des dunes ?
Y a-t-il pour moi un lieu pour faire la sieste,
Dans l'ombre des bosquets de arâk ?

(3) Le langage de l'état m'inspira
Que cela signifiait :
Applique-toi à désirer
Le chemin qui y mène.

(4) Ô ultime but de mes espoirs,
Totale est la fidélité de mon amour pour toi !
De cet attachement
Mon cœur est tout malade.

(5) Tu t'exaltais d'une pleine lune
Se levant sur le cœur,

Lune qui ne peut se coucher
Après s'être levée.

(6) *Ô beauté et dignité inaccessibles !*
C'est à toi que je me sacrifiais.
Pour moi tu n'as pas d'égale
Parmi les belles damoiselles.

(7) *Ton jardin est humide de rosée,*
Et tes roses, épanouies.
On est épris de ta beauté
Qui est pleinement approuvée.

(8) *Souriantes sont tes fleurs,*
Et gracieuses tes branches.
Pour lui les vents s'orientent,
Où qu'il se dirige.

(9) *Ta grâce est séductrice,*
Inflexible est ton regard,
Par lui, le chevalier de l'épreuve
M'agresse violemment.

COMMENTAIRE

LES THÉOPHANIES DESCENDENT SUR L'ÊTRE PRÊT À LES RECEVOIR

(1) Voyons ! Y a-t-il un chemin vers les belles damoiselles au teint éclatant ? : vers ces connaissances résultant des théophanies ressenties *(tajalliyât dhawqiyya)* qui proviennent du Nom divin le Beau-

Totalisateur *(jamîl)*. Y a-t-il une voie pour obtenir ces connaissances ?

Y a-t-il pour moi un guide pour me montrer leurs traces **:** ou la voie qui conduit à ces connaissances ?

(2) Y a-t-il pour moi un lieu où camper sous les tentes dressées dans le creux des dunes **:** y a-t-il un séjour *(iqâma)* et une halte *(ta'rîs)* dans les stations de la divine Sollicitude *(maqâmât al-'aṭf al-ilâhî)* ?

Y a-t-il pour moi un lieu où faire la sieste, dans l'ombre des bosquets de arâk ? **:** y a-t-il une participation en la présence sanctifiante et purifiante dans le bien-être de la contemplation ?

(3) Ce vers signifie que l'état lui inspire (*yashhadu* = témoigne) que cela [qui fait l'objet des questions exprimées dans les deux premiers vers] n'est pas [actuellement accessible pour lui], que cette station ne peut être atteinte que par les personnes persévérantes *(jidd)* qui s'astreignent à un effort soutenu *(ijtihâd)*, et que l'orientation sincère *(tawajjuh çâdiq)* ne s'obtient pas par le simple souhait *(tamannî)*.

Emprunte la Voie, tu arriveras !

(4) Ô ultime but de mes espoirs, totale est la fidélité de mon amour pour toi ! Il ne s'agit plus ici d'un souhait *(tamannî)* mais bien d'un amour fidèle intégral *(wadd çaḥîḥ)* qui le porte à s'exposer aux difficultés *(irtikâb al-shadâ'id)* pour satisfaire l'être désiré, en espérant connaître de sa part ce pour quoi il est bienveillant à son égard. Il devient alors le terme de son attente.

De cet attachement mon cœur est tout malade **:** son cœur est décrit comme frappé de maladie au moment même où sa constance d'amour *(widâd)* est qualifiée d'intègre *(çiḥhaḥ)*. Il s'agit de la répercussion sur lui de la contrariété et de l'affliction provoquées par la passion amoureuse.

(5) Tu t'exaltais d'une pleine lune *(badr)* ***se levant sur le cœur*** : allusion à la réalisation de l'attribut de perfection *(kamâl)* qu'elle possède.

Lune qui ne peut se coucher après s'être levée : l'attention est ainsi attirée sur le fait que Dieu le Réel ne se manifeste jamais à une chose pour se dérober à elle ensuite. C'est de la sorte que les réalités essentielles *(ḥaqâ'iq)* sont accordées.

(7) Par ***jardin*** *(rawḍa)* il faut entendre l'ensemble des créatures, et par ***rosée*** *(ṭall)* leur noblesse *(makârim)* et l'assistance *(istimdâd)* qu'elles sollicitent pour que les caractères divins *(akhlâq ilâhiyya)* se manifestent en elles.

Les roses épanouies symbolisent un lieu de contemplation privilégié qui anéantit tout attribut blâmable.

On est épris de ta beauté indique l'attachement qui existe entre toi et Lui.

Pleinement approuvée signifie que la Beauté est aimée pour elle-même.

(8) Souriantes sont tes fleurs : cette expression symbolise la réception *(qabûl)* des connaissances sur le cœur.

Et gracieuses tes branches : il s'agit des réalités porteuses des connaissances qui proviennent de toi.

Pour lui les vents s'orientent, où qu'il se dirige : du fait que ces connaissances s'attachent à lui comme l'ombre au corps, ombre qui s'immobilise ou se meut en même temps que lui.

(9) Ta grâce *(zharf)* ***est séductrice*** *(fattân)* : ta grâce fait référence à la courtoisie *(adab)*, et la séduction se rapporte à l'épreuve *(ikhtibâr)*.

Inflexible est ton regard, c'est-à-dire sans ambiguïté et tranchant.

Par lui, le chevalier *(fâris)* ***de l'épreuve*** *(balwâ)* ***m'agresse violemment,*** lui qui éveille le serviteur à Dieu qui lui envoie l'épreuve.

59
Aspirations sublimes

(1) *À Ṭayba est une gazelle*
Dont les coups d'œil fascinants
Se dégagent comme des lames
Au tranchant bien affilé.

(2) *À 'Arafât, j'ai connu*
Ce qu'elle désirait,
Mais je n'étais pas enclin
À pratiquer la patience !

(3) *Durant la nuit de Jam',*
À elle nous nous unîmes,
Ainsi qu'il est rapporté
Dans une tradition bien connue.

(4) *Le serment de la jeune fille*
N'est qu'un serment !
Ne fais donc pas confiance
À une chose aléatoire !

(5) *Ah ! si les aspirations,*
Qui, à Minâ, me furent accordées,

Avaient pu durer
Jusqu'à la fin des temps !

(6) C'est dans le site de La'la'
Que je fus épris de celle
Qui te fit voir
L'éclat splendide de la lune.

(7) Elle lança les pierres à Râma,
Et connut un amour juvénile à Sabâ.
Au plateau du Ḥâjir
Elle retint l'interdit.

(8) Auprès de Bâriq
Elle observa un éclair,
D'un regard plus rapide
Que soudaine pensée.

(9) Les eaux d'al-Ghaḍâ décrurent
Sous l'effet d'une passion,
Brûlant entre ses côtes,
Comme une branche de tamaris.

(10) Elle parut à Naqâ,
Près de l'arbre appelé bân,
Et elle choisit alors
Les perles cachées les plus précieuses.

(11) À Dhât al-Aḍâ, en reculant,
Elle revint sur ses pas,
Se méfiant du lion
Qui se cachait dans son antre.

(12) À <u>Dh</u>â Salam, elle livra
Le sang de mon cœur
À ses coups d'œil
Meurtriers et langoureux.

(13) Elle accorda protection dans l'enceinte réservée.
Elle épousa les méandres du sable,
Selon l'inflexion
De ce qui la blessait et la brisait.

(14) Dans 'Alij, à sa tâche
Elle se consacra,
Afin de se dégager
Des serres de l'oiseau.

(15) Son palais princier (<u>kh</u>awarnaq)
Fend le ciel,
Dominant de bien haut
Celui qui le regarde.

COMMENTAIRE

LA CONNAISSANCE SUPRÊME
DANS L'UNITÉ DIVINE
ET DANS L'EXISTENCE UNIVERSELLE

(1) À Ṭayba*[1] *est une gazelle qui représente un degré muḥammadien consistant, dit-on, en un regard qui atteint sa cible *(na<u>zh</u>ar çâ'ib).*

1. Nom donné à Médine.

Dont les coups d'œil fascinants se dégagent comme des lames au tranchant bien affilé, c'est dire que les regards qu'elle lance et qui sont fascinants ont pouvoir sur le monde tempéramental *('âlam al-imtizâj)* [ou des quatre éléments naturels qui rentrent dans la composition des corps grossiers et des formes subtiles].

(2) À 'Arafât[1] : station de la synthèse *(maqâm al-jam'iyya)* obtenue par la connaissance *(ma'rifa).*

J'ai connu ce qu'elle désirait, c'est-à-dire j'ai connu ce qu'elle désirait de moi.

Mais je n'étais pas enclin à pratiquer la patience *(çâbir)* : j'ai demandé à devancer le Décret *(qaḍâ')* [divin] à cet égard.

(3) Durant la nuit de Jam', à elle nous nous unîmes *(jama'nâ)* : nous nous sommes tenus dans la station de la Proximité *(maqâm al-qurba)* et Il a ainsi rétabli mon intégrité, mais subrepticement *(lafta)*, car cela se passa ***de nuit,*** et c'est là que nous nous sommes séparés.

Ainsi qu'il est rapporté dans une tradition *(mathal)* ***bien connue :*** « Il ne salua pas tant qu'il n'eut fait ses adieux », c'est-à-dire que son salut fut un adieu.

(4) Un ***serment*** *(qasam)* est une disposition *(çifa)* qui n'est pas efficace par elle-même et qui a besoin d'autre chose [pour être effective]. Il ne peut donc pas mettre sa confiance en ce serment du fait que cette disposition est limitée par son propre besoin [d'une autre chose]. Il

---

1. Les noms propres de lieux, tous symboliques, font référence à certaines traditions relatives aux retrouvailles d'Adam et Ève après leur sortie du Jardin paradisiaque. Pour la signification de ces termes, cf. notre traduction de Al-Ghazâlî, *Les Secrets du Jeûne et du Pèlerinage*, ouvrage cité.

ne lui est ainsi pas possible de s'appuyer sur cette disposition selon ce qu'on devrait attendre d'elle à cause du besoin qu'elle a de lui, et parce qu'elle ne se manifeste que par lui. C'est pourquoi il peut traiter de mensonge le serment qu'elle fait et ne pas y ajouter foi. Il découle de la disposition du serment qu'on ne peut pas s'appuyer sur sa formulation et qu'il est précisé dans le vers de ne pas lui faire confiance.

(5) Ah ! si les aspirations qui, à Minâ, me furent accordées : ce à quoi il aspirait à Minâ est la station de l'Union *(maqâm al-jam')*.

Avaient pu durer jusqu'à la fin des temps : on trouve ici une allusion à la station des souffles *(maqâm al-anfâs)* [qui perdurent tant que l'être est en vie].

(6) C'est dans le site de La'la' que je fus épris de celle qui te fit voir l'éclat splendide de la lune : cette situation est le symbole de l'allégresse *(maqâm al-faraḥ)* qui se développe sous l'effet de l'amour pour celle qui apparaît sous forme de lune, la nuit de sa plénitude *(laylat al-badr)*, allusion à l'attribut de perfection pendant la théophanie.

(7) Elle lança *(ramat)* ce qu'elle désirait car elle avait vu la réalité à l'opposé de ce qu'elle croyait être.

Et connut un amour juvénile à Sabâ, c'est-à-dire elle fut attirée vers la théophanie.

Au plateau de Ḥâjir elle retint l'interdit : elle refusa l'interdit à la station de l'Irrésistibilité la plus inaccessible *(maqâm al-'izzat al-aḥmâ)*.

Certes, l'objectif visé *(murâd)* est atteint, car quand l'interdiction *(ma'n)* est refusée, elle devient une acceptation ou permission *('aṭâ')* ; l'inexistence de l'inexistence *('adam al-'adam)* est existence *(wujûd)*.

(8) Auprès de Bâriq elle observa un éclair : elle attesta un lieu de contemplation essentielle.

Le lieu appelé ***Bâriq*** fait allusion au *Kaṯẖîb* [ou Dune blanche, endroit où s'opère la Vision du Seigneur pendant la Grande Résurrection] et à la signification propre à ce terme. Ainsi, l'endroit où se produit la théophanie est suggéré par le terme ***Bâriq*** [dont le sens étymologique est « fulgurant comme l'éclair »].

D'un regard plus rapide que soudaine pensée suggère que la vigueur *('izza)* de l'éclair ou de la théophanie n'a pas de persistance.

(9) Les eaux *(miyâh)* ***d'al-Gẖaḍâ décrurent*** : diminuèrent en faisant disparaître les feux de la passion amoureuse.

Sous l'effet d'une passion, brûlant entre ses côtes : c'est-à-dire le feu de son cœur que la passion de la jeune fille noble *(fatât)* avait embrasé.

L'eau *(mâ')*, d'une manière habituelle, s'évapore sous l'action de la chaleur. Pour cette raison, il est dit qu'elle décroît *(gẖâḍa)*.

(10) Elle parut à Naqâ, près de l'arbre appelé bân, en se présentant dans le jardin luxuriant du *Kaṯẖîb*, [cette colline paradisiaque de musc blanc] où a lieu la Vision *(masẖhad al-ru'ya)* [béatifique du Seigneur].

Et elle choisit alors les perles cachées les plus précieuses : elle se présente ici sous une forme très belle [paraphrase d'un célèbre ḥadîṯẖ].

(11) À Ḏẖât al-Aḍâ, elle revint sur ses pas[1] : à l'endroit de la théophanie des lumières, elle revint à

1. La racine du terme *aḍâ* signifie briller, luire, s'illuminer.

sa condition naturelle *('âlam ṭabî'ati-hâ)* afin que ces lumières ne la brûlent pas. Ce retour constitue un voile qui fait écran à cette lumière brûlante pour protéger de son intensité.

Se méfiant du lion *(asad)* qui symbolise la vigueur.

Qui se cache dans son antre *(khâdir)*, car sa vigueur fait disparaître celle des autres, de la même manière qu'on nomme courageux le brave qui réduit le courage des autres.

(12) À Dhâ Salam, station qui représente le lieu de la soumission *(istislâm)*.

Elle livra le sang de mon cœur *(muhjat-î)* : la réalité de mon essence.

À ses coups d'œil *(laḥzh)* : qui permettent la contemplation à la réalité de mon cœur au moyen de la vision *(fî bâbi-r-ru'ya)*.

Meurtriers, ou qui anéantissent *(fâtik)*, spécialement pour les familiers des retraites *(khalawât)* [spirituelles], ***langoureux*** *(fâtir)* ou doux pour celui qui recherche le plaisir[1]. Car les gnostiques succombent sous l'effet de la contemplation du Vrai *(nazhar al-Ḥaqq)* et s'éteignent [à eux-mêmes], alors que les êtres ordinaires *('âmma)* ne réalisent rien de la sorte, au moment de la contemplation du Vrai, du fait de leur manque de connaissance.

Ici réside un secret, à savoir la disparition de ton âme *(halâk nafsi-ka)* à toi-même par rapport à la réalité pendant une telle contemplation, sauf qu'il s'agit d'une chose essentielle qui alors provient de Lui et de toi, pour autant que tu es disposé à ne recevoir que cette influence.

---

1. Nous pensons qu'il y a une faute d'impression et qu'il faut lire *ahl al-ḥalwât* et non pas *ahl al-khalawât*.

***(13) Elle accorda protection dans l'enceinte réservée* :** elle se tint dans la station de l'Inaccessibilité *(maqâm al-'izza)* pour l'appropriation des caractères *(takhalluqan)* [divins].

Elle épousa les méandres du sable, c'est-à-dire qu'elle s'infléchit selon les inclinations *('aṭafât)* divines pour la même appropriation des caractères [divins].

Selon l'inflexion de ce qui la blessait et la brisait, ce qui signifie sa ferme détermination pénétrante brisant toute résolution, comme il est dit dans le vers suivant :

Lorsque mon sabre s'émousse,
mes résolutions ne s'émoussent pas.

Émousse les décisions
excitant ma rigueur !

(14) Ce vers suggère qu'elle n'aime pas prendre ce qui est sous l'emprise des esprits, mais qu'elle aime s'approprier seulement ce qui tombe sous l'emprise du Vrai, et cela par expérience spirituelle ou savourement *(dhawq)* et non par savoir *('ilm)*. Car on peut prendre ce qui vient du Vrai par la médiation des esprits sublimes ou par suppression de tout intermédiaire.

(15) Son palais princier *(Khawarnaq)*[1] est le siège du royaume de l'aimée.

1. Le château de Khawarnaq était situé en Mésopotamie près de Nadjaf. Il fut construit au Vᵉ siècle de l'ère chrétienne et ruiné au VIIᵉ/XIVᵉ siècle. Cf. *Encyclopédie de l'Islam*, nouvelle édition, p. 1165. Voir aussi poésie 16/4.

Fend le ciel **:** exerce son influence dans les réalités sublimes.

Dominant de bien haut celui qui le regarde *(nâzhir)*, c'est-à-dire hors d'atteinte du regard *(baçar)*, en référence à cette parole divine : « *Les regards ne L'atteignent point* » (*Coran* 6/103).

60
Rejoins la demeure des amants

(1) Rejoins la demeure des amants,
Protégés par des pactes.
Un nuage, sur eux, se répand,
Sans cesse déversant son eau.

(2) Aspire le vent frais
Qui provient de leur terre,
Par désir que les souffles
Te disent où ils sont.

(3) Je sais bien qu'ils campent
Près de l'arbre, le bân
De Iḍam, là où poussent
Le 'arâr, le shîḥ et le Katam.

COMMENTAIRE

L'ALLIANCE DE DIEU AVEC LES PROPHÈTES ET AVEC LES AMOUREUX DESCENTE DES ESPRITS SUBLIMES

(1) Rejoins la demeure des amants **:** descends dans la demeure des amants qui représentent les esprits sublimes.

Protégés par des pactes *(dhimam)*, c'est-à-dire des engagements *('uhûd)* symbolisant les Alliances divines *(akhd al-mawâthiq al-ilâhiyya)* contractées avec les esprits des prophètes – sur eux la Paix.

Un nuage, sur eux, se répand **:** celui des connaissances qui se déversent sur cette demeure.

Sans cesse déversant son eau **:** c'est-à-dire les descentes permanentes de ces connaissances.

(2) Aspire le vent frais qui provient de leur terre, dont le sens est « je sens le Souffle du Tout-Irradiant d'Amour provenir du Yémen [ou de la Droite] » [selon les termes d'un ḥadîth].

Par désir ou amour,

que les souffles ou esprits *(arwâḥ)*,

te disent **:** il s'agit du monde des Souffles animés *('âlam al-anfâs)*,

où ils sont **:** de quelles stations ils sont, car Dieu dit à leur sujet : « *Aucun d'entre nous qui n'ait une station connue* » (*Coran* 37/164).

(3) Je sais bien *(azhunnu)* : le terme ***zhann*** indique ici la certitude *(yaqîn)* comme dans ce verset : « *Et ils étaient persuadés qu'il n'est d'autre refuge contre Dieu que vers Lui...* » (*Coran* 9/118),

qu'ils campent près de l'arbre, le bân : ils font halte à la station de la Manifestation et de l'Incomparabilité ou Transcendance *(maqâm al-zhuhûr wa al-tanzîh)*,

de Iḍam est un lieu situé dans le Ḥijaz, il désigne ici les palais divins conditionnés *(quçûr ilâhiyya)*[1],

là où poussent le 'arâr, le shîḥ et le Katam, là où se situent les lieux élevés où les suaves parfums *(a'râf ṭayyiba)* émanent des beaux paysages *(manâzhir ḥisân)*. Car la bonne odeur des parfums qui provient des jardins est plus agréable que les autres du fait de la réunion de la bonne odeur avec la beauté du site et l'air agréable.

---

1. Référence indirecte au verset suivant : « *Béni soit Celui qui, s'Il le veut, disposera pour toi d'un bien meilleur que cela : des jardins sous lesquels coulent les fleuves ; Il disposera pour toi des châteaux conditionnés* (quçûr) » (*Coran* 25/10). La racine *Q Ç R* comporte principalement les sens de borner, limiter, restreindre. Les « châteaux » dont il est question dans ce verset représentent des aspects formels « paradisiaques » du monde subtil promis aux porteurs de la foi comme rétribution de leurs bonnes œuvres.

61
Parfaite harmonie

(1) Ô bâna, arbre de la vallée
Au bord du fleuve de Bagdad !

(2) Roucoulant sur une branche qui se balance,
Une colombe m'attriste pour toi.

(3) Sa douce mélodie me rappelle
Le chant de la maîtresse des assemblées.

(4) Quand ses trois cordes sont en harmonie
Tu oublies le frère de al-Hâdî.

(5) Et si avec générosité, elle diffuse son chant,
Tu ne sais plus qui est Anjisha le chamelier.

(6) J'ai juré par Dhû-l-Khaçamât et par Sindâd
Que j'ai reçu le serment de Salmâ.

(7) Oui je jure que j'ai été épris
De celle qui demeurait à Ajyâd.

(8) Nous nous sommes mépris,
Elle demeurait seulement dans le plus intime de mon cœur.

(9) Même la beauté, par elle, est déconcertée.
Le musc et le safran ont exhalé leur arôme.

COMMENTAIRE

FONCTION DU PÔLE ET DE SES DEUX ASSESSEURS

(1) Ô bâna, arbre de la vallée : Il s'agit de l'Arbre béni (cf. *Coran* 24/35 et 28/30) situé du côté apparent de la vallée. C'est un arbre de lumière car la résine du bân produit une traînée lumineuse [en brûlant].

Au bord *(shâti')* indique l'endroit le plus découvert ***du fleuve*** (*nahr* = ce qui s'écoule, d'après l'étymologie), ce terme se référant à l'amplitude sans limites de l'Irradiance amoureuse *(ittisâ' al-raḥma).*

Bagdad est la demeure de l'Imâm *(manzil al-imâm)* ou la station du Pôle *(maqâm al-quṭb)*[1].

(2) Une colombe m'attriste pour toi : c'est-à-dire un Esprit sublime m'attriste pour toi.

Roucoulant (*ṭarîb* = ému) indique qu'il est ému par son chant. Toutefois l'attristé pleure. Cela est une peine pour lui alors que c'est une mélopée *(ghinâ')* pour celui qui est réjoui.

1. Pour l'ensemble de ces expressions qualifiant les fonctions du Pôle ésotérique de l'Islam selon Ibn 'Arabî, cf. les termes *imâm* et *quṭb* dans l'index.

Sur une branche qui se balance : allusion à l'évolution humaine *(nasha'a insâniyya)* dans la station de l'Immutabilité *(maqâm al-qayyûmiyya)*.

(3) Par son ***chant,*** elle me rappelle celui du maître de séance *(sayyid al-majlis)*[1], il s'agit de toute réalité possédant l'autorité *(ḥukm)* dans son domaine.

(4 et 5) Quand ses trois cordes sont en harmonie : il s'agit du corps dans ses trois dimensions : longueur, largeur et profondeur, et cette triplicité suggère les degrés des trois noms qui sont les demeures des deux Imâms [de gauche et de droite] et du Pôle.

Tu oublies le frère de al-Hâdî qui était Commandeur des Croyants, oncle du Calife al-Ma'mûn, son frère étant musicien et psalmodieur. Or la mélodie qu'elle chante est plus magnifique que la sienne.

Tu ne sais plus qui est Anjisha le chamelier : il conduisait les chameaux du temps du Messager de Dieu – sur lui la Grâce et la Paix de Dieu – et ces animaux périssaient sous l'effet de la beauté de sa voix [cf. *in* Nawawî].

(6 à 8) J'ai juré par Dhû-l-Khaçamât et par Sindâd, c'est-à-dire par un état de type universel, général et synthétique.

J'ai reçu le serment de Salmâ, station en relation avec Salomon *(Sulaymâniyyan*, nom de même racine *S L M que Salmâ)*. Un nom féminin est employé ici afin d'harmoniser *(tajânus)* le poème d'amour courtois *(ghazal)* et l'éloge de la bien-aimée *(tashbîb)*. Alors les demeures des souverains sont prises à témoin.

1. Ibn 'Arabî a déjà employé cette expression au féminin, dans son prologue, pour décrire les comportements de Nizhâm.

Celle qui demeurait** (sakanat)* ***à Ajyâd, allusion à l'écoulement des souffles vitaux *(majârî al-anfâs)*, car c'est elle qui apaise *(sakanat)* le flot de mon souffle animé.

Ajyâd est un lieu situé sur le territoire de La Mekke. Ce terme *ajyâd* est apparenté au pluriel de *jîd* qui signifie cou *('unuq)* long et gracieux [le cou étant l'endroit du corps par où circule le souffle vital].

Elle demeurait seulement dans le plus intime de mon cœur *(akbâd* = pluriel de foie). Car le foie *(kabad)* est sa demeure puisqu'elle est ma subsistance *(ghadhâ')* et mon esprit *(rûḥ)*, étant donné que la nourriture est une substance *(mâdda)* pour l'esprit.

Nous nous sommes mépris, et pour cette raison, il est question de confusion, car la bien-aimée réside au lieu de l'assistance *(imdâd)*, et non à l'endroit de la demande d'assistance *(istimdâd)* car c'est elle qui assiste sans demander assistance.

(9) Même la beauté** (jamâl)*, ***par elle, est déconcertée : la beauté parfaite *(jamâl)* est décontenancée par elle [la bien-aimée] à cause de sa beauté intrinsèque *(min ḥusn^{i}-hâ)*.

Le musc** (misk)* ***et le safran** (jâdî)* ***ont exhalé leur arôme, car ils portent en eux une odeur agréable, et la douceur émanant de ce parfum provoque celle qu'ils propagent.

Épilogue

Que Dieu fasse miséricorde à l'auteur et que nous puissions, ainsi que ceux qui se soumettent à Dieu, tirer parti de cet écrit !

Voici ce qu'il nous a dit :

Le recueil de poésies, intitulé *Turjumân al-Ashwâq*, que j'ai composé à La Mekke – que Dieu l'anoblisse et la magnifie –, a fait l'objet de commentaires à la demande de mon compagnon bienheureux, le serviteur Abû Muḥammad 'Abd Allâh Badr b. 'Abdallâh al-Ḥabashî, et à la requête du disciple bon et pieux, Ismâ'îl b. Sawdakîn an-Nûrî, résidant à Alep.

Ce dernier avait entendu dire qu'un certain juriste désapprouvait les précisions que j'avais données dans le prologue de ce recueil de poésies. Il soutenait que mon intention de composer un recueil de poésies courtoises portant sur des connaissances, des secrets et des réalités essentielles n'était pas sincère. Mais Dieu est infiniment savant !

Ce détracteur faisait ressortir que j'avais fait cette précision en y mêlant des considérations religieuses et morales, par dissimulation, afin que le caractère galant de ces vers ne me fût pas reproché.

Notre disciple Shams ad-Dîn Ismâ'îl nous a relaté

ces faits et j'ai alors entrepris le commentaire de ces poésies à Alep. Le juriste théologien en question était présent à l'audition de fragments de l'ouvrage commenté, ainsi que d'autres juristes, ces extraits étant lus par Kamâl ad-Dîn Abû-l-Qâsim Ibn Najm ad-Dîn le qâḍî Ibn 'Adîm, dans notre demeure. Que Dieu le favorise !

Devant l'imminence de notre voyage, nous avons achevé ce commentaire au plus vite, pendant la période de mon séjour déjà mentionné [dans le prologue].

Quand ce réprobateur eut écouté cette lecture, il dit à Shams ad-Dîn Ismâ'îl : « Après cela, je n'accuserai aucune des personnes de cette Voie de tenir des propos qui leur sont familiers et des paroles qui font allusion à des sciences qu'il convient d'exprimer de cette manière ! » Il en acquit une bonne opinion et en tira profit.

Telle a été la cause de mon commentaire de ce recueil de poésies. À Dieu la Louange et la Grâce. La force et la puissance sont par Lui !

Index des noms propres[1]

1. Le premier chiffre renvoie au numéro de la poésie ; le second indique le vers.

Index-glossaire

LETTRE A

ahilla, sing. *hilâl* : nouvelle lune : 29/11

aḥkâm, sing. *ḥukm* : statut, principe, disposition : 11/11, 28/15

ahl : familier, intime, famille : prologue

ahl al-fanâ' : familiers de l'extinction, l'être éteint : 16/13

ahl al-ghafala : indifférents : 16/13

ahl al-'inâya : familiers de la sollicitude : 43/1

ahl al-janân : familiers des jardins paradisiaques : 25/7

ahl al-kashf : familiers du dévoilement : 27/5

ahl al-ma'ârij : familiers des degrés ascensionnels : 51/1

ahl al-nazhar : théologiens scolastiques, spéculatif : 49/1

ahl al-sulûk : itinérant spirituel : 23/9

ahl al-yumn : gens prospères ou de bon augure : 30/13

ahl ṭarîqati-nâ : initiés de notre voie, ceux des nôtres : 30/13

aḥshâ' : intérieur de l'être : 1/4

ahwâ' arba'a : les quatre vents de la passion : 24/9

aḥwâl : cf. *ḥâl* : état (spirituel), disposition, condition, 24/1

aḥwâl al-mujâhada : états engendrés sous l'effet des efforts spirituels : 47/1

ahwâ' nafsiyya : passions psychiques : 25/3

aḥwar : personnes aux grands yeux blancs à la pupille noire : 22/4

aḥzân : peines : 6/4

ajr : gain, rétribution : 22/4

ajsâd jasadiyya barzakhiyya : corps animés du monde intermédiaire : 30/31

ajsâd mumaththala : corps animés similaires : 30/31

ajsâd turâbiyya : corps faits de terre : 30/31

akbâd, sing. *kabad* : foie : 46/4

akhass : plus vil : 25/11

akhbâr, sing. *khabar* : desseins, informations : 18/5, 28/21

akhdh : réalisation : 25/10

akhdh al-mawâthiq al-ilâhiyya : le fait d'assumer les alliances divines : 60/1

akhlâq (ilâhiyya) : caractères, normes divines : 12/2, 12/7, 16/11, 25/3, 58/7

akwân, sing. *kawn* : êtres générés : 14/1

LETTRE 'A

'aṭṭf al-qayyûmiyya : tendance à l'immutabilité : 46/6
'aṭf ilâhî : tendance divine : 25/16, 29/1
'aṭîr : souffle parfumé : 41/5
'awâṭif : inclinations : 26/1
'ayn, pl. *a'yân* : œil, essence, source : 14/7, 18/11, 19/6, 23/5, 25/6, 25/10, 25/18, 26/1, 26/7, 27/1, 27/5, 28/3, 28/15, 44/1, 45/2
'ayn al-jam' : synthèse essentielle : 25/10
'ayn al-mushahâda : œil essentiel de la contemplation : 20/5
'ayn al-mushâhid : œil essentiel du contemplatif : 25/7
'ayn jam' al-jam' : synthèse même de la synthèse : 15/5
'azâ'im : attitudes fermes : 27/3
'azhâma : magnificence : 30/19, 46/3, 51/3
'azhîma : importance : 46/3
'azîz : inaccessible, irrésistible, précieux : 20/16, 56/7

LETTRE B

bâ' : la lettre B : 25/13
baçar : regard, vue sensible : 25/7, 27/1, 52/6, 53/3, 59/15
baçîra : vue intérieure, intuitive : 25/7
bâdhil : chameau énorme : 31/14
badî' : sans précédent, admirable, unique : 22/8
ba'diyya : ultimité, postériorité : 26/2
badr : pleine lune : 25/2, 25/3, 25/5, 40/3, 42/10, 58/5
bahâ et *bahâ'* : splendeur : 24/2, 42/6
baḥr al-'amâ : océan de la cécité absolue : 25/15
baḥr al-jaw' : océan de l'inanition : 11/3
baḥt : stupéfaction : 30/27
ba'îr : chameau : 13/9
bâl : esprit, cœur : 25/13
ba'l : mari : 56/4
balâ' : épreuves : 30/30
ball : demande de pluie, remède : 21/4
balqa' : lieu désertique : 24/1
balwâ : épreuve : 58/8
bân, ou *bâna* : saule d'Orient : 6/2, 11/1, 21/4, 25/4, 41/1, 46/13, 48/1, 59/10, 61/1
baqâ' : permanence : 5/6, 25/6, 25/10, 28/3
baqiyat al-athar : persistance de l'impression : 28/15
barâqa : pierre scintillante comme l'éclair : 24/5

bard al-anâmil : extrémité des doigts : 20/5
Bârî : producteur : 28/3
bâriq : foudroiement : 26/2, 59/8
barîq, pl. *burûq* : éclat (de l'éclair) : 30/23, 55/1
barq, pl. *burûq* : éclair, fulguration : 9/1, 15/9, 22/1, 26/1, 41/9, 47/4
barzakh : isthme, monde intermédiaire : 5/1, 7/6, 7/7, 17/7, 20/5
barzakhiyya : relatif au monde intermédiaire : 33/1
bashariyya : aspect formel humain : 21/6
basîṭ : simple, incomposé : 15/8
basṭ : déliant, dilatation, épanouissement : 38/1
baththh : dispersion : 14/3
bâṭil : irréel, illusoire, faux : 7/6
bawâ'ith rabbâniyya : « suscitations », suggestions seigneuriales : 22/11
bawḥ : indiscrétion : 15/4
bay'a : pacte, contrat (divin) : 7/1
bay'a ilâhiyya : contrat divin : 30/19
bayân : éloquence, explicitation : 20/16, 22/3
bayn : intervalle, entre-deux, distanciation, liaison, conjonction : 15/9, 28/9, 41/8, 45/3, 45/4, 49/5
bayna : parmi, entre, éloignement : 20/21, 45/4
baynûna : intervalle : 28/9
bayt : demeure familière : prologue
bayt ilâhî : temple divin : 38/1
Bélier : le signe du Zodiaque : 48/8
bîḍ, sing. *bayḍâ'* : couleur argent : 22/3
bidâya : première expérience, prémices : 8/2
bu'd : éloignement : 15/9, 37/4, 45/4
bukra : petit matin : 23/1
burhân, pl. *barâhin* : preuve : 22/11
burqa : terre brillante : 22/1

LETTRES Ç

çabâba : ardente passion : 8/4
çâbir : endurant : 59/2
çabr : patience, constance, endurance : 5/1
çabûr : Très constant : 15/4
çadâ : écho : 11/3
çadad : voisinage : 16/4
çadaqa : offrande sincère, spontanée : 19/5, 20/6, 22/6
çadr : faculté d'appréhension : 16/12

LETTRES D ET Ḍ

LETTRE <u>DH</u>

LETTRE F

21, 25/4, 26/3, 26/8, 29/5, 29/9, 42/5
fâ'ida : gain, profit, avantage : 22/7
falâ : désert : 2/7
falaj : dents bien rangées : 48/12
falak : sphère céleste, ciel incurvé : 2/3, 12/3, 25/7, 26/3
fâliq : fendeur, fissureur : 31/12
fam : bouche : 21/1
fanâ' : extinction : 5/6, 20/1, 25/10, 29/5
fanâ' 'an-nî : extinction à moi-même : 15/2
fanâ' (al) fî al-mushâhada : l'extinction dans la contemplation : 2/4, 28/3
fanât (al) 'an al-fanâ' : l'extinction à l'extinction : 5/6
fann, pl. *funûn* : classe, catégorie, espèce : 25/16
fa-qad dakhala ? : est-Il donc immanent à l'être ? : 20/24
faqd : manque, dépossession : 25/3, 25/9, 55/1
faragh : disponibilité : 57/2
faraḥ : joie : 26/7
farâ'id : perles précieuses : 38/4
faraj : réconfort : joie, jubilation : 30/13, 48/2
fardâniyya : singularité : 57/3
fâris : cavalier : 58/8
farq al-jam' : la distinction dans la synthèse : 25/10
farq awwal : séparation initiale : 25/10
farq thânî : seconde séparation : 25/10
fatâ[t] : jeune personne noble : 16/5, 28/14, 43/6, 48/10, 48/12, 57/2
fâtik : meurtrier : 59/10
fâtir : languissant : 59/10
fatra – futûr : tiédeur, langueur, découragement : 8/3, 13/8, 22/8
fattân : séductrice : 58/8
fawq mawâzid : dépassement de toute estimation : 26/6
fawwaza : hanter le désert : 52/4
fawz : succès : 52/4
fayaḍân : surabondance : 30/31
fikr : réflexion, méditation : 22/3, 48/6
firâq : distorsion, séparation : 13/8, 15/9, 16/3, 30/10
firâq al-iṭlâq : séparation absolue ou indifférenciée : 49/8
firâq al-shaml : séparation de la conjonction : 2/7
firash : lit, couche : 50/2
fiṭra : différenciation originelle, nature primordiale : 19/7, 20/5, 31/5

fiṭra tawḥîdiyya : aptitude originelle à réaliser l'Unicité (divine) : 31/5

fu'âd, pl. *af'ida* : cœur intime, l'intime du cœur rayonnant : prologue, 8/5, 16/9, 31/5, 41/3

fuh : exhalaison, bonne odeur : 6/2

fuqahâ' sing. *faqîh* : juristes : prologue

fuqarâ' sing. *faqîr* : affiliés : prologue

furs : souche perse, les Perses : 42/4

futuwwa : esprit chevaleresque, noblesse de caractère : 43/6, 48/10

LETTRE GH

ghâda : jeunes filles au corps souple : 3/10

ghaḍâ : sorte de tamaris : 11/4, 36/2, 47/1

ghadhâ' : nourritures substantielles : 3/2

ghadîra, pl. *ghadâ'ir* : tresses : 29/1

ghalîl : soif ardente : 13/11

ghamâm : nuage blanchâtre, nuées : 26/5

ghamarât : abîmes : 29/17

ghamma : sombre chagrin : 17/3

ghanaj : affectée, câline : 48/6

gharaḍ : but ciblé, intention : 28/3, 30/13

gharâm : emprise affectueuse, peine d'amour : 13/11, 14/2

gharaq : noyade, submersion : 8/5

gharîd : chantre : 26/7

ghawth : secours : 56/4

ghâya : finalité : 17/5

ghayâbât al-ghayb : Mystères du Mystère : 21/3

ghayb : mystère, non manifesté, occultation : 9/1, 14/1, 16/13, 25/2, 26/1, 42/8, 44/1, 47/4

ghayba : occultation, absence : 19/3, 55/1

ghaylân : corde : 20/15

ghaym : nuage : 30/19

ghayr, pl. *aghyâr* : autre : 42/7

ghayra : jalousie : 16/8

ghayr çûrat mâddiyya : sans forme substantielle : 24/4

ghayûr : jaloux

ghazal : poésie courtoise, galante, style galant, amour : 20/6, 61/6

ghazâla : soleil : 12/5

ghîd : vierges souples : 22/3

ghinâ : richesse, suffisance : 3/9, 25/16, 26/3, 61/2

ghiṭâ' : voile : 27/5

ghuçaç : épreuves difficiles à assimiler, obstacles, afflictions, nœuds : 28/1, 28/13, 52/5

ghunj : enjôlement, regard provocant : 22/4, 22/8
ghurâb : corbeau : 13/8, 46/13, 46/14

LETTRES H ET Ḥ

habâ' : fine poussière (existentielle) : 7/4
ḥabba : graine, semence : 31/12
ḥabbat al-qalb : semence amoureuse ou graine d'amour du cœur : 31/12
ḥabl Allâh : corde de Dieu : 20/15
ḥabs al-nafas : rétention du souffle : 6/1
Ḥâdî : directeur, guide : 56/4
ḥadîth : nouveau, nouveauté, nouvelle (prophétique) : 7/4
ḥâdithât : éphémères réalités : 23/8
ḥaḍra ilâhiyya : présence divine : 2/4, 10/1, 15/9, 26/3
ḥaḍrat al-mithâl : degré de présence de l'exemplarité ou paradigme, présence de la similitude : 29/3, 29/6
ḥaḍrat al-nûr, pl. *anwâr* : degré de présence de la Lumière : 20/7, 22/3
ḥaḍrat al-tabaddul : présence ou domaine de la mutabilité : 25/7
ḥaḍrat al-tamaththul : monde de la similitude : 48/6
ḥaḍrat al-tamthîl : domaine de l'assimilation : 22/3, 29/10
ḥafâ : pieds nus : 29/18
ḥâja : besoin : 3/2
ḥâjibân : sourcils : 48/13
ḥâjir : région d'Arabie, digue, mur, obstacle : 3/5, 16/11, 17/7, 20/14, 26/2, 29/16, 30/27, 48/13
ḥajj : quête, pèlerinage : 3/1, 7/4, 23/1
ḥajj akbar : la Quête suprême : 37/3
hajr : séparation : 1/4
ḥâl, pl. *aḥwâl* : état (spirituel), disposition, situation, circonstance, manière d'être : 1/2, 2/3, 2/12, 14/3, 24/1, 24/4, 25/1, 25/7, 27/2
ḥâla awân : disposition instantanée : 26/1
halâk : ruine, perdition : 16/5
ḥâla mûsâwiyya : état spirituel de type mosaïque : 9/1
ḥâla nafsiyya : état psychique : 11/11

LETTRE I

LETTRE 'I

LETTRE J

jawâz : possible : 27/4
jaww : air, atmosphère : 11/5, 14/4
jibilla : constitution innée : 19/7
jidd : sérieux, pudique : 46/4, 58/3
jihâd : effort intense, combat spirituel : 18/9
jimâr : stèle de lapidation à Minâ : 3/3
jinn, cf. *jânn* : djinn, être subtil : 25/13
jins : espèce : 15/1
jinsiyya : genre : 40/3
jism, pl. *jusûm* : corps : 25/6, 50/2, 57/7
jism mu<u>sh</u>tarak : corps complexe : 22/8
jûd : générosité : 21/4, 22/1, 26/8, 29/1
junâḥ : culpabilité : 48/14
jurḥ : lésion, blessure : 44/5
juyûb : entrailles : 29/11

LETTRE K

ka'b : mamelon : 29/6
kabid, pl. *akbâd* : foie : 46/4, 61/6
kabîr : Infiniment Grand : 20/4
kâ'ib : aux seins formés : 20/5
kâ'inât : réalités existantes, êtres générés : 22/3
kalâm : parole (proférée) : introd., 21/1, 25/4, 26/8
kalima : parole : 12/2
kamad : tristesse : 15/2
kamâl : perfection : 25/3, 40/3, 49/3, 58/5
kamm : nombre, quantité : 17/3, 24/4
karam : noble générosité : 22/9, 29/1
kasb : acquisition : 18/6, 19/6, 26/6, 26/8
ka<u>sh</u>f : dévoilement, découvrement : 4/3, 25/2, 32/1, 32/3
ka<u>sh</u>f rabbâni <u>dh</u>âtî : dévoilement seigneurial essentiel : 22/3
kataba : écrire, recueillir : 25/12
ka<u>th</u>îb : Dune de musc où se produit la Vision béatifique du Seigneur, le Jour de la Grande Résurrection : 1/4, 3/1, 10/2, 25/18, 28/1, 28/3, 28/14, 30/1, 48/6, 59/8, 59/10
ka<u>th</u>îf : grossier : 2/2
ka<u>th</u>ra : multiplicité : 25/10
katm, *kitmân* : mystère discret, retenue, action de cacher, plante à teindre les cheveux : 4/3, 57/4, 60/3
kawn, pl. *akwân* : être généré, produit : 3/10, 13/3, 14/1, 15/9, 20/24, 23/

LETTRE KH

khayâl : imagination : 24/4, 25/5, 44/7

khayf : vaste pente abrupte, mosquée sur le territoire de Minâ : 37/4

khayr : bien, meilleur : 2/6

khil'a ilâhiyya : parures d'honneur divines : 30/31

khilqa : constitution harmonieuse : 30/31

khiṭâb : harangue, énonciation, conversation, discours, oraison, propos : 21/2, 22/3, 25/4, 26/5, 26/7, 29/5, 29/12

khubr : connaissance acquise par expérience : 49/8

khudûd : joues : 25/5

khuld : longévité : 14/5

khulûç rûḥânî : spiritualité toute pure : 44/11

khuluq : vertus, caractéristiques, normes : 19/7, 23/9

khurrad : vierges pudiques : 22/3, 26/8

LETTRE L

la'b : jeu, badinage : 26/3

laban fiṭra : lait de la distinction primordiale ou écoulement principiel : 26/3

labbay-na (ka) : en proclamant la consécration à Dieu : 35/1

lâbis : celui qui se pare : 30/19

lablâba mashûka : liseron épineux : 1/4

ladgh : piqûre : 29/11

ladhdha : volupté, jouissance, douceur, délectation : 2/7, 16/14, 22/4, 25/4

lahab al-shawq : ardeur du désir amoureux : 46/4

laḥzh : coup d'œil oblique : 59/10

laḥzh muṭlaq : coup d'œil furtif spontané : 22/7

la'la' : mirage (scintillant) : 3/1, 25/18, 27/1

lâm al-khafḍ : la lettre L qui exprime la flexion : 25/11

laṭâfa : faculté subtile : 53/3

laṭîf : Très-Gracieux, Subtil, Bon : 2/2, 21/6

laṭîfa, pl. *laṭâ'if* : aspect immatériel, subtilité : 5/1, 21/6, 29/7, 41/1

laṭîfa barzakhiyya : subtilité isthmique ou du monde intermédiaire : 29/12

laṭîfa. (pl. *laṭâ'if) ilâhiyya* : subtilité divine : 11/11, 15/11

laṭîfa (laṭâ'if) insâniyya : aspect subtil humain : 13/1, 27/5, 29/7

laṭîfa mumtazija : aspect subtil incorporé de l'être : 20/2

LETTRE M

mafâzât al-kiyân : lieux de refuge de l'être existant : 15/11
mafhûm min bâb al-ta<u>sh</u>bîh : utilisation de procédés analogiques : 41/9
ma<u>gh</u>îb : endroit de la disparition : 30/19
mahâ : soleil, cristal, antilope : 42/1, 42/5, 57/1
mahâb : effrayant, redoutable : 28/16
maḥabba : amour, lieu où s'actualise l'amour : introd., 4/1, 22/4, 44/10
mahâlik : déserts périlleux : 29/17
maḥall : réceptacle, demeure : 3/2, 5/4, 6/4, 14/6, 16/16, 23/5, 41/3
maḥall al-a'râf al-ṭayyibat al-na<u>sh</u>r : lieu éminent des connaissances aux effluves parfumés : 25/18
maḥall al-istiwâ' : lieu de l'équilibre parfait : 41/3
maḥall makânî wa zamânî : support spatial et temporel : 3/2
maḥall ramz : endroit symbolique : 16/16
maḥâsin : beautés : 29/8
maḥbûb(a) : bien-aimé(e) : 1/4, 11/15, 27/2, 53/1
maḥjûb : réalité cachée : 16/12
maḥq : élimination : 20/5
maḥram muḥammadî : sanctuaire muḥammadien : 23/1
maḥsûs : sensible : 26/1
majârî al-anfâs : écoulement des souffles vitaux : 61/6
makân, pl. *amâkin* : lieu, endroit, position : 14/2 : 31/7
makâna : élévation en dignité : 31/7
makân zulfâ : dignité suprême, la plus proche : 28/19, 34/1
makârih : désagréments : 18/10
makârim : noblesses : 58/7
makr Allâh : ruse, artifice ou dissimulation de Dieu : 13/2
makr 'a<u>zh</u>îm : artifice d'importance : 51/1
makr <u>kh</u>afî : ruse cachée : 16/2
mala' a'lâ : plérôme suprême : 19/3, 23/1, 30/19, 37/3, 57/7
malakût : royauté absolue : 14/2
malâmatiyya : gens du blâme : 13/7
Mâlik : Souverain-Possesseur : 20/16, 54/2
Malik muqtadir : Roi-Possesseur Omni-Déterminant : 30/1

maqâm al-iḥrâm : lieu où s'effectue la sacralisation : 48/1
maqâm al-ijlâl : station de la vénération : 29/21
maqâm al-istiwâ' : station de l'Assise homogène : 25/10
maqâm al-'izzat (al-aḥmâ) : station de l'irrésistibilité (la plus inaccessible) : 23/5, 25/15, 59/7, 59/10
maqâm al-jam' : station de la synthèse : 12/7, 59/4
maqâm al-jamâ'ât : lieu où les groupements sont rassemblés : 37/3
maqâm al-jam'iyya : station de la synthèse : 59/2
maqâm al-katm : station de la retenue : 57/4
maqâm al-khilla : station de la compénétration intime : 26/6
maqâm al-khiṭâb bi al-ḥurûf : station de l'énonciation des Lettres : 22/3
maqâm al-liwâ : station de l'inclination : 28/13
maqâm al-luṭf : station de la bonté : 24/2
maqâm al-qayyûmiyya : station de l'immutabilité : 48/1
maqâm al-qurba : station de la proximité : 59/3
maqâm al-raf'a wa al-'uluw : station de l'élévation et de la sublimité : 2/3
maqâm al-risâla : station du Message divin : 20/16
maqâm al-tajallî : station de la théophanie : 18/4
maqâm al-tajrîd (wa al-tanzîh) : station du dépouillement, de la dépossession (et de la transcendance) : 2/7, 12/1, 18/2
maqâm al-talwîn : station de l'altération : 6/4, 46/11
maqâm al-tamlîk : station de l'aliénation : 25/13
maqâm al-taqdîs : station de la sanctification : 21/1
maqâm al-tawâḍu' : station de l'humilité : 18/3
maqâm al-'ubûdiyya : station de la servitude adorative : 31/1
maqâm al-zhuhûr wa al-tanzîh : station de la Manifestation et de l'Immaculation ou Transcendance : 60/3
maqâmât al-'aṭf al-ilâhî : stations de la divine Inclination : 58/1
maqâm 'azîz : station rare et précieuse : 30/13
maqâm jâmi' : station de la synthèse : 10/1
maqâm sharîf : station élevée : 18/3

mashî'a : toute possibilité, « lieu » des volontés divines : introd.
ma'shûq(a) : amoureux fortement épris : 51/1, 51/4
maskan : havre de paix : prologue
masrâ : voyage de nuit : 36/2
maṭar : ondée : 41/9
maṭârif : parures de soie ouvragées, récents : 29/3, 29/4
maṭâyâ al-himam : enveloppements spiroïdaux des aspirations : 26/1
mathâl : analogie, symbole, dicton : 20/20, 59/3
maṭlûb : but recherché, désiré : 27/4, 30/30, 52/6
mawâdd : réalités substantielles : 16/5
mawadda : affection, amour fidèle, constant : 29/5
mawârid : inspirations : 20/7
mawâzîn : balances (cosmiques) : 21/4
mawḍi' : endroit, lieu, domaine : 22/3, 30/2
mawḍi' al-'alâma : endroit de la marque distinctive : 30/19
mawḍi' al-jam' : endroit de la synthèse : 20/5
mawḍi' ghaybiyya : endroits mystérieux, liés aux mystères : 18/9
maw'id : rendez-vous, lieu de la promesse : 57/2
mawjûdât : êtres « existenciés » ou existentiels : 16/6
mawqif, pl. *mawâqif* : haltes : 30/3
mawqûfa : fondation : 54/6
mawrid : lieu d'inspiration : 16/11, 26/2
mawrid aḥlâ : l'aiguade la plus suave, lieu d'inspiration : 1/1
mawsim : festivité : 3/2
mawt : mort : 49/5
mawṭin, pl. *mawâṭin* : pays, source-mère, terre habituelle, familière, demeure : 3/1, 8/2, 14/1, 14/2, 52/5
mawṭin al-surûr : endroit familier du contentement : 57/3
mawṭin ṭabî'î çûrî : demeure naturelle formelle : 14/2
mawṭin wujûdi-hi : lieu familier de son existence : 15/11
mawzûnât al-a'mâl : pesées des actes : 21/5
mayl : inclination (amoureuse), penchant, tendance : 3/7, 6/2, 9/5, 11/4, 20/1, 25/16, 52/5
mayl ('adam al-) : absence de tendance : 57/4
mayl al-kawn : propension de l'être généré : 25/16

muḥâwala : fallacieux, désapprobation : 20/5
muhayminûn : éperdus d'amour : 2/10
muḥdath : nouveau, novateur, adventice : 22/8, 29/4, 39/7
muḥibb : amoureux, amant, aimant : 1/4, 11/15
muḥîṭ : englobant : 3/2
muhja : sang du cœur : 59/10
muhlika : amour fatal : 11/1
mujâhada(ât) : efforts intenses, application soutenue : 8/1, 25/14, 27/2, 28/13, 29/15
mujâhada badaniyya : effort corporel intense : 36/2
mujâlasa : assistance : 37/3
mukâshif(ûn) : extatique, être gratifié de dévoilements spirituels : 7/6, 18/10
mukhaddirât : réalités entraînant la torpeur : 29/1
muktasabân : deux dispositions librement acquises : 30/2
muktasib : celui qui se laisse pourvoir : 23/9
mulâ'ama : culpabilité : 30/13
mulâḥazha 'uluwiyya : observation sublime intense et rapide : 29/10
mulâḥazhât : considérations : 15/10
mulâzama : application assidue : 16/14
mulâzama al-çaḥba : attachement à l'accoutumance : 12/2
mulk : royaume, maîtrise, possession : prologue, 15/10, 54/2
mulqiyyât : interventions : 28/7
multaqâ : conjonction : 24/5
mu'mina : croyante, porteuse de la foi : 28/21
mumkin(ât) : être possible, possible : 6/4, 16/3, 18/3, 54/4
munâ'aṭaf al-wâdî : détour de la vallée : 26/1
munâdama : boire avec quelqu'un : 16/13
munâghâ : intimité courtoise, enjôleuse : 16/6
munâja (ilâhiyya) : entretien divin : 9/1, 17/5, 21/1
munâjât al-çalçala : confidence intime de l'écho : 41/9
munâkh : relais : 23/1
munâsaba : correspondance : 25/4, 42/10
munâsabat al-rûḥânî : correspondance spirituelle : 19/2
munâsabât 'uluwiyya : correspondances sublimes : prologue

munâdi : ce qui convoque : 22/3
munḥanâ : val sinueux : 1/3
mu'nis : confident : 23/8
muntahâ : achèvement : 26/2
muqâbala : correspondance (adéquate) : 13/1, 14/5
muqâbalat al-ḍidd : sens antinomique : 54/6
muqabbal : baisers : 29/5
muqaddimât : prémisses : 22/11
muqaddimât kawniyya nâzila : données préalablement recueillies : 22/3
muqallad : orné : 22/8
muqarrabûn : (anges) rapprochés : 2/10, 30/13
muqayyad : limité : 20/16
muqla : prunelle, pupille : 22/7
murâd(a) : intentionné, objectif visé : 22/1, 59/7
murakkab : être de nature complexe : 15/8
murâqaba : vigilance, observance : 24/3
murîd, pl. *murîdûn* : aspirant, volontaire : introd., 30/25, 35/1
mursilât : pendantes, dénouées : 29/1
mushâhada : contemplation, présence témoignée : 2/2, 3/1, 22/3, 25/7, 26/5, 29/5, 29/12
mushâhid : contemplant : 26/1
mushâkala : affinité, symbolisme apparenté : 3/1, 20/2
mushakkala : formes d'apparition analogues : 15/3
mushtâq : rempli d'un ardent désir : 27/5
mustaqîm : qui sollicite l'ascension : 23/10
mustawâ a'lâ : assise la plus sublime : 5/1, 5/5
muta'abbidât : femmes vouées au service divin : 54/6
muta'âl : exalté : 20/4
muta'allaq hâ'im : épris et éperdu d'amour : 22/5
muta'alliqât : affections : 29/3
mutabarrizûn : ceux qui excellent en éminence : 43/4
mutaḍa'ifa : objet d'accroissement : 16/9
mutaghayyir(a) : inconstant, changeant : 20/5, 24/1
mutaḥakkim : décisif : 20/11
mutaḥayyizât (ghayr) : réalités (non) spatiales : 28/19, 45/1
mutajallâ : lieu théophanique : 14/2
mutakallim : celui qui s'exprime de soi-même : introd.

mu'taqidât : convictions : 25/7
muṭâraḥa : entretien : 11/3
muṭlaq(a) : illimité, absolu : 20/16, 25/16
muwâjaha : face-à-face : 30/13

LETTRE N

na'am : troupes, troupeaux : 30/2
naçab : fatigue : 30/10
naçç : contexte sacré : 23/1
nâçir : assistant : 56/5
nadâ : rosée abondante : 21/4, 22/1
nadd : ambre gris : 22/6
nafaḥât : souffles : 16/11
nafas : souffle animé : 8/1, 22/4
nafas raḥmânî : souffle consolateur et rafraîchissant irradiant d'amour : 8/5, 20/18
nafs, pl. *nufûs* : âme, souffle animé : 2/12, 3/2, 8/1, 22/4, 26/1, 28/3, 42/7
nafs al-sâmi' : l'auditeur lui-même : 29/7
nafs kâmila : âme parfaite
nafs kulliyya : Âme universelle : 9/3
naḥl : abeilles : 30/25
nahy : défense : 38/1
na'îm : bienfait, béatitude : 11/6, 35/1
nâ'it : descripteur, descriptif : 22/8
najd : plateau élevé, région de l'Arabie : 5/1, 30/31, 36/1
na'l : sandale : 29/18
nâmûs : Loi, code, pur bien : 2/6
naqâ : excellence par sélection : 15/1, 28/1, 28/3
naqç : décroissance, déclin, insuffisance : 14/4, 25/3, 40/3
naqîḍ : contraste : 25/16
nâr : feu : 14/4, 25/11
nâr al-içtilâm : feu du déchirement, du déracinement : 31/5
nârî : igné : 20/7
narjis : narcisse : 30/21
nasab : extraction : 39/8
nash'a : constitution, croissance : 27/6, 30/31, 41/1
nash'a insâniyya : constitution humaine : 61/2
nash' al-akmal : constitution la plus parfaite : 18/3
nash'at al-i'tidâl : émergence de l'équilibre : 22/1
nash'ât ṭabî'iyya : productions naturelles : 33/3
nashr : ampleur : 25/8
nasîb : poésie courtoise : prologue
nasîm : zéphyr : 25/16
na't, pl. *nu'ût* : attribut extrinsèque, qualificatif,

LETTRE Q

qabûl al-fayḍ al-nûrî : réceptivité de l'irradiation lumineuse : 14/4
qaçîda : poésie : 42/10
qâda : conduire : 20/21
qaḍâ' : Décret, Arrêt (divin) : 59/2
qadar : évaluation, valeur, mesure, destin : 17/3
qaḍîb : baguette, arc, verge : 25/16
qadîm : préexistant, permanent : 2/4, 29/4
qâdir qadîr : celui qui a la capacité d'évaluer : introd.
qadr : possibilité : 29/21
qâfiya : rime : 42/10
Qahhâr : Tout-Contraigneur : 21/6
qahr : coercition, contrainte : 15/2, 51/3
qâ'il : narrateur : 30/35
Qâ'im : celui qui se tient immuable : 46/6
Qâ'im bi-Hi : Immuable par Soi : 25/1
qâ'imîn (al) bi al-akwân : ceux qui se tiennent immuables devant les êtres générés : 46/6
qalb : cœur : 1/4, 6/4, 11/7, 11/13, 20/4, 42/8
qalb kâmil muḥammadî : cœur parfait muḥammadien : 1/1
qalîb : puits profond : 23/9
qâlib : réceptif : 19/1
qamar : lune : 14/4, 25/5
qasam : serment : 59/4
qaṭ' : rupture : 27/2
qaṭâ : perdrix : 30/1
qawâbil : réceptacles : 7/6
qawl : parole exprimée : 57/7
qawm : soufis, tenants, initiés : 29/7
qayd : lien : 22/8
qaylûla : sieste : 24/10
qayyûmiyya : fonction de subsistance par soi, d'Immutabilité, permanence du renouvellement : 46/3, 49/3, 56/3
qibâb, sing. *qubba* : tentes en forme de coupole : 3/6, 9/4
qidam : antériorité : 26/8, 41/11, 45/5
qilâda : collier : 22/8
qubba wusṭa : tente centrale : 7/6
qubûl : agrément : 30/13
quçûr (ilâhiyya) : palais (divins) conditionnés : 28/14, 60/3
qudra : capacité d'évaluer : introd., 29/6, 40/6
qudra muḥdatha : évaluation ou puissance adventice : 49/1
qudra qadîma : évaluation ou puissance préexistante : 49/1

LETTRE R

raṭb : frais : 22/1
rawḍ(a) : jardin, verger, végétation luxuriante : 9/2, 19/6, 26/3, 49/3, 58/7
razî'a : spoliation : 23/11
Razzâq : Pourvoyeur : 25/3
ribâ : usure : 43/6
riḍâ : satisfaction : 16/7, 52/1
rif'a : élévation, éminence : 9/5, 31/1, 56/6
ridf : croupe : 23/13
rifq : douceur bienveillante : 11/1, 16/7
rîḥ : souffle, vent : 11/4, 25/4, 25/16, 28/21, 30/10
rîḥ çabân : brise d'un vent d'est : 25/16
riḥla : voyage : 52/3
rijâl : êtres mâles, hommes, initiés : prologue, 25/11
rikâb : montures : 27/5, 41/7
rîq : salive : 30/23
riqqa : tendresse, lien ténu, rayon subtil : 4/1, 8/4, 28/13
riqqat al-af'ida : délicatesse de l'intime des cœurs rayonnants : 20/18
risâla : message : 20/13
riyâḍ : jardin, prairie, verger : 31/9
riyâḍa nafsiyya : ascèse psychique : 36/2
riyâḍât : disciplines ou exercices spirituels méthodiques : 8/1, 47/1
riyâḍiyya : discipline initiatique : 19/1
riyâḥ(ât) : vent : 2/12, 27/2
riyy : satiété : 14/4
rubâ, sing. *rabwa* : hauteur, élévation : 25/15
ruḍab : salive : 25/4
rûḥ, pl. *arwâḥ* : esprit, souffle spirituel : 11/4, 12/2, 14/4
rûḥ al-qudus : Esprit de Sainteté : 12/4
rûḥ amîn : esprit dépositaire fidèle : 4/6
rûḥâniyyât : entités spirituelles : 54/3
rûḥ barzakhî : Esprit du monde intermédiaire : 23/3
rûḥ juz'î : esprit parcellaire : 57/7
rûḥ kullî a'lâ : Esprit universel le plus éminent : 15/2
rujû' : retour, revenir : 22/4, 46/9
rusûm : signes-symboles, surimposition : 25/6, 25/10
rutba : rang : 17/7
ruṭûba : humidité : 28/9
ru'ûd : tonnerres : 41/8
ru'ya : vision : 1/4, 3/1, 14/1, 22/3, 22/7, 25/7, 25/10, 25/18, 26/1, 28/1, 30/21, 59/10
ru'ya al-Ḥaqq : Vision du Vrai : 14/1

ru'yat al-ka<u>th</u>îb al-abyaḍ : Vision à la Dune blanche : 30/1
ru'yat al-wasâ'iṭ wa al-asbâb : vision des réalités médianes ou intermédiaires et des causes secondes : 43/4

LETTRE S

sa'a : amplitude, capacité : 25/16, 29/8, 54/6
sa'âyât : efforts intensifs : 44/7, 48/6
sabîl : moyen, voie de réalisation : 25/1
sabt : samedi, repos, rasage des cheveux : 25/16, 30/5
sadana : gardiens du Temple : 35/1
safar : voyage initiatique : 27/2
safar ma'nâwî : voyage principiel : 52/2
sâfir : médiateur : 57/1
sahâ : inattentif : 42/2
saḥâb : nuage : 22/2
saḥâb al-'inâya : nuage de la sollicitude : 21/4
sahr : veille : 16/9
sahw : négligence, distraction : 30/6
Sâ'irûn : itinérants : 19/4
sakana : apaiser : 61/6
sakar : ivresse : 14/4
sal' : station muḥammadienne : 17/7
salâm : paix, sorte d'arbre : 30/13, 37/2
salâma : sécurité, sauvegarde : 37/2
sâlik : voyageur, itinérant dans la voie spirituelle : 20/15, 21/4, 22/11, 25/13
salîm : indemne, piqué par un serpent : 50/1, 54/6
samâ' : écoute, audition : 3/9, 18/11, 19/1, 20/21
samar : conversation nocturne : 25/4
sâmi' : auditeur, celui qui écoute : 30/35
sâqa : pousser : 20/21
sarâb : mirage : 31/9
sarâdiqât (al-<u>gh</u>uyûb) : Tentes ou Pavillons des Mystères : 15/11, 42/8
sarîr : trône, secret joyeux et primordial : 25/13
saṭawât anwâr al-hayba : Projections des Lumières de la crainte révérencielle : 22/11
sayr : évolution, démarche : 15/11, 41/5
sayyid al-majlis : maître de séance : 61/3
sihâm : flèche : 20/11
siḥr : fascinant : 22/8
silk : ordre initiatique : 45/3
silm : paix : 51/1
simâk : étoile d'Arcturus : 23/6

LETTRE SH

shakhç wâḥid : corps seul : 53/1
shakl : forme analogue : 16/12
shakl kuriyy : forme sphérique : 3/6
shakwâ : adversité : 6/1
shâm : Syrie, côté gauche : 20/24
sha'm : négatif, néfaste : 31/14
sha'mal ou *shâmal* : vent du nord : 30/11, 30/15
shâmila : englobante : 25/16
shams : soleil : 12/1
sharâb : boisson : 31/9
sharaf : éminence : 56/5
sharî'a : Loi, carrefour : 36/2
shawq, pl. *ashwâq* : désir ardent, amoureux : 20/11, 28/1, 46/11, 49/5, 55/1, 57/4
shay', pl. *ashyâ'* : chose : introd., 18/3
shaykh, pl. *shuyûkh* : maître spirituel, sage, vieillard : 19/4, 20/16
shaykha : vénérable : prologue
shi'b : chemins de montagne : 1/2
shidda : vigueur : 20/15
shifâ' : remède, guérison : 21/4, 48/2
shîḥ : absinthe, penchant : 6/2, 60/3
shimâl : nord : 3/7, 30/13
shirk : association : 49/1
shubha : incertitude, ambiguïté : 21/4, 22/4
shuhûd : présence contemplative : 15/5, 16/9, 25/10, 29/8, 31/1, 33/3
shurb : breuvage, boisson : 14/4, 18/4
shu'ûn : fonctions : 25/10
shu'ûr : intuition, propension à connaître : prologue, 20/23, 44/1

LETTRES T ET Ṭ

ta'ab : lassitude : 30/10
ta'âlâ : s'élever : 27/1
ta'alluf : familiarité : 2/7
ta'allul : soulagement, délassement : 20/1, 43/1
ta'alluq(ât) ilâhiyya : divins attachements affectueux : 6/4, 14/1, 52/3
ta'ammul kawnî : application existentielle : 16/3
ta'aqqulât : expressions intelligibles : 16/13
ta'ashshuq : spiration d'amour : 1/1, 11/1, 20/1
ta'aṭṭuf : sympathie : 13/1
tabaddud : dissémination : 26/6
tabaddul : substitution : 11/13, 25/7
ṭab' al-ta'lîf : caractère naturel de la composition ou morphologie : 19/1

taladhdhudh : délectation : 7/5
talaf : dégradation : 25/1
ṭalal : demeure ruinée : 8/1
talaṭṭuf : délicatesse : 20/1
ṭâlib : requérant : 16/13
ta'lîm : enseignement : 22/6, 31/2
ṭall : prémices de la pluie, rosée : 8/2, 58/7
talwîn : coloration, altération, changement d'état : 6/4, 20/4, 20/5, 46/11
tamakkun : maîtrise, domination : 2/3, 30/34, 32/3, 46/1
tamalluk : pleine maîtrise : 2/3
tamâm : plénitude : 49/3
tama'nîna : sérénité : 21/3
tamannî : tendances, appétences, désirs, souhaits : 52/5, 58/3, 58/4
tamaththul : auto-assimilation, ressemblance, similitude : 24/4, 41/11, 42/5, 45/12
tamattu' : jouissance : 16/14
tamḥîs : examen minutieux : 30/30
tamlîk : aliénation : 38/3
tamthîl : analogie, ressemblance : 2/4
tamyîz : distinction : 20/5, 22/4, 25/16
ta'n : récusation : 54/11
tanaffus : respiration : 22/4, 30/8
tanaqqul : mutation graduelle et consciente : 20/4
tanâwul : don partagé : 22/6
tanazzuh : récréation sublime et pure : 16/8
tanazzul(ât) : descente volontaire : 20/15, 21/4, 25/15, 41/11, 43/1, 54/11
tanazzulât rûḥâniyya : réalités spirituelles qui descendent d'elles-mêmes : prologue
tanbihât shar'iyya : instructions relevant de la Loi (divine) : prologue
tanfîs : expir de réconfort, souffle consolateur : 2/11
ta'nîs : assumer la forme humaine : 29/5
tanzîh : purification, transcendance pure, exemption totale : 11/1, 14/1, 15/3, 20/6, 20/20, 20/21, 25/3, 26/3, 29/18, 38/1, 46/6
tanzîh al-taqdîs : immunisation ou transcendance de la sanctification : 20/15
tanzîh mujarrad : pur acte de dépassement : 28/21
tanzîl ilâhî : Révélation divine, l'acte divin de faire descendre : 32/1
taqaddum : précellence : 18/8
taqallub : mobilité, versatilité : 6/4, 11/7, 11/13
taqarrub : rapprochement : 42/3

Ṭayba : 23/10
ṭayf : apparence : 45/2
ṭayyib : suave, bon : 20/21, 22/6, 49/1
tazalzul : ébranlement : 18/6
tazharruf : décence : 30/31
Thora : 2/5, 2/8, 11/14
ṭîb : parfums : 25/14
tibr : paillettes dorées : 25/10
tîh : stupeur hautaine : 22/8, 39/2
tihâma : prologue, 5/1
tirâz : broderie : 30/19
trône : 2/5, 7/3, 28/16
ṭûbâ : béatitude : 23/9, 23/17
ṭufûliyya : jeunesse : 20/3
ṭûl : longueur, aptitude : 22/4
ṭulûl : demeures ruinées : 8/2, 19/1, 24/1
ṭurab, *ṭurabî(iyya)* : terre, fait de terre : 14/2, 25/11, 25/13
ṭurfa, pl. *ṭurfa* : prémices, nouveauté : 11/5

LETTRE TH

thabât : immutabilité : 15/5
thalj al-yaqîn : la neige de la certitude : 14/7
thanâ' al-jamîl : louanges redoublées à Dieu le Beau-Totalisateur : 12/7
thawb : vêtement : 30/19
thubût ('adam) : stabilité, instabilité : 18/6, 21/2, 46/11
thurayyâ : les Pléiades : 20/24

LETTRE U

ubuwwa : paternité : 13/2
uçûl, sing. *açl* : cf. *açl*
ufuq : horizon : 20/4
ulfa : affinité : 21/5
Ulûhiyya : Fonction divine : 5/2, 39/7, 41/1
umma : matrie, communauté : 28/21
umûr ghaybiyya : réalités secrètes : 46/2
umûr siyâsayât : sciences des principes politiques : 20/13
uns : intimité : 3/10, 7/1, 18/1, 21/2, 25/20, 26/3, 26/8, 29/5, 29/15, 30/25, 54/11
unûtha : genre féminin : 20/13
usquf : évêque, prêtre : 2/6
usûd : lions : 34/1

LETTRE 'U

'ubûdiyya : servitude adorative : 15/10, 26/1, 30/31

LETTRE W

LETTRE Y

LETTRE Z

LETTRE ZH

zhafar bi al-maṭlûb : réalisation de l'objet de la quête : 27/2

zhâhir : extérieur, apparaissant : 20/4

Zhâhir-Bâṭin : Extériorisant-Intériorisant : 46/6

zhahîra : zénith : 39/4

zhann : estimation, persuasion : 60/3

zharf : élégance : 26/5, 58/8

zhibâ' : gazelles : 12/1, 25/18, 28/2, 30/2

zhuhûr : dévoilement : 22/4

zhulma, pl. *zhulam* : ténèbres : 16/5, 22/3, 31/3

Recension des versets du Coran[1]

1. Les premiers chiffres, en gras, renvoient aux numéros des sourates et des versets ; les derniers chiffres aux numéros de chaque poésie et aux vers correspondants.

RECENSION DES ḤADITHS

Index thématique[1]

1. Les chiffres des références renvoient aux commentaires de la poésie.

AMOUREUX CÉLÈBRES

ANGES

ANTINOMIES ET CONTRAIRES, SIMILITUDE

ASCENSION SPIRITUELLE ET VOYAGE NOCTURNE

ASCÈSE, DÉMARCHE ET DISCIPLINES SPIRITUELLES

BEAUTÉ

CHRISTIANISME

DEGRÉS
ET CONDITIONS D'EXISTENCE

ÉLÉMENTS (LES QUATRE)

ENGENDREMENT
AVEC GENRES DIFFÉRENTS

ESCHATOLOGIE, MORT

ESPRIT ET ESPRITS

ESSENCE ET ATTRIBUTS

FÊTES ET RÉCURRENCE

GNOSTIQUES

HÉROÏNE

IBLÎS ET FORCE DU MAL

JEUNESSE

LIVRES DIVINS

LUMIÈRE

MARIAGE ET COPULATION

MIRAGE ET ILLUSION

ONTOLOGIE ET COSMOGONIE

PAROLE ET AUDITION

PÈLERINAGE ET QUÊTE, VISITATION, TERRE SAINTE

POSSIBILITÉS DIVINES

PROPHÈTES

PROPHÉTIE

PROSODIE, BELLES-LETTRES, LINGUISTIQUE

SAGESSE

SERVITEUR ET CRÉATURE

SOUFFLES ET VENTS

STATIONS ET HALTES

SYMBOLISME

TEMPS

THÉOPHANIE, RÉVÉLATION, INSPIRATIONS, INTUITIONS

TYPOLOGIES SPIRITUELLES ET FONCTIONS INITIATIQUES

UNION ET UNIFICATION

VIE

VISION DU SEIGNEUR, DE DIEU ET REGARD

Table thématique des poésies commentées

Pèlerinage et 'Umra, fête et récurrence, retour à l'origine synthétique.

Retour à Dieu par la prise des caractères divins, par la sollicitude divine et le désir toujours nouveau du serviteur et gnostique amoureux, en éliminant toute intrusion dans l'être et toute habitude, en harmonie avec des êtres apparentés.

La Voie implique foi et contemplation, non la raison. Maîtrise des états.

Symbolisme des tentes et de leurs couleurs (protection et inaccessibilité, perfection).

Du caractère créateur de l'Esprit, de la Parole et conséquences de son audition (fonction de Jésus).

Concurrence des possibilités divines pour leur venue à l'Existence.

Majesté divine et incomparabilité, crainte révérencielle ; Beauté et similitude, intimité.

4. Prophétie et sainteté, ascension spirituelle

Prophétie et sainteté en rapport avec la Paix.

L'amant sollicite l'être aimé qui l'attire et l'élève.

La gratuité divine dans l'ascension amoureuse de l'amant à travers les Degrés divins, par désir de l'Aimé et de Sa Forme d'apparition intérieure.

5. La séparation du composé humain est-elle possible en cette demeure ?

Contraste et opposition entre le monde sublime et la demeure habituelle, désir et patience.

Le détachement du corps est-il possible pendant la réalisation spirituelle ? L'Amour nécessite de partir du composé vers l'incomposé.

L'Amour implique les larmes faites d'Eau qui est le secret de la Vie, et de chaleur. Les larmes s'écoulant de l'Œil qui contemple son Essence en toute réalité.

Différence de perspective entre Jésus et Jean-Baptiste. Pouvoir de Jésus sur la vie.

Les aspirations provoquent des comportements correspondants pour parvenir ultimement à l'extinction, à la vie permanente, dans la paix sans altération.

6. L'extinction dans la contemplation de l'aimé

Les Lieux suprêmes de contemplation disparaissent du cœur de l'amoureux plein de foi que, seule, la vision de l'Aimé préoccupe.

Ce cœur contient Dieu sans aucun attachement pour les êtres générés.

Un tel cœur ne ressent que la Présence de Dieu et nulle autre, quels que soient ses états spirituels.

7. La contemplation de Dieu seul et ses conséquences chez l'amant

Lorsque l'amant contracte le Pacte d'Alliance avec Dieu, Lui seul doit être contemplé, à l'exclusion des êtres sublimes ou non.

La contemplation de ces êtres sublimes ou non est cause de distraction et d'attraction en faisant concurrence à Dieu et à l'Amour qu'on Lui doit.

Les souffles spirituels apportent la santé.

Cette contemplation peut s'obtenir à travers les épreuves pénibles.

8. Les différentes phases de la démarche initiatique

La jeunesse et les démarches initiales dans la Voie.

Désolation de l'âme détachée de tous supports extérieurs et intérieurs.

La Beauté divine transparaît davantage au début d'un cycle.

Pouvoir de la passion qui mène souvent à la perdition : ses feux et ses brûlures de différents types en relation avec Moïse.

9. Contemplation formelle et informelle et ses fruits

Contemplation formelle et informelle.

Entretien intime de type mosaïque lié à la présence instantanée de l'éclair théophanique.
Prospérité permanente du cœur sous l'effet des états spirituels.
Descente des Sagesses divines.
Vision du Seigneur et certitude.
Attraction des êtres vers l'équilibre et l'harmonie.

10. Vision de l'Un dans le multiple et du multiple dans l'Un

Le véritable adorateur se pare des caractères du Seigneur.
Reflet de l'un dans l'autre et action de l'un sur l'autre.
Vision de l'Un dans le multiple et réciproquement.

11. Dieu Auteur des actes – réceptivité du cœur amoureux

Inspiration et Parole.
Accroissement de présence sous l'emprise amoureuse.
Pleurs et mal d'amour devant la détresse et le Décret divin.
Dieu crée les êtres par Sa Parole d'Amour et est l'Auteur des actes qu'ils expriment.
Dieu seul alors est présent, attesté, aimé, dans l'union des contraires.
Processus de réalisation de l'Unicité pendant la Quête amoureuse.
Tendance de l'âme au polythéisme qui contrevient à sa vocation unitaire.
Les vrais gnostiques ne laissent rien paraître de leur condition spirituelle.
Mobilité du cœur, sanctuaire qui peut recevoir toute réalité et toute théophanie qui lui correspondent.
Ce cœur est assimilé à la Table gardée qui reçoit toute inscription.
La religion de l'Amour des êtres spirituels de type muḥammadien.

Réalité unique de l'Amour qui conduit à l'union avec l'Aimé suprême.

12. Unité, trinité, multiplicité et réceptivité

Le cœur du gnostique amoureux est un havre de paix et le réceptacle de la Beauté, il est protégé et inaccessible.

En vertu de la réceptivité intégrale de ce cœur, les formes des différents règnes s'y trouvent selon un aspect christique de la Réalité muḥammadienne totalisatrice.

L'Essence divine est inaffectée par la multiplicité qui est seulement envisageable au Degré de l'Unicité qui contient « en germe » les fonctions différentes et les aspects hiérarchiques distincts.

Unicité, Trinité ou ternaire et multiplicité.

Chaque réalité créée symbolise adéquatement les possibilités et perfections de Dieu et en font la louange.

13. Le retour du gnostique amoureux vers les créatures – réalisation descendante et compassion

Le tout pleure sur sa partie et l'enveloppe.

Attraction de l'engendreur pour sa progéniture.

Dieu s'engage Lui-même dans les Alliances qu'Il contracte avec l'Humain.

Les esprits qui se corporalisent assument aussi les caractéristiques des corps (pleurs, etc.).

Seul Dieu-Un connaît le Dieu-Un.

Certains gnostiques ont la connaissance de l'Unité de Dieu et d'autres de Son Unicité.

Différences entre sciences acquises et sciences infuses ou de pure grâce, entre sciences issues de la contemplation et sciences provenant de la foi et du Mystère divin.

Les gens du blâme, leur comportement, leur réalisation descendante et les épreuves qui les concernent.

Contemplation face à face.

Voyages initiatiques à travers les Noms divins en fonction des états spirituels.
Le gnostique amoureux s'attache à la seule Essence et non aux Noms divins.
Les religions sont multiples mais le but visé est unique.
Considérations sur la Jalousie de Dieu et des créatures.

14. Vision et théophanie dans les formes

Théophanies extérieures et intérieures. Les êtres sur qui elles se présentent.
Mode de transmission de ces théophanies.
Réceptacles adéquats des théophanies.
Les quatre états spirituels produits par les théophanies.

15. Affinité et antinomie entre le domaine spirituel et le monde corporel

Dépendance du corps et de l'âme et les conséquences sur la réalisation spirituelle en ce monde.
Le corps animé humain, forme divine la plus parfaite.
Enseignement oral que prodiguent les gnostiques par miséricorde devant l'insuffisances des êtres humains.
Esprit universel et Nature fondamentale, référence au Père et à la Mère véritables.
Les effets sur l'amoureux de la Beauté et de la Majesté de Dieu.
Les aspects assumés par la théophanie dans les formes similaires du monde intermédiaire.
Effets de l'extase/enstase sur la complexion humaine.
Dispersion et unification des puissances de l'être humain.
Discrétion et divulgation en matière d'amour.
Faut-il avoir de l'emprise sur l'amour ?
Les Gloires divines et les Voiles protecteurs : vision du Seigneur.

16. Inaccessibilité de l'Essence – Présence divine synthétique – Transcendance et immanence

Affinités entre les connaissances contemplatives et le support humain qui les reçoit.
Correspondances symboliques.
Mise en garde contre la Ruse divine.
Contemplation de la seule Face de Dieu en toute chose.
Sanctification progressive.
Cause de la Jalousie de Dieu et des créatures.
Veille et contemplation du gnostique.
La connaissance croissante du gnostique amoureux.
Sanctification et détachement du composé humain.
Progrès spirituel et durée de la vie.
Inaccessibilité divine et descente de grâce sur le gnostique provoquant un accroissement de connaissance.
Transcendance et immanence.
La contemplation essentielle et l'intimité de nuit. Veille du cœur dans la Présence intime.

17. Séparation ou non de l'âme et du corps pendant la réalisation spirituelle

Maîtrise du corps pour en orienter vers Dieu l'esprit qui y réside.
Liaison du corps et de l'âme jusqu'au terme imparti et leur détachement effectif et ponctuel lors des rapts divins fugitifs.
Le gnostique est contraint de demeurer parmi les êtres, par miséricorde pour eux, en se tenant sans cesse dans la Présence essentielle et totalisatrice de Dieu.
Pérennité de la Science de Dieu reçue selon les possibilités de chacun.
Attraction de l'amoureux vers le monde intermédiaire et spirituel.

18. L'imitation du Prophète et des Maîtres authentiques

Il faut suivre l'exemple du gnostique amoureux.
Détachement des gnostiques de toute réalité créée envisagée comme illusoire ou mirage.

Prérogatives de l'être humain.
Dieu seul doit être recherché dans une orientation essentielle.
La station de la Prophétie légiférante est inaccessible depuis la venue du Prophète Muḥammad.
On peut néanmoins porter son aspiration spirituelle vers cette station.
Les modalités de cette application délibérée (détachement, adversité, amour).

19. Connaissance du microcosme et du macrocosme

L'Humain est un microcosme : correspondance de chacun de ses aspects avec ceux de l'Univers.
Passage d'un état à l'autre dans un renouvellement incessant des théophanies.
L'harmonisation naturelle de l'être humain avec le Cosmos est fonction de sa réceptivité et de sa qualité.
Instant présent et durée.
La conscience permanente de Dieu omniprésent dans le monde contingent rend impossible la contemplation d'un autre que Lui.
Solidarité des êtres créés et profit qu'on en tire.
Solitude en Dieu du gnostique véritable et sa plénitude en Lui.
Progrès spirituel opéré par Dieu chez le gnostique grâce à son corps.
Le gnostique ne cesse de développer sa connaissance.

20. Connaissance essentielle et connaissance limitée

Attraction divine amoureuse et parfaite vers les créatures. Les amoureux imparfaits.
Le Dhikr de Dieu et celui de l'invocateur en symbiose.
Solidarité et compassion entre les êtres contingents qui aspirent tous à Dieu.
Le jeu divin de l'Amour.
La connaissance de l'amoureux des différents degrés de l'Existence universelle.
Symbolisme et connaissance du corps animé.

Considérations sur le feu et la lumière.
Mise en condition de l'aspirant pour la descente de grâce par des efforts méthodiques et par des exemples édifiants.
Correspondance ou non des êtres et des choses avec la réalité ambiante.
Connaissance absolue et/ou limitée.
Possible union des opposés et comment elle se réalise.
Limite de la raison et des facultés créées devant la connaissance de l'Essence.
L'Essence de Dieu et Ses Attributs.

21. Paroles et Noms divins
Paroles divines et entretien intime.
Condition de réceptivité de la Parole.
Présences subtiles qui en proviennent.
Des différents types spirituels qui la reçoivent en fonction du temps et du lieu, ici-bas et dans la vie ultime.
Les connaissances qui leur sont accordées, régulières ou insolites.
Les personnes qui les reçoivent et les transmettent.
De certains Noms divins.

22. Connaissance des degrés cosmiques par Dieu
Seules les réalités qui se trouvent dans un lieu de contemplation sont connaissables et non le lieu lui-même.
Des lettres divines. Les Principes et les Noms divins sont reçus nécessairement dans une substance ou dans des entités qui leur donnent une forme.
Foi et raison.
L'attrait exercé par les connaissances divines chez l'amoureux.
Descente des Sagesses.
Caractérisation par les Noms divins.
Propriétés du monde intermédiaire et descente de grâce.

23. Présence en Dieu du gnostique par le détachement

Détachement et ses modalités en vue de Dieu seul.
Connaissances qui en résultent.
Thèmes variés liés à l'amour spirituel et divin du gnostique.
Temps propices à la Descente de la Présence.

24. Diversité des théophanies en fonction de la disposition des amants

Influence des Noms divins sur l'amant gnostique.
Caractérisation par la fonction d'immutabilité.
Lieu essentiel de contemplation et connaissance.
La Descente de l'Esprit sous des formes subtiles d'apparitions.
Les théophanies formelles subtiles, grossières et informelles qui descendent sur l'amant et le gnostique.
Connaissances de l'amoureux liées au temps et à l'âge.

25. Les différents aspects des théophanies assumées par le contemplant

Fonction du corps animé dans le processus de réalisation spirituelle.
Vision de Dieu dans la vie ultime.
Contemplation directe et indirecte.
Immutabilité et mobilité en rapport avec l'âme.
Les aspects divers que revêt la Parole divine.
Lumières, ténèbres et voiles, et leurs actions sur l'être humain.
Les théophanies se présentent en fonction des êtres qui les reçoivent.
Universalité de la contemplation.
Des deux sortes de séparation. Discrimination et synthèse.
Correspondances et affinités entre les Noms divins et les créatures qui les supportent.
Adam et Iblîs, Idris et Bilqîs, les domaine respectifs qui les concernent et qu'ils symbolisent.
L'Intellect premier et le Trône divin.

L'extinction des amants dans la contemplation et les traces que celle-ci laisse chez eux.
Le gnostique détaché du monde le maîtrise sans rien perdre de ce dont il s'est défait.
Conséquences de l'insouciance.
Incomparativité ou transcendance divine et relativité ou comparabilité des réalités créées.
Connaissance par soi et connaissance relative.

29. Les degrés de connaissances des gnostiques
Connaissance des différents états de l'être et des fonctions et degrés cosmiques.
Participation aux Attributs divins.
La Sagesse et ceux qui agissent par elle.
Sciences originelles ou de pur don et sciences contingentes ou acquises.
La Beauté divine et ses effets.
Affinités corrélatives entre les Attributs de Dieu et leurs « lieux » d'apparition.
Actualisation des possibilités de l'être par l'éducation.
La Pudeur divine.
Science et ignorance.
L'interprétation symbolique des données du monde subtil prête à équivoque.
Contemplation et prédispositions de l'âme.
Antinomie de la synthèse et de l'analyse.
Concentration de l'aspiration et but à atteindre.
Amour et raison.
L'Amplitude divine et la réceptivité du cœur.
Les gnostiques et la connaissance de Dieu.

30. Contemplation directe et par reflet
Contemplation et vision béatifique du Seigneur.
Connaissances et certaines de leurs modalités.
Effets de la présence ou de l'absence de Dieu dans le cœur.
La maîtrise dont l'âme fait preuve devant les difficultés de la Voie.

Effet des propos tenus sur les amants.
Des différentes classes d'individus dans la Vie ultime.
La station de la Proximité.
Contemplation essentielle et formelle.
Conséquences du Pacte contracté avec Dieu.
Adam et la Forme de Dieu.
Vision et sur quoi elle porte.
Caractérisation de l'adorateur par les Normes ou Noms de Dieu.
Les causes secondes et l'appui sur Dieu seul.
Connaissance de Dieu par Dieu.
Vivification de toute chose par l'Esprit qui assume toute forme.
Le pouvoir du gnostique sur les choses et son renoncement à en user par initiative individuelle, Dieu seul agissant directement.
Le Pôle, préposé divin à la gestion du monde.
Audition du Son primordial.

31. De la connaissance authentique
Humilité et exaltation.
Rôle de l'enseignement initiatique.
Des connaissances et de leurs applications.
Le cœur orienté vers Dieu seul est gratifié de connaissances données par surcroît.
Vertu de la connaissance chez ceux à qui elle est transmise.
Toute science doit conduire à ses applications.
L'élévation par la connaissance.
Les connaissances peuvent détourner de Dieu.
Connaissance réelle ou illusoire.
Effets que comporte la connaissance essentielle.
Vivification des cœurs par elle.

32. L'aspiration exclusive à la connaissance de Dieu
La réalisation spirituelle dissipe l'ignorance et l'illusion.
Durée et éternité.
Impermanence des causes secondes.

Le gnostique devant la connaissance authentique de Dieu.

33. Connaissance suprasensible et sensible par Dieu

34. Noblesse des amants contemplant les réalités sublimes et principielles

35. Effets de trois Noms divins sur les cœurs

36. Périple initiatique du monde ténébreux jusqu'à la Lumière

37. Perplexité et paix qui affectent les amants

Double connaissance par la foi et l'intellect.

Perplexité dans l'Existence universelle de l'itinérant en perpétuelle évolution devant l'Inconditionné et le conditionné.

Présence des Noms et des êtres sublimes dans les différents degrés cosmiques.

Paix divine envahissant les amants.

Les épreuves de l'amant et l'arrivée au but.

38. Fonction du Pôle, axe du monde

De l'orientation synthétique et enveloppante du cœur, de la transcendance sainte.

La fonction du Pôle, Lieutenant divin unissant les contraires. Sa résidence dans la Cité de la Paix.

Les quatre fonctions du Pôle.

Le comportement parfait des amants.

39. La réunion des contraires chez les contemplatifs

Substantialisation des entités spirituelles et principielles.

Le fait de les désirer produit la perplexité à cause de leur inaccessibilité.

Nescience et ténèbres, connaissance et lumière.

Les Gloires de l'Unicité divine en rapport avec les connaissances des amants.

Connaissance intuitive de la réalité impliquée dans le symbole.
La synthèse des contraires relève de la connaissance intuitive de l'Unique.
Transcendance et immanence.
Leur réunion dans la connaissance instantanée de l'Un dans le multiple et du multiple dans l'Un.

40. Perfection de Dieu l'Unique et de Son monde incomparable

L'âme parfaite et le symbolisme du nombre 14.
La théophanie et l'aimée, perfection sans déclin.
La station de l'Unicité.
Connaissances des états et stations spirituels.
Incomparativité de l'Univers, reflet de la Perfection divine.

41. De la subordination du monde à Dieu

Instants de présence avec Dieu et avec soi-même en rapport avec la théophanie dans les différents degrés qui se présentent en fonction de la réceptivité.
Incomparabilité divine et comparabilité.
C'est Dieu qui établit primordialement et unilatéralement les données de la comparaison qui Le concernent.

42. Des caractéristiques des êtres aimés par Dieu

L'amant demeure entre ciel et terre.
L'inattention aux réalités cachées.
L'amour et le don de soi.
Imitation des Prophètes.
Les ruses de l'amour et la jalousie.
Voile et dévoilement.
L'amant et l'image de l'aimée.
La protection de l'aimée.
L'amour universel.

43. De la fréquentation des êtres spirituels

La Majesté divine et la condition de l'adorateur.
Le profit tiré de la compagnie des Bienheureux.
Attitude envers eux.
La culture des nobles caractères et le rôle des maîtres spirituels.
Le lien du corps et de l'âme, et la sollicitude des maîtres spirituels envers les disciples.

44. Incomparabilité divine et théophanie reçue

La théophanie essentielle et les Noms divins.
Le Nom Allâh totalisateur.
La Forme de Dieu.
Dieu et la localisation.
Les facultés humaines devant la Transcendance incomparable de Dieu.
Théophanie et réceptivité.
L'Essence divine n'est pas qualifiable.
Le transfert dans les degrés de l'amour.
Action du monde de la nature sur l'esprit.

45. Connaissance du Nom Allâh et ce qu'il implique dans le cœur du gnostique

Localisation ou non des esprits supérieurs.
Allâh, Nom totalisateur et l'amplitude du cœur réceptacle dans tous les degrés de l'Existence.
Communion avec les esprits supérieurs et présence permanente avec eux.

46. Des Noms divins reçus dans le cœur du gnostique

Les Lieux suprêmes de contemplation et le domaine de la nature.
Antinomie et combats spirituels.
Les Noms divins et la Bien-Aimée.
Les Noms divins antinomiques.
Le Nom divin l'Immuable et le fait de s'en qualifier.
Le Témoignant et le Témoigné dans le cœur du gnostique.

La mutabilité incessante des états du cœur de l'amant contemplant, cœur qui contient le Vrai.
Permanence des théophanies dans le cœur.

47. Indisposition de l'amoureux provoquée par son manque de discernement

48. Des étapes dans l'amour et la gnose
Progression dans la voie pour réaliser l'Immutabilité divine.
Voie de grâce et voie des efforts méthodiques.
La noblesse chevaleresque et la culture des nobles caractères.
L'accroissement dans la contemplation.

49. Réalisation spirituelle essentielle ou progressive
Puissance primordiale et contingente.
La participation du gnostique à l'attribut d'immutabilité.
Le Temps et la réalisation spirituelle progressive de l'amant gnostique.
La réalisation essentielle ou qualifiable.

50. L'amour blesse à mort l'amant

51. Les attributs antinomiques et le pouvoir de lier et de gérer

52. L'orientation essentielle de l'aspiration
L'énergie spirituelle et le renouvellement de la sagesse qui y est impliquée.
Parcours initiatique et concentration de l'aspiration.
Fonction de l'ascèse.
Aspiration et but à atteindre.
La réceptivité des théophanies dans l'ensemble des mondes sensible et subtil.

53. Fonction nécessaire du corps et de l'âme dans la réalisation spirituelle

54. L'être humain réalisé, Lieutenant de Dieu
Lumières divines dans le cœur du gnostique.
La Lieutenance divine assumée par l'être humain.
Descente de l'Esprit sur le cœur.
Les Noms divins reçus dans le cœur réceptif.
La Résidence du Pôle, Lieutenant privilégié.
Dieu et les facultés humaines.
Effacement et résorption des facultés humaines pendant la théophanie de l'Essence divine.

55. Manifestation toujours nouvelle des théophanies

56. Aspiration des gnostiques à l'excellence du Pôle
Aspiration à la fonction du Pôle, Lieutenant de Dieu.
Fonction d'Immutabilité axiale et polaire.
Vertu de l'invocation sur le Prophète intercesseur.

57. Le lien ténu nécessaire à la descente des théophanies
Le lien spirituel de l'âme avec le corps animé et la descente des théophanies.
Équilibre parfait dans l'Amour unifiant.
Rôle nécessaire du corps et de l'âme dans l'être humain.

58. Les théophanies descendent sur l'être prêt à les recevoir
Les théophanies de Dieu le Beau-Totalisateur sur l'être présent dans son corps animé.
Vertu de l'ascèse et de l'effort personnel.
Permanence de la théophanie dans l'être qui l'a déjà reçue.
Aspiration à la descente des Noms divins pour Dieu seul, en toute sincérité.

Table[1]

1. Les intitulés donnés aux poésies et aux commentaires sont de notre initiative.

OUVRAGES ET TRADUCTIONS DE MAURICE GLOTON

Ibn 'Acâ Allâh : *Traité sur le Nom ALLÂH*, Éditions Les Deux Océans, Paris, 1982, plusieurs rééditions.

Ibn 'Arabî : *L'Arbre du Monde. Traité sur la réalité du Prophète Muhammad*, Éditions Les Deux Océans, Paris, 1982, plusieurs rééditions.

Ibn 'Arabî : *Traité de l'Amour*, Éditions Albin Michel, Paris, 1986, nombreuses rééditions.

Fakhr ad-Dîn ar-Râzî : *Traité sur les Noms Divins*, Éditions Dervy-Livres, deux tomes, 1986 et 1988. Nouvelle édition, en 1 volume, Éditions Albouraq, Paris, 2000 et 2009.

Al-Ghazâlî : *Les Secrets du Jeûne et du Pèlerinage*, Éditions Tawhîd, Lyon, 1993. Nouvelle édition en 2 volumes, Éditions Albouraq, Paris, 2001.

Jurjânî : *Le Livre des Définitions (Kitâb al-Ta 'rifât)*, traduction intégrale avec de nombreux index, préface de Pierre Lory, Presses universitaires d'Iran, Téhéran, 1994. Nouvelle édition, chez Albouraq, 2005.

Ibn 'Arabî : *Le Livre de la Production des Cercles*, traduit en collaboration avec Paule Fenton, Éditions de l'Éclat, Paris, 1996. Réédition, Cérès Éditions, Tunis, 1999.

Maurice Gloton : *Jésus le Fils de Marie dans le Coran et selon l'enseignement d'Ibn 'Arabî*, Éditions Albouraq, 2005.

Maurice Gloton : *Une approche du Coran par la grammaire et le lexique*, Éditions Albouraq, 2003.

Maurice Gloton : *Le Coran, Parole de Dieu*, Éditions Albouraq, 2006.

Maurice Gloton : *Les 99 Noms d'Allâh*, Éditions Albouraq, 2007.

Ibn 'Arabî : *De la Mort à la Résurrection*, traduction, introduction et commentaires par Maurice Gloton, Éditions Albouraq, 2009.

[illegible]

[illegible] nouvelle édition [illegible]

[illegible]

EXTRAITS DU CATALOGUE

Spiritualités vivantes

19. *La Sagesse des prophètes*, Ibn ‘Arabî.
32. *La Voie de la perfection. L'enseignement du maître persan Nur Ali Elâhi*, Bahrâm Elâhi.
52. *Le Chemin de la Lumière. La Voie de Nur Ali Elâhi*, Bahrâm Elâhi.
60. *Traité de l'amour*, Ibn ‘Arabî.
70. *Le Mesnevi. 150 contes soufis*, Djâlal-al-Dîn Rûmî.
74. *Futuwah, traité de chevalerie soufie*, traduit et introduit par Faouzi Skali.
77. *Les Secrets du Soi*, suivi par *Les Mystères du Non-Moi*, Mohammad Iqbal.
92. *Le Jardin de roses*, Saadi.
98. *Chercheur de vérité*, Idries Shah.
106. *La Voie soufie*, Faouzi Skali.
111. *Rubâi'yat*, Djalâl-od-Dîn Rûmî, traduit et présenté par Éva de Vitray-Meyerovitch et Djamchid Mortazavi.
130. *Rire avec Dieu. Aphorismes et contes soufis*, Sayd Bahodine Majrouh.
132. *Anthologie du soufisme*, Éva de Vitray-Meyerovitch.
137. *Le Langage des oiseaux*, Farîd-Ud-Dîn ‘Attar.
141. *Traces de lumière. Paroles initiatiques soufies*, Faouzi Skali.
150. *Les Illuminations de La Mecque*, Ibn ‘Arabî.
169. *Le Chœur des prophètes. Enseignements soufis de Cheikh ‘Adda Bentounès*.
175. *L'Islam au féminin. La femme dans la spiritualité musulmane*, Annemarie Schimmel.
179. *Dictionnaire des symboles musulmans. Rites, mystique et civilisation*, Malek Chebel.
186. *Mahomet*, Salah Stétié.
192. *Le Vin mystique et autres lieux spirituels de l'islam*, Salah Stétié.
194. *Le Coran, essai de traduction*, Jacques Berque.
204. *La Prière en islam*, Éva de Vitray-Meyerovitch.

219. *Les Quatrains d'Omar Khayyam*, traduits et présentés par Omar Ali-Shah.
225. *Saint François et le sultan*, Gwénolé Jeusset.
241. *L'Âme de l'Iran*, collectif, préface de Daryush Shayegan.
256. *Moïse dans la tradition soufie*, Faouzi Skali.
262. *Relire le Coran*, Jacques Berque.

Espaces libres

52. *Islam, l'autre visage*, Éva de Vitray-Meyerovitch.
76. *Le Soleil d'Allah brille sur l'Occident*, Sigrid Hunke.
88. *Nous avons tant de choses à nous dire. Pour un vrai dialogue entre chrétiens et musulmans*, Rachid Benzine et Christian Delorme.
117. *Pour comprendre l'intégrisme islamiste*, Martine Gozlan.
164. *Vivre l'islam. Le soufisme aujourd'hui*, Cheikh Bentounès.
174. *Qu'Allah bénisse la France !*, Abd al Malik.
185. *Les nouveaux penseurs de l'islam*, Rachid Benzine.
187. *Schizophrénie culturelle : les sociétés islamiques face à la modernité*, Daryush Shayegan.
193. *La Conférence des oiseaux*, Jean-Claude Carrière.
218. *Islam et démocratie*, Fatima Mernissi.
219. *Le Harem politique. Le prophète et les femmes*, Fatima Mernissi.
222. *La Femme dans l'inconscient musulman*, Fatna Aït Sabbah.

L'Islam des Lumières

Les Nouveaux Penseurs de l'islam, Rachid Benzine.
L'Islam sans soumission, Abdennour Bidar.
L'Islam entre le message et l'histoire, Abdelmajid Charfi.
La Pensée islamique, rupture et fidélité, Abdelmajid Charfi.
Marie la musulmane, Michel Dousse.
Coran, mode d'emploi, Farid Esack.
Un musulman nommé Jésus, Tarif Khalidi.
Le Coran au risque de la psychanalyse, Olfa Youssef.

Albin Michel Spiritualités/Grand format

Histoire de l'islam et des musulmans du Moyen Âge à nos jours, sous la direction de Mohammed Arkoun.

À la croisée des trois monothéismes. Une communauté de pensée au Moyen Âge, Roger Arnaldez.

Loi d'Allah, loi des hommes. Liberté, égalité et femmes en islam, Leïla Babès et Tareq Oubrou.

La Fraternité en héritage. Histoire d'une confrérie soufie, Cheikh Bentounès avec Bruno Solt.

L'Homme intérieur à la lumière du Coran, Cheikh Bentounès.

Pour un islam de paix, collectif sous la direction de Cheikh Bentounès.

Une cause jamais perdue, Jacques Berque.

L'Humanisme de l'islam, Marcel Boisard.

L'Une voilée, l'autre pas, Dounia Bouzar et Saïda Kada.

Dictionnaire de l'islam. Religion et civilisation, collectif (Encyclopaedia Universalis).

L'Islam dans la cité. Dialogue avec les jeunes musulmans français, sous la direction de Yacine Demaison.

Chroniques d'un buveur de lune, Morad El Hattab.

Prémices de la théologie musulmane, Josef van Ess.

Un autre islam. Inde, Pakistan, Bangladesh, Marc Gaborieau.

Le Piège de Salomon. La pensée de l'art dans le Coran, Valérie Gonzalez.

Penser l'art islamique. Une esthétique de l'ornement, Oleg Grabar.

Les Soufis d'Andalousie, suivi par *La Vie merveilleuse de Dhû-L-Nûn l'Égyptien*, Ibn 'Arabî.

Mort et résurrection en islam. L'au-delà selon Mullâ Sadrâ, Christian Jambet.

Approche de la mystique dans les religions occidentales et orientales, Carl-A. Keller.

Un siècle pour rien, Jean Lacouture, Ghassan Tuéni, Gérard D. Khoury.

Sagesse sémitique. De l'Égypte ancienne à l'islam, Claire Lalouette.

L'Islam en France, Francis Lamand.

Islam et histoire, Abdallah Laroui.

Histoire du Moyen-Orient, Bernard Lewis.

Le Rêve et ses interprétations en islam, Pierre Lory.
La Cité vertueuse d'Alfarabi, Muhsin Mahdi.
L'Âme de l'Iran, René Grousset, Louis Massignon, Henri Massé.
L'Exil occidental, Abdelwahab Meddeb.
Sultanes oubliées. Femmes chefs d'État en islam, Fatima Mernissi.
Le Harem politique. Le prophète et les femmes, Fatima Mernissi.
Le Harem et l'Occident, Fatima Mernissi.
La Peur-modernité. Conflit islam démocratie, Fatima Mernissi.
Le Gihad dans l'islam médiéval, Alfred Morabia.
L'Afrique face à l'islam, Jean-Paul Ngoupandé.
Profession imam, Tareq Oubrou, entretiens avec Michaël Privot et Cédric Baylocq.
L'Incendie de l'âme. L'aventure spirituelle de Rûmî, Annemarie Schimmel.
Hindouisme et soufisme. Une lecture du « Confluent des Deux Océans » de Dârâ Shokûh, Daryush Shayegan.
Henry Corbin, Penseur de l'islam spirituel, Daryush Shayegan.
Jésus dans la tradition soufie, Faouzi Skali.
Carnets du méditant, Salah Stétié.
Fils de la parole. Un poète d'islam en Occident, Salah Stétié et Gwendoline Jarczyk.
Dans les pas de Rûmî, Nahal Tajadod et Federica Matta.
Penseur libre en islam. Un intellectuel musulman dans la Tunisie de Ben Ali, Mohammed Talbi et Gwendoline Jarczyk.
Les Penseurs libres dans l'islam classique, Dominique Urvoy.

Beaux Livres

Calligraphies d'amour, Hassan Massoudy, introduction de Jacques Lacarrière.
Désir d'envol, Hassan Massoudy.
Le Maître d'amour, Nja Mahdaoui.

Carnets du calligraphe

Les Quatrains de Rûmî, calligraphies de Hassan Massoudy.
L'Harmonie parfaite d'Ibn 'Arabî, calligraphies de Hassan Massoudy.

Carnets de sagesse

Paroles d'islam, Nacer Khémir.
Paroles soufies, Sylvia Lacarrière.